청소년범죄론

청소년범죄론

조미숙·문상식·김영운 공저

동문사

머리말

청소년은 아동기를 마치고 성인기에 도달하지 않은 시기, 즉 청소년기에 속해 있는 개인 혹은 집단을 의미한다. 사회, 문화, 시대적 상황에 따라 청소년기는 짧을 수도, 길 수도 있고 심지어 존재하지 않을 수도 있다. 청소년기가 뚜렷하게 존재하지 않았던 원시사회에서는 아동이 사냥이나 운동, 성인식 등 일정한 통과의례를 거치면 성인으로 받아들여졌다. 그러나 현대사회에서는 수명과 교육기간의 연장, 늦은 결혼연령 등으로 인하여 청소년기가 점점 길어지는 현상이 나타나고 있다.

청소년의 개념은 그 개념을 정의하는 목적이나 기준에 따라서도 달리 정해질 수 있다. 예를 들어, 의료적 목적이나 사회복지적 목적에서는 월경이나 사정(射精)의 시작이나 신체발육의 성숙 등과 같은 신체적 특징을 기준으로 청소년의 개념을 정의할 수도 있다. 이 개념에 의하면 청소년인지 여부는 개인의 신체적 발달에 따라 달라질 수 있다.

법적 개념으로 사용하기는 어렵다. 원칙적으로 다수인에게 적용되는 법의 속성상 개인별로 달라지는 청소년 개념을 사용하기는 어렵기 때문이다. 이 때문에 법에서는 신체적, 심리적, 사회적 요소들을 종합적으로 고려하여 일정한 연령에 따라 청소년의 개념을 정하고 있다.

그러나 법에서도 개별 법규의 목적이 무엇인지에 따라 청소년 연령이 다르게 규정되고 이에 따라 청소년의 개념이 달리 정의될 수 있다. 예를 들어, 청소년기본법에서는 '9세 이상 24세 이하의 사람이라고 하고, 청소년보호법에서는 청소년을 만19세 미만인 사람을 말한다. 다만 만19세가 되는 해의 1월 1일을 맞이한 사람은 제외한다고 규정하고 있다.

청소년의 개념이 달라지는 것은 청소년기본법은 '청소년의 권리 및 책임과 가정·사회·국가·지방자치단체의 청소년에 대한 책임을 정하고 청소년정책에 관한 기본적인 사항을 규정함'을 목적으로 하지만, 청소년보호법은 청소년을 유해매체물과 유해환경으로부터 보호하는 것을 목적으로 하기 때문이다. 청소년들은 대체로 연(年)19세가 되면 고등학교를 졸업하고 사회통념상 고등학교를 졸업한 사람들은 성인으로 간주되므로, 이들을 청소년유해매체물이나 청소년유해환경으로부터 보호할 필요가 없기 때문이다.

이 책에서 사용하는 청소년은 소년법에서 사용하는 만10세 이상 만18세까지의 사람이다. 학생인지 아닌지는 중요하지 않지만, 만10세이면 대체로 초등학교 4학년 내지 5학년이고, 만18세이면 고등학교 3학년 학생에 해당한다. 이하에서 사용하는 청소년 혹은 소년이란 이런 정도의 사람들을 염두에 두면 될 것이다.

이와 같이 청소년이 범죄나 비행의 주체인 경우에는 10세 이상 19세 미만, 청소년이 범죄나 비행 등의 대상인 경우에는 연19세 미만의 아동과 청소년을 의미한다. 연19세 이상이지만 만19세 미만의 청소년에 대해서는 소년법이 적용되지만, 청소년보호법이나 청소년성보호는 적용되지 않는다.

청소년기의 급격한 신체적, 환경적 변화로 인해 청소년들에게는 일정한 도움과 사회복지가 필요하다. 청소년 인구가 전체 인구의 1/3을 점하고 있으므로 이들을 제대로 교육하고 보호하는 일이 국가와 사회에도 매우 중요한 과제라는 점이 인식되었다.

우리나라는 인적 자원의 개발을 통해서 국제 경쟁력을 확보해야 한다. 따라서 차세대의 주역이 될 청소년들을 건전 육성하는 것이야말로 가장 중요한 국가적 과제가 된다는 인식이 퍼졌다.

인생 주기의 측면에서 볼 때, 현대사회에서는 이전에 비해 청소년기가 장기화되었기 때문에 청소년의 건전 육성을 위해서는 청소년에 대한 관심, 이해가 필요하다는 사고가 퍼지게 되었으며, 이에 따라 청소년을 보호하고 건전하게 육성하기 위해서는 국가가 청소년의 생활에 보다 적극적으로 개입할 필요성이 높아졌기 때문이다.

아무쪼록 이 책이 독자들에게 청소년 범죄자들에 사회복지적 접근의 이해를 증진시키는 데에 조그마한 도움이 되었으면 한다.

2021년 5월

저자 일동

차 례

■ 머리말 / 5

01 CHAPTER 청소년범죄의 개념

제1절 청소년의 개념과 특성 13
- Ⅰ. 청소년의 개념 / 13
- Ⅱ. 청소년의 특성 / 18
- Ⅲ. 청소년보호의 필요성 / 21
- Ⅳ. 복지적 개입의 내용 / 23

제2절 청소년범죄의 개념 26
- Ⅰ. 범죄의 개념 / 26
- Ⅱ. 청소년범죄의 개념 / 29

제3절 청소년범죄 및 청소년보호관련 법률 31
- Ⅰ. 개요 / 31
- Ⅱ. 소년법 / 32
- Ⅲ. 보호소년 등의 처우에 관한 법률 / 34
- Ⅳ. 청소년보호법 / 35
- Ⅴ. 아동·청소년의 성보호에 관한 법률(청소년성보호법) / 36

02 CHAPTER 청소년범죄 발생 실태와 원인론

제1절 청소년범죄 발생 실태 41

제2절 청소년범죄의 원인론 54
- Ⅰ. 범죄학이론의 기초 / 54
- Ⅱ. 범죄원인의 이론적 관점 / 61
- Ⅲ. 생물학적 원인론 / 63
- Ⅳ. 심리학적 원인론 / 70
- Ⅴ. 사회학적 원인론 / 77

CONTENTS

03 CHAPTER 청소년범죄 처리절차 및 기관

제1절 청소년범죄 처리절차 105

Ⅰ. 비범죄화 · 비형벌화 및 다이버전 / 105
Ⅱ. 소년법상 소년의 개념 / 110
Ⅲ. 소년보호사건 처리절차 개관 / 116
Ⅳ. 소년형사사건의 처리절차 / 121

제2절 청소년범죄의 처리기관 124

Ⅰ. 경찰 / 124
Ⅱ. 검 찰 / 129
Ⅲ. 법 원 / 134
Ⅳ. 교도소 / 140
Ⅴ. 소년원 / 155
Ⅵ. 소년분류심사원 / 166
Ⅶ. 보호관찰소 / 171
Ⅷ. 보호관찰심사위원회 / 191
Ⅸ. 법무보호복지공단 / 195

04 CHAPTER 소년보호절차

제1절 보호처분심판의 대상소년 203

제2절 수사기관 등에서의 처리절차 212

제3절 보호사건의 조사 218

제4절 법원의 심리절차 229

제5절 보호처분 253

차 례

05 CHAPTER 소년형사절차

제1절 소년형사절차의 개요 293

Ⅰ. 소년형사절차의 목적 / 293
Ⅱ. 소년형사절차의 개요 / 294

제2절 수사절차상의 특칙 295

Ⅰ. 기본원칙 / 295
Ⅱ. 소년의 소환 및 구속 / 296

제3절 심리절차성의 특칙 297

Ⅰ. 조사의 위촉 / 297
Ⅱ. 심리상 원칙 / 297
Ⅲ. 판결전조사 / 297

제4절 형사처분상의 특칙 298

Ⅰ. 총설 / 298
Ⅱ. 사형·무기형의 완화 / 299
Ⅲ. 부정기형 / 301
Ⅳ. 소년감경 / 313
Ⅴ. 미결구금일수의 산입 / 314
Ⅵ. 환형처분의 금지 / 314
Ⅶ. 징역·금고의 집행 / 315
Ⅷ. 가석방의 특칙 / 315

06 CHAPTER 범죄·비행청소년의 보호

제1절 사회적 약자의 보호 321

제2절 처우선택 시 고려할 요소 322

제3절 청소년비행예방센터의 보호 329

제4절 보호자의 역할과 보호 336

제5절 보조인의 보호 338

제6절 국선보조인의 보호 343

제7절 사회복지시설의 보호 345
제8절 자원봉사자의 보호 346

07 CHAPTER 피해 청소년의 보호 및 지원

제1절 범죄피해자 동향 349
제2절 청소년 취약범죄 355
제3절 분쟁해결과 법률구조 385
제4절 피해자에 대한 보호 · 지원 399
제5절 법률구조와 법률정보 403
제6절 피해회복조정(회복적사법) 413

■ 참고문헌 / 422

01

CHAPTER

청소년범죄의 개념

제1절 청소년의 개념과 특성

제2절 청소년범죄의 개념

제3절 청소년범죄 및 청소년보호관련 법률

제1절 청소년의 개념과 특성

Ⅰ. 청소년의 개념

1. 청소년 개념의 다양성

청소년은 아동기를 마치고 성인기에 도달하지 않은 시기, 즉 청소년기에 속해 있는 개인 혹은 집단을 의미한다. 사회, 문화, 시대적 상황에 따라 청소년기는 짧을 수도, 길 수도 있고 심지어 존재하지 않을 수도 있다. 청소년기가 뚜렷하게 존재하지 않았던 원시사회에서는 아동이 사냥이나 운동, 성인식 등 일정한 통과의례를 거치면 성인으로 받아들여졌다. 그러나 현대사회에서는 수명과 교육기간의 연장, 늦은 결혼연령 등으로 인하여 청소년기가 점점 길어지는 현상이 나타나고 있다.

청소년의 개념은 그 개념을 정의하는 목적이나 기준에 따라서도 달리 정해질 수 있다. 예를 들어, 의료적 목적이나 사회복지적 목적에서는 월경이나 사정(射精)의 시작이나 신체발육의 성숙 등과 같은 신체적 특징을 기준으로 청소년의 개념을 정의할 수도 있다. 이 개념에 의하면 청소년인지 여부는 개인의 신체적 발달에 따라 달라질 수 있다.

2. 법적 개념으로서의 청소년 개념

그러나 위와 같은 개념은 법적 개념으로 사용하기는 어렵다. 원칙적으로 다수인에게 적용되는 법의 속성상 개인별로 달라지는 청소년 개념을 사용하기는 어렵기 때문이다. 이 때문에 법에서는 신체적, 심리적, 사회적 요소들을 종합적으로 고려하여 일정한 연령에 따라 청소년의 개념을 정하고 있다.

그러나 법에서도 개별 법규의 목적이 무엇인지에 따라 청소년 연령이 다르게 규정되고 이에 따라 청소년의 개념이 달리 정의될 수 있다. 예를 들어, 청소년기본법에서는 '9세 이상 24세 이하의 사람'이라 하고(동법 제3조 제1호), 청소년보호법에서는 청소년을 '만19세 미만인 사람을 말한다. 다만, 만19세가 되는 해의 1월 1일을 맞이한 사람은 제외한다'[1](동법 제2조 제1호)고 규정하고 있다.

이와 같이 청소년의 개념이 달라지는 것은 청소년기본법은 '청소년의 권리 및 책임과 가정・사회・국가・지방자치단체의 청소년에 대한 책임을 정하고 청소년정책에 관한 기본적인 사항을 규정함'을 목적으로 하지만, 청소년보호법은 청소년을 유해매체물과 유해환경으로부터 보호하는 것을 목적으로 하기 때문이다[2]. 청소년들은 대체로 연(年) 19세가 되면 고등학교를 졸업하고 사회통념상 고등학교를 졸업한 사람들은 성인으로 간주되므로 이들을 청소년유해매체물이나 청소년유해환경으로부터 보호할 필요가 없기 때문이다.

3. 현행법상 청소년의 명칭 및 연령

현행법에서 청소년을 의미할 수 있는 명칭과 연령범위를 예시하면 <표 1-1>과 같다.

표 1-1 현행법상 청소년 명칭 및 연령

법령명	명 칭	연령범위	비 고
청소년기본법, 청소년활동진흥법, 청소년복지지원법 등	청소년	9세~24세	
청소년보호법, 아동・청소년의 성보호에 관한 법률	청소년	만19세 미만 (연나이 19세 제외)	연(年) 19세 미만
아동복지법	아 동	18세 미만	요보호
근로기준법	근로소년	18세 미만	유해・위험사업사용금지

---

1) 이를 연(年) 19세 미만이라고도 한다. 예를 들어, 1998년 12월 25일에 태어난 사람은 2017년 12월 25일에 만19세가 되지만, 2017년 1월 1일에 연 19세가 된다. 따라서 1998년에 태어난 사람은 2017년 1월 1일부터는 청소년보호법이나 청소년 성보호에 관한 법률에 의한 보호대상인 청소년에서 제외된다.

2) 민법 제3조에서는 태아의 신체가 산모로부터 완전히 이탈된 때에 사람이라고 하지만, 형법 제250조 등에서의 산모가 출산을 위한 진통을 하는 시점부터는 태아가 아니라 사람이라고 한다. 따라서 산모가 출산과정에 있을 경우 민법상으로는 태아이지만, 형법상으로는 사람이다. 이와 같이 사람이란 개념이 민법에서보다 형법에서 넓어지는 이유는 민법의 경우 재산관계를 확정하는 데에 목적이 있지만, 형법에서는 사람의 생명을 보호하는 데에 목적이 있기 때문이다. 생명을 좀더 충실하게 보호하기 위해서는 좀더 앞 단계에서부터 사람이라고 해야 하기 때문이다.

소년법	소년	10세 이상~19세 미만	범죄소년(14세－18세) 촉법소년(10세－13세) 우범소년(10세－18세)
형법	미성년자	14세 미만	형사미성년자
민법	미성년자	19세 미만	미성년자

민법 제4조는 "사람은 19세로 성년에 이르게 된다."고 규정하고 있다. 법행법상 청소년기본법, 청소년활동진흥법, 청소년복지지원법 등에서는 만9세에서 만24세를 청소년으로 본다. 이에 비해 형법에서는 만14세 미만을 형사미성년자로 보는데 그렇다고 하여 만14세에서 만19세 미만까지를 청소년이 아니라고 하는 것은 아니다. 이들 청소년들은 소년법의 적용대상이 된다. 그리하여 범죄를 저지른 경우에도 보호처분의 대상이 될 수 있고(동법 제2장), 형사처분을 받는 경우에도 성인과는 다른 특칙이 적용된다(제3장).

4. 이 책에서의 청소년 개념 및 연령

(1) 소년법상 소년 개념의 사용 필요성

청소년이란 용어나 개념이 사회적으로나 법적으로 다양하게 사용되므로, 이 책에서 어떤 의미로 청소년이라는 용어를 사용할 것인지 문제된다. 이 책의 목적은 청소년이 저지르는 범죄와 비행의 유형, 원인 및 대책 등을 살펴보고 범죄나 비행을 저지른 청소년들을 선도하고 교육·교정하여 건전하게 성장하도록 하는 방안을 살펴보는 것이다. 이러한 목적에 가장 적합한 청소년 개념은 소년법에서 사용하고 소년 개념이라고 할 수 있다. 그런데 이 책에서는 성인들이나 다른 청소년들에 의한 범죄나 유해환경 또는 유해매체물 등에서 청소년을 보호하는 방안에 대해서도 살펴본다.

전자의 목적에 적합한 청소년 개념은 소년법상 소년 개념이다.

소년법은 반사회성(反社會性)이 있는 소년, 즉 범죄나 비행을 저지르는 청소년의 환경 조정과 품행교정(矯正)을 위한 보호처분 등의 필요한 조치를 하고, 형사처분에 관한 특별조치를 함으로써 소년이 건전하게 성장하도록 돕는 것을 목적으로 한다(동법 제1조). 소년법상 소년이란 10세 이상 19세 미만의 사람을 말한다.

후자의 목적에 적합한 청소년 개념은 청소년보호법이나 '아동·청소년의 성보호에 관한 법률'(이하 '청소년성보호법'이라고 한다) 상의 청소년 개념이다. 청소년보호법은 "청소년에게 유해한 매체물과 약물 등이 청소년에게 유통되는 것과 청소년이 유해한 업소에 출입하는 것 등을 규제하고 청소년을 유해한 환경으로부터 보호·구제함으로써 청소년이 건전한 인격체로 성장할 수 있도록 함"(제1조), 청소년성보호법은 "… 아동·청소년을 성범죄로부터 보호하고 아동·청소년이 건강한 사회구성원으로 성장할 수 있도록 함"(제1조)을 목적으로 하기 때문이다. 위 법률들의 청소년이란 연 19세 미만의 사람'이다.

(2) 소년법상 소년의 종류

소년법에서는 먼저 소년이란 19세 미만의 자를 말한다고 하여(제2조) 소년의 상한연령을 규정하고 있다. 여기에서 19세 미만이란 만19세 미만 즉, 만18세까지를 말한다. 따라서 만19세 이상이면 소년법의 적용대상이 되는 청소년에 속하지 않는다.

한편 소년법 제4조 제1항[3)]은 청소년 연령의 하한도 규정하고 있다. 따라서 소년법 제2조와 제4조 제1항에 의하면 소년법에서 사용되는 청소년개념은 다음 세 가지로 나눌 수 있다.

첫째, 범죄소년이다(제1호). 한편 형법은 "14세 되지 아니한 자의 행위는 벌하지 아니한다"고 규정하고 있으므로(제9조, 형사미성년자), 여기에서 말하는 범죄소년이란 만14세 이상 만19세 미만, 즉 만18세까지의 청소년을 의미한다. 따라서 범죄소년이란 범죄를 저지른 만14세에서 만18세까지의 소년을 말한다. 이들에 대해서는 형법에 규정되어 있는 형벌(제41조)에 처하는 형사처분을

---

3) 제4조(보호의 대상과 송치 및 통고) ① 다음 각 호의 어느 하나에 해당하는 소년은 소년부의 보호사건으로 심리한다.
1. 죄를 범한 소년
2. 형벌 법령에 저촉되는 행위를 한 10세 이상 14세 미만인 소년
3. 다음 각 목에 해당하는 사유가 있고 그의 성격이나 환경에 비추어 앞으로 형벌 법령에 저촉되는 행위를 할 우려가 있는 10세 이상인 소년
가. 집단적으로 몰려다니며 주위 사람들에게 불안감을 조성하는 성벽(性癖)이 있는 것
나. 정당한 이유 없이 가출하는 것
다. 술을 마시고 소란을 피우거나 유해환경에 접하는 성벽이 있는 것

할 수도 있고, 소년법에 규정되어 있는 보호처분을 할 수도 있다.

둘째, 촉법소년이다(제2호). 형벌법령에 저촉되는 행위를 한(즉, 범죄행위를 한) 만10세 이상 만14세 미만의 청소년을 말한다. 만10세에서 만13세까지의 소년이 절도, 강도, 폭행 등과 같이 범죄행위를 한 경우에도 이들의 행위를 범죄라고 할 수는 없으므로, 이들에 대해서 형법상의 형벌을 과하는 형사처분을 할 수는 없고, 소년법상의 보호처분만을 할 수 있다.

셋째, 우범소년이다(제3호). 이들은 아직 범죄를 저지르지 않았지만 장래에 범죄를 저지를 우려가 있는 만10세 이상 만19세 미만의 소년을 말한다. 이들은 범죄행위를 하지 않았으므로 이들에 대해 형벌에 처하는 형사처분을 할 수는 없다. 그러나 장래에 범죄행위를 할 우려가 있으므로 이러한 범죄위험성으로부터 이들을 보호하기 위해 소년법상의 보호처분을 할 수 있다[4].

(3) 정리

이 책에서 사용하는 청소년은 소년법에서 사용하는 만10세 이상 만18세까지의 사람이다. 학생인지 아닌지는 중요하지 않지만, 만10세이면 대체로 초등학교 4학년 내지 5학년이고, 만18세이면 고등학교 3학년 내지 대학교 1학년 학생에 해당한다. 이하에서 사용하는 청소년 혹은 소년이란 이런 정도의 사람들을 염두에 두면 될 것이다. 연 19세 미만의 사람은 대체로 고등학생이다.

이와 같이 청소년이 범죄나 비행의 주체인 경우에는 10세 이상 19세 미만, 청소년이 범죄나 비행 등의 대상인 경우에는 연 19세 미만의 아동과 청소년을 의미한다. 연 19세 이상이지만 만19세 미만의 청소년에 대해서는 소년법이 적용되지만, 청소년보호법이나 청소년성보호는 적용되지 않는다.

---

4) 촉법소년은 형사미성년자이기 때문이 그들이 행한 범죄행위는 범죄라고 할 수는 없다. 14세 이상 18세까지의 소년은 형사미성년자가 아니기 때문이 그들이 범죄행위를 한 경우 그것은 범죄라고 할 수 있다. 그러나 이들이 우범사유에 해당하는 행위를 하였다고 하더라도 그것은 범죄행위가 아니므로 범죄라고 할 수 없다. 따라서 촉법소년들의 범죄행위와 만10세에서 만18세까지의 청소년의 우범행위는 비행(非行, delinquency)에는 속한다고 할 수 있다.

Ⅱ. 청소년의 특성

청소년기는 부모의 보호가 절대적으로 필요한 아동기에서 스스로 독립해서 생활하는 성인기로 이행하는 과도기로서 아동도 성인도 아닌 중간인[5]으로서의 특징을 지니고 있다. 인격이 모두 형성되어 있는 성인이 아니라는 점에서 청소년은 건전한 성인으로 성장할 수 있는 가능성과 범죄자나 사회에 해악을 끼치는 성인으로 잘못 성장할 수 있는 가능성이라는 양면성을 모두 지니고 있다.

청소년기는 신체적, 인지적, 심리적, 정서적, 사회적 변화를 많이 겪는 시기로서 '질풍 노도의 시기'라고도 한다[6]. 그러나 모든 면에서 미성숙한 시기이기 때문에 범죄나 비행을 저지를 가능성이 아동기에 비해 높아진다고 할 수 있다. 그러나 비록 청소년이 잘못을 저질렀다고 하더라도 그는 항상 건전한 성인으로서 성장할 가능성을 지니고 있다.

이 책의 관심사는 청소년이 범죄나 비행을 저지르지 않고, 범죄나 비행을 저지른 청소년도 건전하게 성장할 수 있도록 하는 방안과 청소년들이 범죄나 비행의 피해를 당하지 않고, 피해를 당하였더라도 건정하게 성장할 수 있도록 하는 방안을 찾는 것이다. 이러한 의미에서 먼저 성인과는 다른 청소년의 특성을 파악해야 한다.

1. 신체・생리적 특성

(1) 제2차 성징(性徵)

청소년 시기에는 아동기나 성년기에 비해 많은 신체적・생리적 변화가 생긴다.

---

5) 주변인(marginal person)이라는 용어도 사용하지만 청소년을 반드시 주변인이라고 할 수 없고, 청소년에 대한 사회적 관심이 높다는 측면에서는 주변인이 아니라 핵심인물(core person)이라고 할 수도 있다.

6) 청소년기를 '질풍노도의 시기'라고 하는 것은 청소년들이 성장과정에서 많은 혼란을 경험하고 부모와 기성세대에 반항하는 과정을 거친다는 의미가 있다. 즉, 청소년들의 반항과 혼란은 어른이 되기 위한 하나의 통과의례라는 뜻이다. 그러나 청소년들이 반드시 질풍노도의 시기를 겪는 것도 아니며 겪을 필요도 없다는 주장도 있다.

그중에서도 가장 중요한 것은 호르몬의 변화이다. 청소년기에는 아동기나 성년기에 비해 남성호르몬(androgen)과 여성호르몬(estrogen)이 왕성하게 분비된다. 이에 따라 빠른 속도로 키가 커지고 체중이 늘어나는 등 아동기나 성년기에는 볼 수 없는 변화가 일어난다.

그런데 무엇보다 중요한 변화는 급격한 성적 성장이 이루어진다. 남녀를 구분하는 제1차 성징은 아동기에 나타나지만, 청소년기에는 성인과 같은 생식능력을 갖게 될 뿐 아니라 다양한 신체의 변화를 수반하는 제2차 성징이 나타나게 된다.

즉, 남자의 경우 음경이 커지고 음낭이 자라나고 체모가 생긴다. 목젖이 생기고 변성기를 거치게 된다. 여자의 경우 내부의 성기관(2개의 난소, 나팔관, 자궁, 질)이 성장하면서 월경이 시작되고[7] 유두가 발달되고 음모가 자라게 된다.

이처럼 청소년기는 신체적으로는 거의 성인과 같은 체격을 갖추고 성인과 같은 성적 능력을 갖추게 되는 과정을 겪는다. 성과 관련하여 성인의 역할이 가능하다.

(2) 제2차 성징이 미치는 영향

이러한 신체·생리적 특성은 청소년에게 다음과 같은 영향을 미친다.

첫째, 자신의 신체변화를 느끼게 되므로 신체에 대한 관심이 많아진다.

둘째, 자신과 친구들의 신체를 비교함으로써 자신의 신체에 대해 불필요한 열등감이나 우월감을 갖기도 한다. 이것은 청소년의 성격, 자아존중감, 대인관계의 형성 등에 중요한 변수로 작용한다.

셋째, 성호르몬의 분비로 인해 성적 욕망이 늘어남에 따라 성적 충동조절과 죄의식의 문제가 나타난다. 성적 욕구는 생리적으로 자연스런 현상이지만, 상당수의 청소년들은 이에 대해 불안감, 수치심, 죄책감 등 부정적인 정서를 갖고 있다.

넷째, 우리나라의 경우 청소년에 대한 엄격한 성문화로 인해 성인이 하면 문제되지 않지만 청소년이 하면 문제가 되는 소위 지위비행(status delinquency)[8]의

---

7) 우리나라의 경우 초경연령은 1965년에 평균 14세 2개월이었던 것이 1982년에는 12세 3개월, 2014년 11.7세로 낮아졌다.

8) 지위비행이란 일정한 신분에 있는 사람이 어떤 행위를 하면 문제가 되지 않지만 다른 신분의 사람

문제가 생겨난다. 나아가 성적 욕구을 제대로 조절하지 못하면 성범죄를 저지를 수도 있다.

2. 인지적 특성

(1) 체계적 · 논리적 사고의 발달

청소년들은 자신이 경험하는 현실세계를 뛰어넘어 이상적인 세계를 추구하는 경향을 보인다. 또한 사물을 추상화 · 체계화하는 사고가 발달하게 됨에 따라 어떤 문제에 부딪쳤을 때 여러 가지 요인들과 해결책에 대해 논리적 · 체계적으로 접근한다.

(2) 인지발달에 따른 영향

이러한 인지발달은 청소년의 심리와 행동에 다음과 같은 영향을 미친다.

첫째, 자아정체감(self identity)이 형성되는 동시에 정체감의 위기도 경험한다.

자아정체감이란 자신이 무엇인가를 일관되게 인식하는 것을 말한다. 자아정체감은 일생을 통해 형성되지만, 청소년기에 생겨나는 자아정체감은 그 변화의 폭이 넓다. 자아정체감이 올바르게 형성되면 좌절감과 불안감이 생겨나고 이에 따라 범죄나 비행에 빠질 가능성이 높아질 수 있다.

둘째, 자기중심적 사고가 형성된다. 아무도 자신을 이해해 주지 못한다고 오해하거나 자신이 특별한 사람이라고 생각하기도 한다. 자기중심적 사고가 지나치게 되면 열등의식 또는 과대망상에 빠져 자신을 합리화하거나 자신의 행동에 따른 위험요소들을 무시하기도 한다. 이 경우 범죄나 비행으로 나아갈 가능성이 높아질 수 있다.

셋째, 도덕성이 발달한다. 인지적 성숙과 사회환경적 역할 변화에 따라 청소년기에는 아동기에서와는 질적으로 다른 도덕적 사고와 행동을 하게 된다.

넷째, 사회에 대한 이해가 넓어짐에 따라 자신이 직접 경험하지 않았어도 다른 사람들의 감정이나 느낌을 잘 파악하게 되고, 나아가 공감도 함으로써 사회적 관계나 활동이 넓어지게 된다.

이 그 행위를 하면 문제가 되는 행위를 말한다. 예컨대 흡연, 19금 영화감상 등은 성인이 하면 문제되는 행위가 아니지만, 청소년이 하면 그 행위는 비행으로 여겨진다.

3. 정서적 특성

청소년기에는 급격한 신체발달과 함께 더 많은 사회적 임무가 부과된다. 이로 인해 청소년들은 아동이나 성인과 다른 정서적 특성을 보이게 된다.

첫째, 감정의 기복이 심하고 예민해져 우울, 절망, 분노심 등 불안정한 정서 상태가 나타난다.

둘째, 수줍음이 많다. 다른 사람들을 의식함에 따라 마음과 행동이 자유롭지 못하고 특히 이성 앞에서 부끄러움을 많이 느낀다. 이를 감추기 위해 과장된 행동을 보이기도 한다.

셋째, 열성적이며 호기심과 모방성이 강하다. 호기심이 많고 쉽게 흥분하며 현실을 정확하게 이해하지 못하기 때문에 일정한 사람이나 대상을 지나치게 모방하거나 열중하게 된다. 여기에서 나아가 그 사람이나 대상을 우상화하고 맹목적으로 추종하기도 한다.

4. 사회적 특성

청소년기는 부모에게 완전히 종속과 완전한 독립의 중간 시기에 있기 때문에 다음과 같은 경향을 보이게 된다.

첫째, 부모로부터 독립하려고 하고, 애착대상이 부모에서 친구들로 넓어지고 부모와 다른 가치관이나 사고를 받아들이고 그것을 내면화한다.

둘째, 부모보다는 동성이나 이성친구 등 또래집단(peer group)에 몰입한다. 이에 따라 부모에게는 말 못하는 비밀을 또래집단 사이에서는 공유하게 된다. 이것은 청소년들에게 긍정적 영향을 미치기도 하지만, 범죄나 비행에 대한 또래집단의 잘못된 가치를 맹신할 수도 있다.

Ⅲ. 청소년보호의 필요성

청소년기의 급격한 신체적, 환경적 변화로 인해 청소년들에게는 일정한 도움과 복지가 필요하다. 그러나 우리나라에서 청소년에 대한 사회와 국가의 책임이 인식되어 국가적 차원에서 청소년의 보호문제가 본격적으로 다루어지게 된 것은 1990년대부터라고 할 수 있다. 여기에는 다음과 같은 요인들도 작용하였다.

첫째, 청소년 인구가 전체 인구의 1/3을 점하고 있으므로 이들을 제대로 교육하고 보호하는 일이 국가와 사회에도 매우 중요한 과제라는 점이 인식되었다.

둘째, 자연자원이 많지 않은 우리나라는 인적 자원의 개발을 통해서 국제경쟁력을 확보해야 한다. 따라서 차세대의 주역이 될 청소년들을 건전육성하는 것이야말로 가장 중요한 국가적 과제가 된다는 인식이 퍼졌다.

셋째, 인생 주기의 측면에서 볼 때, 현대사회에서는 이전에 비해 청소년기가 장기화되었기 때문에 청소년의 건전육성을 위해서는 청소년에 대한 관심, 이해가 필요하다는 사고가 퍼지게 되었다.

이에 따라 청소년을 보호하고 건전하게 육성하기 위해서는 국가가 청소년의 생활에 보다 적극적으로 개입할 필요성이 높아졌다.

1. 가정에서의 청소년보호 필요성

청소년들을 효과적으로 교육하기 위해서는 국가 및 사회가 가정에도 개입해야 할 필요가 있었는데, 그 원인으로는 다음의 것들을 들 수 있다.

첫째, 핵가족화이다. 핵가족화로 인해 가정의 청소년양육 기능이 약화되었다. 핵가족화에 따른 자녀에 대한 과잉보호와 가정의 교육기능 감소는 청소년문제의 원천이 될 수 있다.

둘째, 이혼으로 인한 가족해체와 여성취업의 증가에 따른 가정기능의 변화이다. 이전에 비해 이혼이 증가하였는데, 부모의 이혼은 불안, 갈등, 분노 등 정신적인 고통을 겪게 하고 나아가 청소년들의 일탈의 원인이 될 수 있다. 또한 여성취업의 증가로 이전과 같이 부모가 청소년들에게 많은 관심을 쏟을 수 없고, 이에 따라 청소년의 일탈이나 비행 등을 예방하는 가정의 기능이 줄어들었다.

셋째, 청소년가장의 증가이다. 핵가족화된 상태에서 부모의 이혼, 사망, 가출 등으로 청소년가장이 증가하게 되었다. 따라서 국가나 사회가 이들을 보호하고 도움을 줘야 할 필요성이 높아졌다.

넷째, 미혼모와 그 자녀가 증가함에 따라 이들에 대한 생활비, 주거비, 의료비 지원뿐만 아니라 법적 지원도 필요하게 되었다.

2. 사회적 측면에서 청소년보호의 필요성

첫째, 1960년대 이후 고도의 경제성장의 부작용으로 황금만능주의, 이기주의, 실적주의가 만연함에 따라 청소년들의 윤리관에 혼란을 가져왔다. 이러한 가치관의 혼란에 청소년들이 성인을 모방하여 각종 범죄와 비행이 증가하는 현상도 나타나게 되었다. 이로부터 청소년들을 보호하기 위해서는 국가와 사회의 적극적인 개입과 지원이 필요하게 되었다.

둘째, 환경파괴로 인해 청소년들이 오염된 음식물이나 건강에 유해한 약품이나 물질을 섭취하는 현상이 나타남에 따라 이 유해한 영향으로 청소년들을 보호해야 할 필요가 높아졌다.

셋째, 열악한 교육환경과 청소년들에 대한 공부압력과 입시경쟁이 과도하였다. 경제는 고도성장하였으나 교실과밀화나 교육기자재의 부족 등 교육환경은 별로 개선되지 않은 반면, 대학입시와 공부에 대한 압력으로 청소년들은 무한경쟁에 내몰렸다. 무한경쟁에서 탈락한 청소년들은 자신들의 재능을 발휘할 기회조차 갖지 못하고 사회적 낙오자로 낙인찍히고, 이러한 좌절감은 청소년들이 범죄와 비행을 저지를 가능성을 높여주는 요인이 되었다.

Ⅳ. 복지적 개입의 내용

청소년에 대한 복지적 개입방법은 첫째, 문제를 발생하지 않도록 하는 예방적 접근, 문제가 발생한 경우의 치료적 접근, 예방과 치료를 넘어서는 개발적 접근 등으로 나눌 수 있다.

1. 예방적 접근

예방적 접근은 청소년과 가정에 문제를 발생시킬 수 있는 요소들을 사전에 제거하거나 완화시키는 것이다. 치료보다는 예방이 더욱 바람직함은 물론이다. 그러나 예방책들은 예방효과의 여부나 정도에 대해 자주 회의가 제기된다. 그러나 예방적 접근은 단기적이고 미시적인 관점에서가 아니라 장기적이고 거시적인 관점에서 바라봐야 한다. 열 개의 예방책 중 하나가 성공할 경우 열 개의 사후대책보다 효과가 클 수가 있다. 따라서 청소년 문제는 현재 뿐만 아니라 미래의 문제이기도 하므로 청소년 문제에 대한 예방적 접근은 매우 중요하다고 할 수 있다.

2. 치료적 접근

예방을 아무리 잘 해도 문제는 발생하므로 그에 대한 신속한 개입과 치료가 필요하다. 청소년 문제에 대한 사후적, 치료적 개입은 청소년복지 개입의 핵심이 된다. 여기에서는 가정, 학교, 지역사회 등 청소년의 환경을 조정하고 개입하는 데에 주안점을 두게 된다. 물론 청소년의 성격이나 소질 등과 환경의 상호작용에 대해서도 관심을 가져야 한다.

(1) 개별적 치료

청소년에 대한 치료는 개별적인 상담과 사회복지 접근 등의 방법이 동원될 수 있다. 여기에서는 청소년이 가족과 집단, 사회에서 겪는 발달과정상의 문제에 직접적으로 개입하고, 청소년의 환경을 조정하는 방안도 사용된다.

(2) 가족과 집단을 통한 치료

사회복지에서는 빈곤가정, 결손가정[9], 소년소녀가장 등에 대한 복지서비스의 제공이 중심이 되었다. 가족과 집단을 통한 청소년의 치료는 제도적・행정적인 접근에 많은 비중을 두어야 한다. 소년소녀가장 세대, 기능적 결손 가정

---

9) 과거에는 편부, 편모 등과 같은 결손가정이 관심의 대상이 되었으나 오늘날에는 외형상으로는 결손이 없지만, 부모가 자신의 책임을 다하지 않는 '기능적 결손가정'이 관심의 대상이다.

및 청소년을 수용하고 있는 복지시설 등에 대한 지원과 바람직한 환경을 조성해야 하기 때문이다.

(3) 지역사회를 통한 치료

지역사회를 통한 개입은 물리적인 환경뿐만 아니라 정신적인 영역에서도 필요하다. 급속히 변화하는 사회에서 가치관의 혼란이 일어나고 있기 때문에 전통적인 가치관과 미래지향적인 가치관이 균형과 조화를 이룰 수 있도록 해야 하기 때문이다. 이를 위해서는 청소년의 창조성과 자율성을 높일 수 있는 물질적 환경 뿐만 아니라 정신적인 환경도 조정해야 한다.

3. 개발적 접근

오늘날의 세계는 국제화, 세계화 및 정보화 등의 현상이 일어나고 있다. 국가와 사회는 청소년들이 이러한 상황변화에 잘 적응할 뿐만 아니라 미래를 위해 준비할 수 있도록 복지적 서비스를 제공해야 한다. 이러한 복지적 서비스는 사회적 불만이나 충격을 흡수하여 사회안정과 개인생활의 안정을 도모하는 방파제(safeguard) 또는 충격흡수장치(shock absorbing mechanism)의 기능을 담당한다. 나아가 미래사회에 필요한 인력을 양성할 수도 있다.

이상 예방적, 치료적, 개발적 접근방법의 핵심내용은 청소년 모두에게 자신의 자질과 능력의 범위에서 스스로 행복을 추구할 수 있도록 기초적인 생활환경을 갖춰주는 것이다. 청소년들이 장차 사회에서 건전하게 생활할 수 있는 능력을 갖출 수 있도록 인격과 기술을 갖추도록 해야 한다.

제2절 청소년범죄의 개념

Ⅰ. 범죄의 개념

1. 실질적 의미의 범죄와 형식적 의미의 범죄

청소년범죄의 개념에 앞서 범죄의 개념을 살펴보면 실질적 범죄 개념과 형식적 범죄 개념으로 나누어 볼 수 있다.

(1) 실질적 의미의 범죄

실질적 범죄 개념에서는 범죄를 '의무를 위반하여 법익을 침해하거나 위태화하는 행위로서 형사제제에 처해지는 행위'라고 하지만, 모든 사람들이 받아들이는 실질적인 범죄 개념은 존재하지 않는다. 왜냐하면 여기에서 형사제재를 과해야 할 법익의 침해나 위태화 및 의무위반의 종류와 정도는 무엇인지가 사람마다 다를 수 있기 때문이다. 이에 대한 답은 형법의 영역에서만으로는 결정하기 곤란하고 그 사회 전체의 가치관·세계관에 좌우되는 것이라고 할 수 있다. 예를 들어, 성매매를 범죄로 할 것인지 아닌지는 그 사회 전체의 가치관·세계관에 달려있다. 성매매가 어느 사회에서는 범죄가 되고 어느 사회에서는 범죄가 되지 않고, 우리나라의 경우 간통행위가 과거에는 범죄였지만 현재에는 범죄가 아닌 것은 이 때문이다. 우리 사회에서도 간통이 과거에는 범죄였으나, 오늘날에는 범죄가 아닌 민법상의 불법행위가 되었다. 그러나 오늘날에도 간통행위를 범죄로 규정해야 한다는 주장이 있는데, 이 주장은 간통행위가 실질적 의미의 범죄에 속한다고 하는 것이다.

(2) 형식적 의미의 범죄

그런데 형법 등 실정법에는 여러 가지 범죄들이 규정되어 있다. 예를 들어, 성매매를 굳이 범죄로 규정해야 하는지에 대한 논란이 있지만, 현행 '성매매알선행위 등 처벌에 관한 특례법'(이하 '성매매처벌법'이라 한다) 제21조 제1항은 성매매를 한 사람에 대해 1년 이하의 징역이나 300만 원 이하의 벌금, 구류 또는 과료에 처한다고 하여 성매매를 범죄로 규정하고 이에 대해 형벌을 과하고 있다. 따라서 성매매처벌법 제21조 제1항의 정당성이나 타당성 문제와 상관없이 성매매는 실정법상 범죄로서 형식적 의미의 범죄가 된다.

형식적 의미의 범죄가 성립하기 위해선 법률에 규정되어 있는 범죄행위의 유형이라고 할 수 있는 구성요건이 모두 충족되어야 하고(구성요건해당성), 그 행위가 법질서 전체적 관점에서 허용될 수 없다고 평가되어야 하고(위법성), 그 행위자를 비난할 수 있어야 한다(책임)는 요건을 모두 갖추어야 한다.

구성요건이란 성문법에 규정되어 있는 범죄행위의 유형이라고 할 수 있다. 예를 들어, 형법에는 "제250조(살인, 존속살해) ① 사람을 살해한 자는 사형, 무기 또는 5년 이상의 징역에 처한다. ② 자기 또는 배우자의 직계존속을 살해한 자는 사형, 무기 또는 7년 이상의 징역에 처한다"는 규정이 있다. 제1항의 범죄를 보통살인죄, 제2항의 범죄를 존속살해죄라고 한다. 보통살인죄의 구성요건은 '사람을 살해한 자'이고, 존속살해죄의 구성요건은 '자기 또는 배우자의 직계존속을 살해한 자'이다. 따라서 친구의 부모를 살해한 행위는 존속살해죄의 구성요건에 해당되지 않지만, 보통살인죄의 구성요건에는 해당되는 행위이다.

위법성이란 '법에 어긋난다', '우리 법질서에서 허용하지 않는다'는 의미를 갖는다. 구성요건해당성이 있는 행위는 원칙적으로 위법하지만, 예외적으로 그 행위가 정당행위(형법 제20조), 정당방위(형법 제21조), 긴급피난(제22조) 등이 되면 위법성이 조각(배제)된다.

위법한 행위를 한 사람은 원칙적으로 비난을 받지만, 예외적으로 비난을 받지 않을 수도 있다. 예를 들어, 공무상 비밀을 누설하지 않으면 죽이겠다는 협박을 받은 공무원이 어쩔 수 없이 공무상 비밀을 알려 준 경우 그 공무원의 비밀누설행위는 공무상비밀누설죄(형법 제127조)의 구성요건해당성과 위법성이 있지만, 그 행위가 강요된 행위(형법 제12조)라고 할 경우 공무원은 비난받지 않는데, 이 경우 책임이 조각(배제)된다고 한다.

(3) 실질적 범죄 개념과 형식적 범죄 개념의 기능

실질적 의미의 범죄 개념은 형사입법이나 형사정책에서 많이 사용된다. 예를 들어, 사회의 변화에 따라 새로이 범죄로 편입, 추가될 행위가 있을 수 있고, 기존의 범죄 중에 더 이상 보호할 필요가 없어 비범죄화되는 행위도 있을 것인데 이때에는 실질적 범죄 개념이 문제된다.

그러나 형법해석학에서는 실정법에 규정되어 있는 범죄들의 성립요건이 무엇인지, 어떠한 행위가 일정 범죄의 성립요건을 충족하는지에 대한 검토가 이루어지는데, 여기에서는 형식적 범죄개념이 문제된다.[10] 예를 들어, 임신 6개월만에 출생한 아이를 살해한 경우에는 살인죄를 적용해야 하지만, 임신 7개월의 아이를 임신부 뱃속에서 살해한 경우에는 살인죄가 아니라 낙태죄(형법 제269조)를 적용해야 한다. 이러한 결론이 부당하게 느껴진다고 하더라도 살인죄나 낙태죄를 해석할 때에는 이렇게 할 수밖에 없다.

2. 비교 개념

(1) 비행(非行; delinquency)

비행은 주로 청소년과 관련하여 많이 사용되는 개념으로서 범죄보다 넓은 개념이다. 범죄는 형법을 위반하는 행위임에 비해 비행은 형법위반행위 뿐만 아니라 반사회적 행위를 총칭한다. 예를 들어, 결석, 가출, 음주, 흡연, 19금 영화 시청 등은 범죄가 아니지만, 반사회적 행위로서 비행이라고는 할 수 있다.

특히 음주와 흡연 등은 성인들이 행하는 경우에는 비행이라고 하지 않지만, 청소년이 이러한 행위를 하는 경우에는 비행이 된다. 이것을 지위비행(status delinquency)이라고 한다. 또한 성인이 형법에 위반되는 행위를 한 경우 범죄라고 할 수 있지만, 14세 미만의 형사미성년자가 형법위반행위를 한 경우 책임능력이 없어 범죄라고 할 수 없다면 그것을 비행이라고 할 수 있다.

비행은 주로 청소년과 관련된 개념이므로 비행을 저지른 청소년을 비행청소년이라고 한다. 법적 개념으로서의 비행청소년은 소년법에서 규정하고 있는 범죄소년, 촉법소년, 우범소년을 모두 합친 개념이라고 할 수 있다.

10) 오영근, 형법총론, 박영사, 2012, 87면 이하

(2) 일탈(逸脫; deviance)

사회학에서는 형법에서 사용하는 범죄라는 개념 대신에 일탈(deviance)이라는 개념을 많이 사용한다. 일탈 개념은 공동체나 사회에서 보편적으로 인정되는 규범에 의해 승인되지 않는 행위를 의미한다. 형법상 범죄개념보다 넓어서 공동체에서 통용되는 모든 규범에 대한 침해는 물론 때로는 규범에 지나치게 순응하는 것도 일탈의 유형에 포함시키는 것이 일반적이다. 예를 들어, 청소년의 가출행위는 정당한 이유가 있는지에 따라 비행일 수도 있고 비행이 아닐 수도 있지만(소년법 제4조 제1항 제3호 나목), 일반적인 삶의 방식과는 다른 행위이므로 일탈이라고 지칭될 수 있다.

청소년의 경우에는 성인보다 일탈의 개념이 넓어질 수 있다. 청소년의 일탈은 교육적 관점에서 국가와 사회의 관심대상이 될 수 있기 때문이다.

Ⅱ. 청소년범죄의 개념

1. 협의의 청소년범죄

청소년범죄란 가장 좁게는 14세 이상 19세 미만의 청소년이 범하는 형식적 의미의 범죄라고 할 수 있다. 예를 들어, 14세 이상 19세 미만 청소년이 물건을 훔치거나 다른 사람을 폭행하는 행위를 들 수 있다. 이 경우 각각 절도죄나 폭행죄가 성립할 수 있다.

2. 광의의 청소년범죄

14세 미만의 형사미성년자가 형식적 의미의 범죄에 해당하는 행위를 하였다고 하더라도 범죄의 성립요건인 구성요건해당성, 위법성, 책임 중 책임이라는 요건을 갖추지 못하였기 때문에 범죄라고 할 수 없다. 그렇지만 소년법은 이러한 행위를 한 소년 중 10세 이상의 소년을 촉법소년이라고 하여 보호처분의 대상으로 하고 있다. 이러한 의미에서 청소년범죄를 조금 더 넓게 파악하면 10세에서 13세까지의 청소년이 행한 범죄행위를 청소년범죄라고 할 수 있다. 그렇지만 이 경우에는 청소년범죄라는 용어를 사용하지 않고 청소년비행이라는 용어를 사용한다. 소년법에서도 범죄라는 용어보다는 형벌법령에 저촉되는 행위라고 한다(동법 제4조 제1항 제2호).

3. 최광의의 청소년범죄

청소년범죄를 가장 넓게 파악한다면 예를 들어 만9세의 소년이 물건을 훔친 경우와 같이 10세 미만의 소년이 형식적 의미의 범죄행위를 한 경우에도 청소년범죄라고 할 수도 있다. 그러나 이러한 행위에 대해서는 형법도 소년법도 적용되지 않는다. 따라서 이러한 청소년범죄 개념을 사용할 필요가 없다.

소년법은 10세에서 18세의 소년이 범죄행위를 하지 않았다고 하더라도 집단적으로 몰려다니며 주위 사람들에게 불안감을 조성하는 행위, 정당한 이유 없이 가출하는 행위, 술을 마시고 소란을 피우거나 유해환경에 접하는 행위(이러한 행위를 우범행위라고 표현할 수도 있다) 등을 하는 경우 소년의 성격과 환경에 비추어 형벌법령에 저촉되는 행위를 할 우려가 있는 경우에는 그 소년에 대해 보호처분을 할 수 있도록 하고 있다.[11]. 청소년범죄를 극단적으로 확장한다면 위와 같은 우범행위도 청소년범죄에 포함시킬 수 있지만, 이러한 행위들은 비행이라고 하면 족하므로 청소년범죄를 이렇게까지 확장할 필요는 없다.

4. 청소년범죄와 청소년비행

앞에서 본 것과 같이 이 책에서 말하는 청소년은 10세에서 18세까지의 소년이고, 이것은 주로 소년법의 적용을 전제로 한 것이다. 마찬가지로 소년법의 적용을 전제로 한다면 청소년범죄란 소년법상의 소년들의 형벌법규에 저촉되는 행위와 우범행위들을 포함해야 한다. 따라서 이 책에서 말하는 청소년

---

11) 소년법 제4조 제1항. 3. 다음 각 목에 해당하는 사유가 있고 그의 성격이나 환경에 비추어 앞으로 10세 이상인 소년 가. 집단적으로 몰려다니며 주위 사람들에게 불안감을 조성하는 성벽(性癖)이 있는 것, 나. 정당한 이유 없이 가출하는 것, 다. 술을 마시고 소란을 피우거나 유해환경에 접하는 성벽이 있는 것

범죄란 14세에서 18세 소년의 범죄행위, 10세에서 13세 소년의 형벌법규에 저촉되는 행위, 10세에서 18세 소년의 우범행위를 모두 포함한다. 10세에서 13세 소년의 형벌법규에 저촉되는 행위와 10세에서 18세 소년의 우범행위는 모두 비행이라고 할 수 있다.

결국 이 책에서 말하는 청소년범죄란 청소년범죄와 청소년비행을 모두 포함하는 개념이라고 할 수 있다.

제3절 청소년범죄 및 청소년보호관련 법률

Ⅰ. 개요

청소년은 범죄나 비행을 행할 수도 있지만, 정신적, 육체적 미성숙으로 인해 성인보다 쉽게 범죄나 비행의 피해를 당할 수도 있다. 국가는 모든 청소년이 건전하게 성장하도록 해야 한다. 국가는 일반 청소년 및 범죄나 비행을 당한 청소년도 보호하고 건전육성해야 하지만, 범죄나 비행을 행한 청소년도 보호하고 건전육성해야 한다.

이를 위해 여러 가지 법률이 제정되어 있다. 청소년기본법, 아동복지법, 청소년복지지원법, 청소년활동지원법, 학교밖 청소년지원에 관한 법률, 청소년보호법, 아동·청소년의 성보호에 관한 법률 등은 범죄나 비행을 저지르지 않은 소년들을 보호하고 건전육성하기 위한 법률이라고 할 수 있다. 이에 비해 소년법, 보호소년 등의 처우에 관한 법률은 범죄나 비행을 저지른 소년들을 보호하고 건전육성하기 위한 법률이라고 할 수 있다. 학교폭력 예방 및 대책에 관한 법률은 범죄나 비행을 저지른 청소년과 범죄나 비행의 피해자인 청소년을 모두 보호하고 건전육성하기 위한 법률이라고 할 수 있다.

이하에서는 범죄 및 비행청소년을 보호하고 건전육성하기 위한 법률인 소년법과 보호소년 등의 처우에 관한 법률을 중심으로, 청소년을 다른 청소년이나 성인의 범죄나 비행으로부터 보호하고 건전육성하기 위한 법률로 청소년보호법과 아동·청소년의 성보호에 관한 법률의 내용을 간략히 살펴보기로 한다.

Ⅱ. 소년법

1. 목적

소년법은 반사회성이 있는 소년의 환경 조정과 품행 교정을 위한 보호처분 등의 필요한 조치를 하고, 형사처분에 관한 특별조치를 함으로써 소년이 건전하게 성장하도록 돕는 것을 목적으로 한다(제1조).

2. 소년법의 대상소년

소년법의 대상소년에는 범죄소년, 촉법소년, 우범소년이 있다(제4조 제1항).

범죄소년이란 범죄를 저지른 14세－18세의 소년, 촉법소년이란 형벌법규에 저촉되는 행위를 한 10세－13세의 소년, 우범소년이란 일정한 사유가 있고 그의 성격이나 환경에 비추어 앞으로 형벌 법령에 저촉되는 행위를 할 우려가 있는 10세－18세의 소년을 말한다.

3. 보호처분과 형사처분의 종류

소년법은 대상소년에 대한 보호처분(제2장)과 형사처분(제3장)의 내용 및 절차를 규정하고 있다.

보호처분에는 1. 보호자 또는 보호자를 대신하여 소년을 보호할 수 있는 자에게 감호 위탁, 2. 수강명령, 3. 사회봉사명령, 4. 보호관찰관의 단기(短期) 보호관찰, 5. 보호관찰관의 장기(長期) 보호관찰, 6. 아동복지법에 따른 아동복지시설이나 그 밖의 소년보호시설에 감호 위탁, 7. 병원, 요양소 또는 보호소년 등의 처우에 관한 법률에 따른 소년의료보호시설에 위탁, 8. 1개월 이내의 소년원 송치, 9. 단기 소년원 송치, 10. 장기 소년원 송치 등이 있다(제32조 제1항).

형사처분에는 1. 사형, 2. 징역, 3. 금고, 4. 자격상실, 5. 자격정지, 6. 벌금, 7. 구류, 8. 과료, 9. 몰수 등이 있다(형법 제41조).

촉법소년은 형사미성년자인 소년이고, 우범소년은 범죄를 저지를 염려가 있을 뿐 저지르지는 않았기 때문에 이들에 대해 형사처분을 할 수는 없고, 보호처분만을 할 수 있다. 범죄소년에 대해서는 보호처분을 할 수도 있고, 형사처분을 할 수도 있다. 예를 들어, 13세의 소년이 절도죄를 범한 경우에는 형사처분을 할 수 없고(형벌에 처할 수 없고), 보호처분만을 할 수 있다. 18세의 우범소년에 대해서도 형사처분을 할 수 없고 보호처분만을 할 수 있다. 그러나 14세의 소년이 절도죄를 범한 경우에는 보호사건으로 처리하여 보호처분을 할 수도 있고, 형사사건으로 처리하여 형벌에 처하는 형사처분을 할 수도 있다.

출처: Ⅲ. 청소년보호의 필요성부터 Ⅱ. 소년법까지 오영근 감수. 2020. 7.

4. 소년법의 최근 논점

소년법에 대한 두 가지 주장은 소년사건이 이슈화될 때마다 크게 부각된다. 첫째는 소년법이 소년범죄의 흉포화를 억제하지 못한다는 견해이다. 따라서 소년법을 폐지하거나 개정하여 형사 사건으로 처리하자는 것이다. 둘째는 소년법의 인도적, 교육적 이념을 강화하여 실천하자는 주장이다. 청소년비행예방센터 증설, 의료소년원 추진은 청소년비행의 선제적 예방활동과 전문적 처우를 하겠다는 뜻을 나타낸다.

비행청소년에 대한 보호관찰 처분을 확대하여 사회 내에서 처우하려는 경향은 지속되고 있다. 사회자원의 활용, 가정과 정부 등이 함께 하는 통합적 처우를 꾀하고 있다(김영운 보호관찰소장).

Ⅲ. 보호소년 등의 처우에 관한 법률

1. 목적

소년법상 보호처분은 사회내처우와 시설내처우로 나눌 수 있다. 예를 들어, 소년법 제32조 제1항 제4호 및 제5호의 단기 및 장기 보호관찰처분은 소년으로 하여금 정상적으로 사회에서 생활하게 하면서 보호관찰관의 지도와 감독 및 도움을 받도록 하는 처분으로서 사회내처우에 속한다. 이에 비해 제8호에서 제10호까지의 소년원 송치처분은 소년의 자유를 박탈하고 소년원이라는 시설에 수용하는 것을 내용으로 하기 때문에 시설내처우라고 한다.

보호소년에 대한 사회내처우는 보호관찰 등에 관한 법률에 규정되어 있다. 보호처분 중 시설내처우는 보호소년 등의 처우에 관한 법률(이하 '보호소년법'이라 한다)[12]에 규정되어 있다. 동법은 보호소년 등의 처우 및 교정교육과 소년원과 소년분류심사원의 조직, 기능 및 운영에 관하여 필요한 사항을 규정함을 목적으로 한다(제1조).

2. 소년원과 소년분류심사원의 임무

소년원은 소년법 제32조 제1항 제8호부터 제10호까지의 규정에 따라 가정법원소년부 또는 지방법원소년부(이하 "법원소년부"라 한다)로부터 송치된 소년(이하 "보호소년"이라 한다)을 수용하여 교정교육을 하는 것을 임무로 한다(제2조 제1항).

소년분류심사원은 1. 소년법 제18조 제1항 제3호[13]에 따라 법원소년부로부터 위탁된 소년(이하 "위탁소년"이라 한다)의 수용과 분류심사, 2. 소년법 제12조[14]에 따른 전문가 진단의 일환으로 법원소년부가 상담조사를 의뢰한 소년

12) 보호소년법은 과거 소년원법이라는 명칭을 가졌으나, 2007년 12월 21일 개정에 의해 보호소년 등의 처우에 관한 법률로 명칭이 변경되었다. 이것은 소년원뿐만 아니라 소년분류심사원 등 다양한 시설들 임무와 기능을 포괄할 수 있도록 하기 위함이었다.

13) 제18조(임시조치) ① 소년부 판사는 사건을 조사 또는 심리하는 데에 필요하다고 인정하면 소년의 감호에 관하여 결정으로써 다음 각 호의 어느 하나에 해당하는 조치를 할 수 있다. 1. 보호자, 소년을 보호할 수 있는 적당한 자 또는 시설에 위탁, 2. 병원이나 그 밖의 요양소에 위탁, 3. **소년분류심사원에 위탁**.

의 상담과 조사, 3. 소년법 제49조의2[15]에 따라 소년 피의사건에 대하여 검사가 조사를 의뢰한 소년의 품행 및 환경 등의 조사, 4. 기타 소년원장이나 보호관찰소장이 의뢰한 소년의 분류심사 등의 임무를 수행한다.

3. 처우의 기본원칙

소년원장 또는 소년분류심사원장은 보호소년 또는 위탁소년을 처우할 때에 인권보호를 우선적으로 고려하여야 하며, 그들의 심신발달 과정에 알맞은 환경을 조성하고 안정되고 규율있는 생활 속에서 보호소년 등의 성장 가능성을 최대한으로 신장시킴으로써 사회적응력을 길러 건전한 청소년으로서 사회에 복귀할 수 있도록 하여야 한다. 또한 보호소년에게는 품행의 개선과 진보의 정도에 따라 점차 향상된 처우를 하여야 한다(제5조).

Ⅳ. 청소년보호법

1. 목적

청소년보호법은 청소년에게 유해한 매체물과 약물 등이 청소년에게 유통되는 것과 청소년이 유해한 업소에 출입하는 것 등을 규제하고 청소년을 유해한 환경으로부터 보호·구제함으로써 청소년이 건전한 인격체로 성장할 수 있도록 함을 목적으로 한다(제1조).

이 법에서 청소년이란 만19세 미만인 사람을 말하지만, 만19세가 되는 해의 1월 1일을 맞이한 사람은 제외한다[16].

---

14) 제12조(전문가의 진단) 소년부는 조사 또는 심리를 할 때에 정신건강의학과의사·심리학자·사회사업가·교육자나 그 밖의 전문가의 진단, **소년분류심사원**의 분류심사 결과와 의견, 보호관찰소의 조사결과와 의견 등을 고려하여야 한다.

15) 제49조의2(검사의 결정 전 조사) ① 검사는 소년 피의사건에 대하여 소년부 송치, 공소제기, 기소유예 등의 처분을 결정하기 위하여 필요하다고 인정하면 피의자의 주거지 또는 검찰청 소재지를 관할하는 보호관찰소의 장, **소년분류심사원장** 또는 소년원장에게 피의자의 품행, 경력, 생활환경이나 그 밖에 필요한 사항에 관한 조사를 요구할 수 있다.

16) 예를 들어, 2000년 12월 31일에 출생한 사람은 2019년 12월 31일에 만19세가 되지만, 2019년 1월 1일에는 이 법의 보호대상에서 제외된다. 이 사람은 2019년 1월 1일에 연 19세가 된다.

2. 내용

이 법은 청소년유해매체물의 결정 및 유통 규제(제2장), 청소년의 인터넷게임 중독 예방(제3장), 청소년유해약물 등, 청소년유해행위 및 청소년유해업소 등의 규제(제5장), 청소년 보호 사업의 추진(제6장)을 위한 가정, 사회, 국가의 책임과 이를 실현하기 위한 여러 가지 방안들을 규정하고 있다.

또한 이러한 사업을 추진하기 위한 청소년보호위원회의 설치(제7장) 및 이 법에서 규정하고 있는 사항들을 위반하는 행위 등에 대한 벌칙(제8장)도 규정하고 있다.

V. 아동 · 청소년의 성보호에 관한 법률(청소년성보호법)

1. 목적

이 법은 아동 · 청소년대상 성범죄의 처벌과 절차에 관한 특례를 규정하고 피해아동 · 청소년을 위한 구제 및 지원 절차를 마련하며 아동 · 청소년대상 성범죄자를 체계적으로 관리함으로써 아동 · 청소년을 성범죄로부터 보호하고 아동 · 청소년이 건강한 사회구성원으로 성장할 수 있도록 함을 목적으로 한다(제1조).

이 법에서 말하는 아동 · 청소년이란 19세 미만의 자이지만, 19세에 도달하는 연도의 1월 1일을 맞이한 자는 제외한다(제. 이것은 청소년보호법에서와 같다.

2. 아동 · 청소년대상 성범죄에 대한 가중처벌

청소년성보호법은 아동 · 청소년에 대한 성폭력범죄를 형법에 비해 가중처벌하고 있는데, 그 내용 중 일부만 소개하면 다음과 같다.

죄명	형법	청소년성보호법
강간	§297 3년 이상의 유기징역	§7① 무기징역 또는 5년 이상의 유기징역
유사강간	§297조의2 2년 이상의 유기징역	§7② 5년 이상의 유기징역
강제추행	§298 10년 이하의 징역 또는 1,500만원 이하의 벌금	§7③ 2년 이상의 유기징역 또는 1천만원 이상 3천만원 이하의 벌금
준강간	§299, §297 3년 이상의 유기징역	§7④§7① 무기징역 또는 5년 이상의 유기징역
준유사강간	§299, §297조의2 2년 이상의 유기징역	§7④§7① 5년 이상의 유기징역
준강제추행	§299, §298 10년 이하의 징역 또는 1,500만원 이하의 벌금	§7④,§7① 2년 이상의 유기징역 또는 1천만원 이상 3천만원 이하의 벌금
위계·위력에 의한 간음	§302 5년 이하의 징역	§7⑤,§7① 무기징역 또는 5년 이상의 유기징역
위계·위력에 의한 유사간음	§302 5년 이하의 징역	§7⑤,§7② 5년 이상의 유기징역
위계·위력에 의한 추행	§302 5년 이하의 징역	§7⑤,§7③ 2년 이상의 유기징역 또는 1천만원 이상 3천만원 이하의 벌금

위 표를 보면 형법에 비해 청소년성보호법의 형벌이 월등하게 높은 것을 알 수 있다. 즉, 형법상 강간죄의 경우 3년 이상의 유기징역에 처해지지만(제297), 청소년성보호법상 아동·청소년강간죄의 경우 무기징역 또는 5년 이상의 징역에 처해진다(제7조 제1항). 형법상 위계·위력에 의한 미성년자 간음죄나 추행죄의 경우 5년 이하의 징역에 처해지지만(제302조), 청소년성보호법상 위계·위력에 의한 아동·청소년간음죄는 무기징역 또는 5년 이상의 유기징역에 처해지고(제7조 제5항 및 제1항), 위계·위력에 의한 아동·청소년추행죄는 2년 이상의 유기징역 또는 1천만원 이상 3천만원 이하의 벌금에 처해진다(제7조 제5항 및 제3항).

또한 형법상 음주 또는 약물로 인한 심신장애 상태에서 성폭력범죄를 범한 때에는 심신상실의 경우 처벌하지 않고, 심신미약의 경우는 형이 감경할 수 있다(형법 제10조 제1항 및 제2항). 그러나 청소년성보호법상 아동·청소년대상 성폭력범죄를 범한 때에는 형법 제10조 제1항·제2항 및 제11조를 적용하지 아니할 수 있다(제19조).

3. 아동 · 청소년대상 성범죄 처벌절차의 특례

청소년성보호법은 아동 · 청소년에 대한 성범죄에 처벌절차에 대해 형사소송법의 특례를 규정하고 있다.

예를 들어, 형사소송법상 성범죄에 대한 공소시효는 범죄행위의 종료시부터 진행하지만(제252조 제1항), 청소년성보호법상 아동 · 청소년에 대한 성범죄의 공소시효는 피해아동 · 청소년이 성년이 된 날부터 진행한다(제20조 제1항).

아동 · 청소년대상 성범죄의 경우에는 일반 형사소송에서는 인정되지 않는 수사나 재판절차에서 신뢰관계에 있는 사람의 동석[17]이나 피해자를 위한 변호인선임이 허용된다[18].

---

17) 제28조(신뢰관계에 있는 사람의 동석) ① 법원은 아동 · 청소년대상 성범죄의 피해자를 증인으로 신문하는 경우에 검사, 피해자 또는 법정대리인이 신청하는 경우에는 재판에 지장을 줄 우려가 있는 등 부득이한 경우가 아니면 피해자와 신뢰관계에 있는 사람을 동석하게 하여야 한다. ② 제1항은 수사기관이 제1항의 피해자를 조사하는 경우에 관하여 준용한다.

18) 제30조(피해아동 · 청소년 등에 대한 변호사선임의 특례) ① 아동 · 청소년대상 성범죄의 피해자 및 그 법정대리인은 형사절차상 입을 수 있는 피해를 방어하고 법률적 조력을 보장하기 위하여 변호사를 선임할 수 있다.

02

CHAPTER

청소년범죄 발생 실태와 원인론

제1절 청소년범죄 발생 실태
제2절 청소년범죄의 원인론

제1절 청소년범죄 발생 실태

1. 전체 범죄의 발생 실태

2017년도 전체 범죄 발생 및 검거 현황은 범죄 발생건수는 2010년 682건으로 전년 대비 3.2% 증가하였고, 검거건수도 1,543,930건으로 전년 대비 3.2% 증가하였다[1)]

소년범죄란 소년법 제4조 제1항 제1호에 정한 14세 이상 19세 미만의 소년에 의한 범죄행위와 제2호에 정한 10세 이상 14세 미만인 소년에 의한 촉법행위[2)]를 말하며, 동조 제3호에 정한 우범[3)]은 포함하지 않는다.

2008. 6. 22.부터 개정 소년법의 시행으로 소년법 적용대상 상한이 20세에서 19세로 낮춰졌고, 촉법소년의 적용대상이 12세에서 10세로 낮춰졌다. 이에 따라 이하에서는 2008년까지는 12세 이상 20세 미만 소년을, 2009년부터는 10세 이상 19세 미만 소년을 분석대상으로 한다.

총 소년범은 2004년 72,770명에서 2005년 67,478명으로 줄어들었다가 2006년 69,211명, 2007년 88,104명, 2008년 134,992명으로 늘어났고, 특히 2008년에는 이전 10년과 비교했을 때 최고 수치를 나타내었다.

하지만 2008년을 정점으로 소년범 인원은 줄어들어 2011년에는 83,068명까지 감소했다가, 2012년에는 107,490명으로 다시 올라갔으며, 2013년에는 전년 대비 14.8% 줄어든 91,633명을 나타내었다.

전반적으로 2007년 후에 소년범죄는 늘어나는 동향을 나타내고 있다고 할 수 있다.

소년인구 10만 명당 범죄자수를 나타내는 소년범죄율을 보면, 2004년 소년인구 10만 명당 1,412.2명에서 2005년에는 1,299.0명으로 줄어들었다가 2006년

1) 전체 범죄 발생 · 검거 현황(2017년) 검찰청, 「범죄분석」 각년도 참조(범죄율은 인구 10만 명당 범죄발생건수)

2) 촉법행위란 형벌법령에 저촉되는 행위를 하였으나 형사책임연령에 달하지 않았기 때문에 형사책임을 묻지 않는 행위를 말한다.

3) 우범이란 집단적으로 몰려다니며 주위 사람들에게 불안감을 조성하는 성벽, 정당한 이유 없는 가출, 술을 마시고 소란을 피우거나 유해환경에 접하는 성벽을 말한다.

이후 지속적으로 늘어나서 2008년에는 2,449.0명으로 지난 10년간 최고 수치를 나타냈다.

그러나 2009년 이후부터 2011년까지 지속적으로 감소하는 경향을 보이다가 2012년에는 1,873.6명으로 증가하였고, 2013년 1,661.2명으로 다시 감소하였다.

소년범죄율은 2004년에서 2008년까지는 늘어나는 동향을 보이다가 2008년을 정점으로 하향세로 바뀌었으나, 2012년 다시 상승하는 경향을 보이며, 전반적으로는 상승세임을 알 수 있다.

동일한 기간에 성인범죄율은 2004년 5,387.2명에서 2007년까지는 2004년 평균 이하에서 2008년과 2009년 각각 5,507.1명과 5,482.0명으로 일시적으로 늘어났으나, 2010년 이후 다시 줄어들어서 전체적으로는 하향세를 나타나고 있다는 점과 비교된다.[4)]

전체 범죄자 중 소년범죄자의 점유비율(소년비)은 2004년 3.7%에서 이후 지속적으로 증가하여 2008년에는 최고치인 6.2%를 기록하였다.

그러나 2008년 이후 지속적으로 감소하여 2013년에는 전체 범죄자의 4.6%를 점하고 있으나, 2004년 3.7%에 비해서 여전히 높은 비율을 나타내고 있다.

전체적으로 지난 10년 동안 전체 범죄자 중 소년범죄자의 비율은 증가하였다고 할 수 있다.

2. 청소년범죄의 발생 실태

1) 범행동기

- 강도범죄자의 범행동기를 기타를 제외하고 살펴보면, 우발적 동기가 20.0%로 가장 많았고, 생활비 마련(16.5%), 유흥/도박비 마련(6.4%) 순이었다.
- 강도범죄자 중 소년범죄자의 비율은 17.6%, 성인범죄자의 비율은 82.4%로 나타났다. 소년범죄자의 범행동기 비율은 기타를 제외한 생활비 마련, 유흥/도박비 마련, 우발적 동기가 성인범죄자에 비해 모두 높게 나타났다.

4) 법무연수원, 범죄백서, 2015. 51-.

표 2-1 강도범죄자의 연령별 범행동기

(단위 : 명(%))

범행동기	소년범 여부		계
	소년범	성인범	
생활비 마련	44(19.0)	174(16.)	218(16.5)
유흥/도박비 마련	28(12.1)	56(5.1)	84(6.4)
우발적	53(22.8)	211(19.4)	264(20.0)
기타	107(46.1)	648(59.5)	755(57.2)
계	232(100.0)	1,089(100.)	1,321

(단위 : 명(%))

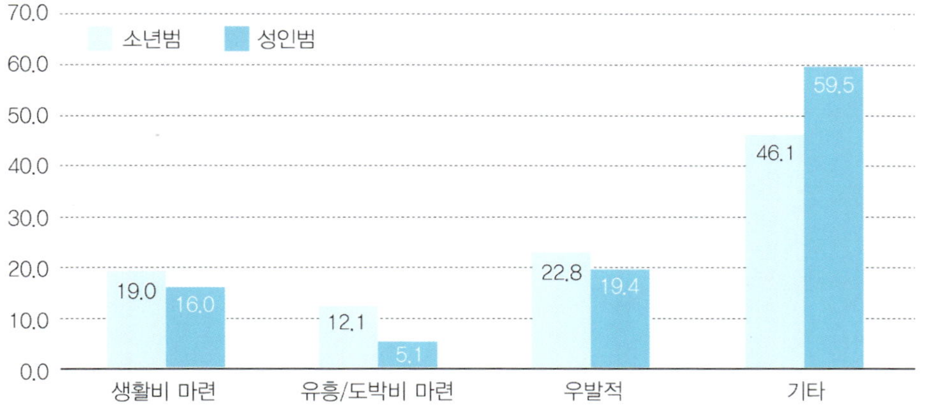

그림 2-1 강도범죄자의 연령별 범행동기

출처: 대검찰청 범행동기 2018년도.

2) 공범 여부

- 강도범죄의 49.9%가 공범이 있는 것으로 나타났다. 성인범죄자의 42.4%가 공범이 있는 반면에, 소년범죄자는 86.3%가 공범이 있는 것으로 나타났다.

표 2-2 강도범죄자의 연령별 공범비율

(단위 : 명(%))

공범 여부	소년범 여부		계
	소년범	성인범	
단독범	32(13.7)	656(57.6)	688(50.1)
공범	202(86.3)	483(42.4)	685(49.9)
계	234(100.0)	1,139(100.0)	1,373(100.0)

(단위 : %)

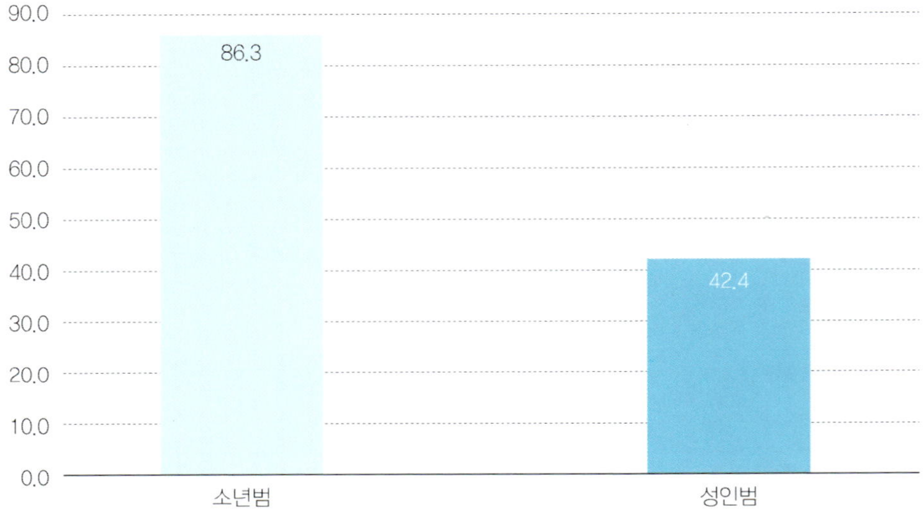

그림 2-2 강도범죄자의 연령별 공범비율

출처: 대검찰청 강도범죄 2018년도.

3. 성폭력

1) 범죄발생시간

- 2017년에는 32,824건의 성폭력범죄가 발생하였다. 이 중 40.9%가 밤(20:00~03:59)에 발생하였고, 22.2%는 오후(12:00~17:59)에 발생하였다. 전체적으로 성폭력범죄의 51.7%가 저녁시간 이후의 시간대에 발생한 것으로 나타났다.

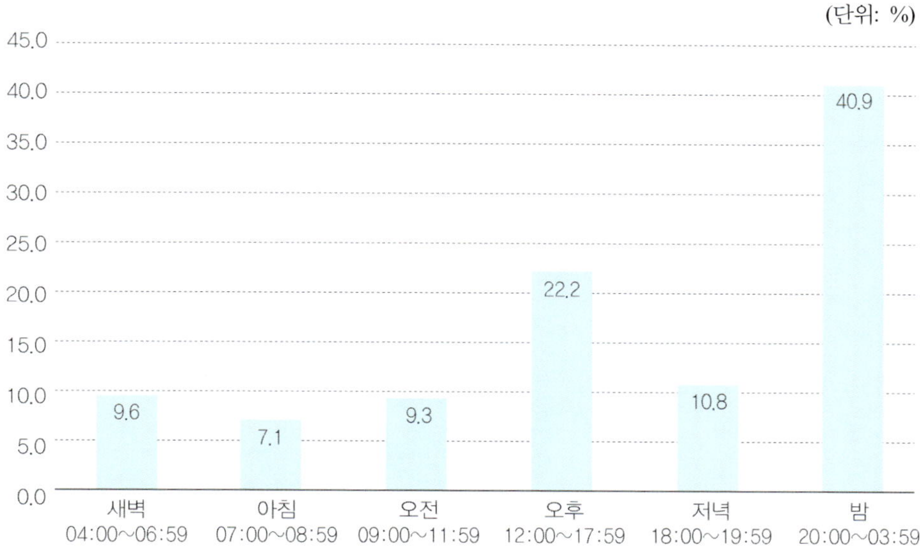

그림 2-3 성폭력범죄의 범죄발생시간

출처: 대검찰청 성폭력범죄 2018년도.

- 성폭력범죄가 가장 많이 발생하는 계절은 여름(32.3%)인 것으로 나타났다. 그 다음은 봄(27.1%), 가을(23.3%), 겨울(17.3%) 순이었다.

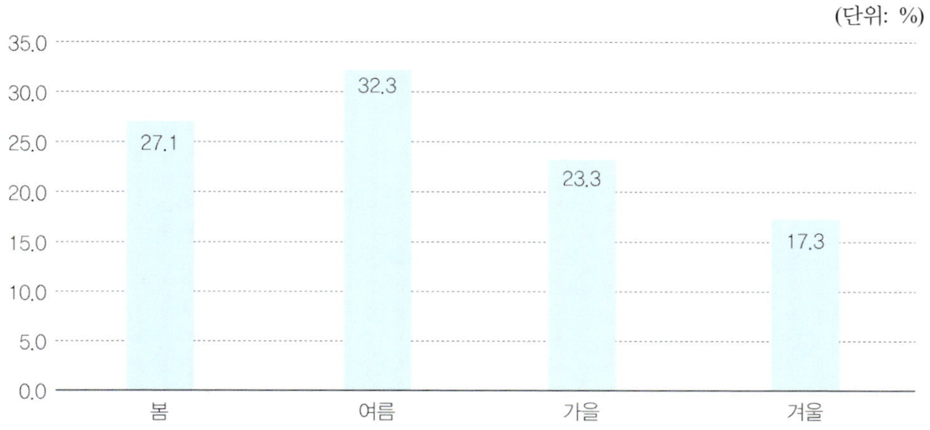

그림 2-4 성폭력범죄의 발생계절

출처: 대검찰청 성폭력범죄 2018년도.

2) 범죄발생장소

- 성폭력범죄는 기타를 제외하고 보면, 주거지(16.1%)에서 가장 많이 발생하였으며, 그 다음으로는 노상(13.6%), 교통수단(12.8%) 등의 순이었다. 이외

에도 숙박업소 및 목욕탕과 유흥접객업소가 각각 8.1%와 7.9%를 차지하였다.

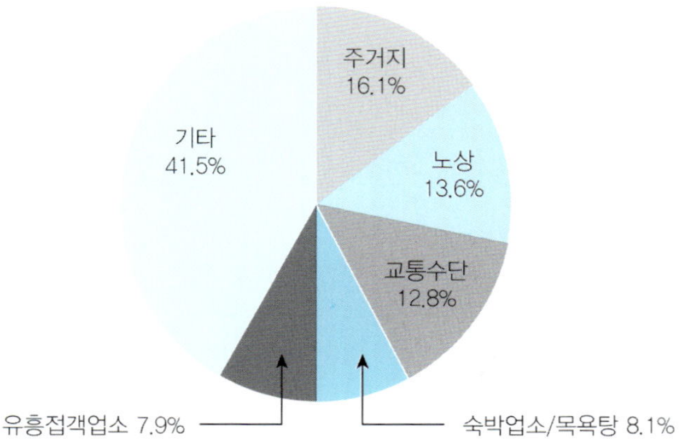

그림 2-5 성폭력범죄의 범죄발생장소

출처: 대검찰청 성폭력범죄 2018년도.

3) 피해자의 연령

- 성폭력범죄의 피해자는 21세~30세(39.4%)가 가장 많았다. 그 다음은 16세~20세(21.2%), 31세~40세(12.5%) 등의 순이었다. 전체 성폭력범죄 피해자의 9.8%가 15세 이하의 청소년이었고, 61세 이상의 연령층은 2.3%를 차지하고 있다.

(단위: %)

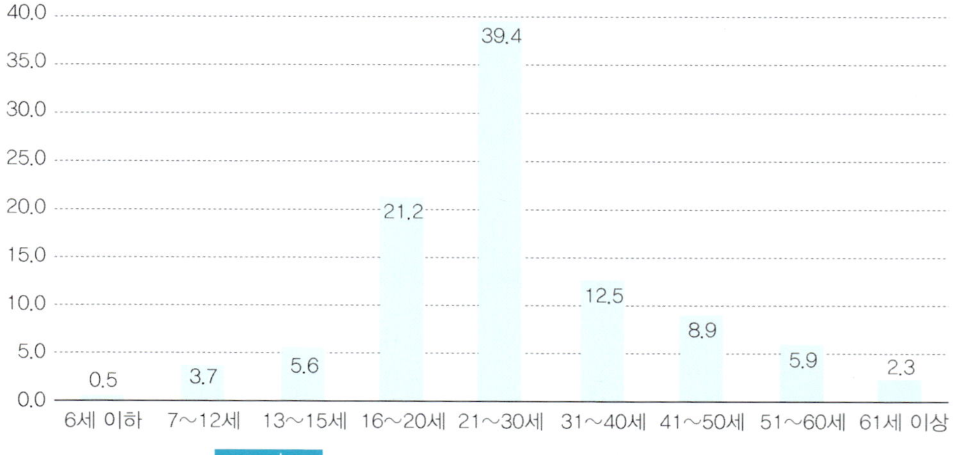

그림 2-6 성폭력범죄의 피해자의 연령별 분포

출처: 대검찰청 성폭력범죄 2018년도.

4) 공범 여부

- 성폭력범죄의 96.4%는 단독으로 이루어지는 것으로 나타났다. 그러나 소년범죄자의 경우에는 단독범의 비율이 84.3%로 성인범죄자(97.7%)보다 낮고, 공범비율이 15.7%로 성인범죄자(2.3%)보다 상대적으로 높았다.

표 2-3 성폭력범죄자의 연령별 공범비율

(단위 : 명(%))

공범 여부	소년범 여부		계
	소년범	성인범	
단독범	2,539(84.3)	28,019(97.7)	30,558(96.4)
공범	474(15.7)	659(2.3)	1,133(3.6)
계	3,013(100.0)	31,691(100.0)	31,691(100.0)

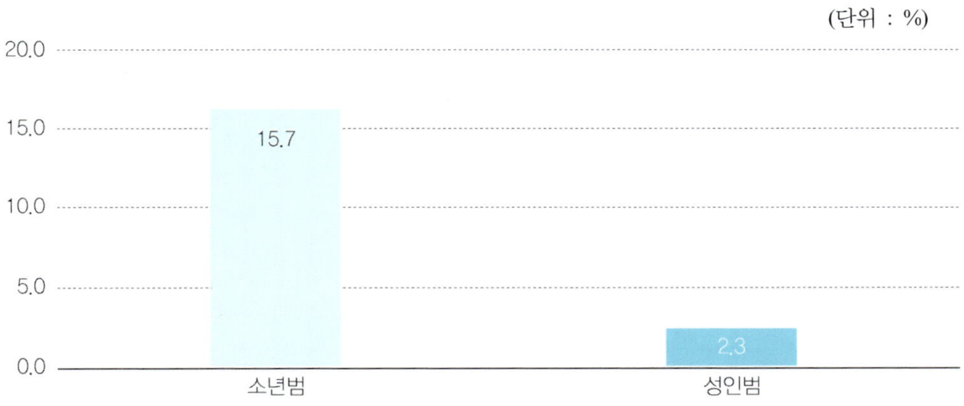

그림 2-7 성폭력범죄자의 연령별 공범비율

출처: 대검찰청 성폭력범죄 2018년도.

5) 범죄자와 피해자의 관계

- 성폭력범죄자와 피해자의 관계를 보면, 타인이 68.7%로 높은 비율을 차지하고 있다. 그러나 소년범죄자의 경우에는 타인의 비율이 58.7%로 성인범죄자의 비해 상대적으로 낮고, 친구 등의 비율이 23.5%로 상대적으로 높게 나타났다.

표 2-4 성폭력범죄자의 연령별 피해자의 관계

(단위 : 명(%))

범죄자와 피해자의 관계	소년범 여부		계
	소년범	성인범	
고용관계	0(0.0)	605(2.5)	605(2.3)
친구 등	653(23.5)	1,495(6.2)	2,148(8.0)
애인	100(3.6)	968(4.0)	1,068(4.0)
친족	29(1.0)	750(3.1)	779(2.9)
이웃/지인	252(9.1)	2,275(9.5)	2,527(9.4)
타인	1,629(58.7)	16,798(69.9)	18,427(68.7)
기타	112(4.0)	1,154(4.8)	1,266(4.7)
계	2,775(100.0)	24,045(100.0)	26,820(100.0)

(단위 : %)

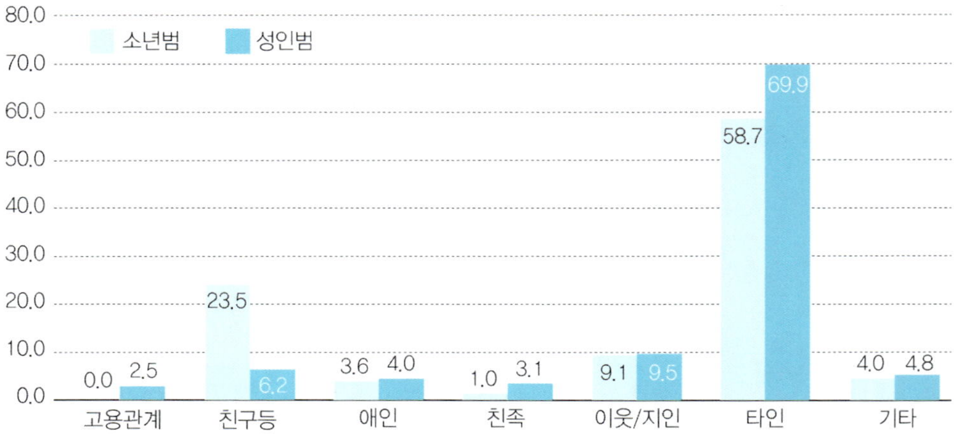

그림 2-8 성폭력범죄자의 연령별 피해자의 관계

출처: 대검찰청 성폭력범죄 2018년도.

4. 폭행/상해

1) 범죄발생시간

- 2017년 총 214,874건의 폭행/상해범죄가 발생하였다. 이 중 51.5%가 밤(20:00~03:59)에 발생하였다. 그 다음으로 높은 비율을 차지하고 있는 시간대는 오후(12:00~17:59)로 18.1%였다.

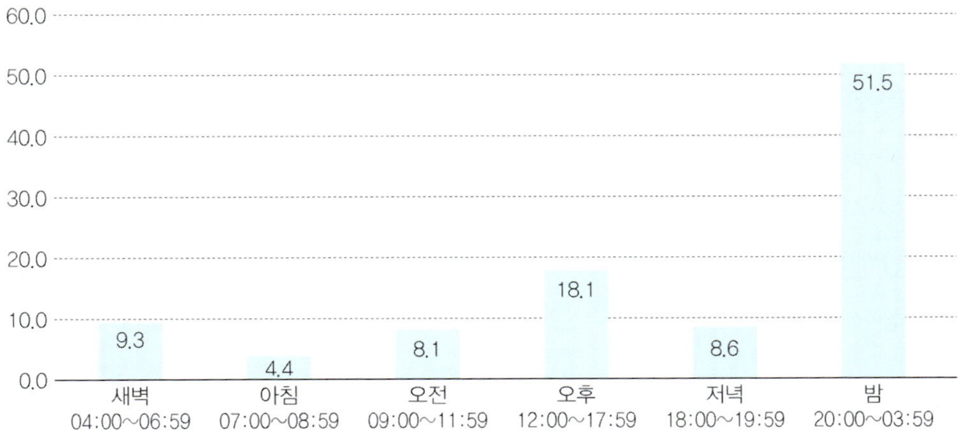

그림 2-9 폭행/상해범죄의 범죄발생시간

출처: 대검찰청 폭행/상해범죄 2018년도.

2) 범죄발생장소

- 폭행/상해범죄는 기타를 제외하고 살펴보면, 노상(36.3%)에서 가장 많이 발생하는 것으로 나타났다. 그 다음으로는 주거지(12.7%), 유흥접객업소 (8.2%) 등의 순이었다.

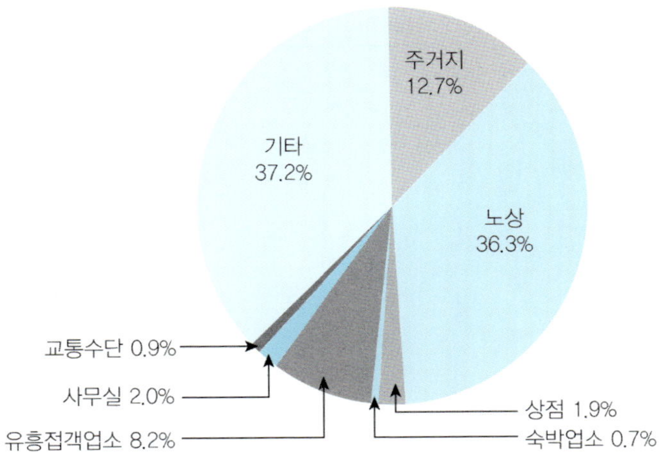

그림 2-10 폭행/상해범죄의 범죄발생장소

출처: 대검찰청 폭행/상해범죄 2018년도.

3) 피해자의 성(性)과 연령

- 폭행/상해범죄 피해자의 63.5%는 남성이고, 36.5%는 여성이다.
- 폭행/상해범죄의 피해자는 21~30세(20.1%)가 가장 많았고, 그 다음이 41~50세(19.8%), 51~60세(19.7%) 등의 순이다.
- 여성피해자는 남성에 비해 31~40세와 41~50세의 비율이 상대적으로 높고, 남성피해자의 경우 여성에 비해 16~20세의 젊은 층의 비율이 상대적으로 높다.

표 2-5 폭행/상해범죄 피해자 성별 연령별 분포

(단위 : 건(%))

피해자 연령	소년범 여부		계
	소년범	성인범	
15세 이하	3,066(2.6)	1,339(2.0)	4,405(2.4)
16세-20세	12,931(11.1)	5,064(7.6)	17,995(9.8)
21세-30세	24,324(20.9)	12,487(18.6)	36,811(20.1)
31세-40세	18,418(15.8)	12,977(19.4)	31,395(17.1)
41세-50세	21,192(18.2)	15,170(22.7)	36,362(19.8)
51세-60세	23,121(19.9)	13,045(19.5)	36,166(19.7)
61세 이상	13,313(11.4)	6,888(10.3)	20,201(11.0)
계	116,365(100.0)	66,970(100.0)	183,335(100.0)

(단위 : %)

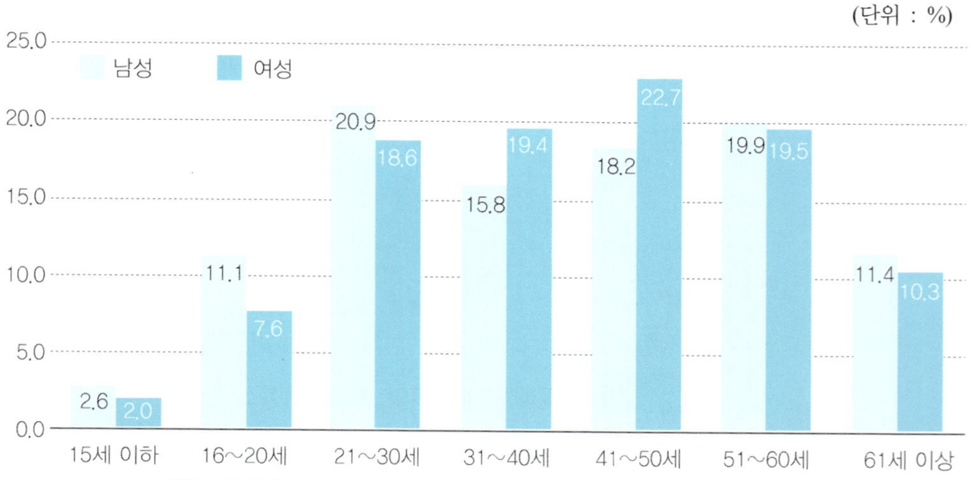

그림 2-11 폭행/상해범죄 피해자의 성별 연령별 분포

출처: 대검찰청 폭행/상해범죄 2018년도.

5. 절도

1) 범죄자의 성(性)과 연령

- 절도범죄자의 76.2%가 남성이며, 23.8%가 여성이다.
- 절도범죄자 중 가장 많은 비율을 차지하고 있는 연령대는 19~30세로 전체의 20.4%를 차지하고 있으며, 18세 이하(18.9%), 51~60세(16.8%) 등의 순이었다. 다른 범죄와 달리 절도범죄자는 30세 이하의 젊은 연령층이 주를 이루고 있다.
- 절도범죄자의 성별 연령대는 큰 차이를 보여 18세 이하와 19~30세 이하의 연령대에서는 남성범죄자의 비율이 높은 반면에, 41~50세, 51~60세, 61세 이상의 연령대에서는 여성범죄자의 비율이 남성에 비해 높은 것으로 나타났다. 남성범죄자는 젊은 연령층이 상대적으로 더 많고, 여성범죄자는 나이든 연령층이 상대적으로 더 많음을 보였다.

표 2-6 절도범죄자의 성별 연령별 분포

(단위 : 명(%))

범죄자 연령	범죄자 성		계
	남성	여성	
18세 이하	17,389(21.5)	2,619(10.4)	20,008(18.9)
19세-30세	17,525(21.7)	4,141(16.4)	21,666(20.4)
31세-40세	10,957(13.6)	3,279(13.0)	14,236(13.4)
41세-50세	11,581(14.3)	4,222(16.7)	15,803(14.9)
51세-60세	12,482(15.4)	5,318(21.1)	17,800(16.8)
61세 이상	10,866(13.4)	5,666(22.4)	16,532(15.6)
계	80,800(100.0)	25,245(100.0)	106,045(100.0)

(단위 : %)

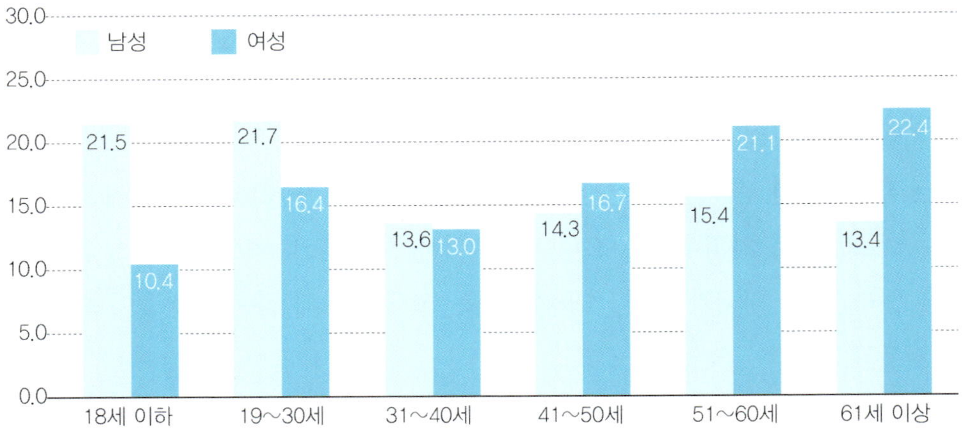

그림 2-12 절도범죄자의 성별 연령별 분포

출처: 대검찰청 절도범죄 2018년도.

2) 범죄자의 전과

- 절도범죄자의 60.0%는 전과가 있었다.
- 절도범죄자의 연령에 따라 전과자 비율은 차이를 보여, 소년범죄자 중 전과자의 비율은 40.2%인 반면에, 성인범죄자 중 전과자의 비율은 65.0%로 소년범죄자에 비해 더 높았다.

표 2-7 절도범죄자의 연령별 전과자 비율

(단위 : 명(%))

전과 여부	소년범 여부		계
	소년범	성인범	
전과 없음	11,650(59.8)	26,803(35.0)	38,453(40.0)
전과 있음	7,830(40.2)	49,884(65.0)	57,714(60.0)
계	19,480(100.0)	76,687(100.0)	96,167(100.0)

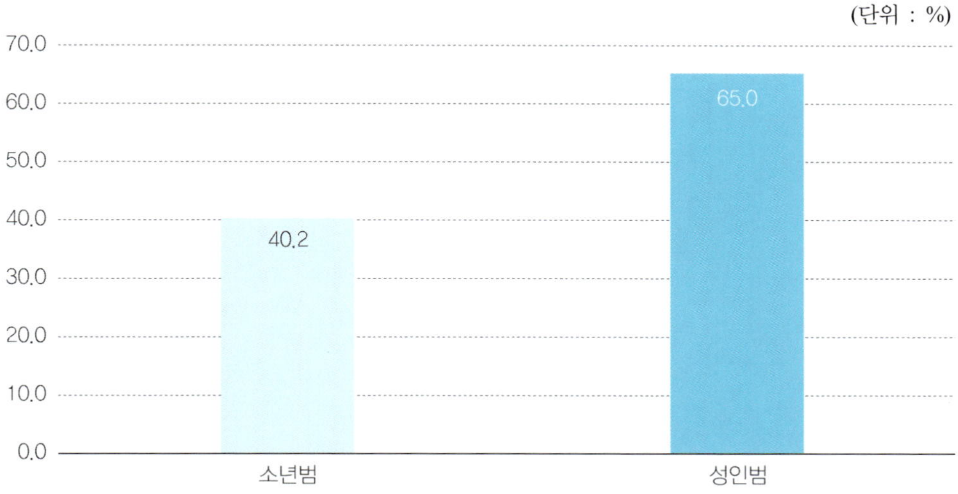

그림 2-13 절도범죄자의 연령별 전과자 비율

출처: 대검찰청 절도범죄 2018년도.

3) 범행동기

- 절도범죄자의 범행 동기는 기타를 제외하고 보면, 우발적 동기가 30.8%로 가장 많았다. 그 다음은 기타이욕(19.4%), 생활비 마련(10.0%) 등의 순이다.
- 소년범죄자는 성인범죄자에 비해 호기심/유혹(소년범 20.9%, 성인범 3.1%)에 의해서나 유흥/도박비(소년범 5.2%, 성인범 1.5%) 마련을 위해 절도범죄를 저지르는 경우가 상대적으로 많았다.
- 소년범죄자의 범행동기 중 이욕에 해당되는 생활비 마련(6.9%), 유흥/도박비 마련(5.2%), 기타이욕(17.5%)이 29.6%를 차지함에 따라, 우발적(30.8%) 범행에 이어 많은 비중을 차지하는 절도 범행 원인임을 나타낸다.

표 2-8 절도범죄자의 연령별 범행동기

(단위 : 명(%))

범행동기	소년범 여부		계
	소년범	성인범	
생활비 마련	1,343(6.9	8,224(10.8)	9,567(10.0)
유흥/도박비 마련	1,001(5.2)	1,118(1.5)	2,119(2.2)
기타이욕	3,401(17.5)	15,149(19.8)	18,550(19.4)
호기심/유혹	4,054(20.9)	2,333(3.1)	6,387(6.7)

우발적	5,356(27.6)	24,153(31.6)	29,509(30.8)
기타	4,275(22.0)	25,423(33.3	29,698(31.0)
계	19,430(100.0)	76,400(100.0)	95,830(100.0)

(단위 : %)

그림 2-14 절도범죄자의 연령별 범행동기

출처: 대검찰청 폭행/상해범죄 2018년도.

제2절 청소년범죄의 원인론

Ⅰ. 범죄학이론의 기초

1) 고전학파의 관점

(1) 개 요

고전학파는 인간은 합리적이고 이성적인 존재이므로 고통을 피하고 쾌락을 추구하려는 욕구를 가지고 있음을 기본 전제로 하고 있다.

인간이 어떤 행위를 할 경우에 손해와 이익을 계산하고 이익이 많을 경우에 행위를 하게 된다. 범죄행위의 경우에도 마찬가지로 손해보다는 이익이 많을 경우에 범죄행위를 하게 된다는 내용이다. 예를 들면, 절도범의 경우에도 절도로 인하여 재물의 이익을 얻기 위하여 절도범죄를 범한다는 것이다.

2) 주요 내용

인간은 자신들의 자유의지(free will)에 의하여 범죄행위를 저지른다는 입장을 취하고 있다. 인간의 소질이나 그들을 둘러싸고 있는 환경은 인간의 범죄행위와는 무관한 것이며, 자신들의 의지에 따라 합리적으로 범죄행위의 실행 여부를 결정한다는 전제를 두고 있다.

따라서 합리적 쾌락주의(rationalistic hedonism)는 고전주의 범죄이론은 인간은 행동을 통해서 얻을 수 있는 쾌락과 그 결과로서 받게 될 고통을 비교하여 고통보다 쾌락이 크다고 판단될 때 범죄를 저지른다는 것이다.

이러한 면에서 볼 때 자유선택주의는 인간은 자신의 행동을 결정할 수 있는 능력, 즉 자유의지(Free Will)를 가진 이성적이고 합리적인 존재라는 것이다. 따라서 인간은 그들의 욕구충족이나 문제해결을 위하여 범죄나 비범죄행위 가운데 하나를 선택할 수 있다.

또한 잠재적 범죄자는 고전주의를 대표하는 학자인 베카리아와 벤담은 근본적으로 모든 사람들은 자신들의 선택에 따라 언제든지 범죄를 범할 수 있는 잠재적인 범죄자로 보았으며, 형벌에 의한 통제방법으로는 인간의 범죄유발 충동을 억제하기 위해서는 범죄자들에게 대한 사회 전체의 보복, 즉 형벌을 가하여 두려움을 갖도록 하여 범죄를 통제할 수 있다고 하였다.

한 인간의 자유의지에 의한 선택의 결과가 범죄행위이기 때문에, 범죄행위에 대하여 사회 전체의 보복인 형벌을 가한다면 범죄행위를 하지 않도록 할 수 있다. 따라서 가장 효과적인 범죄예방은 범죄를 선택하지 못하게 하는 형벌이라고 할 수 있다. 형벌의 목적을 달성하기 위해서는 형벌의 고통이 범죄로부터 얻어질 수 있는 이익을 능가해야만 한다고 믿었다.

그런데 범죄와 형벌의 관계를 계산하기 위해서는 형벌의 엄격성 · 신속성 · 확실성이라는 형벌의 3요소가 고려되어야 한다.

첫째, 형벌의 엄격성이란 형벌이 위해의 정도에 따라 정당화되지 않거나 지나치게 과다하게 부과되어서는 안 된다는 것이다.

형벌의 엄격성은 범행의 이익을 충분히 능가할 수 있는 정도보다 적어서는 안 되며, 범죄를 억제하는 데 요구되는 것 이상도 이하도 아니어야 한다.

둘째 형벌의 신속성이란 범인검거 시부터 재판 시까지의 형사절차 과정이 신속해야 한다는 것이다.

셋째, 형벌의 확실성이란 범죄를 하게 되면 반드시 체포해서 처벌을 받게 된다는 신념을 말하는데, 미약한 형벌일지라도 그것이 확실하다면 항상 사람의 마음을 두렵게 하여 범죄행위는 예방될 것이다.

3) 신고전학파의 등장

(1) 개 념

자유의사와 완전한 책임이라는 고전학파이론의 적용에 있어 나이, 정신상태 그리고 상황 등을 고려하여 형벌을 경감해야 한다는 일련의 학파를 소위 신고전학파라고 부른다.

(2) 특 징

고전학파는 범죄행위에 초점을 맞추어 설명하고 있으나 신고전학파는 범죄행위가 아니라 범죄자에 초점을 맞추어 설명하고 있는 것이 특징이다.

4) 현대적 고전주의 개념

현대적 고전주의는 범죄행위를 억제한다는 입장에서 설명하고 있는데 이를 설명한다면 다음과 같다. 범죄행위는 인간이 쾌락과 이익은 극대화하면서 손실과 고통을 최소화하려고 하기 때문에 발생한 것으로 범행으로, 인해 기대되는 이익보다 손실이 크면 범죄는 억제할 수 있으며, 1970년대 경제학자들이 인간의 경제적 선택을 범죄행위의 분석과 형사사법제도의 선택에 원용하고 있다.

자신이 불법행위를 했을 때 검거될 확률 그리고 체포되었을 때의 가능한 처벌을 계산하여 범행을 결정한다는 것이다. 엄격하고 신속하고 확실하게 처벌함으로써 다음의 두 가지 형태로 범죄는 억제되는 것이다.

처벌의 엄중성 · 신속성 · 확실성과 범죄율은 반비례관계이며, 처벌이 엄중하고 법집행의 효율성과 효과성이 향상될수록 범죄행위에 가담하는 사람의 수는 줄어들 것이라는 주장이다.

그런데 처벌의 확실성·신속성·엄중성은 상호영향을 미치게 되어 예상하지 못했던 제지 효과가 나타날 수 있다. 예를 들어, 특정 범죄에 대한 처벌이 엄중하더라도 범죄자가 거의 체포되지 않고(확실성), 처벌되지 않는다면 그 범죄에 대한 처벌일지라도 처벌의 엄중성은 범죄제지에 특별한 효과가 없다는 것이다.

반대로 효과적인 경찰활동 등으로 체포와 처벌의 확실성이 높아진다면 비록 약한 처벌일지라도 잠재적으로 범죄자에 대한 제지효과가 있을 수 있다는 것이다.

이러한 사람들이 실제로 형사처벌에 관하여 인식하고 있는지 여부는 불확실하며, 제재의 엄중성도 상황적으로 결정되며, 처벌의 확실성도 범죄적 상호작용의 역동성을 고려해야 한다.

범죄자는 상당수가 하류층에 속하는데 과연 이들에게 처벌의 공포가 제지효과를 발할 수 있는 것인가는 의문시되며 범죄자들이 마약, 음주 등의 영향을 받거나 인격적 특성의 문제가 있는 등 합리적 계산이 불가능한 경우도 종종 있다.

(1) 무능화

무능화란 소수의 위험한 범죄자들이 사회의 다수의 범죄를 범한다는 현대고전주의범죄학의 주장이다. 따라서 범죄를 방지하고 피해자를 보호하기 위해서는 범죄성이 강한 사람들을 장기간 무능화시켜야 한다는 주장이다.

그중 선별적 무능화란 소수의 누범자 등 특수범죄자가 다수의 범죄를 범한다는 사실에 착안하여, 이들 소수의 특수범죄 집단에게 무능화를 적용한다면 효과적인 범죄감소전략이 될 수 있다. 그러나 이는 비용이 상당히 많이 들어가며, 범죄자의 무능화가 미래의 범죄성을 제지할 수 있는가라는 분명한 증거도 없다(이윤호, 2007: 163).

(2) 응 보

범죄자는 실제로 행한 범죄에 대해서 처벌받아야 한다. 처벌은 재화와 서비스의 공정한 분배와 질서정연한 사회를 확인시켜 주는 규칙을 준수하도록 해주며, 처벌이 그 사회가 사회구성원과 사회제도의 평정을 만들어주는 한 방법이 된다고 한다.

(3) 당위적 공과론

공리주의적 입장으로 처벌이란 범죄에 의해서 방해받은 사회적 평등성을 담보하기 위하여 필요하며, 그럼에도 불구하고 처벌의 경중은 범죄의 경중과 상응해야 한다. 또한 피의자의 권리가 다른 사람의 권리를 위해서 희생되어선 안 되며, 범법자는 범행의 특성보다 적게 또는 많게 처벌되어선 안 된다.

(4) 고전주의이론의 정책적 응용

정책가들은 강력한 처벌은 범죄억제에 효과적이라고 본다. 경찰의 특성과 관련하여 경찰의 가시성과 현장성으로 잠재적 범죄자들에 대한 억제효과가 이를 잘 증명해 주고 있는데, 교정과정의 영향은 Fogel의 정의모형에 의하면 가석방 등 조기석방제도는 폐지되어야 하며, 범죄자의 형기는 정기형이어야 하고, 교도소는 처우가 아니라 처벌의 장소이어야 한다.

2. 실증학파의 관점

1) 개 요

19세기말 이후부터 우리의 생활과 산업 등 사회 전반에 걸쳐 과학이 적용되기 시작했고 괄목할만한 발전을 이루게 되었다. 이를 토대로 인간문제도 과학을 적용하기 시작하였다. 그 결과 고전학파의 관념적·사변적인 논의에 대한 반성으로서 경험적·실험적·과학적인 실증학파가 출현하게 된다(Reza Fadaei-Tehrani, Thomas M. Green, 2002: 782).

2) 주요내용

고전학파의 범죄이론 한계를 극복하기 위하여 19세기 초반부터 등장하기 시작한 이론을 실증학파(positivism) 범죄이론이라 지칭한다. 특히 이 시기는 인간본성에 관한 종래의 의문에 대한 해법으로 철학이나 종교보다는 자연과학의 입장이 많은 관심을 받게 되었다.

또한 인간이란 자신이 원하는 것을 자유로이 선택할 수 있는 자기결정적 존재라기보다는 자신의 행동이 생물학적 · 심리학적 요인에 의해서 결정되거나 적어도 영향을 받게 되는 존재로 인식한다.

고전주의와는 달리 범죄행위를 이해함에 있어서 출생시부터 가지고 있는 개인의 생물학적 · 심리적 소질과 그를 둘러싸고 있는 사회적 환경이 복합적으로 작용하여 한 인간이 범죄행위를 저지르게 된다고 주장한다.

3) 한 계

실증학파는 연구대상집단이 극소수라는 점에서 이론화하기 어렵다. 범죄자를 대상으로 한 연구도 있지만 정신이상자 등을 대상으로 과학적인 연구를 하고 있어 연구결과를 객관화하기에는 합리성이 결여되어 있으며, 실증주의는 범죄원인의 사회적 환경을 무시하고 범죄자의 사례를 중심으로 연구가 이루어졌다는 점이다.

4) 실증학파의 주요 연구

(1) 생물학적 연구

생물학적 연구는 신체적 특징과 범죄, 유전과 범죄로 나눌 수 있다. 신체적 특징과 범죄와의 관련연구는 크레취마(Kretschmer)의 체격형이론을 들 수 있고, 유전과 범죄와의 관련연구는 범죄자 가계연구, 쌍생아연구, XYY범죄자연구 등이 있다.

(2) 심리학적 연구

프로이트(Sigmund Frued)는 1896년 정신분석이론을 주장하면서 인간의 인격구조를 Id, Ego, Superego로 나누어 설명하고 있다. 프로이트 자신은 정신분석이론과 범죄와의 관계를 거의 언급한 바가 없으나 그의 영향을 받은 정신의학자들이 범죄행위를 유발하는 "무의식적 갈등의 영향"을 연구하였다.

힐리(W. Healy)는 청소년들에 대한 사례연구를 통하여 "감정적 충격"(emotional trauma)이라는 저서를 통하여 청소년들의 어린 시절의 감정적인 충격이 비행행위를 유발하는 데 상당한 역할을 한다고 주장하고 있다.

이 외에도 MMPI다면인성검사법(Minnesota Multi-phase Personality Inventory)을 통하여 범죄자의 인성차이를 검사한 연구가 있으며, 범죄자가 정신병질을 가지고 있는가의 여부에 대한 연구도 있다. 이러한 연구의 결과로 최근에는 범죄자들도 그들 나름의 독특한 심리학적 특성을 가지고 있다는 것이 일반적인 견해이다.

(3) 사회학적 연구

사회학적 실증주의 접근법은 제도학파인 케틀레와 게리가 생태, 인구, 지리, 사회통계 등을 이용한 것이 최초라고 할 수 있다. 그 후 프랑스의 사회학자인 콩트(August Comte)는 사회문제를 연구함에 있어서 인간의 사회적 행동에 대한 과학적인 연구를 수행한 바가 있다.

5) 고전학파와 실증학파의 차이점

(1) 연구방법의 차이

고전학파는 주로 계몽사상가들이 범죄를 연구하는 데 철학적, 관념적인 방법으로 그 당시의 형사사법제도를 근대화하고 문명화하려고 노력한 반면에, 실증학파는 주로 과학자, 수학자, 통계학자들이 자연과학의 법칙을 인간행동에 적용하여 논리적으로 설명하려고 노력하였다.

(2) 범죄원인의 차이

고전학파들은 인간의 행동은 합리적인 사고와 자유의사를 가지고 있으므로 선과 악을 구별할 수 있다고 하나, 실증주의자들은 인간의 행위는 생물학적・심리학적・사회적 특성에 의하여 결정된다고 보았다.

(3) 관점의 차이

고전학파는 범죄행위에 관점을 맞추고 있으나, 실증학파는 범죄자 개인에 관점을 맞추고 있다는 점에서 구별된다.

(4) 범죄예방의 차이

고전학파는 가혹한 형벌을 통하여 일반인들이 범죄행위를 하지 못하도록 하는 일반예방을 목적으로 하는 반면에, 실증학파는 범죄자 개인으로 하여금 범죄성을 제거하여 범죄를 못하도록 하는 특별예방을 목적으로 한다는 점에서 차이가 있다(이윤호, 2007: 166-167).

Ⅱ. 범죄원인의 이론적 관점

비행과 범죄에 대해 다양한 시각과 이론들이 있는데 청소년비행의 원인을 고찰한 이론은 크게 사회학적(범죄사회학적), 유전 및 생물학적 및 심리학적 이론으로 구분해 볼 수 있다. 사회학적 이론은 사회구조적, 문화전달적 방면, 아노미 환경, 빈부격차에 따른 가치추구, 가치관과 이해관계의 괴리에서 오는 갈등, 사회적 통제에 대응하는 개인의 자제력, 규칙에 대한 일탈 등으로 비행을 해석하고 있다. 유전 및 생물학적 이론은 비행의 원인을 기질적, 신체적인 요인의 영향, 혈통, 유전자 결함(염색체 이상), 체격형 등에 근거를 두고 있다. 즉, 동일한 문화권과 동일한 지역에서 살고 있는 동일 연령층에서 많은 사람들이 잘 적응하고 있는데, 어떤 청소년들은 왜 비행을 저지르는가 하는 것은 개인차에 바탕을 두고 있다고 볼 수 있다.

1. 개인적 수준

'그 사람이 왜 범행을 했을까?'라는 질문에 답하려는 것이다. 이 구분에는 생물학적 이론, 심리학적 이론, 임상심리적 이론, 사회학적인 관점으로서 역할이론, 차별적 접촉이론, 기타 학습이론 등과 같이 개인적 특성과 경험에 초점을 맞추고 있다.

1) 생물학적 설명

규범의 위반을 중시하고 특정 생물학적 구조나 과정이 규범위반을 야기시킨다고 가정하고 있다.

오직 생물학적 열등성이나 비정상성에 초점을 맞추기 때문에 이론이 제한적으로 일부에만 적용된다는 약점이 있다.

2) 심리학적 설명

규범의 위반을 중시하고 과거의 사회적 경험이 그 삶의 특정한 심리적 특성을 야기시키고, 이런 심리적 특성이 규범의 위반을 유발시킨다.

이러한 심리학적 이론 중 인성이론이 매우 중요한 위치를 차지하는데 인성이론과 관련하여 보면 욕구, 경향, 동기, 욕망 등 인간의 행위에 영향을 미친다고 가정하는 일반적인 심리적 특성의 견지에서 인간을 분석한다.

인성특성의 결과론적으로 접근한다면 정상적인 인성은 규범의 위반을 동조적 행위도 유발시키는 정상적인 인성특성의 결과 소수의 사람만이 폭력성을 표출한다는 점을 설명하지 못하며, 비정상적인 인격특성의 결과는 정신병질적 또는 사회병질적 인격특성을 가지며 사회적 상황을 무시한 채 희귀하거나 비정상적인 인격특성만을 지나치게 강조한다는 특성의 접근이다.

2. 사회학적 수준

사회학적 수준에서의 관점 중 사회구조를 강조하는 입장으로 사회적 상호작용의 안정된 유형으로서의 규범 위반적 성격을 가지고 있으며, 미시적 관점보다는 거시적 관점에서 설명하고 있다.

또한 이론적인 면에서는 기능주의, 갈등이론, 마르크스주의이론, 아노미이론, 차별적 사회조직화, 하위문화이론에서의 입장이다.

이러한 사회학적 수준에서의 학설이 강조하는 중요한 초점은 왜 서로 다른 사회제도・문화・하위문화 등이 상이한 유형과 정도의 범죄를 유발하는가"와 "왜 범죄가 특정한 방법으로 유형화되는가"를 설명하고 있다.

사회학적 수준에서의 관점 중 사회과정을 중시하여 강조하는 입장에서는 시간에 따른 사회적 상호작용의 계속적인 변화와 발전적 입장에서의 규범 위반적 성격을 강조하였으며, 거시적 관점보다는 미시적 관점에서, 다양한 사회학습적 이론 측면에서 집단과 개인의 상호작용의 결과와 유형에 초점을 두어 설명하고 있다.

Ⅲ. 생물학적 원인론

비행에 대한 생물학적 이론은 개인의 신체구조와 생리작용의 어떤 특징적 부분이 범죄성과 밀접한 관계가 있다고 믿는 것이다.

이들은 비행을 범하는 사람과 범하지 않는 사람 간에 신체적 차이가 있다고 생각하고, 외모와 범죄 행동 사이의 관계를 밝혀내려고 노력한다.

예로부터 동서를 막론하고 인간의 운명·성격 특성과 지식 상태, 질병 및 범죄성 등을 신체구조상의 특징과 관련시켜 생각해 왔는데, 관상, 골상, 수상 등이 그것이다.

동양에서는 고대 중국 황제 때부터라고 전해지며, 당송 때 학설로 어느 정도 체계화되었다고 한다.

서양에서는 18세기 말엽에 오스트리아 외과의사인 갈(Gall)이 여러 해 동안 다방면의 사람들에 관한 조사와 관찰을 기초로 하여 골상학(Phrenologie)이란 저서를 내었고, 신체의 생리적 구조와 성격 및 행동의 상관관계를 주장하였다. 이것을 좀 더 과학적으로 정신의학적·생물학적인 차원에서 연구한 학자는 이탈리아의 정신의학자 롬브로소(Lombroso)이다.

또한 하버드대 교수였던 후턴(Hooton)은 1920년대와 1930년대에 수천 명의 범죄자들의 신체적 특징을 연구하였는데 범죄좌와 비범죄자는 머리둘레, 귀와 코의 크기, 가슴둘레, 앞이마의 높이 등에서 다르다고 주장했다.

이러한 입장을 지지하는 후속 연구자들은 외적 신체특징에 그치지 않고 염색체나 신경학적 이상과 반사회적 행동 간의 관계를 밝히려고 노력하였다.

그들은 비행을 일으키는 사람들은 선천적으로 물려받은 생물학적인 성향을 가지기 때문에 비록 입양이 되더라도 범죄자의 생물학적 자녀들은 성장과정에서 범죄를 일으킬 가능성이 크다고 주장하였다.

이런 생물학적 시각의 비행이론을 믿는 사람들이 있기는 하나, 일부 상관연구의 결과로 비행과 생물학적 특징 간에 인과관계를 증명하기는 사실상 불가능하고, 입양연구 등에서 과외변인의 관리가 쉽지 않은 점 등을 종합적으로 판단할 때 이 영역의 연구자들의 주장이 현실에 그 자체로 받아들여지기는 어렵다.

1. 초기 범죄 생물학

1) 개 요

범죄 생물학의 초기 연구는 범죄인류학과 관련이 있다. 범죄인류학(Criminal Anthropology)이란 범죄자의 외모 및 체격이 범죄와 어떠한 관계가 있는가를 다루는 범죄생물학의 한 분야이다. 범죄인류학의 초기 연구는 갈(Franz Joseph Gall)과 스퍼짜임(Johan Gaspar Spurzheim)의 골상학을 들 수 있다. 이들은 인간의 두개골이 함몰되어 있기 때문에 범죄를 저지른다고 주장하고 있다.

2) 주요 연구

주요 연구로는 1859년 찰스 다윈의 '종의 기원'에서 인간의 행위에 대한 과학적 탐구에 관심을 가졌고, 롬브로소(C. Lombroso)는 범죄자들에게는 격세유전의 변이 결과물. 범인성을 일종의 '퇴화'로 보고 있다. 그러나 이는 방법론상의 문제점(통제 집단의 부재), 이외에 환경, 음식에 의해서도 범죄가 야기된다 하겠고, 고링(Goring)은 롬브로소의 생물학적 결정론을 비판하면서 범죄행위는 '결손적 지능'으로서 범죄행위는 유전되므로 가족의 재생산을 규제하여 범죄를 통제해야 한다는 이론이고, 후턴(Hooton)은 미국에서 재소자와 일반인을 비교한 결과 범죄자는 생물학적으로 열등하다. 그러나 부적절한 통제집단과 비대표적 범죄자표본을 사용했다는 비판, 범죄자집단과 비범죄자집단의 신체적 차이를 범죄집단의 열등성의 증거로 해석하였다는 비판이 있다.

2. 체형과 범죄

1) 크레취머(Kretchmer) 연구

독일의 정신병학자인 크레취머는 1921년 「신체구조와 성격」이라는 그의 저서에서 발표한 체격형·성격·기질과의 상관관계에 대한 연구를 수행하였는데, 그는 체격형 분류를 기초로 하여 체격형과 범죄와의 관계를 설명하였다.

크레취머는 정신질환자들의 체격형을 비만형, 투사형, 세장형으로 분류하고, 이에 따라서 기질도 각각 순환형, 점착형, 분열형으로 나누었다. 그리고 각 체격과 범죄성과의 관계를 설명하였다.

비만형은 키가 작고 뚱뚱하며 사기 및 폭력범죄와 밀접한 관련이 있고, 투사형은 근육이 잘 발달되어 있고 폭력범죄와 친숙한 경향을 나타내며 잔혹한 공격성, 격렬한 폭발성을 보이고 있다.

세장형은 키가 크고 날씬하며 소액절도 및 사기범죄와 친숙한 성향을 보이나, 살인을 저지르는 자도 많으며 이런 자는 감정이 없고 조심성이 많다는 걸 발표하였다.

2) 셀돈(William H. Sheldon)의 유형학

체격형과 범죄에 관한 또 다른 연구인 셀돈의 유형학은 소화기관, 뼈와 근육, 신경과 피부조직의 상호발달에 기초를 두고 있다.

그는 태아의 형성과정에서의 개인차로 인하여 범죄와 밀접한 관계가 있는 특이한 체질과 성향을 형성하게 된다고 주장하였으며 그의 이론은 생물학적 유전과 심리학적 성향과 사회적 행위간에 밀접한 관계가 있다는 가정을 하고 있다.

셀돈은 인간의 체격형을 내배엽우월형, 중배엽우월형, 외배엽우월형의 세 가지를 들고, 기질형도 각각 내장긴장형, 신체긴장형, 두뇌긴장형으로 분류하고 있다. 이를 분석해 볼 때 범죄자 중에는 중배엽 우월형에 속하는 자가 압도적으로 많고, 외배엽 우월형은 매우 적은 사실을 확인하였다. 쉘돈의 이론은 인간의 체격형이 범죄가능성을 가지고 있다는 다양한 면을 암시해주고 있다.

3) 글룩(Glueck) 부부 연구

글룩 부부는 보스톤(Boston)의 소년원에 수용된 비행소년 500명과 정상소년 500명을 대상으로 체격과 비행과의 관계를 규명하는 연구를 수행한 결과, 비행소년의 체격형은 정상소년과 다른 신체구조를 가지고 있음을 발견하였다. 글룩 부부는 비행소년들이 정상소년들에 비하여 손으로 쥐는 힘이 강하고, 입천장이 낮으며, 왼손잡이가 많고, 손톱을 깨무는 습성을 가진 자가 많으며, 정서적으로 불안한 자가 더 많다고 주장하였다.

4) 비 판

체형에 관한 기술이나 정의가 부정확하고 범죄행위와 체형의 관계가 불분명하며, 모든 신체긴장형의 사람이 범죄를 범하지 않는지 또는 왜 모든 범죄자가 신체긴장형의 사람이 아닌지를 알 수 없다.

3. 유전과 범죄

1) 개 요

고링(Goring)의 연구를 필두로 범죄자 가계연구, 쌍생아연구, 입양아연구 등이 있다.

2) 범죄자 가계연구

쥬크(Juke)家 연구는 Juke가계에서 수많은 범죄자가 출현했는데, 이는 유전과 관련이 있다고 보았고 고링(Goring)의 연구는 부모간, 부모와 자식간, 형제간의 범인성이 높은 상관성이 있음을 발견하였다. 범죄를 환경과 유전의 상호작용에 의한 결과일 수도 있다는 그의 관점은 중요한 논점이다.

가계연구의 비판은 유전적 요인을 지나치게 과대평가했다는 것과, 범인성이 유전된다면 당연히 아들뿐 아니라 딸에게도 유전되어야 하나 이 점은 연구에서 제외되었다는 점이다.

3) 쌍생아연구

범죄자 가계연구에는 "범죄자의 범죄성이 유전의 영향인가" 아니면 "공유하는 생활환경을 반영한 것인가"를 확인할 수 있다. 여기서 유전학 성과를 합쳐 일란성과 이란성의 쌍생아의 비교에 의해 범죄와 유전의 관계를 밝힌 것이 쌍생아연구이다. 쌍생아는 하나의 수정란이 둘로 나누어진 일란성 쌍생아와 2개의 수정란이 각각 발육한 이란성 쌍생아가 있다. 쌍생아가 태어날 확률은 국제적으로 85번의 출산에 1회이고, 일란성과 이란성 쌍생아의 출생비율은 비슷하다.

쌍생아연구는 다음 두 가설을 기본으로 한다.

① 일란성 쌍생아는 각각 개체의 유전자가 같은 소질을 갖고 있는 것에 비해 이란성 쌍생아의 유전자는 서로 달라 형제자매 정도의 다른 소질을 갖고 있다.

② 범죄는 유전자적인 소질에 강한 영향을 받는 것으로 범죄일치율은 이란성보다 일란성 쌍생아 쪽이 높다. 이러한 쌍생아연구를 비판하는 학자들은 반드시 범죄원인이 유전적인 요인 하나만이 아니라 환경적 요인이나 사회적 요인도 범죄원인으로 작용한다고 지적하고 있다.

4) 양자연구

범죄자 중에서 양자를 조사하여 그 실부와 양자의 범죄성을 대비하여 실부가 범죄성이 있었던 경우에 양자가 범죄자로 되는 비율이 양부의 경우보다 훨씬 높다면 범죄의 유전성에 대하여 어느 정도 확신을 얻을 수 있다.

특히 실부가 범죄성이 있고 양부도 범죄성이 있다면 유전적 요인과 환경적 요인이 상호작용하여 양자의 범죄성이 더욱 높아진다고 할 수 있다.

양자연구에 대한 비판으로는 양자연구에서 유전적인 요인과 마찬가지로 환경적 요인의 중요성도 동시에 적용된다고 할 수 있으며, 가정적 결함이라는 환경적 요인이 범죄에 상당한 영향을 미친다는 점을 암시하고 있다.

5) 현대의 생물학적 원인

(1) 개 요

1970년대 초반 윌슨(Wilson)이 「사회생물학」을 출간한 후 생물학적 원인론이 다시 대두하였고, 초기의 생물학적 원인론과의 차이점은 사회생물학에서는 생물학적·유전적 조건이 인간의 사회행위에 대한 인식과 학습에 영향을 미치며, 이것이 환경구조와도 연관이 있다는 사실을 강조하였다.

사회생물학적 원인론의 원리는 인간은 동일할 수가 없으며, 인간의 유전적 특질과 환경의 조합이 개별적 행동유형을 유발시킨다고 할 수 있으며, 범죄행위를 포함한 인간의 행위는 학습되는데, 이는 모든 인간이 학습에 대한 독특한 잠재력을 지니고 있다는 것이다.

물리적 또는 사회적 환경은 인간의 학습능력을 신장 또는 제한하기도 한다. 인간은 두뇌와 신경계통을 통해 학습을 하게 되는데, 이는 학습보다는 생화학적 또는 세포의 상호작용에 의해 통제된다고 설명하고 있다.

(2) 유전적 영향 – 이상염색체(XYY 신드롬)

정상 남성은 XY형의 염색체를 가지며, Y염색체는 남성성으로 전통적으로 공격성을 띤다고 한다.

XYY형 염색체 보유자는 Y염색체를 하나 더 가짐으로써 범죄성이 높을 것으로 추정된다.

이러한 이상염색체의 연구결과 XYY 남성이 예견할 수 있을 정도로 공격적이지 않으며, 오히려 덜 공격적일수도 있다고 설명하고 있다.

(3) 신경생리학적 연구(두뇌활동에 관한 연구)

① EEG[5)]

범죄는 중앙신경계통의 비정상적 활동과 관련이 있다. 이와 관련 두뇌의 전자파를 측정하는 EEG를 이용하는 경우가 대표적이다.

이러한 EEG가 비정상적인 경우와 밀접한 관련이 있는 행동으로는 충동통제의 저조, 부적절한 사회적 적응, 적대감, 충동적인 성질 그리고 파괴성을 지적하고 있다.

메드닉(Mednick)의 연구는 10－13세 소년들의 EEG를 분석하여 기록 후 6년 후 공식기록을 조사하여 비행집단과 정상집단을 비교한 결과 비행집단의 소년들은 지나치게 뇌파활동이 느린 것을 발견하게 된다. 이는 두뇌미숙이론보다는 저외피자극이론과 관련이 있다고 설명하고 있다.

---

5) EEG란 Electroencephalograph의 약어로 뇌파계(腦波計)라고 한다. 대뇌피질에서 발생하는 전압파를 뇌파라 하는데 뇌파를 검출하여 증폭기록하는 장치이다.

② 간 질

간질 환자들의 폭력성 등이 일반인보다 높다고(교도소 수용자의 비율이 높음) 하지만 반드시 그런 것은 아니다.

③ 뇌손상, 뇌기능장애

뇌손상과 뇌기능장애는 X선을 이용하며 재소자나 폭력적인 환자들은 정면부와 관자놀이 부근의 뇌기능장애가 있다고 설명한다. 두뇌손상이나 질병은 인성 변화 등 다양한 종류의 문제를 야기하여 우울증, 신경과민 등을 가져온다.

④ 두뇌손상

사고로 인한 부상의 경우이다.

6) 생화학적 요인

(1) 개 요

생화학적 결핍이나 불균형으로 인한 감정적 장애에 기인하는 것으로 주장되고 있으며, 생화학적 결핍이나 불균형은 사고형태와 동작의 통제에 영향을 미쳐 직접적으로 범죄로, 간접적으로 비행으로 연결된다고 보았다. 이러한 요인으로는 환경오염물질, 체중감량, 알레르기 등이 있다.

(2) 체중감량(다이어트)

비타민, 미네랄 결핍과 범죄의 관련성에 있어서 영양소가 결핍되면 이상행동을 초래할 수 있다는 것이며, 비타민 결핍과 비타민 의존의 범죄와의 관련여부는 비타민 B와 C 그리고 반사회적 행위와의 밀접한 관련성이 있다.

(3) 저혈당증

정상적인 뇌 활동을 위해서는 최소한의 혈당이 필요한데 이것이 부족하면 뇌기능을 저하시켜 우울증, 갈등 등을 초래하게 된다. 이들의 특징은 공격적이며 폭력적인 행동을 하는 것으로 알려지고 있다.

(4) 내분비장애

남성호르몬인 Testosterone이 남성의 2차 성징을 통제하는데, 이는 폭력성과 관련이 있다는 것이다. 재소자 중에서 폭력범죄자가 기타 범죄자에 비해 이 호르몬이 높음을 알 수 있었다.

(5) 인간행위에 대한 환경적 오염

식용색소, 향료 등은 청소년의 반항, 충동 등을 유발하고, TV 등의 방사선도 반사회적 행동을 야기한다는 연구가 있다.

Ⅳ. 심리학적 원인론

비행과 관련된 심리학적 이론들을 정리하면 범죄에 대한 정신지체이론은 범죄를 저지르게 되는 원인을 낮은 지능으로 인해 법규를 잘못 이해하였거나, 자신이 저지른 행동의 결과를 예측하지 못하였기 때문이라고 보는 견해이다.

그 하나는 지능지수를 측정할 때 개인의 지능지수를 사용하는데 이 지능지수는 생득적 및 환경적 영향을 갖기 때문이다.

또한 지능과 범죄와의 상관관계는 범죄 종류별로 다르게 나타난다. 또 다른 문제점은 범죄 행위를 하고 체포된 사람의 수가 범법행위자 전체를 대표할 수 없다는 점이다. 즉, 범법 행위를 하고서도 체포되느냐 안 되느냐는 범인의 지능에 많이 좌우된다는 점이다.

1. 개 요

범죄의 심리학적 원인론자들은 범인성의 원천을 사람들의 정신적 과정에서 추적하며, 범죄를 충동하는 심리학적 과정을 결정해야 범인성의 원인을 찾을 수 있다.

초기에는 범죄자의 정신착란을 중심으로 논의→지능검사 도입: 정신적 분야에 초점을 두었는데, 이와 같이 다양한 형태로 볼 수 있지만 기본적 가정은 다음과 같다.

범인성의 기본적인 원인은 개인의 유형과 발전에서 찾을 수 있기 때문에 범죄는 내적 장애의 표출로 이해될 수 있고 내적 장애는 초기 아동기부터 시작한 것이며, 이는 매우 특정적인 특징을 갖게 된다고 가정하고 있다.

2. 정신의학적 접근

1) 개 요

정신의학적 이론(psychiatric theory)은 비행이나 범행을 포함한 현재의 행위가 초기아동기의 경험에 기초할 것이라고 이해하고 있다.

이처럼 아동기의 경험에 초점을 맞추는 범죄에 대한 정신의학적 이론은 다음의 상이한 세 가지 유형으로 구분할 수 있다.

- 욕구의 차단

  첫째, 욕구의 차단으로 일차적·신체적 욕구를 성취 후 추구하게 되는 감정적 안정과 같은 이차적 또는 심리적 욕구가 충족되지 못할 때 보이는 이상적 증상

  둘째, 부모의 상실·거부로 반사회적이거나 폭력성향의 사람들에게서 모성이나 부성의 결핍과 부재가 많다는데 기초하여, 아동은 정상적으로 부성·모성이 있어야 하는데 그렇지 못한 경우를 의미한다. 연구에 따르면 어머니와의 관계가 더 중요한 것으로 알려지고 있다.

  셋째, 부적절한 훈육으로 거칠거나 일관성 없는 훈육은 청소년들의 반사회성과 비행성을 증대시킨다는 것이다.
- 부적절한 훈육, 부적절한 훈육거부

2) 주요 구분

① 정신병질이론

슈나이더(K. Schneider)는 정신병질은 성격이상으로 인하여 사회에 해를 끼치거나 자신이 고통받는 정신적인 증상이라고 하면서 이러한 성격이상을 가진 자는 사회적응능력의 부족으로 범죄나 비행행위에 빠지기 쉽

다고 주장하고 있다.

② 정신분석이론

정신분석이론이란 뇌기관의 장애로 인한 것이 아니라 심리적 장애로 인하여 정신생활과 신체생활에 영향을 주는 과정을 다루는 심리학적 분야를 말한다. 1896년 프로이트는 모든 인간은 공격적, 파괴적, 반사회적 충동이나 본능을 가지고 있다고 가정하고, 이런 본능은 어린 시절의 잘못된 훈련이나 부모의 무관심, 개인을 효과적으로 통제하지 못함으로써 생기는 것이며, 이를 효과적으로 통제하면 범죄를 효과적으로 통제할 수 있다고 한다.

범죄자의 인격구조는 다음과 같다.

id는 성・음식처럼 모든 행동의 기초를 이루는 생물학적・심리학적 욕구・충동 자극을 대표하는 것으로, 태어날 때부터 존재하는 무의식적 개념. 즉각적인 쾌락을 설명

ego는 id가 잠재적으로 해를 끼치는 자극을 규제하는 역할로서 유아가 욕구가 즉각적인 만족될 수 없다는 것을 배우기 시작한 때인 인생 초기에 발전된다. 이는 id의 욕구와 superego의 금지를 중재하는 단계로 사회관습의 테두리 내에 남도록 행동을 안내하는 기능을 말하며, superego는 자기비판과 양심, 사회적 경험에서 생성되는 요구를 반영한 것으로 사회적 규범과 제재의 두려움으로부터 도출된 내적 제재이다.

③ 성심리적 단계

유아기부터 성인기까지 사회화과정을 위와 같이 설명하였는데, 각 단계별 과정이 인성형성에 중요한 역할을 한다고 가정한다.

예를 들어, 잘못된 구순욕구는 의존성과 수동성의 기초를 제공하는데 이는 반사회성 또는 범죄적 공격성이 발견되곤 한다.

또한 각 단계별 과정에서 알맞은 욕구를 해결해야 하는데, 바로 이들 욕구가 긴장을 야기시키며 이런 긴장이 사회적으로 수용될 수 있는 행위를 통해 해결되지 않을 때 범죄가 발생한다고 본다(이윤호, 2007: 189-190).

3. 인성이론(Personality Theory)

1) 개 념

인성이론은 범죄의 원인을 이해하고 범죄자의 특성을 파악하며, 범죄자의 범죄적 인성을 교정하거나 치료하는 데 중요한 역할을 하고 있다.

2) 주요 내용

범죄란 인간의 심리적 틀 내에 존재하는 저변의 갈등이 표출된 것이며, 발생기원은 주로 아동기에 있다. 특정한 인성적 특징이 사람의 일반적 외형 및 전반적인 행위를 특징화하며 비정상적·인성적 특징이 곧 범죄를 유발시키도록 작용한다고 가정하고 있다(이윤호, 2007: 195).

4. 인지발달이론(Cognitive development theory)

인지발달이론 중 피아제(Piaget)의 연구는 사람의 도덕성은 일정한 단계에 따라 발전하는데, 각 단계는 그 사람의 경험, 지적 또는 인지적 장비에 따라 그 전 단계에 크게 의존하여 발전한다고 하였으며, 콜버그(Kohlberg)의 연구는 피아제의 입장을 수정하여 연속적인 과정을 거치며 단계별로 발전하는 도덕수준과 관련하여 '관습 이전 단계 → 관습 단계 → 관습 이후 단계'를 거치는데, 그렇지 못한 사람들이 비행자가 될 가능성이 높다는 것이며, 처음의 세 단계를 도덕적 판단의 6단계로 세분하였다. 범죄자들은 동일한 사회적 배경을 가진 비범죄자들보다 도덕적 판단의 발달이 매우 낮은 것으로 밝혀졌다(이윤호, 2007: 200).

5. 행동 및 학습이론(Behavior and learning theory)

1) 개 념

행동이론에 따르면 인간의 행위는 학습경험을 통해 발전된다. 사람은 다른 사람으로부터의 반응에 따라 자신의 행위를 변형한다는 것이 행동이론의 근간을 이루는 것이다.

2) 주요 내용

사람은 생활경험을 통해 폭력적인 것을 학습한다는 것이다. 그러나 사람은 자신이 학습한 모든 것을 행동으로 이행하는 것은 아니다. 실행할 자극이나 동기가 있을 때에만 행동으로 옮기게 되는 것이다. 이러한 동기요인은 비행행위를 하여 얻어지는 보상이나 재강화 또는 비행적인 역할모형에의 노출에 따라 학습된 비행의 실행에 중대한 영향을 미친다는 것이다.

재강화 또는 보상의 원칙은 공격성이 처벌되기보다는 보상될 때 공격적 비행의 확률이 증가된다.

이런 관찰은 개인적으로 직접 목격하는 경우와 TV와 같은 간접적인 방법이 있다. 이 경우 성장 시기별로 부모의 강화, 동료집단의 역할 모형의 중시, 대중매체를 통한 언론매체의 영향 등이 강조되고 있다(이윤호, 2007: 202).

6. 심리생물학적 관점(psychobiological perspectives)과 기타 심리학적 관점

1) 정신병과 범죄

(1) 개념

좁은 의미에서의 정신병이란 우선 자아의 인격구조가 기본적으로 손상되고, 주변의 현실상황에 대한 판단과 상호작용이 정상적으로 행해질 수 없어서 환상, 환각, 망상 등을 경험하게 되며, 유해한 행동을 하기 쉬운 건강상태를 말한다.

(2) 정신분열증과 범죄

정신분열증이란 감정의 둔화, 외계와의 융화성 상실 등으로 특징지어지는 정신병으로 정신병인구 중에서 가장 많은 부분을 차지하고 있다. 정신병으로 인한 범죄자 중에서도 가장 많이 발견되고 있는데 그 특성은 다음과 같다.

① 비합리적이고 괴이한 사고과정이며, 사고는 통제불능이며 혼돈스럽고 위협적

② 언어불안, 비지성적, 비현실적

③ 극단적인 사회적 움추림과 사회환경으로부터의 격리

④ 부적절한 감정적 반응

이러한 특징점은 일관적인 행동유형으로 발견되지는 않는데 그 이유는 각자가 현실의 고통스럽고 긴장스러운 영향으로부터 탈피하기 위한 노력으로 자신의 독특한 행동유형을 선택하기 때문이다.

(3) 망상증과 범죄

망상증은 현재는 다른 사람들의 동기에 대한 부당한 의심과 의혹이 중요한 요소인 행동유형을 고수하는 것으로, 망상증 환자는 피해망상이나 과대망상에 빠져서 가끔 공격적 행위를 자행할 수 있고, 이것이 범죄와 관련이 있는 것으로 볼 수 있다.

이러한 여러 증상 중 정신분열증적 편집증은 망상적인 사고가 현실접촉을 강력하게 방해할 때를 말하는데, 이 경우 망상적인 사고가 그 사람의 다른 행위유형을 유도하게 되어 대인관계, 기분, 사고에 있어서 문제를 조장하게 된다. 이러한 태도가 자신의 망상과 맥을 같이 하여 종종 공격적이고 적대적이게 되는 것이다.

2) 정신신경증과 범죄

정신신경증이란 심리적 장애 때문에 정신생활이나 신체생활에 장애를 초래하는 것을 말한다.

환상, 망상 등이 없는데 정상적인 지각작용과 사고가 가능하여 정신병과는 구별된다. 또한 생활상의 장애를 초래하는 점에서는 성격장애와는 구별된다. 정신신경증은 내심의 욕구를 과도하게 억제하는 데에서 초래되는 것으로, 범죄와 같은 반사회적 행위와는 직접적인 관계가 없는 것처럼 볼 수 있으나, 정도가 심할 경우 범죄의 원인이 되기도 한다.

① 강박신경증

억압된 성적 충동이나 기억 때문에 성도착자들의 성범죄가 발생할 수 있으며, 성욕 등 내적 긴장감이나 불안감의 상징적 표출 방법으로 방화하는 방화광, 절취도벽자가 될 수 있다. 일반적으로 이들의 행동은 성욕 등 내적 불만상태와 긴장감을 해소하려는 강박적 충동 때문으로 설명할 수 있다.

② 불안신경증

심한 불안감으로 여러 가지 정신신체상의 장애를 느끼는 경우를 말한다.

3) 성격장애(personality disorder)와 범죄

성격장애란 다른 사람의 비용과 비윤리적인 방법으로 자신의 욕구를 충족시키는 행위라고 할 수 있다. 이는 미성숙한 성장의 결과이며, 행동은 어린이 같고 충동적이며 이기적, 무의식적으로 돌발하는 특징을 갖는다.

범죄심리학자들은 도덕적으로 무관심하고, 법률제도와 잦은 충돌이 있는 사람을 정신병자 또는 반사회인이라고 간주한다. 한편 임상병리학자들은 이들을 정신병자로는 생각하지 않고 무감각한 방법으로 행동하는 공격적이고 위험하며 반사회적인 사람으로 간주한다.

정신병(psychopathy)은 그들의 행위에 대한 직관이 부족하며 그들이 폭력적, 공격적이며, 범죄적인 행위에 대해 후회를 하지 않으며, 자신의 실수나 처벌에 의해서 영향을 받지 않는 정신상태를 말한다. 또한 타인에 대한 감정이 없고 충동에 따라 행동하기 때문에 자신의 반사회적 행위를 표출하기 쉬워진다고 볼 수 있어서 매우 위험한 것으로 보고 있다.

4) 지능과 범죄 - 본성과 양육(nature vs. nurture)

(1) 지능수준과 범죄의 관련성

지능이 낮은 사람은 어떤 특정 상황에서 행위의 비도덕성 또는 비윤리성을 느끼고 평가할 능력이 낮기 때문에 저지능과 범죄행위가 직접적으로 관계가 있는 것으로 가정되고 있다.

사람이 지능이 낮으면 자신의 감정과 욕망을 통제할 수 있는 능력도 낮기 때문에(통제능력이 낮기 때문에) 범죄행위에 가담할 가능성이 높다고 가정할 수 있다.

(2) 본성과 양육

범죄와 지능의 관련성은 과연 지능은 유전적인가 아니면 후천적인가에 따라 본성이론(nature theory)과 양육이론(nurture theory)으로 구분할 수 있다.

① 본성이론

초기의 이론과 재소자들에 대한 지능검사를 기초로 한 연구결과에서는 대체로 지능이 유전되며, 지능이 낮은 소년을 잠재적으로 비행소년으로 지적하여 저지능과 범인성의 상관관계가 존재하는 것으로 보고 있다.

② 양육이론

지능은 부분적으로 생물학적인 것이지만 주로 사회학적인 것으로 간주되고 있다. 즉, 지능이 낮은 결과 학교, 동료들에게 받는 환경적 자극이 그 사람의 지능수준을 만드는 것이다. 따라서 저지능은 비행과 범죄행위를 자극하고 유발하는 환경으로부터 초래되는 것이라고 할 수 있다.

그러므로 범죄자의 지능이 낮다면 그것은 범죄자의 문화적 배경을 반영하는 것이지 그 사람의 정신능력을 반영하지는 않는다고 결론을 내릴 수 있다.

Ⅴ. 사회학적 원인론

1. 사회구조이론

1) 사회해체론

(1) 의 의

사회변동, 이민증대, 계층간의 갈등, 윤리의식의 저하 등으로 인해 종래의 사회구조가 붕괴됨에 따라, 현존하는 사회적 행동기준이 개인에 대하여 미치는 영향력이 감소하여 사람들의 반사회적 태도가 증가하고, 규범준수에 대한 사회구성원의 공감이 약화되어 가는 상태로, '사회조직의 분화'라고도 하는데, 쿨리(Cooley), 토마스(Thomas), 퀸(Queen), 엘리엇과 메릴(Elliott & Merrill), 페리스(Faris), 트래셔(Thrasher) 등이 주장하였다.

(2) 이론적 기반

당시 시카고 지역의 상황은 미시간호의 운하작업과 급격한 외국이민의 증가로 값싼 노동력을 이용하기 시작하면서 급속하게 성장했는데, 1898년과 1930년의 30여년 사이에 시카고의 인구는 두 배로 늘어났고 청소년범죄도 급증하였다.

시카고 학파의 인간생태학은 박(Park), 버제스(Burgess), 워스(Wirth) 등 시카고 대학의 사회학과와 쇼와 맥케이(Shaw & Mckay) 등을 중심으로 시카고 지역에 대한 조사연구를 통하여 생태계에 일어나는 지배, 침입, 계승의 과정이 사회 내에서도 그대로 일어나 인구의 지리적 분포는 경쟁 → 갈등 → 적응 → 동화의 주기로 순환하는데 주거구성이나 직업에 따라 분화된 도시의 특정 구역인 자연지역(natural area)을 형성하게 되고, 그 과정에서 일정한 문화적 갈등이 야기된다고 보았다.

또한 버제스(Burgess)의 동심원이론은 첫 번째 지역은 회사와 공장들이 있고 거주자는 거의 없는 '중심상업지역'이고, 다음 지역은 회사와 공장들에 잠식당하고 있는 지역이므로 '전이지역'이라고 한다.

이 지역은 거주지로서는 바람직하지 않으며 질적 저하 때문에 살기에 가장 값싼 장소였고, 일자리를 쉽게 구할 수 있어 그 당시 이주민들과 빈민층이 거주했다. 또한 '틈새지역'(interstitial area)이 있는데, 과거의 지배적인 사회관계는 와해되었지만 아직까지 새로운 관계가 형성되어 있지 않은 지역이라고 한다.

이사할 여유가 생긴 이주민들은 '근로자주택지역'인 세 번째 지역으로 이사했으며, 전이지역은 다른 이민자들의 물결로 대체되었다. 같은 과정을 반복하여 '주거지역'과 '통근자지역' 등이 동심원의 형태로 형성되었는데 구체적으로 아래와 같이 설명하고 있다.

① **중심업무지역**(The central Business District): 이는 도시의 중심부에 위치하는 상공업, 기타 각종 직종의 중앙적 업무지역이다.

② **퇴화과도지역**(Zone in Transition): 이곳은 도시의 성장·발전의 결과 다수의 중심부 사람들이 청정지역이면서 넓은 교외지역으로 이동함에 따라 퇴화과정이 진행된 곳으로, 예전 건물이 여전히 잔존하고 불건전한 환경

들이 널려 있으며 술집·사창가가 횡행하고 상당한 수의 실직자가 넘쳐나 일종의 빈민가(Slum area)가 조성됨으로 범죄학적으로 가장 우려되는 곳이다.

③ **노동자 계층지역**(Working class zone): 이곳은 2·3세대가 한 건물안에서 공동 거주하는 예가 많고, 저소득의 노동자들이 많이 거주하는 곳이다.

④ **중간계급지역**(Middle class zone): 이 지역은 대개 2세대씩 주택을 이루고 살며, 중간계급 이상의 고소득층의 사람들이 거주하는 곳이다.

⑤ **교외주변지역**(The Suburbs and Urban Fringe): 도시의 주변지대로 정기통근권지역이라고도 한다.

(3) 범죄의 원인

공식적인 사회조직의 해체: 급격한 산업화와 도시화로 인한 도시로의 인구유입은 원래의 거주민이 교외로 나가게 되는 인구이동을 가져와 지역사회가 전이하게 되어 주민들이 더 이상 그 지역사회와 일체감을 갖지 못하게 되고 사회통제가 약화된다.

사회통제의 약화는 사회해체를 경험하는 지역에서는 비행적 전통과 가치관(반사회적인 하위문화)이 관습적 전통과 가치관을 대체하여 공식적 또는 비공식적인 사회통제를 약화시켜서 일탈이 야기된다.

(4) 사회해체론에 대한 비판

사회해체이론은 산업화·도시화의 초기 단계에 있는 개발도상국에는 타당할 수 있으나 이미 산업화·도시화가 다 이루어진 현대사회에서는 적용하기 어렵고, 방법론상 공식통계에 지나치게 의존하여 형사사법기관의 자의에 따른 암수의 문제점을 제대로 고려하지 않았다(쇼와 맥케이 연구).

(5) 사회해체론의 영향

사회해체론은 미국 사회학적 범죄이론의 시작으로 차별적 접촉이론, 문화갈등이론, 아노미이론, 사회통제이론의 이론적 발전에 기초를 제공하였다.

2) 긴장이론

(1) 의 의

프랑스어에서 유래한 아노미는 무규범 상태를 의미한다. 사회적·문화적 구조의 요소로 미국 사회에서 부를 축적하고자 하는 일반적 욕구와 미국사회의 계층구조에 따른 목표 달성의 한계 사이에서 초래되는 분열이 범죄 동기로 발전된다고 본다. "안 되면 되게 하라", "모로가도 서울만 가면 된다"와 같이 목표를 지나치게 강조하고, 이를 추구하는 수단을 경시하는 인식 유형은 머튼이 제기한 문화적 아노미의 좋은 예라고 할 수 있다.

이러한 것을 머튼은 문화적 목표와 제도적 수단이라는 용어로 설명했으며 아노미(Anomie)현상의 발생원인은 문화적 상황과 사회 구조적 상황이 불일치할 때 사회적 긴장이 조성되며 이러한 불일치를 아노미상황이라고 하였다.

(2) 뒤르켐과 머튼(Durkheim & Merton)의 이론 비교와 세 가지 명제

부의 성취를 강조하는 가치가 미국문화의 특징이며 이 성공목표는 모든 계층의 사람이 다 가지고 있다는 것과 많은 하류계층 사람들에게는 이 목표를 달성할 수 있는 합법적인 수단이 거부되어 있다는 것이다. 이 갈등으로 인하여 하류계층 사람들이 비합법적인 수단으로라도 성공을 하려고 노력하게 된다는 것이다.

(3) 범죄의 원인

머튼(Merton)은 대공황을 갓 넘긴 자본주의적인 미국사회가 정의한 사회적 목표인 물질적 부의 성취는 개인적 성공을 강조하는 사회풍토를 조성하게 되는데, 이때 사회적 목표와 그 목표에 이르는 수단간의 괴리로 아노미가 초래된다고 보았다.

(4) 사회·문화적 구조에 대한 적응방식

사회학적 관점에서 청소년의 비행을 설명하는 대표적인 이론은 아노미 이론이다. 아노미(Anomie)이론은 뒤르켐(Durkheim)의 이론을 기초로 머튼(Merton)에 의해 일탈행동에 대한 일반이론으로 정립되었다. 아노미란 무규범이나 규칙붕괴의 상태를 일컫는다. 현대사회의 가치관 혼란현상이 청소년비행의 원인이라고 보는 관점은 이러한 시각에 기초한 것이다.

머튼(Merton)은 개인이 문화목표와 제도화된 수단에 어떻게 적응하는가에 따라 동조형, 혁신형, 의례형, 도피형, 반역형 등 5가지 유형의 적응양식을 <표 2-9>와 같이 제시하였다.

표 2-9 아노미상태에서 개인의 적응양식

적응양식	문화적 목표	제도화된 수단	사례 및 해당계급
동조형	+	+	평범한 정상행위, 정직한 기업인 (상층중간계급)
혁신형	+	−	절도, 강도, 횡령 등의 범죄전문가와 화이트칼라 범죄인 (하층계급)
의례형	−	+	목적의식이 없는 행위로 주로 관료형 (하층중간계급)
도피형	−	−	알코올 및 마약중독자, 자살자, 정신병자 (하강계급)
반역형	±	±	사회운동가, 혁명집단, 히피족 (상승계급)

+는 수용, -는 거부, ±는 지배적 가치체계를 거부하고 새로운 가치의 대치를 의미함.
출처: 아동 · 청소년복지론(표갑수, 2015).

첫째, 동조형(conformity)은 문화목표와 제도화된 수단 양자를 모두 수용한 형태로서 정상적인 행위유형을 말하며, 이 동조형을 제외한 나머지 4유형은 모두 일탈행위로 본다.

둘째, 혁신형(innovation, 개혁형)은 범죄자의 전형적인 형태로 문화적 목표는 수용하지만, 정해진 기존의 제도화된 수단은 거부하는 것이다. 이런 의미에서 혁신형은 문화적으로 유인된 원망과 사회구조의 객관적 불평등의 산물이다.

예를 들면, 화이트칼라 범죄자가 제도적으로 정당하지 않은 탈세, 횡령, 문서위조 등을 통해 돈을 벌려는 경우이며 재산범죄가 많다.

셋째, 의례형(ritualism)은 문화적 목표를 거부하거나 제도화된 수단을 수용하는 탈선형으로, 대표적인 예를 들면 규칙의 준수에만 몰두한 나머지 자신의 일의 목적을 망각하고 무사안일로 행동하는 관료의 경우를 들 수 있다. 이런 의례형은 엄격한 사회화의 양식과 구성원들에게 주어진 사회적 출세를 위한 한정된 기회가 그런 의례적 성격구조를 조성하기 쉽기 때문에 나타난다.

넷째, 도피형(retreatism)은 사회적 압력이 되는 성취목표와 그 목표를 달성하는 제도적인 수단을 모두 거부하고 사회로부터 후퇴 혹은 도피하는 것이다. 이 유형은 합법적인 수단을 통한 목표성취 노력의 계속적인 실패와 도덕적 규범의 내면화에 따른 양심의 가책 때문에 위법수단을 사용할 능력이 없어서 나타나는 반응이다. 예를 들어, 만성적인 알코올 및 마약중독자, 정신병자, 폭력배, 부랑자, 방랑자 등이 도피형이라고 할 수 있다.

다섯째, 반역형(rebellion, 반항형)은 기존의 문화적인 목표와 제도화된 수단을 모두 거부하는 동시에 새로운 목표와 수단으로 대치하려는 사람들이다.

이러한 반역형이 사회에 만연하면 혁명의 가능성이 있고 새로운 가치와 규범, 새로운 사회구조가 형성된다. 사회운동가나 혁명집단, 히피족 등이 반역형의 대표적인 예라고 할 수 있다.

도피형과는 달리 사회목표의 거부를 비밀리에 하지 않고 공공연히 하는 것으로, 현행 제도의 개혁을 주장하는 데모나 혁명에 가담하는 정치범 또는 확신범의 경우이다.

(5) 적응유형과 범죄

머튼에 의하면 사회가 인정하는 '목표'와 '수단'에 충실한 사람만이 동조자라고 할 수 있고, 목표와 수단의 둘 중에서 한 가지나 두 가지 모두를 부인하는 사람은 사회로부터 일탈자로 간주된다. 즉, 동조형을 제외한 나머지는 모두 반사회적(일탈적) 적응방식이다.

범죄학적으로 특히 문제가 되는 것은 '개혁형'이다. 이들은 강한 성취욕구는 있으나 이에 도달하는 제도적 수단이 허용되지 않기 때문에 또는 제도적 수단에만 의존할 이유를 강하게 느끼지 못하기 때문에 비합법적으로 성공목표에 도달하려고 하므로 범죄행위 내지 일탈행위를 저지를 위험성이 가장 크다. 또한 적응양식의 차이는 개인적인 속성의 차이가 아니라 사회적 문화구조에 의해 결정된다고 보기 때문에 사회구조에 관한 이론이다.

이러한 머튼의 이론은 자본주의체제의 모순은 인식하였으나 범죄의 원인을 아노미라고 보아 자본주의의 구조적 모순이 범죄의 원인이라는 갈등론적 범죄학과 차이가 있다.

3) 하위문화이론

하위문화이론(theory of delinquent subculture)은 코헨(Cohen)이 주창했는데, 이것은 무리적인 비행이 하류계급출신들에 의하여 행해짐에 중점을 두면서 비행집단과 그 집단이 갖는 이질적인 하위문화를 계급적인 다툼과 긴장이라는 사회구조적 기반과 연관시켜 분석한다.

노동자 계급에서 성장한 아동들은 학교에 다니면서 상류계급과 다른 문화적 차이를 접하면서 적응의 문제에 봉착한다. 이들은 서로 어울리며 그들만의 집단문화를 형성하고 자신들의 자존심을 공동으로 방어하는 수단으로 비행을 일으킨다.

(1) 이론적 전제

하위문화이론은 아노미이론을 틀로 하고 있는데 1과 2로 나누어 전제를 설명하고 있다.

전제 1. 하위문화이론은 대부분의 비행행위가 집단 내에서 발생한다는 것을 전제로 하고 있다. 즉, 비행소년들은 전형적으로 행동을 같이 한다.

전제 2. 비행이 대체로 하류계층 남자들의 현상이다.

(2) 코헨(Cohen)의 비행하위문화이론 – 중류계층 척도와 신분 좌절

① 개 념

일반문화체계에서는 구별되는 문화 안의 문화로 비행집단에 공통된 특정한 가치관이나 신념 · 지식 등을 포함하는 사고나 그에 기한 행동양식을 말한다. 이러한 '하류계층의 비행은 실제로 중류계층의 가치와 규범에 대한 저항'이라고 할 수 있다.

② 주요 내용

상당한 숫자의 하류계층 청소년들이 학교에 부적응하고, 이런 저조한 학업성취도는 비행과 관련되고, 이들의 낮은 학업성취는 상당수가 하류계층 청소년들의 의의가 학교체제의 상당수인 중류계층의 갈등에서 나타난 것이며, 이런 어려움을 이겨내기 위해 하류계층 청소년들은 자기들의 지위와 사회적 인정을 다시 생각하고, 자존감을 살릴 수 있는 방법을 위해 중산층의 문화와 상반되는 기준에 바탕을 둔 비행집단을 만들게 된다.

③ 범죄의 원인

미국 같이 중류계층의 가치체계가 중심이 되는 사회에서는 하위계층의 청소년들이 성공목적을 적법하게 이룰 수 없기 때문에(머튼의 영향) 신분좌절을 겪고 이에 따라 사회적 불만이 쌓이게 되며 이것이, 반동(반항)으로 나타나 비행집단과 같이 지내면서 사적이고, 악의적이며 부정적인 행동에 몸을 담게 된다. 그것이 통상적인 사회규칙이나 가치체계를 경시하는 결과로 나아가 범죄나 비행으로 이어진다.

(3) 클라워드와 오린(Cloward & Ohlin)의 차별적 기회이론

① 이론의 전제

클라워드와 오린(Cloward & Ohlin)은 쇼와 맥케이(Shaw & Mckay)의 문화전달이론 및 이를 체계화한 서덜랜드(Sutherland)의 분화적 접촉이론과 머튼(Merton)의 아노미이론을 종합하여 범죄 내지 비행문제를 설명하되, 위의 이론들이 놓친 '기회구조의 개념'을 도입하여 성공을 위한 목표로의 수단이 합법적 · 비합법적인 두 가지 기회구조가 있음을 전제로 한다.

② 개 념

개인이 합법적인 기회구조와 비합법적인 기회구조라는 양자에 걸친 지위에 있다고 가정하고, 개인이 성공을 위한 목표를 달성하려고 할 때 양자 중 어느 수단을 취하는가는 사회구조와의 관계에서 어떠한 수단을 취할 수 있는 위치에 있는가에 달려 있다고 한다.

(4) 밀러(Miller)의 하류계층문화이론(lower-class culture theory)

① 개 념

밀러(Miller)는 미국 보스톤시의 우범지역에서 빈번히 발생하는 청소년 갱문제를 해결할 수 있는 방안을 연구하던 중 우범지역에 거주하는 사람들이 관심을 갖는 사항은 다른 지역에서는 찾아볼 수 없을 정도로 독특하다는 것을 발견하였는데, 하층계급은 그들의 관심이 일반인들과 다르기 때문에 독특한 문화규범이 생기고 이에 따라 행동함으로써 중류계층의 법규범을 위반하고 범죄가 생기게 된다는 것이다.

하류계층 청소년의 비행은 중류계층 가치를 받아들이지 못하는 것에 있기보다는 하류계층의 문물이나 가치를 훨씬 비중있게 생각해서 이런 하류계층의 문화가 체화되어 나온 행동패턴은 주류적인 계층인 중류계급이 바라는 행동방식과 상반되기 때문에 문제가 되는 것이다.

② 범죄의 원인

하층문화계급에의 찬동은 중류계층 규범의 위법을 뜻하지만, 중류계층의 가치와 행동규칙에 대한 극히 부정적인 감정이나 화와 억울함을 나타내는 것은 아니고 그들에게 쏠린 관심의 시각이 범죄원인이라고 할 수 있다. 중류계층의 가치나 행동규범을 정면으로 거부하고 이에 대한 악의적인 원한이나 울분을 표시하는 것은 코헨(Cohen)의 비행하위문화이론의 부정성이다.

(5) 볼프강(Wolfgang)과 페라쿠치(Ferracuti)의 폭력하위문화이론

특정 지역의 사람들은 일반인에 비해서 자신의 명예, 집안의 명예, 남자의 명예를 지나치게 강조하고 인간의 생명을 가볍게 보아 이들의 생활양식, 사회화과정, 대인관계면에서 폭력사용을 용인하고 권장하는 폭력하위문화가 존재한다고 보았다.

2. 사회과정이론

1) 사회과정과 범죄

개인이 범죄자가 되가는 과정을 설명하고자 한 이론으로 이 과정의 전제는 하위계층 못지 않게 중상류층의 소년들도 비행에 가담한다는 논리이다.

2) 학습이론

(1) 차별적 접촉이론

차별접촉이론(different association theory)은 서덜랜드(Sutherland)에 의해 제안된

이론으로 비행친구들끼리 차별적 집단을 형성하고, 그 집단의 행동을 통한 영향력과 회화적 이론의 중간 입장에서 상호연결의 이점이 있으며, 비행이나 비행의 원인 중 개인적 측면이 차지하는 비중이 큰 점으로 보아 어느 이론보다도 중요하고 실질적인 가치가 있는 것으로 보여진다.

심리학적인 이론만으로 비행의 원인을 모두 규명하는 것은 불가능하지만 심리학적인 이론이 주축이 되고 유전 및 생물학적 이론과 사회학적 이론을 적절히 적용한다면 비교적 정확하게 비행원인을 설명할 수 있을 것 같다.

① 등장배경

쇼와 맥케이의 영향을 받아 슬럼지역에서 비행이 집중하여 발생한다는 것을 지적하였는데, 이는 서덜랜드가 각 지역마다 비행 친구를 접촉할 수 있는 기회가 다르다는 차별접촉이론을 만드는 데 영감을 주었다.

즉, 슬럼지역에 사는 소년들은 비행청소년과 접촉할 기회가 다른 지역의 청소년들에 비해서 많다는 것이다.

② 기본 명제

예를 들어, 직업적 절도범은 주로 슬럼지역 출신인데, 그 이유는 슬럼지역에서는 다른 지역에 비하여 일반 소년들이 비행소년들과 접촉할 기회가 많기 때문이라고 하며, 결과적으로 한 개인이 범죄자와 접촉을 자주, 오래 그리고 강하게 하면 할수록 법을 어기는 것을 합리화하기 쉬워진다. 그 결과로 범죄자가 되는 것이다.

③ 차별적 접촉이론의 평가

학습받지 않고도 범행동기를 이미 가진 사람이 있을 가능성을 배제했다는 점과 이 이론을 청소년에게 초점을 맞추어 성인들의 범죄와의 관련성은 배제했다.

(2) 최근의 사회학습이론 – 차별적 접촉이론의 구체화

범죄문화(행동)에 접촉해도 범죄를 행하지 않는 이유는 무엇일까라는 의문점에 대하여 여러 수정이 시도되었는데 이가 곧 버제스(Burgess)와 에이커스(Akers)의 차별적 강화이론이다.

차별적 접촉이론의 단점인 학습이 구체적으로 어떤 과정을 거쳐 발생하는지에 대한 의문점을 보완하였는데, 이는 스키너(Skinner)의 '조작적 조건이론'과 같은 심리학적 이론을 이용하여 학습과정을 설명했다.

이 이론은 어떤 행위에 대해 지속적인 보상을 받게 되면, 그 행위를 계속할 것이고(강화), 어떤 행위에 대해서 처벌을 받게 되면 그 행위를 자제할 것(처벌)이라는 내용이다.

예를 들어, 아이들이 나쁜 행동을 할 때 주위에서 크게 꾸짖으면 그것을 안 하게 되지만, 처벌이 없거나, 오히려 칭찬을 받는 등의 외부 자극이 있게 되면 비행을 반복적으로 저지르게 될 가능성이 높다고 하였다. 잘못된 행동을 하면 비행친구는 보상과 칭찬으로 대응해주므로 비행의 가능성이 높다.

또한 그래저(Daniel Glaser)의 차별적(분화적) 동일시이론은 개인이 범죄문화에 접촉하였을 경우에 그것에 동화되었을 때 범죄를 일으킨다는 내용이다. 여기에서의 '동일시'는 타인의 가치관에 공감하여 그 가치관에 따라 자신의 행동을 결정한다는 것이다.

또한 사람과의 직접적인 접촉 이외에도 매스미디어 등의 간접적 접촉도 포함시켰다. 이후 차별적(분화적) 기대이론을 전개하여 범죄는 + 기대가 − 예상을 초과할 때 범죄가 발생하다고 보았다.

(3) 맛샤(Matza)와 사이크스(Sykes)의 중화이론

① 의 의

1960년대를 맞이한 무렵까지 주류였던 사회학 결정론에 반기를 든 것은 맛샤(David Matza)의 표류이론(drift theory)이었다.

맛샤에 의하면 비행은 외재적인 환경요인이나 사회적 압력에 의해 필연적으로 일어나는 것이 아니라 비행자의 자유의지에 근거하여 일어나는 것이다.

물론 표류이론도 완전히 환경적 요인을 무시한 것은 아니다 즉, 맛샤는 "(유전, 환경에 의해) 결정되기보다 (자신의 의지에 의해) 결정한다"라고 하였다.

맛샤에 의하면 비행소년은 지배적인 합법적 가치체계를 완전히 부정한 것은 아니다. 즉, 비행소년은 때로는 합법적 가치체계에 따르고, 때로는 반항한다. 바꿔 말하면 비행소년은 합법적 가치체계와 비합법적 가치체계 사이를 왔다 갔다 하는 이른바 표류하는 것이다. 또 소년은 어느 시기에 범죄를 저질러도 생애범죄를 계속하는 것이 아닌 거의 일과성에 그친다.

맛샤는 이런 현실을 설명가능한 이론은 표류이론뿐이라고 역설하였다. 즉, 거의 모든 비행소년은 성인이 된 후 비합법적 가치체계 사회에서 합법적 가치체계의 사회에 도달하여 법을 준수하는 생활을 보내는 사실은 비행이 많은 소년에게 있어 표류중인 일시적 현상이란 점을 대변하는 것이다.

② 범죄 발생의 원인

표류란 합법과 위법의 중간 단계로서 비행은 일탈적인 생활양식과 관습적인 생활양식 사이를 오가며 행동한다.

또 맛샤는 사이크스(Gresham Sykes)와 함께 비행소년이 위법행위를 저지를 때 스스로의 행위를 정당화한다고 생각해 이것을 중화(neutraliztion)의 기술이라 불렀다.

이러한 중화기술은 5가지로 유형화된다. 즉,

㉠ 자기책임의 부인(스스로 하는 것이 아닌 어쩔 수 없이 범죄를 저지름)

㉡ 가해의 부인(누구에게도 피해를 주지 않는다)

㉢ 피해자 부인(나쁜 쪽은 오히려 피해자 쪽이다)

㉣ 비난자에 대한 바난(자신을 비난하는 자는 위선자이다)

㉤ 고도의 충성심에 호소(동료 간의 충성 때문에 범죄를 저질렀을 뿐이다) 등이다.

즉, 소년들은 비행에 도달한 경우에 이런 중화기술을 이용, 스스로의 비행을 정당화시킨다. 반면, 이런 것에 의해 소년들은 비합법적 가치체계의 사회에 그치지 않고 합법적 가치체계의 사회에 돌아갈 수 있다.

③ 레클리스(Reckless)와 디니즈(Dinitz)의 자아관념이론

종래의 이론과 구별하여 레클리스(Reckless), 디니즈(Dinitz), 머레이(Murray) 등의 연구이다.

범죄적 문화에 접촉한 사람은 왜 범죄에 빠지게 되는가의 문제가 아니라 범죄적 문화와 접촉한 사람 가운데 어떤 사람은 왜 범죄에 빠지지 않는가를 연구의 대상으로 한 이론이다.

3. 사회통제이론

1) 개인적 통제(레클리스의 견제이론)

(1) 개 념

레클리스(Reckless)는 자기관념이론을 발전시켜 강력한 내면적 통제와 이를 보강하는 외부적 통제가 사회적·법적 행위규범의 위반에 대한 하나의 절연체를 구성한다고 하였다. 레클리스는 내적 요소가 비행을 결정하는 데 가장 중요한 요소라고 보았는데 '좋은 자아개념'과 같은 내적 견제 요인을 비행의 가장 중요한 설명 요인으로 보았다.

이러한 연구는 두 가지 상호 대립된 영향력을 기초로, 사람들은 누구든지 범죄나 비행으로 이끄는 힘과 이를 차단하는 힘을 받게 되는데, 만일 이끄는 힘이 차단하는 힘보다 강하면 그 사람은 범죄나 비행을 저지르게 되고, 차단하는 힘이 강하면 비록 이끄는 힘이 있더라도 범죄나 비행을 자제한다는 것이다.

(2) 범죄 유발 요인과 통제 요인

내적 통제는 주로 사람들이 사회적 규범이나 도덕을 내면화함으로써 각자가 내부적으로 형성한 범죄차단력에 관한 요인으로 좋은 자기관념(내적 통제가 적절히 형성되는 데 있어 가장 중요), 자아나 초자아의 능력, 목표지향성과 현실적 목표, 책임감, 좌절감의 인내, 합법성에 대한 일체감 등을 들 수 있다.

외적 통제로는 가족이나 주위 사람들과 같이 외부적으로 범죄를 차단하는 요인으로 일관된 도덕교육, 합리적 규범과 기대체계, 집단의 포용성, 효율적인 감독과 훈육, 가족과 지역사회의 기대감, 소속감 등을 들 수 있다.

2) 사회적 통제[허쉬(Hirschi)의 사회유대이론]

사회통제론(social control theory)은 사회결속론이라고도 하며 비교적 현대에 발전한 이론으로 허쉬(Hirschi)에 의해 제안되었다. 사회통제이론은 비행을 사회규범을 어긴 행위로 규정하며, 현재 작용하고 있는 사회통제기제의 결함이나 부재의 결과로 본다. 우리 사회에서는 관습적 신념에 대한 일반적인 합의가 있으며, 그러한 신념에 애착을 갖고 행동에 옮기며 관습적인 사회에 결속되고 유대를 갖게 된다고 한다.

이 이론에서는 사회에 대한 개인의 소속 정도가 비행의 여부를 결정한다고 주장한다. 즉, 청소년이 부모와 학교 및 다른 사회기관에 소속되어 있을수록 비행을 저지를 가능성이 더 적다는 것이다. 이런 입장에서 보면 비행은 그 행위를 저지를 가능성이 더 적다는 것이다. 이런 입장에서 보면 비행은 그 행위를 실행하는데 필요한 신념에 의해 일어나는 것이 아니라, 이런 비행행위를 금하는 효과적인 신념의 부재에 의해 일어나는 것이다.

(1) 의 의

허쉬는 반사회적 행위의 근본적인 원인은 인간의 본성에 있어 모든 사람들은 내버려두면 범죄를 저지를 가능성을 가지고 있으나, 이러한 범죄발생을 통제하는 것이 개인이 일상적인 사회와 맺고 있는 '유대'(사회연대)라고 본다.

(2) 범죄의 원인

범죄는 개인의 사회에 대한 유대가 약해졌거나 끊어졌을 때 발생한다고 보았다. 즉, 비행청소년은 관습적인 사람과의 결속이 약하고 관습적인 생활에 대한 전념이 없으며, 관습적인 일에 참여하여 몰두하지 못하는 것이다. 이는 관습적인 규범에 대한 신념이 없기 때문에 관습적인 사회에 대해 유대와 결속을 갖지 못하고, 따라서 그 사회로부터 통제와 제재를 적게 받아 그만큼 쉽게 일탈할 수 있다는 것이지 그들이 비행을 저지르도록 어떠한 강요를 받아서는 안 된다.

(3) 사회연대의 요소

사회연대의 요소는 다음의 네 가지로 분류할 수 있다.

첫째, 애착(attachment)은 자신에게 중요하고 그들의 자신에게 중요하고 그들의 의견에 민감한 사람들에 대한 청소년의 감정적 결속으로 부자지간의 정, 친구 사이의 우정, 가족끼리의 사랑, 학교선생님에 대한 존경심 등을 들 수 있다(주로 감정적·정서적 관계에 기초한다).

둘째, 전념(commitment)은 관습적인 생활방식과 활동에 투자하는 시간과 정열로 규범준수에 따른 사회적 보상에 관심을 두는 것을 의미한다. 이러한 열망의 소유자는 자신의 비행이 미래의 희망을 망칠 수도 있다고 우려하기 때문에 비행을 자제한다는 것이다(합리적인 판단을 바탕으로 개인과 사회의 유대가 형성되고 유지되는 형태이다).

셋째, 참여(involvement)는 행위적인 측면에서 개인이 사회와 맺고 있는 유대의 형태이자, 전념의 결과로 실제로 관습적인 일에 참여하는 것을 의미한다. 사회생활에 대하여 참여가 낮으면 그만큼 일탈행동의 기회가 증가함으로써 비행이나 범죄를 저지를 가능성이 높다고 보았다(산업예비군, 즉 실업자는 범죄의 예비군이다).

넷째, 신념(belief)은 관습적인 규범의 내면화를 통하여 개인이 사회와 맺고 있는 유대의 형태로이자, 관습적인 도덕적 가치에 대한 믿음을 의미한다. 이는 내적 통제와 같은 표현으로 규범에 대한 믿음이 약할수록 비행이나 범죄를 저지를 가능성이 높다고 보았다.

3) 법률적 통제(억제이론)

(1) 의 의

범죄로부터의 이익이 비행의 원인이라면 범죄에 대한 처벌의 고통은 비행을 제지하는 요인이므로, 범죄의 이익이 처벌의 고통보다 크다면 범죄는 발생할 것이고, 처벌의 고통이 범죄의 이익보다 크다면 범죄는 발생하지 않을 것이라고 하는 것이다.

(2) 억제의 요소

처벌의 엄중성은 벌금의 양이나 구금의 기간과 같은 처벌의 정도에 관한 것으로서, 보다 엄중한 처벌일수록 범법의 정도는 더 낮아질 것이라고 가정하는 것이다.

처벌의 확실성은 처벌받을 확률을 뜻하는 것으로 처벌받을 확률이 높을수록 범법의 수준은 더 낮아질 것이라고 가정하는 것이다.

처벌의 신속성은 범행시기부터 처벌받는 시기까지의 시간적 간격을 의미하는 것으로, 범행 후 빨리 처벌받을수록 그만큼 사람들에게 처벌이 실감나기 때문에 범법의 수준은 더 낮아질 것이라고 가정하는 것이다.

(3) 결 론

처벌이 엄중하고 확실하며, 신속할수록 범죄의 억제효과는 커진다.

(4) 한 계

범죄의 이익과 비용을 합리적으로 계산할 수 있는 경제범죄 등의 도구적 범죄(원하는 물품과 봉사를 관습적인 방법을 통해서는 얻을 수 없게 되어 결국에는 불법적인 방법에 호소하여 획득하려는 범죄)에는 적용될 수 있으나 격정범 등 표출적 범죄에는 적용에 한계가 있다.

4. 사회적 반응이론

1) 개 요

1960년대 중반부터 미국을 중심으로 전개된 범죄학의 새로운 경향은 범죄현상 및 범죄대책에 있어서 '관점의 전환'이라고 할 수 있다. 즉, 종래의 전통적 범죄학이 개별현상 또는 집단현상으로서의 범죄 또는 범죄자의 생물학적·심리학적·사회학적 원인에 대한 연구였다면, 새로운 경향은 인간의 일정한 행동에 대해 범죄 또는 범죄자라고 낙인을 찍는 사회나 법집행기관이 주요한 연구대상으로 기존의 기능주의 범죄학에 대한 코페르니쿠스적 전환을 가져온 것으로 평가된다.

이러한 전통적 범죄학의 경향은 대체로 1930년대에서 1950년대에 형성된 범죄사회학적 이론을 말한다.

전통적 실증주의 범죄이론들은 법제도의 안정성과 이의 무비판적 수용을 바탕으로 범죄인과 비범죄인 사이에는 근본적인 차이가 있다는 전제 위에서 주요 분석적 초점을 개인으로 제한하여 범죄의 원인을 개인의 소질이나 환경에 있다고 보고, 범죄는 소수 일탈자의 문제이므로 이를 교정주의적 간섭을 통하여 해결하려 한다.

2) 낙인이론

낙인이론(labeling theory)은 다른 말로 사회반응론이라고 한다. 범죄와 비행이 나타나는 과정적 방면에 주안점을 둔 관점이다.

낙인이론의 대표적인 학자인 베커(Becker, 1963)에 따르면, 비행이란 특정 행동 자체가 본질적으로 일반행위와 구분되어서가 아니라 주변 사람들이 무언가 특정한 행위를 비행이라고 지칭했기 때문에 생기는 사회적 낙인 행위라는 것이다.

그는 사회집단은 그것의 위반을 일탈로 간주하는 법을 제정함으로써 일탈자를 창조하고 이 규정을 특정인에게 적용함으로써 국외자로 낙인찍는다는 것이다.

젠슨(Jensen, 1972)은 "비행자"라는 낙인은 자아개념에 혐오적 효과를 일으킨다 하였고, 블리스(Bliss, 1977)는 낮은 자아개념 점수가 비행자 낙인을 수반한다고 주장하였다(Dorn, 1968; Fitt & Hammer, 1969).

낙인이론은 이처럼 비일탈자가 낙인을 통해 부정적인 자아정체감을 확립함으로써 일탈자로 되어가는 과정에 강조점을 두는 것을 비행을 자아개념과 관련시키고 있다.

(1) 개 요

전통적 범죄학과는 달리 낙인이론은 사법체계를 비판하는데, 사법기관은 아무 문제가 없어 보이는 행동을 문제행동으로 규정하기 때문에 비행이 존재하는 것이고, 잘살고 힘있는 사람들은 대변하고 보호하지만, 못살고 힘없는 사람들은 통제하기 때문에 특히 하층의 비행이 많게 된다고 한다.

1960~70년대에 걸쳐 베트남 전쟁에 대한 반전 분위기와 닉슨 행정부의 부패 등 정부기관에 대한 반발에 그 배경이 있다.

이러한 낙인이론은 누가 비행을 하는가보다는 누가 비행자로 그리고 어떤 행동이 비행으로 규정되는가에 주목하는데, 예를 들어 상상력이 풍부하여 수업시간에 방해 행동을 했을 경우 기발한 천재 내지는 수업을 방해하는 학생으로 규정될 수 있다(짧은 치마에 노란 염색). 이처럼 낙인이론가들은 비행을 아이들이 저지른 행동의 성질이 아니라 비행이라고 규정된 것이라고 본다.

따라서 사법기관에 의해 '이런 저런 특정 행위는 비행이다'라고 규정되어 있기 때문에 그 행위는 비행이 되는 것이지, 특별히 어떤 아이들이 비행을 저지르는 것은 아니라고 본다.

(2) 낙인의 과정과 결과

낙인이론가들은 비행이 그렇게 규정된 것이라는 점도 강조했지만, 그것이 비행으로 규정된 후 소위 낙인찍힌 아이가 어떻게 나중에 엄청난 범죄자로 발전하는지에 대해 관심을 가졌다.

낙인이론의 대표적 학자는 레머트로서 범죄를 포함한 일탈행위를 '일차적 일탈', '이차적 일탈'로 구분하였다.

이러한 맥락에서 탄넨바움의 이론은 "소년범은 일반인이 그를 나쁘다고 규정하고 계속 본다면 그는 일탈자가 된다. 악은 적을수록, 선은 많을수록 좋다"라는 명제로 낙인이론을 대변하였고, 베커(Becker)는 '주지위'라는 개념처럼 한 번 전과자로 낙인 찍히면 계속해서 전과자로 남게 되는 것임을 발표하였다."

(3) 비행대책

낙인이론은 재량권을 많이 가진 형사사법기관이 범죄자 처리과정에 있어서 임의적으로 범죄자와 비범죄자를 선별하는 것이 아닌가라는 선택문제(selective section)의 관점도 제시했다. 특히 미국의 경우는 체포, 기소, 평결, 형량의 각 단계에 있어 인종이나 사회 계층에 관한 편견이 있는 것이 아닌가 문제가 되었다.

범죄정책면에서는 <사회통제의 강화－일탈>이란 명제에서 형사사법기관은 「불개입주의 원칙」을 취해야 할 것이다란 주장이 제기되었다. 여기서 구체화된 정책은 4D정책이라 불린다.

여기서 4D는

① 비범죄화(decriminalization), 웬만한 비행은 일탈로 규정하지 말자는 것으로서, 기존 형법의 범죄 목록 중에서 사회변화로 인하여 더 이상 사회 유해성이 없는 행위로 평가되는 것에 대해서는 범죄 목록에서 삭제되어야 한다고 한다.

② 비시설화(deinstitutionalization), 소년원이나 소년교도소와 같은 시설에서 처우하기보다는 가능하면 사회 내에서 처우를 하여 아이들이 낙인을 덜 받고 사회에 재적응하기 쉽도록 하자는 것이다.

③ 다이버전(diversion), 비행 청소년을 체포・기소・처벌이라는 공식 절차상에 두지 않고, 기소하기 전에 지역사회에서 일정한 처우를 받도록 함으로써 낙인을 줄이려는 것으로서, 중한 공식적 반작용은 경한 공식적 반작용으로 대체되어야 한다는 것이 전환제도이다.

④ 적정절차(due process) 계층간에 차별 없이 공정하게 법이 집행되어야 한다는 것을 강조하였음을 의미한다. 이 4D 정책은 미국만이 아닌 유럽 각국에 1970년대의 주도적인 형사사조가 되었는데, 이러한 4D정책으로 재사회화 후 성과가 양호한 경우 피낙인자에게 그의 사회적 지위를 회복시킬 수 있는 탈낙인화가 뒤따라야 함이 필요하다.

3) 갈등이론

(1) 개 요

갈등이론에서는 법은 모든 사람을 위해 존재하는 가치 합의에 의한 것이 아니라, 특정 집단의 이익을 위해 존재하는 권력의 행사로 파악한다. 따라서 하층이나 소수민, 청소년, 여성처럼 사회적으로 불리한 층에게 법은 불리하게 차별적으로 적용될 수 있다는 점에 주목한다.

(2) 주요 내용

마르크스주의나 비판이론가들에 따르면 자본주의체제 하에서는 자본가가 법을 통해 자신들의 이익을 대변하고, 법을 노동자와 피지배층을 억압하고 통제하는 데 사용한다고 보고 있다. 갈등이론이나 마르크스이론은 개인의 비행행위보다는 사회제도인 법을 그리고 그 근간이 되는 사회성격을 규명한 점에서 낙인이론가들의 미시적 관점과는 달리 거시수준의 성격이라 할 수 있다.

갈등이론가들에 따르면 법은 불공평하며, 사회적 약자에게 차별적으로 적용된다고 했다. 예를 들어, 지배층이 저지를 수 있는 환경 오염이나 뇌물보다는 절도 강도를 더 엄격하게 처벌하며, 같은 비행이더라도 하층에게 불리하게 적용된다고 보고 있다.

예를 들어, 자본주의사회에서 자본가들의 이윤착취로 하층들은 더욱 빈곤해지면서 범죄나 비행이 발생한다는 것이다. 따라서 직장 전망이 낮은 학업성적이 부진한 아이들은 소외될 수밖에 없는 상태에서 비행이 발생한다는 것으로 접근한다.

5. 기타 범죄이론

1) 문화지체이론

(1) 개 념

문화지체이론(cultural lag theory)이란 사회 내의 각종 사회문제, 즉 실업문제, 노동문제, 교통사고, 이혼, 소년비행 및 범죄문제 등은 결국 사회 내의 각종 문화의 부조화적인 변동·발전에 기인한다고 보는 이론이다.

이러한 문화 간의 변동·발전의 속도가 서로 달라서 부조화를 이룰 때 사회문제가 발생한다는 것으로 미국의 오번(Ogburn)이 주장하였다.

(2) 주요 내용

인간사회의 문화에는 기본적인 생계와 관련된 기계, 식품생산, 교역 등 물질문화(material culture)와 이와 관련해서 이루어지는 결혼생활・가정생활, 종교・도덕・법・정치・교육제도 등의 적응문화(adaptive culture)가 있다.

일반적으로 물질문화가 선행적으로 발전・변화하고 적응문화는 뒤따라 서서히 변하게 되는데, 이 과정에서 적응문화가 효율적으로 변화・적응하지 못하면 문화의 지체가 일어나며, 이 과정에서 이혼・범죄와 같은 각종 사회문제가 일어나게 된다는 것이다(W. F. Ogburn & M. Nimkoff, 1940: 886-893).

이에 의하면 범죄를 포함한 사회문제는 양자간에 있어 변화의 속도가 적절히 조정되지 못했기 때문에, 즉 사회개발정책(social planning)의 잘못 때문에 일어난다고 한다. 그러나 이 이론은 다음과 같은 비판도 받고 있다.

첫째, 이 이론은 범죄 발생의 일반적인 배경을 설명하는 데 적합하나 개별적인 범죄를 설명하는 데는 미흡하기 때문에 구체적인 개인적・사회적 원인의 분석이 필요하다.

둘째, 문화의 지체란 상대적인 개념이기 때문에 어느 한 개인에게 지체라고 인식될 수 있다고 하여 다른 사람에게도 반드시 그럴 수는 없다는 것이다.

2) 합리적 선택이론

(1) 등장 배경

영미에서는 1980년대에 접어들면서 합리적 선택이론이라 불리는 범죄학이론이 급속히 대두했다.

범죄자는 '범죄에서 얻은 이익(benefit)이 크게'하거나 '범죄에 실패할 때의 손실(cost)이 적게'하는 것을 고려해서 범죄의 유무, 방법, 장소 등을 선택한다. 또한 이 이론에서는 범죄는 합리적인 인간이 자유의지에 의해 한 것이고 유전이나 환경의 산물이 아니라고 본다.

(2) 주요 내용

합리적 선택이론은 경제학의 호모 이코노믹의 가설('인간은 기대되는 자기의 효용계수를 최대화하려 한다')을 기초로 하고 있다.

이 이론은 18세기에 베카리아나 벤담이 주장한 고전파 범죄학과 비슷하게 범죄에 의해 야기되는 비용과 이익을 비교형량해 범죄의 실행 여부를 결정하는 합리적인 범죄인상을 전제로 하기 때문에 '고전파 범죄학의 부활'이라고도 평가되고 있다.

3) 환경범죄론

(1) 등장 배경

환경범죄학이 주목받게 된 것은 형사사조로서 범죄예방론이 대두된 1980년대 후반부터이다. 이 시기에 범죄예방론이 대두된 배경은 다음과 같다.

① 형사사법시스템에 대한 실망[6)]

② 범죄원인론에 대한 실망과 합리적 선택이론의 대두[7)]

(2) 주요 논점

① 방어공간이론

방어공간이론(defensible space theory)은 제이콥스(J. Jacobs)와 뉴만(O. Newman)이 주장해 환경설계론의 선구가 된 이론이다.[8)] 뉴만은 공공주택이 범죄의 온상이 된다고 지적하였다.

---

6) 1970년대 이후 사회복귀모델이 후퇴하고 정의모델이 대두하게 되었다. 하지만 이 정의모델에서도 범죄는 계속 증가해 1980년대 이후 형사사법제도가 범죄의 증감에 미치는 역할은 현실적으로 한정적인 것이 아닌가 혹은 전혀 없는 것이 아닌가 하는 주장이 강해지기 시작했다. 이런 상황 속에서 1980년 중반에 '범죄실행 후에 형사사법기관이 범죄를 사후 처리하는 시스템'에서 '커뮤니티(cummunity)를 기반으로 범죄실행 자체를 사전에 저지하는 시스템'으로의 전환을 주장하는 범죄예방론이 대두됐다. 따라서 영미의 형사정책이 1970년대에서 1980년대 전반의 '사회복귀사상의 후퇴→정의모델의 대두시대'에서 많은 변혁을 가져와 21세기에 걸쳐서 '커뮤니티를 기반으로 한 범죄예방론의 시대'로 전환하려는 시대이다.

7) 종래의 범죄원인론은 범죄요인을 생물학적·심리학적 접근 및 사회학적 접근방법에서 분석했다. 하지만 1980년대 전후부터 이들 접근방법에서는 범죄요인 탐구가 곤란할 뿐 아니라 요인을 안다 해도 쉽게 대책을 세울 수 없다는 비관론이 높아져 범죄의 원인탐구에서 범죄예방의 기대가 높아졌다. 한편 영미의 범죄학에 있어 합리적 선택이론이 강한 지지를 받는 것을 주시할 필요가 있다. 전술한 합리적 선택이론이 대두한 결과로서 두 개의 형사정책적 결론이 도출된다. 하나는 저지형 이론이고 하나는 범죄예방론이다. 즉, 합리적 선택이론은 합리적 인간상을 전제로 하나, 합리적 인간은 형벌의 저지효과를 이해하는 측면이다. 범죄가 예방된다면(범죄성공률이 낮다면) 실행으로 옮기지 않는 측면을 가지고 있는 것이 전제된다. 하지만 억제이론에 대해서 효과가 실증되지 않았다든가, 사형이나 장기구금형의 증가를 부르는 역기능이 우려된다.

8) 이 이론은 당시 급격히 증가하는 주택의 고층화가 범죄를 유발한다고 지적하고 범죄예방을 위해 공적 공간과 사적 공간을 명확히 구별, 가로의 시야가 확보되게 건물 방향을 연구, 가로가 보색에 이용되게 해야 한다고 주장하면서, 거리에 익숙한 사람이 범죄예방에 기여한다고 하였다. 이로부터 유명한 거리의 감시자(eyes on the street) 개념이 제시되기도 하였다.

② 방범환경설계론[9)]

환경설계론의 실용메뉴얼에 의하면 4가지 전략에 기본을 두고 있다. 첫째, 가로조명의 개선과 전자감시장비를 이용하여 강화감시를 강화하며, 둘째, 출입구축소, 열쇠나 철책담장 설치 등으로 외부인의 행동을 규제한다. 셋째, 주민을 위한 장소제공, 가두활동 지원 등으로 활동을 강화하는 방범 활동, 넷째, 방범캠페인, 경찰과의 연계를 강화하는 방범의식 계몽 등이 있다.

4) 상황적 범죄예방론[10)]

상황적 범죄예방론은 '범죄기회를 주는 상황'을 없애는 것이 범죄예방의 핵심이라고 주장하였다.

5) 일상활동이론[11)]

펠슨(Marcus Felson)은 범죄를 발생시키는 구체적 요소로서 잠재적인 범죄자, 적당한 범죄목표, 감시자의 부재를 들고 있다.

---

9) 제이콥스나 뉴만의 문제제기를 받아 환경설계의 테마에 최초로 손을 댄 이는 제퍼리(Jeffery)이다. 제퍼리는 1971년에 「환경설계에 의한 범죄예방」을 발간하여, 범죄실행 후에 범죄자를 처벌하는 종래의 형사사법 방법을 격렬하게 비판하고 범죄실행 전에 환경을 직접 통제하여 범죄예방을 해야 할 필요성을 주장했다. 그는 종래의 사회복귀모델이나 억제형론을 철저히 비판해 환경공학에 기반을 둔 방범환경설계론(=CPTED)은 뉴만의 '지키기 쉬운 주공간'이 주택지를 대상으로 한 것에 비해 주택지 이외의 학교나 상업지에도 시야를 넓힌 종합적인 환경설계를 목표로 한 것으로 그 후 많은 연구 프로젝트가 조직되고 이 개념의 체계화가 시도되었다. 단, 최근에는 제퍼리가 생물학적 관점도 혼합한 독자적 방범환경설계론을 전개하고 있어 실제로 추진되고 있는 CPTED에는 그의 영향은 미미하다.

10) 상황적 범죄예방론은 1970년대 중반부터 영국 내무성 조사본부를 중심으로 조사연구가 진행되어 서서히 구체적 정책이 실시되었다. 주요 보고서는 1980년대의 클라크(Ronald Clark)와 메이휴(Pat Mayhew)가 공동으로 쓴 「설계에 의한 방범」, 1981년 힐(Kevin Heal)과 레이콕(Glaria Laycock)이 쓴 「상황적 범죄예방」, 1992년 클라크가 쓴 「상황적 범죄예방－성공사례의 case study」가 있다. 이 이론이 만들어진 직접적 계기는 비행소년을 수용하는 중간처우 등의 처분효과를 조사한 결과 '소년의 도주나 일탈행위의 가능성은 소년들의 발달과정이나 성격에 의존하는 것이 아니고 시설에서 그때그때의 상황(특히 도주, 일탈행위가 가능한가 아닌가)에 의존한다'는 결론을 얻었다.

11) 펠슨 등은 범죄는 일상적인 활동의 기회구조 중에서 발생한다고 생각해 범죄기회의 감소를 목적으로 생활양식을 변화시켜야 한다고 주장하였다. 일상활동이론은 펠슨(Marcus Felson) 등이 「사회문화와 범죄발생의 경향－일상적 활동적 접근」이라 쓴 논문에서 제시한 것이다. 펠슨 등은 범죄가 실행되는 기회는 일상생활에 있어서는 다수 있고, 범죄의 표적이 무방비에 방치되어 있는 경우에는 범죄가 발생하는 것이 아닌가 하는 문제의식에서 연구를 진행했다. 펠슨은 미국의 일상활동의 변화와 범죄율의 관계를 1947년부터 1974년의 자료를 근거로 검토했다. 그들은 1960년대 이후의 생활양식(life style)의 변화로서 청소년 인구의 증가, 휴대용 소형전자제품의 보급, 맞벌이 가정의 증가와 전통적 사회연대의 약화를 들어서 이것이 1960년대 이후의 범죄증가에 기여했다고 결론지었다.

6) 깨진창이론

황폐이론(incivility theory)이라고도 불리는 '깨진창이론'(broken windows theory)은 하나의 깨진창의 방치가 주민에게 나쁜 사회심리학적인 영향을 주고 그 결과, 거리 전체가 황폐화된다는 이론이다.

하나의 깨진창의 방치가 주민에게 나쁜 사회심리학상의 영향을 주고 그 결과, 거리 전체가 황폐화된다는 이론이다. 즉, 창의 파손이 방치되는 것은 한편으로는 그와 같은 행위가 주민에 의해 비난받지 않고 주민상호존중심이나 시민으로서의 의무감이 희미해지는 것을 의미한다.

그 때문에 이런 것이 계기가 되어 지역환경의 황폐가 광범위하게 퍼지게 되어 범죄의 증가가 되면서 지역 전체의 방범환경의 의식이 낮아져 거리 전체가 황폐화되는 것이다.

이 이론은 윌슨과 게링이 1982년에 발표한 논문「깨어진 창 · 경찰과 지역안전(broken windows: the police and neighborhood safety)」에서 제창한 것이다. 또 그들은 여기에서 현실의 범죄 유무보다도 지역환경을 황폐화시키는 자의 존재가 지역 주변에 범죄에 대한 불안감을 주기 때문에 경찰을 중심으로서 지역환경의 황폐화를 막고 지역사회 전체를 지키는 것의 중요성을 역설했다.

7) 급진주의 범죄이론

(1) 개 요

전통적인 범죄학에 대해 '자본주의체제에 봉사하는 보수적 학문'이라고 비판, 사회변혁을 위한 이론의 수립을 주장한 급진주의 범죄학은 특히 영 · 미에서 1970년대에 각광을 받았다.

이 범죄학은 영국에서 '신범죄학'(New Criminology)이라 불리는 한편 미국에서는 '비판범죄학'(Critical Criminology) 등의 이름으로 사용되고 있다. 이런 급진주의 범죄학은 오늘날에는 변모를 거듭, 레프트 리얼리즘을 표방해 관념론에서 현실주의로의 전환을 주장하고 있다. 따라서 새로운 범죄학의 움직임인 레프트 리얼리즘을 상세히 검토하기 전에 그런 전신인 초기 급진주의 범죄학의 동향에 대해 개관하는 것도 의미 있는 작업이라고 생각한다.[12)]

(2) 레프트 리얼리즘(Left Realism)

① 등장배경[13)]

세계적으로 사회주의 국가의 붕괴를 들 수 있다. 즉, 독일의 베를린벽 붕괴, 소련의 해체, 또 일련의 동구제국의 탈사회주의화를 볼 때 급진주의 범죄학의 목표인 '국가와 형벌 없는 사회'의 건설 자체가 환상이란 주장이 높아졌다.

이러한 페미니즘운동이나 인종차별 반대운동 등 시민운동의 고조시기에 종래 급진주의 범죄학이 충분히 대응치 못하는 것이 분명해졌기 때문이다.

② 레프트 리얼리즘의 주장[14)]

소년비행, 약물범죄, 여성범죄 등의 범죄문제 또 경찰이나 형무소의 개혁문제 등에 주로 사회학적 방법을 이용하면서 접근하여 연구결과를 기반으로 전통적인 범죄학에 도전하였다.

8) 페미니스트(feminist) 범죄론

(1) 등장 배경

1970년대 이후 영・미의 범죄학은 전통적 범죄학과 새로운 범죄학이 대립

---

12) 급진주의 범죄학의 탄생은 1986년 영국의 젊은 범죄학자들이 전통적인 범죄학에 대응할 목적으로 「NDC(National Deviancy Conference=전국일탈회의)」를 설립한 데서 기원을 찾을 수 있다. 또 미국에서도 급진주의 범죄학자에 대해 정치적 압력이 격해져 1976년에는 버클리대학의 범죄학부는 없어지게 되었다. 이른바 '버클리 사건'이다.

13) 급진주의 범죄학 중에 1980년대 초의 관념적인 신범죄학은 '법과 질서' 정책에 대항 못하고 굳어져간다고 예측하고, 빨리 현실적인 정책 논의에 참가해야 할 것이라고 주장하기도 했으나 소수에 그쳤다. 하지만 1980년대 중반 이후 일련의 범죄 실태조사를 직접 계기로 '혁명이 필요한 것은 급진주의 범죄학이다'란 주장이 급진주의 범죄학 자체에서 많은 동조를 받게 되어 레프트 리얼리즘 범죄학이 등장하게 되었다. 그리고 종래의 급진주의 범죄학을 '좌익 관념주의'라 비판, 현실주의로서의 전환을 주장하는 자도 나타났다. 대표적 주장 자로 영(J. Young), 마듀(Roger Mathews), 리(John Lea)를 들 수 있다. 1980년대 후반 레프트 리얼리즘이 탄생한 배경은 무엇인가? 여기에서는 일반적인 배경에 주목할 필요가 있다. 영국에서 급진주의 범죄학을 중심으로 연구환경에 변화가 보였다. 즉, 지방자치단체에 개혁적인 단체장이 많이 등장해 그들의 조사연구에 예산을 지원하여 주었다. 미국에선 종래 급진주의 범죄학과는 다르게 젊은 연구자들이 보수적 정치사조에 대항해 급진주의적인 관점에서 조사연구를 시작했다.

14) 새롭게 대두된 레프트 리얼리즘 범죄학의 주장은 어떤 것인가? 연구방법적인 면에서 보면, 추상적 용어의 나열에 불과하다는 비판이 강했던 관념적 논의에서 탈피를 꾀해 '도그마(이론)에서 리서치(조사)로의 전환'이 진행되었다. 범죄통계에 대한 급진주의 범죄학자의 종래 인식은 권력자가 지배하기 위해 조작한다는 부정적인 인식이 팽배하였으나 통계에 의한 사회학적 조사를 자신들도 해보기로 하였다.

하는 구도 속에서 발전을 거듭하였다. 하지만 최근의 영·미에서는 이런 종래의 -신구범죄학 모두- 범죄학의 방법 그 자체에 의문을 갖는 움직임이 대두되었다. 이것이 바로 페미니스트 범죄학이다.

(2) 주요 내용[15)]

페미니스트 범죄학도 여러 입장이 있으나 공통분모로 뽑아 볼 수 있는 문제의식은 3가지로 요약할 수 있다.

① 지금까지 여성범죄 연구는 여성에 대한 편견에 기초를 한 것이다.

② 종래 범죄학이론에는 여성이 무시되었다.

③ 형사사법과정에서 여성은 부당하게 차별받았다.

15) 페미니스트의 주장이 범죄학에서 주목을 받게 된 배경에는 사회적 페미니즘 운동의 증가가 뒤에 있다. 페미니즘에 관한 통일된 정의는 없으나 일반으로는 남녀평등권이나 여성해방을 지향하는 사상을 의미하는 것이라 이해된다. 이런 사상은 프레-페미니즘(pre-feminism)이라 불리는 시대까지 거슬러 가면 유럽에서 200년이 넘는 긴 역사를 갖추고 있다. 현대적 의미의 페미니즘은 1960년대 이후 급속한 발전을 이루었다. 페미니즘 범죄학은 이런 페미니즘의 문제제기를 기반으로 1970년대에 주장되기 시작해 1980년대에 주목을 받기 시작했다. 페미니스트 범죄학의 선구자적인 업적은 크라민의 논문 「여성범죄의 원인론-관련문헌의 해부」와 스마트의 저서 「여성. 범죄 및 범죄학」이다.

03

CHAPTER

청소년범죄 처리절차 및 기관

제1절 청소년범죄 처리절차
제2절 청소년범죄의 처리기관

제1절 청소년범죄 처리절차

Ⅰ. 비범죄화 · 비형벌화 및 다이버전

1. 취지

보호절차이든 형사절차이든 공식절차를 거치게 되면 소년에 대한 낙인(labelling)이 찍어지고, 이것은 절차가 더 많이 진행될수록 그러하다. 예를 들면, 어떤 소년이 절도죄를 범하였다는 이유로 경찰에 불려갔다면 그것만으로도 소년에 대한 의심이 생길 수 있다. 그 소년이 검찰에서 수사를 받았거나 기소를 당하여 재판을 받는다면 설사 나중에 무죄판결을 받는다고 하더라도 그 소년에 대한 불신이 커질 수 있다.

따라서 소년이 범죄나 비행을 저질렀다고 하더라도 가능한 한 소년들을 공식절차로 처리하지 않거나 공식절차에서 조속히 해방시키려는 노력이 생겨났다. 이러한 노력들로 비범죄화(decriminalization) 혹은 비형벌화(depanalization)와 다이버전(diversion) 등을 들 수 있다.

2. 비범죄화 혹은 비형벌화

1) 비범죄화의 의의

비범죄화 혹은 비형벌화란 형사처벌의 범위를 축소하는 것이다. 형법에는 보충성 원칙과 최후수단성 원칙이 적용된다. 이것은 비난받을 행위라고 하더라도 법적 제재는 먼저 민사제재나 행정제재에 이러한 수단으로는 부족하다고 할 때 최후수단으로 형사제재를 동원하고, 형사제재를 동원할 경우에도 필요한 최소한의 범위에서만 해야 한다는 원칙이다.

사회윤리와 도덕으로 해결해야 할 행위들이 형법에 범죄로서 규정되어 있다면 이를 비범죄화하는 것이 바람직하다. 이것을 형법의 탈윤리화(demoralization)라고 한다. 윤리도덕으로 해결해야 할 문제에 형벌을 동원해서 해결하면 국가

형벌권행사의 범위가 넓어지고, 이에 따라 국민의 자유가 지나치게 제한되는 문제점이 있다. 그리고 윤리도덕을 제대로 지키는 사람은 많지 않기 때문에 자칫하면 너무 많은 사람들이 전과자가 되는 문제점도 생긴다.

과거 형법에 혼인빙자간음죄를 처벌하는 규정이 있었다(구 형법 제304조)[1]. 이 규정은 음행의 상습없는 부녀에게 결혼을 하자고 속이고 이를 믿은 부녀와 간음하는 행위를 처벌하는 것이었다. 그러나 '음행의 상습없는 부녀'라고 하는 것이 윤리도덕적 개념이고, 결혼을 빙자하여 간음하는 행위는 상대방의 동의하에 행하는 것이므로 성폭력 등과 같이 상대방의 의사에 반하여 성적 자기결정권을 침해하는 요소는 없다. 그리하여 혼인빙자간음죄는 도덕적 비난과 민사제재를 가하면 족하지 형사처벌을 할 필요까지는 없다는 주장이 제기되었다. 이에 헌법재판소는 2009년 혼인빙자간음죄가 위헌이라고 결정하였고[2], 2012년 12월 형법개정에서 혼인빙자간음죄가 삭제되었다.

2) 비범죄화 대상 범죄

비범죄화의 대상이 되는 범죄는 주로 경미한 범죄이고 그중에서도 피해자 없는 범죄가 우선 대상으로 거론된다.

비범죄화의 이론적 기초로서는 소위 '해악의 원칙'(harm principle)과 국가형벌권의 '선택과 집중의 원리' 등이 제시된다. 해악의 원칙이란 어떠한 행위가 직접 다른 사람의 법익을 침해하지 않으면 국가가 그 행위에 개입하지 않아야 한다는 원칙이다. 이에 의하면 비범죄화 대상 범죄로서 제일 먼저 소위 '피해자 없는 범죄'(victimless crime)가 거론된다. 피해자 없는 범죄의 범위에 대해서도 논란이 있지만, 대마초흡연, 단순도박, 단순성매매(자발적 성매매) 등이 거론되고 있다.

예를 들어, 대마초 흡연은 자신의 건강을 해하는 것이지 남에게 직접 피해를 주는 것은 아니다. 음주나 흡연과 같이 자신의 신체를 상해하거나 건강을 해치는 행위를 처벌하지 않듯이 대마초 흡연도 자신의 건강을 해치는 행위이

---

1) 제304조(혼인빙자 등에 의한 간음) 혼인을 빙자하거나 기타 위계로써 음행의 상습 없는 부녀를 기망하여 간음한 자는 2년 이하의 징역 또는 500만원 이하의 벌금에 처한다.

2) 헌재 2009. 11. 26. 2008헌바58 등. 헌법재판소 판례는 헌법재판소 홈페이지(http://search.ccourt. go.kr.)에서 검색할 수 있다.

므로 처벌할 필요가 없다는 것이다. 단순도박 역시 자신의 재산을 자신이 처분하는 것이기 때문에 처벌할 필요가 없고, 성매매도 합의에 의한 성관계이고 타인의 법익을 직접 침해하는 행위는 아니기 때문에 형벌을 과할 필요가 없다는 것이다. 이때 과거 간통죄를 처벌하였으나(구 형법 제241조)[3], 2015년 헌법재판소가 간통죄 처벌은 위헌이라고 하였고[4], 2016년 1월 개정형법에서는 간통죄를 삭제하였다.

국가형벌권의 '선택과 집중의 원리'란 국가형벌권도 무한하지 않으므로 제한된 범위의 국가형벌권을 좀 더 효율적으로 행사하여야 한다는 원칙이다. 이를 위해서는 피해자 없는 범죄의 단속과 처벌을 포기하더라도 피해자 있는 범죄의 단속과 처벌에 국가형벌권을 집중해야 한다는 것이다. 예를 들어, 성매매와 같은 피해자 없는 범죄를 단속하기 위해 투입하는 인력과 장비들을 성폭력범죄를 단속하는 데에 투입하는 것이다.

3) 비범죄화의 방법

(1) 수사상의 비범죄화

수사상의 범죄화란 수사기관이 형벌규범이 있음에도 불구하고 실제로 수사하지 않음으로써 이뤄지는 비범죄화를 말한다, 예를 들어, 경찰이 폭행행위가 발생했다는 것을 알게 되어 그것을 수사할 수도 있지만 경미한 폭행이므로 수사를 하지 않았다고 할 경우 이것을 수사상의 비범죄화라고 할 수 있다.

(2) 재판상의 비범죄화

재판상의 비범죄화란 법원이 재판을 통해 어떤 행위를 범죄가 아니라고 판단함으로써 이루어지는 비범죄화를 말한다. 예를 들어, 법원이 정당방위(형법 제21조)의 성립요건인 '상당한 이유'를 넓게 해석하여 범죄구성요건에 해당하는 행위라고 위법성이 조각된다고 할 경우 재판에 의한 비범죄화가 이루어질 수 있다.

---

3) 제241조(간통) ① 배우자있는 자가 간통한 때에는 2년 이하의 징역에 처한다. 그와 상간한 자도 같다.

4) 헌재 2015. 2. 26. 2009헌바17 등. 그러나 헌법재판소는 성매매처벌은 위헌이 아니라고 한다(헌재 2016. 9. 29. 2015헌바65).

(3) 입법상의 비범죄화

입법상의 비범죄화란 입법부인 국회가 처벌규정을 삭제함으로써 이루어지는 비범죄화를 말한다. 앞에서 든 간통죄와 혼인빙자간음죄의 예에서 만약 헌법재판소가 위헌이라고 하기 전에 국회가 형법을 개정하여 간통죄나 혼인빙자간음죄를 폐지하였다면 그것은 전형적인 입법상의 비범죄화라고 할 수 있다.

법률에서 하위법규에 위임을 한 경우 위임을 받은 행정부가 범죄의 성립범위를 줄이는 행정입법을 하는 경우에도 부분적인 입법상의 비범죄화가 이루어질 수 있다.

4) 비범죄화의 효과

비범죄화를 하는 경우 이전에 형벌에 처해졌던 행위들에 대해 형벌에 처할 수 없게 된다. 그러나 이것이 비범죄화 대상이 된 행위들을 사회적으로 허용한다는 의미는 아니다. 예를 들어, 간통죄가 폐지되었다고 하더라도 간통행위는 여전히 민법상의 불법행위이고 행위자는 손해배상책임을 지고, 도덕적으로 비난받을 수 있다. 그리고 어떤 사람들에게는 손해배상의 고통이 형벌의 고통보다 더 클 수도 있다. 예를 들어, 일반적으로는 징역 1년이 손해배상액 1억원보다 훨씬 더 큰 제재이지만, 어떤 사람들에게는 후자의 고통이 전자보다 더 클 수도 있다. 징역 1년의 고통보다 평생 사회적으로 지탄받는 고통이 더 클 수도 있다.

비범죄화의 참된 의미는 어떤 비난받을 행위를 허용하는 것이 아니라 모든 비난받을 행위를 형벌로 다스리려고 하는 형벌만능사상을 배격하는 것이다.

3. 다이버전

1) 다이버전의 의의

다이버전(diversion)에 대해서는 이탈, 전환, 사법우회절차 등 여러 가지 용어로 지칭되고 있지만, 적확한 번역어가 없기 때문에 다이버전이라는 용어가 널리 사용되고 있다. 다이버전이란 범죄나 비행을 저지른 소년을 공식적인 절차에서 이탈시키는 것을 말한다. 절차 초기에서 이탈시킬수록 소년에 대한 낙인효과가 줄어든다고 할 수 있다. 낙인이론에 의하면 사회적으로 낙인찍힌 소년은 학업, 취업 기타 일상생활에서 어려움을 겪게 되고, 이에 따라 범죄나 비행에 빠질 수 있게 된다. 따라서 공식절차에서 이탈시킴으로써 소년과 사회가 얻을 수 있는 긍정적 효과가 소년을 끝까지 처벌함으로써 얻을 수 있는 긍정적 효과보다 더 클 수 있다는 것이다.

다이버전은 성인에게도 긍정적 효과를 발휘할 수 있지만, 인격의 변화가능성이 많은 소년에게는 더욱 큰 긍정적 효과를 나타낼 수 있다.

2) 절차진행에 따른 다이버전

다이버전은 공식절차 중 어느 단계에서 이루어지느냐에 따라 수사단계, 기소단계, 재판단계, 집행단계에서의 다이버전으로 나눌 수 있다.

수사단계에서의 다이버전이란 경찰이나 검찰의 수사단계에서 이루어지는 다이버전이다. 경찰단계에서 훈방이나 입건을 하지 않는 것을 예로 들 수 있다. 예를 들어, 싸움을 한 학생들은 모두 폭행죄로 처벌될 수 있지만, 경찰에서 훈방을 하는 것이다. 검찰단계에서의 다이버전의 대표적인 예로 기소유예를 들 수 있다. 기소유예란 범죄사실이 인정되고 충분한 증거도 있지만, 검사가 기소를 하지 않는 것이다[5]. 소년에 대해서는 범죄예방자원봉사위원의 선도를 받는 것 등을 조건으로 하는 조건부 기소유예도 가능하다(소년법 제49조의3).

재판단계에서의 다이버전이란 검사에 의한 것과 법원에 의한 것으로 나눌 수 있다. 공소취소[6]가 전자의 예이다. 형사사건에서 법원에 의한 다이버전의 대표적인 예로는 선고유예[7], 집행유예[8] 등을 들 수 있다. 소년보호사건에서

---

5) 형사소송법 제247조(기소편의주의) 검사는 형법 제51조의 사항을 참작하여 공소를 제기하지 아니할 수 있다.

6) 형사소송법 제255조(공소의 취소) ① 공소는 제1심판결의 선고 전까지 취소할 수 있다.

7) 형법 제59조(선고유예의 요건) ① 1년 이하의 징역이나 금고, 자격정지 또는 벌금의 형을 선고할 경우에 제51조의 사항을 참작하여 개전의 정상이 현저한 때에는 그 선고를 유예할 수 있다. 단, 자격정지 이상의 형을 받은 전과가 있는 자에 대하여는 예외로 한다.

8) 형법 제62조(집행유예의 요건) ① 3년 이하의 징역이나 금고 또는 500만원 이하의 벌금의 형을 선고할 경우에 제51조의 사항을 참작하여 그 정상에 참작할 만한 사유가 있는 때에는 1년 이상 5년 이하의 기간 형의 집행을 유예할 수 있다. 다만, 금고 이상의 형을 선고한 판결이 확정된 때부터 그 집행을 종료하거나 면제된 후 3년까지의 기간에 범한 죄에 대하여 형을 선고하는 경우에는 그러하

법원에 의한 다이버전의 예로는 불처분결정[9])을 들 수 있다.

집행단계에서의 다이버전의 대표적인 예로 가석방[10])이나 소년원에서의 임시퇴원(보호소년 등의 처우에 관한 법률 제44조) 등을 들 수 있다.

3) 단순 다이버전과 개입형 다이버전

다이버전은 보호나 감독을 위한 처분의 부가되느냐의 여부에 따라 단순 다이버전과 개입형 다이버전으로 나눌 수 있다.

단순 다이버전이란 대상자를 공식절차에서 해방시키는 것만을 내용으로 하는 것이다. 단순 기소유예, 단순 선고유예, 단순 집행유예, 불처분결정 등을 예로 들 수 있다.

개입형 다이버전이란 대상자를 일정한 조건을 붙여 공식절차에서 해방시키는 것을 말한다. 소년에 대한 조건부 기소유예, 보호관찰이나 사회봉사·사회봉사명령부 선고유예나 집행유예 등을 들 수 있다. 가석방이나 임시퇴원은 모두 개입형 다이버전에 속한다. 개입형 다이버전에서 개입은 감독과 원조로 이루어지는데 이러한 개입은 모두 대상자들의 원활한 사회복귀를 위한 것이다.

Ⅱ. 소년법상 소년의 개념

1. 개관

소년법은 보호절차와 형사절차 두 가지를 마련하고 있다.

보호절차란 범죄나 비행을 저지른 청소년들에 대해 소년법상의 보호처분(§32)을 과하는 절차를 말한다. 보호처분은 반사회성이 있어 범죄와 비행을 저질른 소년들을 처벌이 아니라 이들 소년의 환경 조정과 품행 교정을 목적으로 한 것이다. 보호처분은 형벌이나 보안처분에 비해 자유박탈이나 자유제한

지 아니하다.

9) 소년법 제29조(불처분 결정) ① 소년부 판사는 심리 결과 보호처분을 할 수 없거나 할 필요가 없다고 인정하면 그 취지의 결정을 하고, 이를 사건 본인과 보호자에게 알려야 한다.

10) 형법 제72조(가석방의 요건) ① 징역 또는 금고의 집행 중에 있는 자가 그 행상이 양호하여 개전의 정이 현저한 때에는 무기에 있어서는 20년, 유기에 있어서는 형기의 3분의 1을 경과한 후 행정처분으로 가석방을 할 수 있다.

이라고 하는 고통의 요소가 훨씬 적다. 예를 들어, 절도죄를 범한 소년에 대해 형사처분을 하는 경우에는 6년의 징역까지도 가능하다(형법 §329).

그러나 이 소년에 대해 보호처분을 하는 경우에는 가장 무거운 보호처분을 과한다고 하더라도 2년 이하의 장기소년원송치처분을 할 수 있을 뿐이다(§32①, §33⑥). 그리고 보호처분절차에 대해서는 형사소송법이 아니라 소년법이 적용된다.

형사절차란 범죄소년에 대해 형벌을 과하는 절차를 말한다. 보호처분과 달리 형벌은 응보나 일반예방의 목적도 가지고 있다. 응보란 범죄인이 사회나 피해자에게 가한 고통을 범죄인에게도 과하는 것을, 일반예방이란 범죄인을 처벌함으로써 일반인들이 범죄로 나아가는 것을 방지하는 것을 말한다. 이 때문에 형벌은 보호처분에 비해 자유박탈이나 자유제한의 고통이 훨씬 크다고 할 수 있다. 그러나 성인에 대한 형벌도 범죄인을 교육하여 더 이상 범죄를 저지르지 않도록 한다는 특별예방의 목적도 가지고 있다. 특별예방의 목적은 소년범에게는 더욱 강조되므로 소년법은 범죄소년에게 형벌을 가할 때에도 성인에 비해 처벌을 완화하는 특별규정을 두고 있다. 형사절차에 대해서는 소년법에 특별한 규정이 없으면 원칙적으로 형사소송법이 적용된다(소년법 §48).

촉법소년, 우범소년은 형사미성년자이거나 범죄를 저지르지 않았으므로 이들에 대해서는 형사처분을 할 수는 없고 보호처분만을 할 수 있다. 범죄소년에 대해서는 보호처분을 할 수도 있고 형사처분을 할 수도 있다. 따라서 이하에서는 소년법상의 소년개념을 살펴보기로 한다.

2. 범죄소년

1) 범죄소년의 개념

범죄소년이란 죄를 범한 소년(§4①i)이다. 죄란 실질적 의미의 형법상의 범죄를 말한다. 따라서 형법은 물론 폭력행위 등 처벌에 관한 법률, 성폭력범죄의 처벌 등에 관한 특례법, 아동・청소년의 성보호에 법률 등과 같은 형사특별법이나 도로교통법, 유해화학물질관리법 등과 같은 행정법상의 벌칙에 규정되어 있는 범죄들도 모두 포함된다.

범죄가 성립하기 위해서는 구성요건해당성, 위법성, 책임이라는 범죄성립조건을 다 갖춰야 한다. 그런데 만14세 미만의 소년은 책임이라는 요건을 갖추지 못하였으므로 이들은 형사처분의 대상이 될 수 없고 촉법소년으로서 보호처분의 대상이 될 수 있을 뿐이다.

따라서 범죄소년이란 죄를 범한 14세 이상 19세 미만의 소년을 말한다. 이들은 보호처분의 대상이 될 수 있을 뿐만 아니라 형사처분의 대상도 될 수 있다.

2) 책임능력의 필요 여부

(1) 심신상실 소년의 경우

범죄소년이 심신상실(§10①)인 경우 형사처분의 대상이 될 수 없다는 것은 분명하지만, 보호처분의 대상이 될 수 있느냐에 대해서는 견해의 대립이 있다.

첫째, 부정설에서는 ① '죄를 범한'이라는 문언상 책임이 없는 경우 죄를 범하였다고 할 수 없고, ② 보호처분도 형벌과 마찬가지로 소년의 자유제한이나 불이익을 포함하고 있고, ③ 책임능력이 없는 상태에서의 행위에서는 소년의 반사회성이 충분히 나타나지 않고, ④ 책임능력이 없는 소년은 심리적 반성·이해가 곤란하다는 것 등을 근거로 보호처분이나 보호절차의 대상이 될 수 없다고 한다.

둘째, 긍정설에서는 ① 보호처분은 범죄에 대한 제재가 아닌 보호·교육적 처분이고, ② 촉법소년, 우범소년에게 보호처분을 허용하는 이상 범죄소년에 관해서만 보호처분이 주는 불이익을 강조하여 책임능력이 필요하다고 하는 것은 일관성이 없다는 점 등을 근거로 보호처분의 대상이 될 수 있다고 한다.

셋째, 절충설로 촉법소년, 우범소년에게도 사물변별능력 정도의 책임능력이 있어야 보호처분을 할 수 있다는 입장이나 보호처분에의 적응능력으로서의 실질적 책임능력이 필요하다고 하는 입장 등이 있다. 절충설은 부정설에 가깝다고 할 수 있다.

촉법소년과 같이 책임능력이 없거나 우범소년과 같이 범죄를 저지르지 않은 소년도 보호처분의 대상이 되고, 보호처분의 목적이 소년의 건전육성인 점을 고려한다면 긍정설이 타당하다고 할 수 있다. 또한 심신상실 범죄소년에 대해서는 치료감호를 할 수 있는데, 이 경우 치료감호보다는 보호처분을 하는 것이 바람직하다고 할 수 있다.

(2) 심신미약 소년의 경우

심신미약(형법 §10)인 소년에 대해서는 형사처분도 할 수 있으므로 보호처분도 할 수 있다고 하는 데에 별 문제가 없다. 다만 심신상실 범죄소년과 마찬가지로 심신미약 범죄소년에 대해서도 치료감호를 하기보다는 보호처분을 하는 것이 바람직하다.

3) 연령의 판단기준

연령의 판단기준은 행위시이다. 다만 행위시에는 19세 미만이었지만 소년부의 조사·심리 중 소년이 19세 이상으로 밝혀진 경우 소년부는 결정으로 사건을 관할 지방법원에 대응하는 검찰청 검사에게 송치하여야 한다(§7②). 보호처분의 계속 중 사건 본인이 처분 당시 19세 이상인 것으로 밝혀진 경우 소년부판사는 결정으로 그 보호처분을 취소하고 검사·경찰서장 등에게 송치하거나 형사부로 송치하여야 한다(소년법 §38). 형사재판의 진행 중 행위시 소년이 14세 미만인 것이 밝혀지고 보호처분의 필요가 있다고 인정되는 경우 법원은 결정으로 사건을 관할 소년부에 송치하여야 한다(소년법 §50). 보호처분의 필요가 있다고 판단되지 않는 경우에는 무죄판결을 하면 된다.

3. 촉법소년

1) 촉법소년의 개념

촉법소년이란 형벌 법령에 저촉되는 행위를 한 10세 이상 14세 미만의 소년을 말한다(§4①ii). 14세 미만의 소년은 형사미성년자이므로(형법 §9) 범죄소년과 구별하여 촉법소년으로 규정한 것이다. 구 소년법에서는 12세 이상으로 규정하였으나 2007년 개정 소년법에서 10세로 연령을 인하하였다. 이는 10세는 비행이나 범죄의 습벽이 굳어질 수 있는 나이이므로 조기에 국가가 이들의 건전육성을 위해 소년의 생활에 개입해야 한다는 사고가 반영된 것이다. 이를 위해 촉법소년에 대한 보호처분은 이전보다 대폭 복지적·교육적 내용으로 전환되어야 한다.

2) 촉법소년과 특별법

행정형법 중에는 형사책임능력에 관한 형법 제9조를 배제하는 규정이 있는 것(담배사업법 §31조, 구 조세범처벌법)이 있다. 이 경우 동법상의 죄를 범한 10세 이상 14세 미만의 소년을 범죄소년으로 보아야 한다는 견해와 촉법소년으로 보아야 한다는 견해가 대립한다. 논의의 실익은 경찰서장이 이러한 소년들을 직접 소년부로 송치할 수 있느냐(소년법 §4②)에 있다.

범죄소년설은 행정형법의 취지를 중시하자고 하는 입장이지만 책임능력 배제규정은 위헌적이거나 부당한 것으로서 삭제되어야 하므로, 행정형법의 취지를 소년법에까지 살릴 필요가 없다. 따라서 촉법소년으로 보는 견해가 타당하다.

3) 연령의 기준시점

10세 이상 14세 미만을 판단하는 기준시점 역시 범죄소년과 마찬가지로 행위시다. 따라서 행위시 10세 미만의 소년에 대하여는 심리조건이 구비되어 있지 않으므로 심리개시가 있기 전이라면 소년부 판사는 심리불개시결정을 하여야 하고(§19①), 심리 중에 판명된 경우라면 심리개시결정을 취소하고 심리불개시결정을 하여야 한다(소년심판규칙 제42조 제1항). 또 보호처분을 한 후에 보호처분이 계속 중인 소년이 행위 당시 10세 미만임이 판명된 경우에는 그 보호처분을 취소하고 심리불개시결정을 하여야 한다(동규칙 제42조 제1, 2항 및 소년법 제38조 제2항).

4. 우범소년

1) 우범소년의 개념

우범소년이란 객관적으로 일정한 우범사유(법 제4조 1항 3호 가목 내지 다목)가 있고, 그의 성격이나 환경에 비추어 앞으로 형벌 법령에 저촉되는 행위를 할 우려(우범성)가 있는 10세 이상인 소년을 말한다(법 4조 1항 3호). 연령은 보호처분시를 기준으로 한다.

2) 우범소년의 취급

국가가 우범소년을 어떻게 다룰 것인가에 대해 크게 두 가지가 있다. 하나는 소년사법절차에서는 범죄소년만을 취급하고, 우범소년은 복지·행정직 절차에서만 취급하는 법제이다. 다른 하나는 범죄소년과 함께 우범소년을 소년사법절차에서 다루는 것이다. 우리나라는 후자의 방법을 따르고 있다.

3) 우범소년 존폐론

우범소년은 죄를 범한 소년이 아니므로 소년법에 우범소년 규정을 둘 것인가에 대하여 폐비론과 존치론의 대립하고 있다.

(1) 폐지론

폐지론은 다음과 같은 근거를 들어 소년법에서 우범소년 규정을 폐지해야 한다고 한다.

첫째, 비행을 저질렀지만 범죄를 저지르지 않았음에도 불구하고 죄를 범할 우려가 있다고 하여 형사제재의 일종인 보호처분을 과하는 것은 과잉금지원칙에 반한다.

둘째, 우범소년에 대해서는 보호처분보다는 복지적 처분을 해야 한다.

셋째, 현실적으로도 죄를 범하지 않은 우범소년을 보호처분 절차에 회부하는 경우가 거의 없다.

(2) 존치론

존치론은 다음과 같은 근거를 들어 우범소년도 보호처분의 대상으로 해야 한다고 한다.

첫째, 소년법은 범죄나 비행을 예방하는 기능도 수행해야 하는데 이를 위해서는 범죄나 비행의 위험성이 높은 소년에 대해서도 보호처분을 해야 할 필요가 있다.

둘째, 우범소년 규정을 폐지할 경우에는 이들에 대해 법적으로 개입을 할 수 있는 새로운 행정적 절차를 만들어야 한다. 그러나 이러한 방법보다는 보호처분의 대상으로 하는 것이 더 효율적이고 우범소년의 인권보호에도 충실하다.

(3) 소년법의 입장

제정 소년법 이래 우범소년을 규정하고 있었다. 2007년 개정 소년법도 10세 전후에 비행성이 나타나기 시작하므로 조기에 국가가 개입할 필요가 있다는 이유로 촉법소년과 우범소년의 연령을 하향 조정하여 범위를 넓혔다. 다만, 우범소년의 객관적 요건을 좀 더 명확하게 하고, 보호처분 절차가 좀 더 보호적・복지적 성격을 가져야 할 것을 촉구하며 우범소년 규정을 존치하였다. 그리고 이러한 취지를 관철하기 위해 제67조의2에 비행예방정책에 관한 규정을 두었다.

Ⅲ. 소년보호사건 처리절차 개관

1. 개요

촉법소년과 우범소년에 대해서는 보호처분만이 가능하므로 이들은 보호절차의 대상이 된다. 범죄소년은 형사절차의 대상이 될 수도 있고, 보호절차의 대상이 될 수도 있다. 범죄소년은 검사가, 촉법소년 및 우범소년은 경찰서장이 소년부에 송치한다. 촉법소년, 우범소년을 발견한 보호자 또는 학교・사회복리시설・보호관찰소 및 지소의 장은 관할 소년부에 통고할 수 있다(소년법 §4).

소년보호사건을 심판하는 법원을 강학상 소년법원이라고 부른다. 소년법원은 비행소년의 보호과정에 있어서 조사와 심리, 처분의 결정을 하는 가장 중추적 역할을 하는 사법기관이다. 소년심판은 신속한 비행의 발견 및 보호조치의 강구라는 사법적 기능과 아울러 성행의 교정이라는 보호적, 복지적 기능을 함께 가지고 있으므로 이를 관할하는 소년법원을 일반법원과 구별되는 독립된 기관으로 설치하는 입법례가 많다. 소년보호사건은 가정법원소년부 또는 지방법원소년부(이하 '소년부'라 한다)에 속한다

일반적으로 소년보호사건은 가정문제와 밀접히 관련되어 있고 그 밖의 소년심판의 성격, 소년심판에 필요한 인적 조직 등에 비추어 보면 소년심판을 가정법원에서 관할하는 것이 바람직하다. 그러나 현재는 일부 법원에만 설치되어 있을 뿐이므로 그 관할구역 외의 지역에서는 지방법원 소년부가 여전히 소년보호사건을 관할하고 있다.

2. 소년보호절차의 특징

보호절차는 소년의 건전육성을 위해 국가가 어버이처럼 소년을 다룬다고 하는 국친주의(國親主義)의 원리를 따른다. 이러한 특수성으로 인하여 소년보호절차는 형사소송절차에 비하여 다음과 같은 특성을 갖고 있다. 그리고 이러한 특성으로 인해 소년법과 소년심판규칙이 마련되어 있으므로, 형사소송법 규정이 소년심판에 당연히 준용되는 것은 아니다.

1) 통고주의

형사소송절차는 원칙적으로 검사의 기소에 의하여서만 시작되는 데 비하여 소년보호절차는 검사의 송치뿐만 아니라 법원·경찰서장의 송치나 보호자 학교 또는 학교·사회복리시설·보호관찰소의 장의 통고에 의하여서도 시작된다. 이것은 비행소년을 조기에 발견할 필요가 있기 때문이다.

2) 직권주의

형사소송에서는 검사와 피고인이 공격, 방어를 하고 법원이 심판을 하는 구조를 가진다. 그러나 보호절차에서는 형사소송절차와 달리 검사가 관여하지 않고 법원도 단순한 심판자라기보다는 소년에 대한 후견적 입장에서 절차를 진행한다. 형사소송에서는 검사와 피고인이라는 두 당사자가 주도권을 갖고 소송을 진행하지만, 소년보호절차는 법원이 직권에 의해 진행된다. 따라서 소년은 심판의 당사자라기보다는 주로 심리의 객체로 취급된다.

3) 실질주의 · 과학주의

형사소송절차에서는 절차의 확실성이 요구되고, 이러한 형식을 갖추지 못한 경우 소송행위가 효력을 갖지 못한다. 예를 들어, 증거능력과 적법한 조사절차를 거친 증거만으로 유무죄를 판단해야 한다. 그러나 소년보호절차에서는 소년의 건전성장을 돕는다는 목표를 가지므로 절차의 형식성이 완화되고 엄격한 증거법칙이 적용되지 않는다.

또한 소년보호의 목적을 달성하기 위해서 전문적 지식을 활용할 필요가 있다. 소년법도 "제조사는 의학 · 심리학 · 교육학 · 사회학이나 그 밖의 전문적인 지식을 활용하여 소년과 보호자 또는 참고인의 품행, 경력, 가정 상황, 그 밖의 환경 등을 밝히도록 노력하여야 한다"고 규정하고 있다(§9).

4) 개별주의 · 비공개주의

형사절차는 범죄사실의 유무를 확정하는 데에 중점을 두므로 피고인들을 반드시 개별적으로 심판할 필요가 없고, 공개재판주의가 적용된다. 그러나 보호사건은 소년의 건전육성을 목표로 하므로 소년보호는 소년 한 사람 한 사람에게 개별적으로 이루어져야 하고, 소년의 장래를 위하여 소년심판은 공개하지 아니한다.

3. 소년부의 구성

소년법은 소년보호사건이 가정법원 소년부 또는 지방법원 소년부에 속한다고 규정함과 동시에 이들을 통칭하여 소년부라고 부르고 있다(§3②). 그러나 법원조직법상으로는 소년부의 설치에 관한 특별한 규정은 없으므로 소년부는 법원조직법상의 개념은 아니고 단지 소년심판을 전담하는 가정법원 또는 지방법원의 심판부를 의미한다. 소년부는 판사, 조사관, 참여직원 및 행정직원으로 구성되어 있으며 구체적인 업무내용은 다음과 같다.

1) 판사

소년보호사건의 심리와 처분결정은 소년부 단독판사가 한다(§3조③). 소년심판에는 검사가 관여하지 않고, 소년도 당사자라기보다는 심리의 객체로서의 지위에 있다. 또한 보호절차는 직권주의, 비공개주의 등을 따르므로 소년부 판사는 소년심판을 전반적으로 주재하고 보호처분을 결정하는 역할을 한다.

2) 조사관

소년보호의 목적을 달성하기 위해서는 처분의 기초가 되는 소년의 성장과정, 환경, 성격, 정신상태, 비행동기 기타 제반 사정을 과학적으로 조사할 필요가 있다. 법원조직법은 대법원과 각급 법원에 조사관을 둘 수 있다고 규정하고 있다. 조사관은 법관의 명을 받아 법률 또는 대법원규칙으로 정하는 사건에 관한 심판에 필요한 자료를 수집·조사하고, 그 밖에 필요한 업무를 담당한다. 또한 대법원장은 다른 국가기관에 대하여 그 소속 공무원을 조사관으로 근무하게 하기 위하여 법원에의 파견근무를 요청할 수 있다(§54의3).

3) 참여직원

소년부 판사의 심리에 참석하고(§23①), 소년보호사건의 조사 및 심리에 대한 기록 기타 서류를 작성 보관하며(§30①), 소년부 판사의 명에 의하여 동행영장의 집행을 담당하는(§30②) 직원이다. 참여직원에는 일반직원인 법원사무관 등이 있고, 이들을 보좌하는 직원으로서 법원서기 또는 법원서기보가 있다.

4. 보호사건의 관할

1) 단독판사

보호사건에 관한 관할의 특색은 소년의 보호교육 기타 소년의 이익을 위하여 전문성, 합목적성, 탄력성을 가지고 있다. 소년보호사건은 소년부 단독판사가 심판한다.

2) 토지관할

소년보호사건의 관할기준은 소년의 행위지, 거주지 또는 현재시이다(§3①).

이것은 형사소송법상의 관할기준인 범죄지, 피고인의 주소, 거소 또는 현재지(§4①)에 대응한 것이다.

(1) 행위지

행위지란 범죄소년에 관하여는 범죄지, 촉법소년에 관하여는 형별 법령에 저촉되는 행위를 한 장소를 말한다. 결과범에서 행위와 결과가 다른 장소인 경우는 결과발생지를 포함한다.

우범소년에 있어서는 우범행위가 어떤 특정한 행위를 의미한다기보다는 일정한 계속적인 행상(行狀)을 의미하므로 행위지가 무엇인지 문제된다. 이에 대하여 행위지를 인정할 필요가 없고 거주지 및 현재지에 의하여 관할을 정하면 충분하다는 견해도 있으나, 우범소년은 우범성 외에 일정한 우범사유를 요건으로 하고 있으므로(§4①iii), 이러한 우범사유에 해당하는 행위가 이루어진 장소라고 해야 한다.

(2) 거주지 및 현재지

거주지란 주소와 거소를 포함하는 개념이다. 민법상의 개념에 따라서 주소는 생활의 근거가 되는 곳(§18), 거소는 사람이 다소 계속하여 거주하는 곳(§19)을 말한다.

소년은 통상 보호자와 동거하고 있으므로 보호자의 주소를 소년의 주소라고 인정하여도 좋은 경우가 많다. 그러나 소년이 공부·취직 등을 계기로 그 의사에 기하여 보호자의 주소와 완전히 독립된 장소에서 장기간 거주하고 있는 경우에는 그곳을 주소라고 보아야 한다. 그런데 소년이 보호사건을 계기로 보호자의 주소로 변경할 의사를 명시하고, 보호자도 그것을 허용하여 보호자의 주소가 소년의 생활의 중심지로 될 것이 객관적으로 예측되는 경우에는 예외적으로 보호자의 주소를 소년의 주소로 인정할 수 있다.

현재지는 형사소송법상의 개념(§4)에 따라서 소년이 임의로 현재에 있는 장소 또는 적법한 강제에 의하여 현재 있는 장소(소년이 구속 또는 소년분류심사원에 위탁된 경우 수용된 장소)를 말한다.

(3) 토지관할의 기준시점

토지관할의 기준시는 원칙적으로 사건접수 시이므로 당해 관할구역에 소년의 행위지, 거주지 또는 현재지가 사건접수 시에 존재하여야 한다. 사건의 접수 시에 관할이 있으면 그 후에 소년의 거주지 또는 현재지가 변동되더라도 관할은 없어지지 않는다. 그러나 보호사건이 개시된 후에 소년의 거주지나 현재지가 변경된 경우에는 보호의 적정을 가하는 취지에서 그곳에도 토지관할을 인정하여 새로운 소년의 거주지나 현재지를 관할하는 소년부로 사건을 이송할 수 있다(소년법 §6①).

이와 같이 토지관할의 기준시점은 원칙적으로는 사건접수 시이지만, 처리시도 기준으로 될 수 있다.[11)]

Ⅳ. 소년형사사건의 처리절차

1. 개관

소년에 대한 형사사건에 관하여는 소년법에 특별한 규정이 없으면 일반 형사사건의 예에 따른다(법 48조). 성인범에 대한 형사절차는 크게 수사, 공소제기(기소), 재판, 형집행의 단계로 나뉜다. 범죄소년에 대한 형사절차도 기본적으로는 성인범에 대한 형사절차와 같다고 할 수 있다. 그러나 소년범은 인격이 미성숙하여 성인범보다는 개선가능성이 높으므로 범죄소년에 대한 형사절차에서도 성인에 비해 보호적·교육적 측면이 강조되어야 한다.

소년법 제3장은 형사사건에 관하여 규정하고 있는데 이것은 소년의 건전성장이라고 하는 소년범의 목적을 형사사건에서도 실현하기 위한 특칙들을 규정한 것이다. 소년에 대한 형사사건에 관하여는 소년법 제3장의 규정이 형법, 형사소송법, 형의 집행 및 수용자의 처우에 관한 법률(이하 '형집행법'이라 한다) 등 일반형사법에 대한 특별법임을 명시한 것이다. 즉, 소년보호사건에서는 소년법이 기본규정이고, 보충적으로 형사소송법 등이 준용되지만, 소년형사사건에서는 원칙적으로 형법, 형사소송법, 형집행법 등의 일반형사법이 적용되지

11) 법원행정처, 법원실무제요; 소년, 2014, 18~25면.

만, 소년법에 특별한 규정이 있으면 그것이 일반형사법에 우선 적용된다. 소년법 제3장에서 규정하고 있는 특칙들은 절차상의 특칙과 처분상의 특칙으로 나눌 수 있다.

성인범에 형사절차는 수사, 공소제기, 재판, 형집행 등의 단계로 나눌 수 있는데, 범죄소년에 대한 형사절차도 동일하게 나눌 수 있다.

2. 수사

범죄소년에 대한 수사도 성인범에 대한 것과 동일하다. 그러나 성인과 다른 것으로 다음 두 가지를 들 수 있다. 이것은 형사절차에서도 소년의 건전육성이라는 측면을 강조한 것이다.

첫째, 검사는 소년 피의사건에 대하여 소년부 송치, 공소제기, 기소유예 등의 처분을 결정하기 위하여 필요하다고 인정하면 피의자의 주거지 또는 검찰청 소재지를 관할하는 보호관찰소의 장, 소년분류심사원장 또는 소년원장(이하 "보호관찰소장 등"이라 한다)에게 피의자의 품행, 경력, 생활환경이나 그 밖에 필요한 사항에 관한 조사를 요구할 수 있다(제49조의2 제1항). 검사의 요구를 받은 보호관찰소장 등은 지체 없이 이를 조사하여 서면으로 해당 검사에게 통보하여야 하며, 조사를 위하여 필요한 경우에는 소속 보호관찰관·분류심사관 등에게 피의자 또는 관계인을 출석하게 하여 진술요구를 하는 등의 방법으로 필요한 사항을 조사하게 할 수 있다(제2항). 보호관찰소장 등이 조사를 할 때에는 미리 피의자 또는 관계인에게 조사의 취지를 설명하여야 하고, 피의자 또는 관계인의 인권을 존중하며, 직무상 비밀을 엄수하여야 한다(제3항). 검사는 보호관찰소장 등으로부터 통보받은 조사 결과를 참고하여 소년피의자를 교화·개선하는 데에 가장 적합한 처분을 결정하여야 한다(제4항).

둘째, 소년에 대한 구속영장은 부득이한 경우가 아니면 발부하지 못한다(제55조 제1항). 이것은 소년에 대한 보호적·교육적 배려를 강조한 것이다. '부득이한 경우'인지 여부는 구체적 사건에서 구속이 소년의 심신에 미치는 악영향과 수사의 필요성을 종합적으로 고려하여 엄격하게 판단해야 한다. 나아가 구속영장이 발부되어 소년을 구속하는 경우에도 특별한 사정이 없으면 다른 피의자나 피고인과 분리하여 수용하여야 한다(법 55조 제2항). 이것은 소년을 보호하고 처우의 개별화를 기하기 위한 것이다. 형집행법도 소년은 성년과 분리하여 수용하도록 규정하고 있다(제11조 제1항).

3. 공소제기

범죄소년을 수사한 검사는 관할 소년부에 송치하여 보호사건으로 다룰 수도 있고(소년법 제49조 제1항), 형사사건으로 다룰 수도 있다. 형사사건으로 다루게 되는 경우 검사는 공소제기 여부를 결정하게 된다. 이 경우 성인범과 마찬가지로 기소독점주의, 기소편의주의(형사소송법 제246조 및 제247조)가 적용된다. 따라서 검사는 피의소년에 대해 공소제기를 할 수도 있고, 기소유예를 할 수도 있다.

그런데 소년법은 성인에게는 인정되지 않는 조건부기소유예제도를 규정하고 있다. 즉, 검사는 피의소년에 대하여 범죄예방자원봉사위원의 선도를 받거나 소년의 선도·교육과 관련된 단체·시설에서의 상담·교육·활동 등을 조건으로 다음 각 호에 해당하는 선도(善導) 등을 받게 하고, 피의사건에 대한 공소를 제기하지 아니할 수 있다. 이 경우 소년과 소년의 친권자·후견인 등 법정대리인의 동의를 받아야 한다(제49조의3). 선도조건부 기소유예제도는 이전에는 소년법의 근거없이 시행되었지만, 2007년 개정 소년법은 이것을 명문화하였다.

이것은 개입형 다이버전에 속하고 공식절차의 진행으로 인한 소년에 대한 낙인효과를 방지하고, 소년이 정상적으로 사회생활을 하도록 감독하고 지원하기 위한 것이라고 할 수 있다.

4. 재판

기소된 소년범죄인에 대한 재판은 법원이 담당한다. 소년에 대한 형사재판도 기본적으로는 성인에 대한 형사재판과 동일하게 진행한다. 다만 소년법은 심리절차상의 특칙과 형사처분상의 특칙을 규정하고 있는데, 후자는 뒤에서 살펴보기로 하고 여기에서는 전자만을 보기로 한다.

법원은 소년에 대한 형사사건에 관하여 필요한 사항을 조사하도록 조사관에게 위촉할 수 있다(소년법 제56조). 이때 필요한 사항이란 피고소년의 범죄사실에 관한 것도 포함되지만, 더욱 중요한 것은 소년의 건전육성과 교육을 위해 필요한 사항들이다.

소년에 대한 형사사건의 심리는 다른 피의사건과 관련된 경우에도 심리에 지장이 없으면 그 절차를 분리하여야 한다(제57조). 이것은 형사재판을 거치면서 소년이 받게 될 심리적 충격과 좋지 않은 영향으로부터 소년을 보호하기 위한 것이다.

소년에 대한 형사사건의 심리는 친절하고 온화하게 하여야 하고, 심리에는 소년의 심신상태, 품행, 경력, 가정상황, 그 밖의 환경 등에 대하여 정확한 사실을 밝힐 수 있도록 특별히 유의하여야 한다(제58조). 이것은 성인형사사건에서도 그대로 타당하지만, 소년법에서 특별히 이러한 규정을 둔 것은 소년 형사사건에서는 응보나 일반예방보다는 특별예방적 관점에서 소년의 개선, 교육, 보호 등을 강조하기 위한 것이라도 할 수 있다[12](제3장 청소년범죄 처리절차 및 기관. 오영근 감수, 2020.7.).

제2절 청소년범죄의 처리기관

Ⅰ. 경찰

1. 경찰의 개념

경찰은 치안유지의 1차적인 책임을 진 기관으로 범죄의 예방과 진압기능을 모두 담당하고 있는데, 현재 정부행정조직상 행정자치부의 외청으로 되어 있다.

12) 제3장 청소년범죄 처리절차 및 기관. 오영근 감수, 2020.7.

경찰은 형사정책의 최전방에 위치하여 국민의 생명과 신체, 재산 등을 실질적으로 보호하고 있으므로 이 같은 기능을 실질적으로 행사할 수 있도록 필요한 권한이 주어져야 한다.

경찰은 국민의 일반 치안을 담당하는 일선기관이기 때문에 국민의 사생활관계 이외의 일체의 분야에 개입하여 공공의 안녕과 질서유지의 직무를 수행하고 있는데, 구체적으로는 범죄의 예방, 진압, 수사, 경비, 요인경호 및 대공관계업무, 치안정보의 수집, 작성, 배포, 교통의 단속 등의 업무를 하고 있다.

최근 파출소 관할지역을 중심으로 24시간 체제로 순찰활동을 하고 있는 등의 일체의 치안업무이다(경찰관직무집행법 제2조). 그러나 이 중 대표적인 것이자 경찰의 일상적인 활동은 범죄의 예방·진압과 수사관계활동 등일 것이다.[13)]

이러한 측면에서 볼 때 현대국가에 있어 경찰개념은 보통 형식적 의미와 실질적 의미로 구별하여 파악되고 있다. 형식적 의미의 경찰은 제도상의 경찰을 뜻하는 것으로, 실정법상 보통 경찰행정기관에 의하여 관장되는 모든 행정작용을 의미한다.

이러한 형식적 의미의 경찰 가운데는 성질상 경찰이라고 볼 수 없는 것이 있는가 하면, 일반행정기관의 소관에 속하는 행정작용 중에도 실질적 의미의 경찰작용이 적지 않다.

따라서 형식적 의미의 경찰의 영역을 어디까지로 볼 것인가 하는 것은 오직 그 나라의 입법정책에 따르는 것이라고 하겠다.

우리나라의 경찰관직무집행법에서 경찰의 임무는 '국민의 자유와 권리의 보호 및 사회공공의 질서유지'로 정해져 있기 때문에, 이것으로 볼 때 우리나라에서의 형식적 의미의 경찰은 뒤에서 살펴볼 실질적 의미의 경찰개념과 대동소이하다.

한편, 실질적 의미의 경찰은 특정한 국가의 실정법 질서나 일정한 행정기관의 소관사항보다는 학문적인 면에서 고찰된 경찰의 개념이다.

이것은 행정작용 전체 가운데 경찰작용이 보편적으로 가지는 공통적인 법적 성질을 생각한 것으로, 여기서 말하는 경찰은 직통으로 사회공공질서를 지속하기 위해서 나라의 일반통치권에 의해서 개인에게 명, 강압하는 기능을 말

13) 이태언 공저, 형사정책, 2010, 221-229면.

한다.

이러한 실질적 의미의 경찰은 그 목적과 수단 및 권력의 행사를 기반으로 한다는 점에서 다른 행정작용과 구별될 수 있는 특성을 가지고 있다.

우리나라에서의 경찰은 행정자치부의 한 기능으로 되어 있는바, 법상으로의 최상급 경찰행정관청은 행정자치부장관이며, 행정자치부장관의 직접적인 보조기관으로 행정자치부차관과 경찰청장이 있다.

제2차적인 경찰관청으로는 시・도의 시장 또는 도지사가 있는데, 이의 보조기관으로는 경찰국장이 있다. 또한 일선 경찰관청으로는 경찰서장이 있으며, 그 밑의 경찰조직은 집행기관에 해당된다.

한편, 경찰의 의미에 있어 경찰업무를 위탁받아 행하거나 경찰력이 불충분할 때 이를 대행하는 경우도 경찰이라 부를 때가 있다.

다시 말해, 경찰업무의 민간위탁형식으로 받아들여지고 있는 것을 청원경찰이라 하며, 비상사태가 일어남에 따라 경찰병력만으로는 공안의 지속이 힘든 경우에 헌법 및 계엄법 등의 법에 의해서 군대가 경찰업무를 이행하는 것을 계엄경찰 혹은 비상경찰이라 말한다. 그러나 경찰의 주된 임무는 치안행정이다.14)

2. 경찰의 조직

경찰조직은 행정자치부・경찰청장・지방경찰청장・경찰서장으로 이어지는 일사 분란한 조직체계를 확립하되, 행정자치부는 그 정치적 책임에 상응하는 지휘권만 행사하고 경찰청장에서 일선서장의 전보권, 경정 이하의 임용권 등의 인사권 행사, 치안시책의 입안과 시행 및 인력・예산・장비 등의 경찰력 운용과 관련 독립적인 업무수행이 가능하도록 함으로써 외청으로서의 독자적인 기능을 부여받고 있다.

치안에 관한 사무를 관장하기 위하여 행정자치부장관 소속하에 경찰청을 두고 있고, 경찰청의 사무를 지역적으로 분담하여 수행하기 위하여 서울특별시장, 광역시장 및 도지사 소속하에 지방경찰청을 두고 있으며, 지방경찰청장

14) 출처: 한국민족문화대백과사전

소속하에 경찰서를 두고 있다.

이에 초창기의 경찰조직의 연혁과 그 내용을 간단히 살펴보면 다음과 같다. 1991년 5월 경찰법이 제정됨에 따라 그 해 8월 발족되었다. 1945년 10월 미군정하에 경무국으로 출발하여 1946년 경무부, 1948년 대한민국 정부수립과 함께 내무부 치안국으로 존속되어 오다가, 1974년 치안본부로 상향 개편되었고, 1991년 내무부 외청으로 독립하였다.

경찰의 인사 · 예산 · 장비 · 통신 등에 관한 주요 정책 및 경찰업무발전에 관한 인권보호와 관련되는 경찰의 운영개선 사항 등을 심의, 의결하기 위하여 내무부에 경찰위원회를 두고 있다. 경찰위원회는 위원장 1인을 포함한 7인의 위원으로 구성하되, 위원장 및 5인의 위원은 비상임, 1인의 위원은 상임으로 하고 있다.

경찰은 국민의 생명 · 신체 · 재산의 보호와 범죄의 예방 · 진압 · 수사, 치안정보의 수집, 교통의 단속, 기타 공공의 안녕과 질서유지의 임무를 완수하기 위하여 지역적으로 1998년 2월 28일 현재 서울특별시장 · 광역시장 · 도지사 소속하에 13개의 지방경찰청을 두고, 지방경찰청장 소속하에 225개의 경찰서를 두고 있다.

또, 해양경찰에 관한 사무를 관장하기 위하여 경찰청장 소속하에 해양경찰청을 두고 해양경찰청장 소속하에 해양경찰서를 두어 왔으나, 1996년 8월 8일 해양에서의 경찰업무가 해양수산부로 이관됨에 따라 해양경찰청이 떨어져 나갔다.

또, 경찰청장의 소관사무를 지원하기 위하여 경찰청장 소속하에 경찰대학 · 경찰종합학교 · 중앙경찰학교 · 경찰병원을 두고 있다. 경찰청장은 경찰위원회의 동의를 얻어 행정자치부장관의 제청으로 국무총리를 거쳐 대통령이 임명하는 데 치안총감으로 보한다.

청장 아래 차장을 두고, 차장은 치안정감으로 임명한다. 관제는 경무국 · 방범국 · 형사국 · 경비교통국 · 정보국 · 보안국으로 구성되고 있고, 청장 아래 공보관, 차장 아래 기획관리관 · 감사관 · 전산통신관리관 그리고 의사관리관으로 구성되어 있다.

3. 경찰의 임무

1) 범죄예방과 진압

경찰의 범죄예방활동은 일반적인 방범활동과 특별방범활동으로 나눌 수 있다.

일반적 방범활동은 범죄예방적 활동으로서 범죄의 기회나 유발요인을 제거하는 노력인데, 순찰활동이나 외근방문을 통해 범죄발생의 가능지역을 돌아보거나 호구조사, 불심검문, 경찰제지, 피난 등의 조치를 하며, 필요한 경우에는 보호조치 및 각종 법령위반행위를 사전적으로 단속하는 일 등이다.

주차질서 단속, 불법 노점행위, 도로 무단점유, 쓰레기 무단투기 등 기초질서 확립차원에서 많은 위법적 요소가 있지만 이에 대한 구체적인 단속이 없는 것이 아쉽다.

특별방범활동은 특별한 대상이나 사항을 상대로 하는 방범활동인데 이것은 국민이나 지역민의 이해나 협력을 얻어 장기적·지속적으로 실시함으로써 우범적인 요소를 순화시켜 가는 것이다.

범죄성이 큰 자들에 대한 순화교육이며 취업알선, 생활지도를 내용으로 하는 방범보도, 방범정보수집, 방범진단, 방범홍보 등이 있는데, 우리나라도 이들 제도를 활성화하도록 노력하여야 할 것이다. 특히 지역민들로 구성되는 자율방범활동을 육성·지원함으로써 경찰활동을 보완할 수 있도록 활성화시키는 것이 좋다고 본다.

2) 범죄의 수사

범죄수사의 기능은 범죄가 발생했을 때 이에 대한 범인의 발견, 확보, 증거의 수집, 보전을 위한 활동을 총칭하는 것으로서, 경찰은 검찰수사를 보조하는 입장에 있기 때문에 특히 초동수사에 있어 만전을 기해야 한다.

수사에 있어 경찰의 역할은 사건의 발생을 인지한 후 수사를 개시해야 하는데, 수사의 단서는 주로 고소, 고발이겠으나 현행범 체포나 변사자의 검시, 불심검문, 신문기사나 소문 등에 의해서도 할 수 있다.

수사가 진행되면 일단 피의자의 신원을 확보하는 것이 문제인데, 피의자의 신원을 확보하였을 때는 체포나 구속의 방법으로 신병을 확보하여야 할 것이고, 피의자를 모르는 상태에서는 이를 밝히는 데 주력을 하게 된다.

어쨌든 발생된 범죄를 설명할 수 있는 증거를 다방면으로 수집해야 하는데 이 과정에서 상당한 전문성이 필요한 것이다.

경찰의 수사방법으로는 임의수사와 강제수사가 있으나, 이론적으로 임의수사가 원칙이지만 현실적으로 강제수사가 대부분 활용되고 있다.

강제수사는 피의자에 대한 체포, 구속, 압수수색, 검증, 현행범의 체포나 긴급체포 등이 있다.

사전영장이 필요하나 긴급체포 등의 경우는 사후영장제도를 인정하고 있다. 피의자를 체포, 구속하는 것은 증거인멸의 방지, 도주의 방지, 법정에의 출석을 확보하기 위한 필요 때문에 이 과정에서 인권침해와 관련된 문제들이 자주 발생되고 있다.

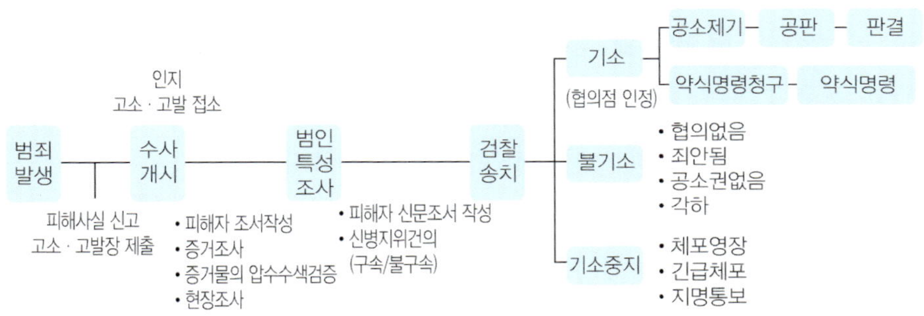

그림 3-1 범죄발생 과정 처리도

Ⅱ. 검 찰

1. 검찰의 개념

검찰은 형벌권에 기초한 국가 최고의 법 집행기관으로서, 국민 모두가 안심하고 살 수 있도록 범죄를 수사하고 법을 집행하는 임무를 맡고 있다.

또한 검찰은 범죄 수사를 총괄 지휘하고 기소를 담당하는 수사기관이자, 여러 행정부처의 법치행정을 자문하고 감시하는 자문 · 감시기관이며, 공무원에 대한 사정기관으로서의 역할을 하고 있다.

반면에 검찰은 범죄피해자의 피해회복까지 지원함으로써, 진정한 정의가 실현될 수 있도록 하고, 엄정한 법집행을 통해 범죄를 처벌하는 사회적 정의의 수호자로서, 또한 범죄에 취약한 어린이와 여성을 안전하게 보호하는 법적 울타리로서, '범죄에 대한 국가적 대응'이라는 본연의 임무를 수행하는 기관이다.

검찰구성원은 검사, 검찰수사관, 검찰실무관으로 구성되어 있다.

주요 업무로는 범죄를 수사하고 공소를 제기하여 법원에 법의 정당한 적용을 요구하는 국가행정작용이다.

현재 우리나라에서는 국가소추주의와 기소독점주의에 의해서 국가기관인 검사가 이 작용을 담당하고 있다.

다시 말해 통상의 형사소송에서는 검사가 국가기관으로서 검찰권을 시행하며, 검사는 개인이 단독제의 관청으로서 모든 일을 자신의 성명으로 검찰 일을 행할 권리를 가지고, 각자가 국가기관으로서 뜻을 결의·표시한다.

다만 검사동일체의 원칙에 따라 상명하복의 관계에 서지만, 직무상으로는 독립성을 가진다.

주요 직무의 내용을 살펴보면 형사상 공익의 대표자로서

① 범죄수사, 공소제기와 그 유지에 필요한 행위,

② 범죄수사에 관한 사법경찰관리의 지휘감독,

③ 법원에 대한 법령의 정당한 적용의 청구,

④ 재판집행의 지휘 감독,

⑤ 국가를 당사자 또는 참가인으로 하는 소송과 행정소송의 수행 및 감독,

⑥ 다른 법령에 의하여 그 권한에 속하는 사항으로 민사상 금치산, 한정치산 선고를 신청하고, 부재자의 재산관리 및 회사의 해산명령을 청구하며, 외국 회사 지점의 폐쇄명령을 청구하는 등의 직무를 행한다.

이러한 검사의 임명에는 법관과 같이 엄격한 임명자격이 요구되는 반면, 정치적 압력을 배제하기 위하여 강력한 신분보장이 인정되고 있다.

2. 검찰조직

검찰청은 대검찰청과 고등검찰청 및 지방검찰청으로 구성되어 있으며, 지방검찰청 사무의 일부를 처리하기 위하여 그 관할구역 안에 지방검찰청지청을 두고 있다.

대검찰청은 서울특별시에 있으며, 2004년 12월 31일 현재 서울·대전·대구·부산·광주 등에 5개의 고등검찰청, 서울·인천·수원 등에 18개의 지방검찰청 및 41개의 지방검찰청지청이 설치되어 있다.

각급 검찰청 및 지청의 관할구역은 각급 법원과 지방법원지원의 관할구역과 동일하다.

3. 검찰의 임무

1) 범죄수사와 사법경찰관리의 지휘·감독

우리나라의 헌법 및 형사소송법은 독일이나 프랑스로 대표되는 유럽 선진국처럼 법치주의 원칙 아래, 범죄 수사 시작에서부터 사건의 마무리까지를 집대성할 수 있는 권리를 검사에게 주고 있다.

2) 공소제기 여부의 결정 및 공소유지

검사는 사건의 수사를 종결하기 위해 기소 여부에 대한 결정을 내리게 된다. 검사의 기소에는 피고인이 법정에 나와 재판을 받는 '정식재판'과 피고인이 법정에 나오지 않은 상태에서 법관이 검사가 올린 수사서류를 살펴 판결을 내리는 '약식재판' 두 가지가 있다.

약식재판은 통상 검사가 피고인에게 벌금을 부과해야 한다고 판단하는 경우에 실시되는데, 피고인이 이의를 제기한 경우, 법관이 검사의 약식재판 청구가 부적절하다고 판단한 경우, 검사가 법관의 벌금이 부적절하다고 판단한 경우는 정식재판 절차가 개시된다.

검사는 공소제기의 주인으로서 공소를 지속할 권리와 의무가 있다. 검사는 형사법정에서 피고인의 범죄를 밝혀내고 법관에게 죄에 상응하는 형을 구형

하는 등 피고인의 죄에 합리적인 형이 선고되도록 소송활동을 이행해야 하고, 이와 함께 피고인에게 유리한 양형자료도 제출하여 피고인의 정당한 이익을 받을 수 있도록 해야 한다.

한편, 기소하지 않는 경우를 보통 '불기소'라고 한다. '불기소'는 피의자의 행위가 법에 의해 범죄로 판단되지 않거나, 충분한 합리적 증거로 증명을 할 수 없는 경우 '무혐의'로 결정하고, 그 밖에 피의자나 증인의 부재로 '기소중지' 또는 '참고인중지'가 된 것 등을 포함해 몇 개의 분류로 이루어져 있다.

검사는 혐의가 인정되는 경우에도 피의자 및 범죄의 성질 등 여러 가지 상황을 고려해 기소를 하지 않는 이른바 '기소유예'처분이라는 재량권을 행사할 수도 있다. 예컨대, 충분히 사회에서 정상적인 생활을 다시 영위할 수 있다고 판단되는 19세 미만의 범죄자에 대해서는 검사가 '선도조건부기소유예'를 선택할 수 있다.

3) 법령의 정당한 적용 청구

검사는 법원에 대해 법의 합당한 적용을 요구할 권한이 있는데, 법령의 해석·적용의 일치를 목적으로 하는 비상상고제도(형사소송법 제441조)는 그 제도적 수단이며, 검사가 공소를 제기할 때 공소장에 적용 법조항을 적시하도록 하는 제도(형사소송법 제254조 제3항) 또는 심판의 명령위반을 이유로 한 검사의 상소제도(형사소송법 제361조의 5 제1호, 제383조 제1호)도 법원에 대한 법의 합당한 적용 요구라는 차원에서 해석할 수 있다.

4) 재판 집행의 지휘·감독

검사는 법관에 의한 판결의 집행을 지시·감찰할 책임과 권리가 있으며 판결의 집행을 해당하는 사건의 수사관에게 지시하고, 금고, 벌금의 징수 아니면 그를 대체하는 강제노역장 유치 등의 집행을 수행한다.

5) 수사과정의 인권옹호

검사는 시민의 인권이 침해받지 않도록 감시할 책임이 있다. 검사는 피고인에 대한 불리한 증거뿐만 아니라, 유리한 증거도 포함하여 보유하고 있는 모든 증거를 법정에 제출해야 한다.

또한 피고인이 재판에서 불공평한 혹은 과잉취급을 받지 않도록 법관에 대해 공평하면서 편견이 없도록 법률을 적용할 것을 요청해야 하는데, 이러한 '인권옹호의 의무'는 검사 역할의 본질적 요소라고 할 수 있다.

또한 검사는 월 1회 이상 관할 경찰서를 찾아가 누군가가 비합법적 수단으로 체포되지 않았는지, 또 사건이 부적절하게 진행되고 있지 않은지를 살핌으로써 인권이 부당하게 침해받는 상황이 일어나지 않도록 감독한다.

6) 국가 · 행정소송의 수행 · 감독 등 정부의 대변자로서의 역할

검사는 공익의 대변자로서 국가를 당사자 또는 참가인으로 하는 소송과 행정소송을 수행하고 그 수행을 지휘 · 감독한다.

7) 기타

기타 업무로 각 지방검찰청에서는 각 지역의 법사랑위원들을 관리하며, 선도조건부 기소유예제도의 활용을 위해 선도상담실을 운영하고 있다.

범죄예방을 위해서 검찰은 별다른 활동을 하지 않는다. 대국민관계에 있어 일선 치안유지의 책임은 경찰에 있기 때문이다.

다만, 검찰은 범죄 진압적인 입장에서 경찰을 지휘하여 수사에 주도적인 위치를 확보하는 데 불과한 제2선의 기관이다.

범죄피해자는 주로 경찰에 고소, 고발하겠지만 검찰에 직접 고소, 고발하는 경우도 있는데, 이때 검찰은 그 서류를 관할경찰로 넘겨서 경찰로 하여금 기초조사를 하도록 하고 있다.

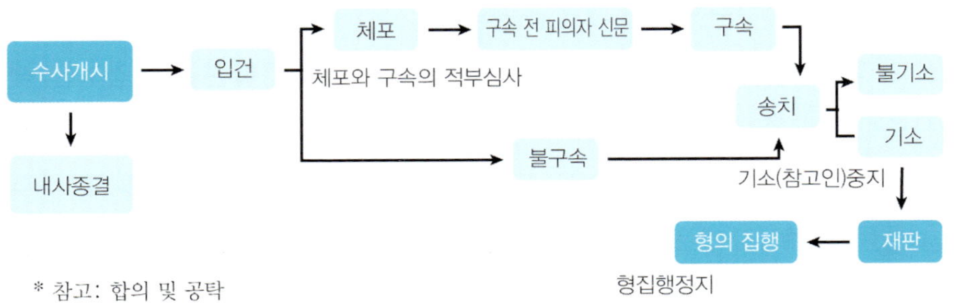

그림 3-2 검찰청의 사건처리도

Ⅲ. 법 원

1. 법원의 개념

법원은 범죄자에 대한 대책에 있어 최종적인 처분을 하는 기관인데, 경찰이나 검찰의 역할은 결국 법원의 정당한 처분에 협력하는 입장에 있는 것이다.

형사재판은 범죄자의 범죄행위에 대해 기계적·자동적으로 법을 적용하는 것이 아니고, 재판과정을 통해 피해자의 감정과 피고인의 심적 상황 등 가변적인 상황적 요소들을 면밀히 파악하여 범죄방지와 범죄자의 재사회화를 위한 그러면서도 피해자의 입장을 충실히 고려하여 합리적으로 결론을 도출함으로써 재판의 형사정책적 기능을 실질적으로 구현하여야 하는 것이다.

2. 법원의 조직

1987년 10월 29일 공포된 헌법이 1988년 2월 25일부로 시행됨에 따라 대법원 판사는 대법관으로 명칭이 변경되었고, 대법관은 대법원장의 제청으로 국회의 동의를 얻어 대통령이 임명하고, 대법원장과 대법관이 아닌 법관은 대법관회의의 동의를 얻어 대법원장이 임명하게 되었으며, 헌법재판소가 설치되었다.

그리고 1987년 12월 4일 법률 제3992호로 개정되었던 법원조직법도 1988년 2월 25일부로 시행되었다.

이 법은 대법관의 수를 법원행정처장을 포함하여 14인으로 명시하고 대법원법관회의의 명칭을 대법관회의로 변경하고, 그 의결사항 중 판사에 대한 임명의 동의를 추가하였으며, 대법원규칙으로 정하는 지원에 사무과 대신 사무국을 두도록 하고, 각급 법원에 가사심판법과 소년법에 따른 조사업무를 하는 가사조사관과 소년조사관을 둘 수 있도록 하였다.

그리고 이 법은 순회재판소를 상설기구로 하고 감치재판의 집행 및 부수적 효력 등에 관한 규정을 신설하였으며, 사법연수생의 수습기간을 대법원규칙으로 변경할 수 있도록 하였다.

1988년 9월 1일부로 부산지방법원 동부지원이 신설되었고, 1989년 9월 1일부로 법원도서관과 서울지방법원 서부지원이 신설되었다. 그리고 1992년 5월 1일부로 마산지방법원이 창원지방법원으로 개칭되었고, 동년 9월 1일부로 대전고등법원이 신설되었다.

1995년 3월 1일 서울 민・형사지방법원이 서울지방법원으로 통합되었으며, 동년 9월 1일에 전국에 105개소의 시・군법원이 설치되었다. 이에 따라 종전의 순회심판소가 폐지되었다. 그리고 1995년은 근대사법제도 도입 100주년을 맞는 해로서 근대사법 100주년 기념식 거행, 『법원사』 발간, 법원사 전시실 설치, 대법원 신청사 준공식 등의 다양한 기념사업이 추진되었다.

민사사건 ➡	소송물가액이 1억 원을 초과하는 사건 (단, 교통사고・산업재해사고로 인한 손해배상 청구사건, 수표금・약속어음청구사건 등은 단독판사가 재판)
형사사건 ➡	사형・무기 또는 단기 1년 이상의 징역 또는 금고에 해당하는 사건 (단, 상습폭력, 도주차량, 상습절도사건, 병역법 위반사건 등은 단독판사가 재판)

1) 지방법원

지방법원은 지방법원장과 대법원규칙이 정한 수의 판사를 두며, 지방법원장은 판사로 보한다.

지방법원장은 10년 이상

① 판사, 검사, 변호사,

② 판사, 검사 또는 변호사의 자격이 있는 자로서 국가기관, 지방자치단체, 국・공영기업체, 정부투자기관, 기타 법인에서 법률에 관한 사무에 종사한 자 그리고

③ 판사, 검사 또는 변호사의 자격이 있는 자로서 공인된 대학의 법률학 조교수 이상의 직에 있던 자 중에서 임용한다.

지방법원장은 그 법원과 소속 지원 시・군법원의 사법행정사무를 관장하며 소속 공무원을 지휘・감독한다.

지방법원의 심판권(지방법원지원의 경우에도 같다)은 원칙적으로 단독판사가 행하고 합의심판을 요하는 경우에는 판사 3인으로 구성된 합의부에서 이를 행하며 부에 부장판사를 두고 있다.

지방법원지원과 소년부지원에서 지원장과 대법원규칙이 정하는 수의 판사를 두며, 지원장은 판사로 보한다. 지원장은 지원의 사법행정사무를 관장하며, 소속 공무원을 지휘·감독한다.

지방법원지원에는 부를 둘 수 있으며 부에는 부장판사를 둔다. 지원에도 대법원규칙으로 정한 바에 따라 사무국을 둘 수 있으며, 사무국을 두지 아니한 지원에는 과를 두되, 그 설치 및 분장사무는 대법원규칙으로 정한다.

지방법원은 민사 및 형사사건을 1심으로 재판한다. 1심의 재판은 원칙으로 단독판사의 관할로 하고, 특히 중요하다고 법률이 정하고 있는 사건은 합의부의 관할로 한다. 합의부에서는 민사부와 형사부가 있다. 합의부의 심판권에 속하는 사건이라도 사건의 내용이 단순하거나 유형이 정형적인 사건은 재정합의부의 결정을 받아 단독판사가 이를 심판할 수 있다.

지방법원 본원의 합의부 및 일부지원(강릉지원)의 합의부는 5,000만 원 초과의 민사사건을 제외한 단독사건의 판결에 대한 항소사건과 단독판사의 결정·명령에 대한 항소사건을 2심으로 재판하는데, 이러한 합의부를 항소부라고 한다.

지방법원 합의부 관할대상사건 시·군법은 법원조직법 제33조와 각급 법원의 설치와 관할구역에 관한 법률 제2조에 의해 1995년 9월 1일 설치되었다. 대법원장은 지방법원 또는 그 지원 소속 판사 중에서 관할구역 안에 위치한 시·군법원의 판사를 지명하여 시·군법원의 관할사건을 심판하게 할 수 있으며, 이 경우 1인의 판사를 둘 이상의 시·군법원의 판사로 지명할 수 있다.

2) 가정법원

가정법원에 가정법원장과 대법원규칙이 정한 수의 판사를 두며, 가정법원장은 판사로 보한다.

가정법원장은 그 법원과 소속 지원의 사법행정사무를 관장하며, 소속 공무원을 지휘 · 감독한다.

여러 종류의 지원을 합한 1개의 지원을 두는 경우 가정법원장은 그 지원의 가사심판과 조정, 소년보호 및 호직에 관한 사무를 지휘 · 감독한다.

가정법원의 심판권 행사기관은 위 지방법원의 경우와 같으며, 그중 합의부의 재판부로서 부를 두고 부에 부장판사를 두고 있다.

가정법원지원에 지원장을 두며, 지원장은 판사로 보한다. 재판부와 사무국 또는 과의 설치 등에 관하여는 지방법원지원의 경우와 같다.

3. 법원의 임무

1) 재판의 기능

검사가 사건을 기소하게 되면 최종적인 처리는 법원에서 하게 되는데, 법원은 증거에 입각하여 검사 주장의 타당성을 판단하여 피고인에게 형벌을 가할 것인지의 여부를 결정하게 된다.

유죄를 인정하더라도 형벌의 종류와 양을 결정해야 하는데, 이 양형의 과정을 통해 범죄자에 대해서는 그가 행한 행위에 대한 응분의 처분을 받게 하지만 동시에 범죄자에 대한 갱생이나 양심회복을 위한 교육기능도 가지며, 일반국민에게도 범죄자가 처벌되는 과정을 통해 법을 지키며 살아야겠다는 인식을 가르치게 됨과 아울러 동시에 사회의 정의구현 내지 회복하게 되는 것이다.

이와 같이 사건 하나 하나의 재판을 통해 범죄인과 일반인에게는 범죄행위의 결과가 어떻다는 것을 깨닫게 함으로써 위하적인 기능을 갖게 되고, 국가나 사회를 위해서는 준법정신의 함양을 통한 질서유지에 협력하는 형사정책적으로 커다란 영향을 미치는 결과가 된다.

형법각칙에서는 각 범죄에 따른 형의 상한과 하한의 폭이 광범위하여 법관의 재량권이 너무 크다는 점도 있으나, 법관 입장에서도 너무 융통성이 큰 재량의 여지 때문에 양형에 고민할 경우도 많다.

양형의 과정에서 문제되는 것은

① 양형의 근거,

② 범죄자의 인적 특질과 범행에 조화를 이룬 적정절차에 입각했는가 여부,

③ 지역간, 시기적으로 양형정도에 차이는 없는가,

④ 외국의 동종의 사건과 비교할 때 문제가 없는가,

⑤ 검사의 구형과 양형, 법관의 인적 특질과 양형과의 상관관계 등이다.

2) 형의 유예제도

재판과정에서 형이 경미하거나 특별히 참작할 사유가 있을 때에는 유죄를 인정하여 일정한 형을 선고하더라도 이를 일정기간동안 유예하는 제도가 바로 집행유예이며, 선고유예는 집행유예보다도 더 엄격하여 초범인 경우 질적으로나 양적으로 범죄가 경미한 경우에 선고 자체를 유예하는 경우이다.

이 제도들은 범죄자에게 실형을 집행하지 않은 채 사회생활을 하도록 하면서 자신의 행위에 대한 반성을 촉구한다는 점에서 경우에 따라서는 유용한 제도인데, 최근에는 이들을 보호관찰, 사회봉사명령, 수강명령에 붙임으로써 제도의 효율성을 높이고 있다.

(1) 선고유예

선고유예제도는 12~3세기부터 영국에서 재판관습으로 인정되었다가 유럽에서 미국으로 전수되어 보호관찰부선고유예제도가 확립되는 계기가 되었다.

우리나라에서도 1997년 개정형법에서 선고유예를 받은 사람에게 지도나 원호가 필요한 경우에 1년 이내 기간으로 보호관찰을 받도록 하여 보호관찰부 선고유예제도가 도입되었다.

현재 우리나라 법원에서는 보호관찰부선고유예제도는 거의 활용하고 있지 않은데 이들에 대해 보호관찰이라는 제도적 장치가 있기 때문에 안심하고 선고유예제도의 활용을 통해 범죄인에 대한 좀 더 유리한 입장에서의 교정효과를 볼 수 있도록 해야 할 것이다.

왜냐하면 선고유예는 비록 유죄판결의 일종이기는 하지만 선고유예를 받은 날로부터 일정한 기간 내에 자격정지 이상의 형을 받지 않은 상태로 유예기

간을 경과하면 면소된 것과 같은 효과가 있어 범죄자에게 좀 더 유리한 법적 효과를 가지기 때문이다.

선고유예는 ① 1년 이하의 징역이나 금고, 자격정지 또는 벌금형을 선고할 경우에, ② 개전의 정이 현저하고, ③ 자격정지 이상의 형을 받은 전과가 없는 경우에 대하여 선고가 가능한데, 형을 병과하는 경우에도 형의 전부 또는 일부에 대해 그 선고를 유예할 수 있다(형법 제59조 제2항).

(2) 집행유예

집행유예란 법원에서 유죄판결을 하여 형을 선고한 경우에도 일정한 요건을 갖춘 경우에는 교정적 차원에서 형의 집행을 일정기간 유예하는데, 그 기간동안 다른 죄를 범해 금고 이상의 형의 판결을 받지 않으면 유예했던 형의 집행을 종료한 것으로 보는 제도이다.

이 제도는 영·미에서 일찍이 발달된 것으로 사회내 처우의 하나로서 우리나라에서도 많이 활용되고 있다. 집행유예의 요건은

① 3년 이하의 징역이나 금고를 선고할 경우,

② 참작할 만한 정상이 충분히 있고,

③ 금고 이상의 형을 선고받아 집행이 종료 또는 면제된 지 5년이 경과된 경우에 할 수 있는데, 집행유예 기간 중의 범죄에 대하여는 다시 집행유예를 할 수 없다.

집행유예의 경우에도 그 기간동안 보호관찰이나 사회봉사명령 또는 수강명령을 명할 수 있는데 어느 경우나 집행유예 기간 내에 집행이 종료되어야 한다.

집행유예기간은 1년 이상 5년 이하의 기간으로 판결주문에서 선고된 형의 기간보다 길어야 하는데 법원의 재량으로 유예기간을 정한다.

유예기간을 무사히 경과하면 선고의 효력이 상실되므로 처음부터 형의 선고가 없었던 것과 동일한 것으로 되기 때문에 전과자로도 되지 않는다. 그러나 형의 선고가 있었다는 기왕의 법률효과는 그대로 지속된다.

집행유예 기간 중에 다른 범죄로 인하여 금고 이상의 형을 받은 경우에는 집행유예의 효력을 상실하며(형법 제63조), 집행유예선고를 받고 금고 이상의

형을 선고받아 집행이 종료된 후 또는 면제된 날로부터 5년이 경과되지 않았음이 발각된 때에도 집행유예가 취소되고 선고한 형을 집행한다(형법 제64조 제1항, 필수적 취소사유).

또 보호관찰이나 사회봉사명령, 수강명령이 병과된 집행유예의 경우 중대한 준수사항의 위반 시에도 집행유예를 취소할 수 있다(형법 제64조 제2항, 임의적 취소사유).

그러나 이미 집행유예를 받은 삶에 대해 과정의 문제가 있다고 하여 이를 취소시키는 것은 일사부재리의 원칙에 반한다는 비판도 있다.

Ⅳ. 교도소

1. 교도소의 개념

교정시설은 행형 내지 수형자의 처우를 위한 국가시설로서 좁게는 행형시설을 의미한다. 넓은 의미로는 형벌뿐만 아니라 보안처분을 집행하기 위한 국가시설도 여기에 포함된다.

대표적 행형시설인 교도소는 협의로는 자유형(형법 제41조, 형벌 중 징역, 금고, 구류를 자유형이라 하며 범죄인의 자유를 박탈하는 것을 내용으로 하는 형벌의 일종임)이 확정된 자, 노역장유치(벌금미납으로 인한 환형처분)를 선고받은 자를 격리 수용하는 시설을 의미하지만, 광의로는 형사피의자와 형사피고인과 같은 미결수용자와 사형수를 수용하기 위한 미결수용실과 구치소를 포함한다.

이렇게 보면 교정시설은 형사소송절차 및 형집행을 보전하기 위한 물적인 계호시설과 관리직원의 결합체로 운영되는 국가시설을 의미한다고 할 수 있다.

오늘날 교도소는 처음에는 '감옥'으로 호칭되었고, 그 다음에는 '형무소'로 불렸다. 교도소라고 부르기 시작한 것은 1961. 12. 24. 행형법이 제정되면서부터이다.

교도소로 개칭한 이유는 종래 감옥이나 형무소가 심어준 응보적 색채를 불식시키고 교정·교화의 이념을 분명하게 하기 위한 목적을 가지고 있다.

과거에 교정시설은 범죄자의 행위를 처벌하는 역할을 맡았던 곳이었다. 그러므로 구금상태에서 신체를 억압하고 자유를 박탈하는 것에 교정의 존재의미가 있었으나, 점차 범죄인의 사회복귀를 위한 기능을 하는 장소로 인식이 개선되었다. 따라서 교도소의 현대적 의의는 범죄인을 위한 교육의 장이라는 점에서 찾을 수 있고, 구금과 격리는 단지 교육을 위한 전제조건으로 이해하는 것이 옳을 것이다.

교정시설의 역사를 살펴보면 자유형의 시행을 위한 감금시설로서 근대적 의미의 감옥은 그 연혁이 그다지 긴 시간은 아니다. 세상에서 원하지 않는 사람들을 감금하는 시설은 인간의 역사와 함께 있어왔지만, 그 이유는 일차원적인 구금을 넘는 역할을 하는 장소는 아니었기 때문에 자유의 상실과 함께 노동의 부과, 행형을 통한 교화·개선을 목적으로 하는 점에서 현대의 감옥과 근본적으로 구분된다고 볼 수 있다.

그래서 근대 이전의 감옥은 동굴, 지하실, 탑 등 범죄자의 탈출을 예방할 수 있는 곳이면 그 형태를 가리지 않았고 그것을 넘는 시설을 요구받지도 않았다. 구금형 시설로서 근대적 의미의 교도소가 만들어지기 시작한 곳은 보통 16세기경 영국으로 간주되고 있다. 사회적 배경은 당시 엔클로져운동의 결과 농부들이 대거 도시로 몰려들면서 많은 도시빈민, 부랑자, 절도범이 생겨났고, 따라서 이들에 대해 교정과 직업훈련 등 구체적이고 현실적인 대책수립이 필요했기 때문이다.

이러한 목적을 위한 시설로서 1552년 영국왕 에드워드 6세가 리들리(Ridley) 주교의 건의에 따라서 브라이드웰(Bridewell)궁을 활용하도록 한 것이 있다. 당시 영국에서는 브라이드웰로 통칭되는 노역장 시설이 여러 곳에 설치되었다.[15)]

그러나 근대적 의미의 교도소에 가장 근접한 형태는 1596년 암스테르담에 설치되었던 암스테르담 교정원(Tuchthuis)으로서 현대교도소의 효시로 인정되고 있다.

이 교정원은 부랑자, 절도범 등을 분리·수용하면서 작업과 교화의 내용을 달리하는 등 발전적 시설과 운영방법을 취하였다.

소년범죄자에 대한 특별한 수용시설의 역사적 예로는 1703년 클레멘스 11

---

15) 허주욱, 행형학, 일조각, 1998, 179면; 배종대, 410면; 신진규, 575면.

세 교황이 로마시내에 산 미켈레(San Michele) 소년감화원을 설치한 것을 들 수 있다.

이 시설은 범죄소년을 비롯한 불량청소년에 대해 과학적 방법으로 인격훈련과 직업훈련을 실시하였는데, 그 운영방식이 탁월하였기 때문에 이후의 교도소 발달에 큰 영향을 미쳤고, 특히 감옥개량운동의 선구자 하워드(John Howard)가 그의 저서에 반복하여 인용할 만큼 깊은 감명을 준 것으로 유명하다.

그리고 이와 같은 다양한 형태의 구금시설이 국가의 공형벌체계와 결합된 것은 1777년 하워드가 「감옥의 상태」를 출간한 18세기 후반 이후 19세기 중반에 걸친 일로 여겨진다.

미국에서는 프랭클린(B. Franklin)이 이끈 필라델피아 신행형법의 제정, 월넛구치소의 독거감옥 설치, 1819년 뉴욕 오번감옥의 침묵제 등이 도입되었다.[16]

하워드의 「감옥의 상태」는 그가 유럽 전역의 많은 감옥시설을 둘러보고 분석한 결과를 쓴 것이다. 그의 감옥여행은 스코틀랜드와 아일랜드뿐만 아니라 기타 유럽대륙 여러 나라까지 미쳤는데, 12년간 5회를 반복하였다고 한다.

하워드가 감옥에 관심을 가지게 된 것은 1773년 43세의 나이에 베드포드샤이어의 보안관(Sheriff)에 임명되면서 감옥을 둘러볼 기회를 가졌는데, 무죄가 확정된 자가 감옥수수료를 내지 않았다는 이유로 계속 유치되고 있는 현실을 목격한 것이 계기가 되었다고 한다.[17]

2. 교도소의 조직

우리나라에 근대적 행형제도가 도입된 것은 1894년 갑오경장 이후이다. 이것은 서구보다 약 100년 정도 늦은 것으로 판단된다. 조선시대에는 대명률의 오형제도에 따라서 감옥은 단순한 미결구금 또는 사형 등 형집행을 위한 일시적 구금시설의 기능을 담당하였을 뿐이고, 구금 자체가 형벌로 인정되지는 않았다.

오늘날의 징역형과 유사한 것으로 도형이 있었는데, 그 내용이 1~3년간 일

16) 허주욱, 258면; 박상기 · 손동권 · 이순래, 형사정책, 한국형사정책연구원, 1998, 366면.
17) 신진규, 앞의 책, 577면.

정한 작업장에서 노역을 제공하는 것이었으므로 구금시설이 분명하지 않고 선고의 예도 많지 않았기 때문에 양자는 구별된다고 할 수 있다.

그리고 조선시대의 금고는 오늘날의 금고형과 달리 일정기간 관리가 되는 것을 금하는 일종의 자격형에 불과하였다. 자유형제도가 본격적으로 도입된 것은 한일합방으로 일본형법이 적용되면서부터이다.

1948년 정부수립 이후에는 법무부 형정국이 교정행정을 총괄하였고, 1950년 행형법이 제정되고, 1961년에는 행형법 개정을 통해 형무소를 교도소로 개칭하였다.

1962년에는 형정국도 교정국으로 개칭하였다.

범죄자를 수용하여 교정・교화하는 시설로서는 교도소・소년교도소・구치소・보호감호소가 있는데, 교도소, 소년교도소 및 구치소는 징역형, 금고형, 노역장유치 및 구류형을 받은 자와 미결수용자를 주로 수용하고 보호감호소는 사회보호법에 의한 보호감호처분을 받은 자를 수용하고 있다. 이밖에 사회보호법에 의한 치료감호처분을 받은 자를 수용하여 치료하는 치료감호소가 있다.

교정조직은 법무부 교정본부를 중심으로 서울, 대구, 대전, 광주 등 4개의 지방교정청과 함께 전국 53개 교정기관(민영교도소 포함)으로 구성되어 있다.

품격을 내세운 일류교정의 가치 아래 교정역사의 새로운 페이지를 열어보고자 1만 5천여명의 교도관은 우리 사회의 안전을 수호하는 최후의 보루로서의 사명감을 가지고 달라질 삶을 준비하는 수용자에게는 희망을 비추는 등대 같은 역할을 맡는다는 자부심을 가지고 한 뜻으로 수용자들을 돕고 있다.

교정시설에는 징역형・금고형・구류형 확정자와 벌금 또는 과료를 완납하지 아니하여 노역장 유치명령을 받은 수형자를 교정교화하기 위한 교도소가 있고, 형사피의자 또는 형사피고인으로 체포되거나 구속영장의 집행을 받은 미결수용자를 위한 구치소가 있다.

그리고 교도소는 다시 여성수형자의 대우를 위한 여자교도소와 소년수형자를 위한 소년교도소로 나뉜다.

이전의 보호감호소는 사회보호법 폐지 이후로 그 시설은 교도소로 이용하고 있고, 현재 수감 중인 피보호감호자는 폐지법률 경과규정에 따라 경북북부

제3교도소에 수감중이다.

그와 함께 민영교도소의 창립의 법적 근거가 된 민영교도소 등의 설치·운영에 관한 법률에 의해 재단법인 아가페가 주도해서 설립된 '소망교도소'가 2010. 12. 1. 문을 열어 우리나라 최초의 민영교도소로 운영되고 있다.

3. 교정기관의 임무

교정시설의 수형자 처우 기본목표는 수형자에게 재사회화로 가기 위한 수단으로 먼저 수형자가 어떤 사람이고 어떤 판단에 의해 어떤 교육과 지도가 되어야 하는가 라는 문제가 따르는데, 수형자에 대해 교육·교화프로그램, 작업, 직업훈련 등을 통해 교정교화를 도모하고 사회생활에 적응하는 능력을 함양하도록 하는 데 있다.

이러한 교정목표를 달성하기 위해 여러 가지 처우제도를 수립·시행하고 있는 바, 분류처우제도의 내용, 교정시설 보안시스템의 문제 및 개방처우와 교육활동에 대하여 살펴보고자 한다.

1) 분류처우제도

분류처우란 수형자의 관리 감찰 그리고 재사회화를 목표로 수형자를 적절한 기준에 따라 합리적으로 구분하고, 각 집단에 알맞는 처우계획을 만들어서 이를 바탕으로 처우와 지도를 하는 제도를 의미한다.

이를 자세하게 풀어보자면 수형자를 따로 따로 분석하여 그 성격과 능력, 범죄원인·가정환경 및 이력 등을 합리적으로 구별·진단하여 그들을 동일유사성으로 집약해서 나누고, 그 진단취지에 맞는 개인별 처우계획을 만들고, 그 모든 처우계획이 현실적으로 각 수형자의 개별처우에 알맞도록 조정하는 제도이다.

또한 그 처우계획이 각 수형자의 심리상태 및 생활태도 등 실질적인 수요에 맞춰 시의적절하게 실현되도록 처우방법을 적응시키기 위한 제도이다.

분류처우제도는 2008년 12월 22일 개정된 형의 집행 및 수용자 처우에 관한 법률과 동시행령, 시행규칙의 시행으로 전면적인 개선이 이루어졌다.

대표적으로 과거 분류급 중 개선급과 누진계급은 '처우급'으로 통합되어 운영되고, 관리급은 '경비급'으로 변경되었다. 처우급상향조정 조건은 과거 책임점수 소각 여부에 따라 결정되던 것을 형기 중 4회에 걸친 정기 재심사 시기에 결정되도록 하고 있다.

(1) 분류심사

분류심사는 수형자 처우의 기본적인 지침을 확보하기 위하여 개인의 성장과정, 학력 및 직업경력, 생활환경, 개인적 특성, 정신상태, 보호관계, 범죄경력, 범죄내용, 상담관찰사항, 자력개선의지, 석방 후의 생활계획, 기타 처우 및 관찰에 필요한 사항에 대한 분류조사와 인성, 지능, 적성검사 등의 분류심사 결과 및 수형자와의 개별면담을 통하여 나타난 객관적인 사항들의 결과인 각종 분류지표를 통하여 분류급을 결정하고 있다.

(2) 분류급의 판정

분류급은 분류심사 시 개별 특징에 따라서 정해진 유형으로 구분해 대우할 수 있도록 개인 수형자에 대해서 주는 것으로, 경비처우급・기본수용급・개별처우급으로 구별할 수 있다.

2) 교정시설 보안시스템 관리

(1) 전자경비 시스템

전자경비 시스템은 감시 근무자가 부재하게 되면서 수용자들의 주변 상황에 대해 경계의식이 약화될 염려가 있어 내부 탈출은 물론 외부 침투시에도 효과적으로 대응할 수 있도록 각종 감지센서를 중복 설치하고, 정전 등 돌발상황에도 시스템이 중단됨이 없게 무정전 전원장치를 설치하는 등 다양한 상황에 대응할 수 있도록 설치되어 있다. 또한 센서와 연결되는 CCTV 카메라, 경고방송 시스템을 설치하였으며, 주요 통용문을 자동문으로 바꾸고, 사동 또는 공장에서 직원이 비상시에 즉시 중앙통제실에 상황을 전달할 수 있도록 비상 송신기를 비치했다.

새로 설치된 기계는 독일, 네덜란드 등 선진 교도소에서도 사용하고 있는 것으로 중앙통제실에서 일하는 적은 인원이 시설의 외곽 경비를 포함, 각종 기계를 제어·통제하도록 되어 있다. 2006년도에 포항교도소를 시범기관으로 선정하여 운영한 결과, 예산절감 등 효과가 뛰어나 혁신 우수사례에 포함되기도 하였는데, 2014년 현재 모든 교정시설에 설치하여 운영하고 있다.

(2) 교정시설 거실문 자동제어 시스템

2008년도부터 실행된 교정시설 거실문 자동제어 시스템 구축사업은 수용자들의 입·출실이 잦은 거실문에 전자잠금 기계를 달아서 거실문을 원격제어하는 시스템으로 직원들에게는 하루 수십 회에서 수백 회에 다다르는 거실문 개방이라는 단순 반복 업무량을 줄일 수 있어서 긍정적 반응을 얻고 있으며, 교정시설 현대화의 대표적인 사례로 주목받고 있다.

(3) 무인접견 시스템

인권향상 노력의 일부로 교정시설에서 직원의 관여 없이 자유로운 분위기에서 수용자와 민원인이 접견이 이루어지도록 전자장비들을 활용한 무인접견 관리 시스템을 만들었다.

이 시스템은 2006년 서울지방교정청 아래 13개 교정시설에 우선적으로 설치되어 성과를 관찰한 후, 현재는 전 교정시설에 설치를 끝내고 수용자와 민원인 모두에게 좋은 반응을 얻고 있다.

(4) 통합교화방송 시스템

수용자 스스로 참회하고 새 삶의 의지를 다지도록 만들기 위한 체계적이고 전문적인 시스템의 운영과 함께 전국 47개 교정시설에서 각개전투식으로 운영되던 교화방송을 통합·운영하기 위해 2008년 6월 11일 세계 최초로 법무부 교정본부에 수용자 교화방송국을 만들었다.

수용자의 특성을 반영해서 일반, 여성, 교육, 라디오 등 4개 채널을 방송 중이다. 교육, 교양, 드라마, 스포츠, 오락, 영화 등 수용자의 재교육과 긍정적 정서 함양을 위해 다양한 내용을 선정하고, 가족관계 회복을 위한 영상편지, 출소자 사회정착 성공 다큐멘터리, 법질서 지키기 영상 프로그램, 독서 지도 등 다양한 분야의 방송을 만들어 평일에는 6시간, 주말과 공휴일에는 11시간 인터넷을 통해 전국 교정기관에 방송하고 있다. 특히 2010년 9월에는 수용자와 수용자의 가족이 같이 만들어 들을 수 있는 수용자 전용 라디오방송국을 열어 수용자와 가족의 소통의 장으로 만들어 모두에게 긍정적인 반응을 얻고 있다.

(5) 수용자 위기가족 지원

부모가 수형생활을 통해서 보호자의 부재를 겪는 미성년 자녀들은 부모와의 유대감을 만들기 어렵고, 학교 성적이 떨어지고, 비행 노출될 가능성이 높아짐에 따라, 수용자 가족관계의 유지·회복 등 위기가정 지원을 통해 안정적인 수용생활을 돕고 궁극적으로 재범을 방지해 가정으로 돌려보내려는 의도를 가진 「가족사랑 캠프」, 「대학생 멘토링 지원」, 「수용자 가족접견실 운영」 등과 같은 수용자 위기가족지원사업이 진행되고 있다.

(6) 정신보건센터 운영

2012년도부터 각 지방교정청별로 1개의 교정기관을 선정하여 상담실과 교육실로 이루어진 교정시설 정신보건센터를 만들어 운영하고 있으며, 광주지방교정청에서는 2012.12.18. 군산교도소에서 실시하고, 대구지방교정청에서는 2013.11.19. 진주교도소에서 실시하고 있다.

서울지방교정청에서는 2014.2.26. 의정부교도소에 정신보건센터를 설립하였으며, 대전지방교정청에서는 2015년도에 천안교도소에서 설립하여 운영하고 있다.

교육대상은 다음과 같다.

① 정신질환으로 집중치료기관에 집금되어 정신과 병동에 입원한 자,

② 한국표준질병 사인분류, [F20-F29] 정신분열증, 분열형 및 망상성 장애, [F30-F39] 기분·정동장애 해당자 중 프로그램을 감당할 수 있는 자이다.

주된 프로그램은 인지행동치료, 치료 레크리에이션, 대인관계 훈련, 사회기술 훈련, 집단심리치료, 미술치료 등이며, 교육기간은 6월 또는 1년이다.

(7) 교정심리치료센터 운영

성폭력사범 중 재범 고위험군에 관한 방책으로 2011.10.29. 서울지방교정청 서울남부교도소에 교정심리치료센터가 개원한 이후에 2013년도에는 대구지방교정청 포항교도소, 대전지방교정청 청주교도소, 광주지방교정청 군산교도소에 그리고 2014년도에는 대구지방교정청 밀양구치소에 교정심리치료센터를 문을 열었다.

교육대상은 성폭력사범 중 재범 고위험군으로 분류되는 수용자이고, 교육기간은 6개월 300시간이다.

교육내용은 다음과 같다.

① 왜곡된 성의식 수정,

② 재범유발원인 분석 및 대처능력 향상,

③ 피해자 공감 및 사건에 대한 책임 수용,

④ 대인관계 및 사회적 대처능력 향상 등이다.

(8) 집중인성교육 프로그램 운영

그동안 수용자에게 인성교육을 진행해왔으나 이를 보다 체계적, 구체적, 효과적으로 진행하기 위해서 2013년도부터 형이 결정된 모든 수형자에 대해 집중인성교육 프로그램을 시행하고 있다. 2013년도에는 여주교도소 등 3개 시설에서 시범 운영했고, 2014년도에는 서울구치소 등 6개 시설에서 확대·시범 운영했고, 2015년도에는 모든 교정기관에서 집중인성교육을 전체적으로 운영할 예정이다.

집중인성교육 프로그램 Ⅰ은 형기 1년이 안남은 수용자들에 대해서 100시간의 교육을, 프로그램 Ⅱ는 형기 1년에서 5년이 안남은 수형자들에 대해서 100시간의 교육과 프로그램 Ⅲ은 형기 5년 넘게 남은 수용자들에 대해서 300시간의 교육을 시행하고 있다.

교육내용은 동기부여, 헌법가치교육, 긍정심리, 미술치유, 직업 훈련체험, 인문학, 분노조절, 종교교육, 등을 하고 있으며, 이런 교육을 통해서 수용자 마음 안에 본질적인 변화를 만들어 내어 재범률을 감소시킬 수 있는 방법의 하나로 집중인성교육 프로그램을 시행하고 있다.

3) 개방처우

개방처우란 수형자의 자율성과 책임감의 믿음을 바탕으로 감금을 하기 위한 공간적·유형적 건물의 조처를 원만하게 하는 대우제도로서, 좁은 의미로는 열린시설에 있어서의 대우만을 뜻하지만, 넓은 의미로는 외부통근제나 귀휴제 등의 이른바 중간대우를 포괄하는 뜻으로 쓰고 있다.

수형자에 대한 분류대우제도의 향상에 따라 다른 대우방법으로 만들어진 개방대우제도는 1955년 제네바에서 열린 제1회 유엔 범죄방지 및 범죄자대우 회의에서 채택된 '개방시설에 관한 권고결의안'과 'UN 피구금자 처우 최저기준규칙'에서도 그 중요성 및 활용성이 강조되고 있고, 세계 여러 나라에서 시행되고 있다.

우리나라는 귀휴제도를 1962년부터 시행했고, 개방교도소는 천안시 신당동에 약 300명 수용규모로 1988. 11. 30. 문을 열었으며, 외부통근제도는 1988. 12. 14.부터 실시하고 있다.

(1) 귀휴제도

귀휴제도는 교정성적이 좋고 도주의 위험성이 거의 없는 수형자에게 일정한 조건하에 기간과 행선지에 제약을 둔 상태에서 외출·외박을 허락하는 프로그램으로서, 수형자의 형기 만료 이후 생활준비, 가족과의 유대관계 지속 등을 직접적인 목표로 하면서, 수형자로 하여금 사회와의 유대감을 높여 사회적응능력을 향상시키는 데 그 목표가 있다. 2007. 12. 21. 개정된 형의 집행 및 수용자의 처우에 관한 법률의 법에 따라 가족 혹은 배우자의 직계존속 죽음, 직계비속의 결혼이 있을 때에는 5일의 특별휴가를 허락하는 등 귀휴제도를 넓혀나가고 있다.

(2) 사회견학 및 봉사활동

수용생활로 인한 일반사회와의 절단현상을 줄이기 위해서 수형자로부터 사회현실을 몸소 겪어보게 하는 현장교육의 하나로 사회견학 그리고 봉사활동을 시행하고 있다.

(3) 가족 만남의 집 및 가족 만남의 날 운영

수형자 사회적 대우의 조치로 1999년부터 교정시설에 가족 만남의 집을 만들어 사용하였는데, 2013년에는 1,291명의 수형자가 1박2일 동안 가족이 모여 숙식을 같이 하며 수형생활로 끊어지고 멀어진 가족관계를 개선하고 심리적 안정을 도모하고 추구함으로써 사회적응능력을 기르고 가족과의 친밀감 강화로 수형생활의 안정을 이룰 수 있었다. 또한 접견실이 아닌 다른 장소에서 많은 수용자와 그 가족이 모여 음식을 나눠먹고 만남을 갖는 가족 만남의 날 모임을 실시하여 2013년에는 수형자 11,578명이 가족 만남의 기회를 가졌다.

4) 가석방제도

(1) 가석방의 요건

수형자가 무기에 있어서는 10년, 유기에 있어서는 형기의 3분의 1이 경과하고 행형성적이 우수하고 재범의 위험이 없다고 인정되는 때에는 가석방예비회의를 거쳐 석방심사위원회의의 (소년 수형자의 경우에는 보호관찰심사위원회의) 가석방 결정 및 법무부장관의 허가를 요한다.

(2) 가석방 예정자의 처우

가석방 예정자는 사회복귀를 위한 1주간의 사회봉사활동 등 사회적응훈련을 실시하고 있다.

5) 교육활동

(1) 생활지도교육

수형자를 대상으로 한 생활지도교육은 신입자교육과 석방 예정자교육으로 나눠 실시하고 있는데, 신입자교육은 시설 안의 생활 전체에 대한 공지 및 준수사항과 처우의 내용을 알려주어 수용생활에 대한 두려움·초조함을 없애고, 밝고 안정적인 수용생활을 할 수 있도록 전체 신입자에게는 3일간 시행하고, 기존의 석방 예정자교육을 수형자 취직 및 창업교육으로 바꾸어 장기수형자에게는 사회동향 및 경제변화, 취직 및 창업 정보를 주고, 단기수형자에게 자신감을 가질 수 있는 출소자 성공사례 강연 등을 만들어 교육을 제공하고 있다.

(2) 인성교육

수용자에 대한 정신교육은 수용자의 건강한 민주의식과 준법정신을 기르고 인격수양과 개과천선을 유도하기 위해서 1970년부터 만들어진 새마을 정신교육의 근면·자조·협동정신을 이어받아 정신교육을 시행하다가, 2008년부터 인성교육으로 그 이름을 바꾸어 전체 수형자를 대상으로 형이 정해진 후 6개월 안에 감정 훈련, 인간관계 회복, 윤리의식 회복, 시민의식개선 및 준법정신 고양 등을 포함해 시행하고 있다. 그리고 그전에 제1절 교정조직의 근황과 혁신에서 말했듯이 2013년도부터 집중인성교육 프로그램을 시범·운행하고 있으며, 2015년도에는 모든 교정기관에서 확대 시행할 계획이다.

(3) 학과교육

학과교육을 필요로 하는 자에게는 초·중·고등학교 수준의 학과교육을 1년 과정으로 실시하고 있다. 초등과는 초등학교 중퇴 정도 학력의 수형자를 대상으로 기초적인 과목을, 중등과는 초등학교 졸업 정도 학력의 수형자를 대상으로 중학교과정에 준하는 필수적인 과목과 기초직업 훈련과목을, 고등과는 중학교 졸업 정도 학력의 수형자를 대상으로 고등학교과정에 준하는 필수적인 과목과 고급기능훈련에 필요한 과목을 교육하고 있으며, 그 밖에도 교육생이 초·중·고등과 교육과정을 이수하거나 교육기간 중이라도 학업 성적이 일정 수준에 도달하였다고 인정되는 경우에는 각 시도 검정고시위원회가 시행하는 검정고시에 응시하여 합격자 배출을 지원해 주고 있다.

(4) 대학교육, 외국어교육 등

수형자에게 독학에 의한 학위취득 기회를 부여하기 위하여 전국 교정기관 중 14개 기관에서 "학사고시반 교육"을 실시하고 있다. 그리고 여주교도소 등 4개 교정시설에서는 방송통신대학 과정을, 청주교도소 및 순천교도소에서는 교정시설 내에 전문대학 위탁교육과정을 설치하여 운영하고 있다.

또한 급격히 변하는 국제화시대에 주체적으로 대응할 수 있도록 만들기 위해 현실에서 쓰임새가 많은 외국어 및 한자교육을 교육하고 있는데, 외국어교육은 전문교육과 생활영어교육으로 구별해서, 전문교육의 경우 영어, 일본어, 중국어를 중심으로 1년의 교육기간을 두고 의정부교도소 등 3개 교정시설에서 수형자에게 시행하고, 생활영어교육 및 한자교육은 모든 교정기관의 수용자에게 시행하고 있다.

그리고 청주여자교도소, 대전교도소 등 3개 교정시설에서 외국인에게는 한 해 평균 100여명에 이르는 수형자에게 한국어 특별교육을 가르쳐 기본적인 의사소통을 할 수 있게 하고, 한국문화와 역사를 교육하는 등 사회적응력을 높이기 위해 노력하고 있다.

4. 소년교도소의 이해

소년교도소는 소년수형자를 성인수형자와 분리처우하기 위하여 설치된 기관이다.

징역 또는 금고형의 선고를 받은 소년에 대하여는 소년교도소에 수용함을 원칙으로 하고, 일반교도소에 수용하는 경우에도 특히 분계된 장소에서 수용하도록 하고 있다.

일반교도소 안에서, 특히 나눠진 장소에서 형을 집행하는 경우는 남은 형기가 6개월 미만인 경우, 다른 죄가 있는 경우, 아픈 수형자의 경우 등 참작할 사정이 있다고 받아들인 때에 6개월을 넘지 않는 기간에 한정한다.

이전에는 소년수용자를 천안소년교도소에 함께 수용하도록 하여 처우의 전문성을 계획하였으나, 천안소년교도소가 외국인전담교도소로 역할이 바뀜에 따라, 2009년 12월 31일부로 법무부와 그 소속기관 직제개정(대통령령 제21946호)에 의해 김천교도소를 김천소년교도소로 바꾸어 관리하고 있다.

1) 소년수형자 동향

(1) 죄명별 인원 현황

2004년부터 2013년까지의 매년도말 현재 교정시설에 수용 중인 소년수형자의 죄명별 인원현황은 다음과 같다.

전체 수용인원은 2004년 1,071명에서 2005년 427명으로 급격히 하락하였고, 2007년을 제외하고는 이후 지속적으로 하락하여 2011년에는 114명을 기록하였다.

2012년에는 다소 증가한 170명이었으며, 2013년에는 152명이었다.

대체적으로 절도죄가 가장 높은 비율을 차지하였으며, 그 다음으로는 강도, 강간 등, 폭력·상해 등의 순이었으나, 2011년 이후부터는 강간 등이 2011년 28.9%, 2012년 31.8%, 2013년 30.2%로 가장 높은 비율을 차지하는 것으로 변화되었다(범죄백서, 2015: 607).

(2) 징역형·형기별인원

2004년부터 2013년까지의 각 연도 말 현재 교정시설에 수용 중인 소년수형자의 징역형·형기별 인원현황을 살펴본다면 유기징역형이 2007년까지는 매년 99% 이상을 차지하고 있다가 2008년 이후부터는 100%를 차지하고 있음을 알 수 있다.

형기별로는 징역형은 과거 10년간 일반적으로 1년부터 3년 사이가 제일 높은 비율을 나타내고, 그뒤로 3년부터 5년까지이며, 5년부터 10년 아래가 세 번째로 높은 비율을 나타내고 있다.

2013년에는 1년 이상 3년 미만 87명(57.2%), 3년 이상 5년 미만 39명(25.7%), 5년 이상 10년 미만 10명(6.6%)의 순으로 나타났다(범죄백서, 2014: 609).

2) 소년수형자에 대한 처우

(1) 학과교육

이전까지는 한글해석 및 문장능력이 부족하거나 기초수리능력이 부실한 자를 대상으로 하는 초등기초반을 비롯한 초등과, 중등과, 고등과 등 4개 과정의 학과교육을 만들어 운영하였으나, 전체적인 학력수준의 상승에 따라 이미 있던 학과과정을 없애고 검정고시반을 만들어 운영하고 있으며, 소년수형자에게 급수별 검정고시를 시험 볼 기회를 만들어 주었다.

이외에도 소년범에게 사회의 정규 고등학교과정을 수료할 기회를 주기 위하여 1981년 인천소년교도소에서 처음으로 제물포고등학교부설 방송통신고등학교를 만들어 운용하였고, 1982년 김천소년교도소에서는 김천중앙고등학교부설 방송통신고등학교를 만들어 배움의 기회를 제공하고 있다.

(2) 직업훈련

공공직업훈련은 고용노동부장관이 규정한 훈련기준(교과내용, 시설, 교사 등)에 맞추어 시행하는 직업훈련으로 김천소년교도소는 법무부 제17공공직업훈련소를 운용하고 있고, 2013년 12월 현재 전기용접, 자동차정비, 제과제빵, 바리스타 등 4개 직업의 교육을 시행하여 기능사 자격취득을 할 수 있도록 하고 있다.

(3) 생활지도

소년수형자의 건강한 생활태도를 함양하고, 자기개선의지를 높이며 사회생활에 도움이 되는 다양한 배움과 정보를 접할 수 있게 도와줌으로써 사회복귀를 응원하기 위하여 생활지도교육을 시행하고 있는데, 이 중에는 신입자를 상대로 수용생활안내, 지켜야 할 규칙과 처우의 내용 등을 가르치는 신입자 생활지도와 출소 1개월 전의 수형자를 상대로 하는 수형자 취업, 창업교육, 인성교육이 있다.

(4) 교화활동

소년수형자의 사고방식을 바꾸고 정서를 온화하게 하여 교정목적을 이루고자 여러 가지 개별 및 집단 교화활동이 이루어지는데, 여기에는 종교지도, 상담, 수용자 생일위로회, 보호자좌담회, 사회참관, 불우이웃돕기, 체육대회, 음악회, 한자교육, 정보화교육, 외국어교육 등이 있다.

특히 김천소년교도소는 악대 '해오름예술단' 및 농악대를 조직하여 소년수용자의 정서함양을 위한 활동을 활발히 하고 있다.

V. 소년원

1. 소년원의 개념

소년원은 소년법 32조 1항 7호부터 10호까지의 규정에 따라 법원 소년부로부터 위탁되거나 송치된 소년(보호소년)을 수용하여 교정교육을 행하기 위하여 설치된 기관으로 법무부장관이 관장한다(보호소년처우 2조 1항, 3조 1항).

소년원은 법원 소년부에서 송치한 14세 이상 19세 미만의 범죄소년, 형벌법령에 저촉되는 행위를 한 10세 이상 14세 미만의 촉법소년과 성격 또는 환경에 비추어 장래 형벌법령에 저촉되는 행위를 할 우려가 있는 10세 이상 19세 미만의 우범소년을 수용하여 교정교육을 행하는 국가기관이다.

소년원은 사법적 역할보다는 교육적·복지적 역할을 중요시해서, 비행에 관한 책임을 묻는 것이 아니고 나라가 소년들의 보호자가 되어 인성교육 등 생활지도와 특성화교육, 초·중등교육 그리고 직업능력개발훈련, 의료처우 등을 시행함으로써 소년들의 비뚤어진 성질과 태도를 고치고 건강한 청소년으로서 성격을 연마하게 한다는 점에서 소년교도소와는 법률적, 이념적으로 그 성질을 다르게 하고 있다.

우리나라의 소년원제도는 1942년 경성소년원(현 서울소년원)의 개원이 그 효시로서, 2013년 12월 현재 전국적으로 10개의 소년원이 운영되고 있다.

소년원은 그 기능에 따라 분류하면 다음과 같다.

① 초·중등교육 소년원(초·중등교육이 필요한 소년을 수용·교육하는 소년원),

② 직업능력개발훈련 소년원(근로자직업능력 개발법에 따른 직업능력개발훈련이 필요한 소년을 수용·교육하는 소년원),

③ 의료·재활교육 소년원(약물 오·남용, 정신·지적발달 장애, 신체질환 등으로 집중치료나 특수교육이 필요한 소년을 수용·교육하는 소년원),

④ 인성교육 소년원(정서 순화, 품행 교정 등 인성교육이 집중적으로 필요한 소년을 수용·교육하는 소년원)으로 분류하여 운영되고 있다(위 법 4조, 보호소년처우령 2조).

2. 소년원의 조직

소년원 원장 1인을 두되, 서울소년원장은 고위공무원단에 속하는 일반직공무원으로 보하고, 그 밖의 원장은 4급으로 보하며, 원장은 법무부장관의 명을 받아 소관사무를 통할하고, 소속공무원을 지휘·감독하도록 되어 있다(법무부와 그 소속기관 직제 37조 1항 내지 3항).

보호소년 처우의 적정을 기하기 위하여 소년원장의 자문기관으로서 소년원마다 처우심사위원회를 두도록 되어 있는데, 그 구성 및 운영에 필요한 사항은 법무부령으로 정하도록 하고 있다(보호소년처우령 3조).

소년원은 사법적 기능보다는 교육적·복지적 기능을 중시하여 비행에 대한 책임을 추궁하는 것이 아니라 국가가 소년들의 보호자가 되어 인성교육 등 생활지도와 특성화교육, 초·중등교육 및 직업능력개발훈련, 의료처우 등을 실시함으로써 이들의 왜곡된 성격과 행동을 교정하고, 건전한 청소년으로서 인격을 연마한다는 점에서 형사처분을 집행하는 소년교도소와는 그 성격을 달리하고 있다.

표 3-1 소년원과 소년교도소의 차이

구분	소년원	소년교도소
적용법률	• 소년법 • 보호소년 등의 처우에 관한 법률	• 형법, 형사소송법 • 형의 집행 및 수용자의 처우에 관한 법률
처분청	• 가정법원 또는 지방법원 소년부	• 형사법원
처분종류	• 보호처분(1~10호 처분)	• 생명형(사형), 자유형(징역·금고·구류), 재산형(벌금·과료·몰수), 명예형(자격상실·자격정지)
시설	• 10개 소년원(2개 여자소년원)	• 1개 소년교도소(김천) (여자소년은 청주여자교도소에 수용)
수용대상	• 범죄소년, 촉법소년, 우범소년	• 범죄소년
수용기간	• 2년을 초과하지 못함	• 선고에 의한 자유형 집행기간
사회복귀	• 퇴원: 교정목적을 달하였다고 인정할 때 • 임시퇴원: 교정성적이 양호하고 보호관찰의 필요성이 있다고 인정될 때	• 석방 : 형기 종료 시 • 가석방 : 행상(行狀)이 양호하여 개전의 정이 현저한 때
신분제한	• 장래 신상에 어떠한 영향도 미치지 않음(소년법 32조 6항)	• 법에서 정한 복권 기한이 지나야 허용 - 범죄수사, 누범 여부, 자격제한 등을 위해 형이 확정되면 수형인명부 기재·관리(전과기록)

3. 소년원의 임무

1) 보호소년의 수용

보호소년을 소년원에 수용할 때에는 법원 소년부의 결정서에 의하여야 한다.

소년원장은 보호소년을 새로 수용할 때에는 소년부의 결정서 또는 이송허가서와 대조하여 본인임을 확인한 후 인수하며, 인도기관에 대하여 인수서를 교부하여야 하는데, 인수서에는 새로 수용될 보호소년의 성명・주민등록번호・비행명・인수연월일시를 기재하고 인수한 직원이 서명날인하여야 한다(보호소년처우 7조 1항, 보호소년처우령 6조 1항, 보호소년처우규 9조 1항).

소년원장은 새로 수용된 보호소년에 대하여 지체 없이 건강진단과 위생에 필요한 조치를 하여야 하고, 보호소년의 보호자 등에게 지체 없이 수용경위, 처우의 개요, 면회・통신 방법, 그 밖에 필요한 사실을 알려야 한다(보호소년처우 7조 2항, 3항, 보호소년처우령 8조).

소년원장은 보호소년 중 남자와 여자를 분리 수용하고, 16세 미만인 자와 16세 이상인 자를 분리 수용하되, 16세 미만인 자 중 촉법소년은 분리 수용할 수 있다(보호소년처우 8조 1항, 2항).

소년법 32조 1항 7호의 처분을 받은 보호소년은 소년의료보호시설에 해당하는 소년원에 수용하여야 한다(같은 조 3항).

2) 보호소년의 보호

(1) 분류처우

소년원장은 보호소년의 특성을 고려하여 그에 적합한 처우를 하여야 한다(보호소년처우 8조의 2).

처우란 소년원 내에서 일어나는 일체의 교정교육, 생활지도 등을 통칭하는 개념이고, 분류처우란 실무상 보호처분이 확정된 소년에 대하여 처우과정과 교육받을 소년원을 지정하는 등 개별적으로 처우하는 작용을 의미한다,

분류처우에는 같은 시설 내에서 생활실을 분류하는 것과 교육과정을 분류하는 것으로 나눌 수 있다.

소년원장은 분류처우를 할 때에는 분류심사결과와 법원 소년부로부터 송부

된 자료를 고려하여야 한다(보호소년처우령 9조 2항).

소년원장은 비행, 공범관계, 처우과정 등을 고려하여 신입자 교육을 받고 있는 보호소년, 전염병에 감염된 보호소년, 공범 등 특별관리가 필요하다고 인정되는 보호소년에 대하여는 생활실을 구분할 수 있다(보호소년처우령 9조 1항, 보호소년처우규 11조).

(2) 개별처우계획의 수립

소년원장은 분류처우를 마친 보호소년에 대하여 수용일로부터 10일 이내에 처우심사위원회의 심사를 거쳐 개별처우계획을 수립하여야 한다(보호소년처우령 10조 1항, 보호소년처우규 12조).

소년원장은 9호 또는 10호 처분자에 대한 개별처우계획 수립 시 보호소년의 연령·학력 및 퇴원 후 사회복귀 목표를 우선적으로 고려하여야 한다(보호소년 처우지침 6조). 개별처우계획에는 초·중등교육, 직업능력개발훈련, 의료·재활교육, 인성교육 등 개별 교육·처우의 방향이 제시되어야 하고, 이 경우 보호소년과 보호자 등의 의견을 고려하여야 한다(보호소년처우령 10조 2항).

개별처우계획은 교정교육에 지장이 없는 범위에서 그 내용을 본인 및 보호자 등에게 알려 보호소년이 스스로 교육에 참여하고, 자기개선을 위하여 노력하도록 하여야 한다(같은 조 2항). 소년원장은 보호소년의 개별처우계획을 변경할 필요가 있는 경우에는 지체 없이 처우심사위원회의 심사를 거쳐 수정하여야 한다(보호소년처우령 11조).

(3) 면접, 이송 및 재수용

소년원장은 보호소년으로부터 처우 또는 일신상의 사정에 관한 의견을 듣기 위하여 수시로 보호소년과 면접을 하여야 하고(보호소년처우 10조), 보호소년이 그 처우에 대하여 불복이 있을 때에는 법무부장관에게 문서로 청원할 수 있다(위 법 11조).

소년원장은 분류수용, 교정교육상의 필요, 그 밖의 이유로 보호소년을 다른 소년원에 이송하는 것이 적당하다고 인정하면 법무부장관의 허가를 받아 이송할 수 있다(위 법 12조 1항). 다만, 소년법 32조 1항 7호의 처분을 받은 보호소년은 소년의료보호시설에 해당하지 아니하는 소년원으로 이송할 수 없다(같은 조 2항).

(4) 처분변경의 신청 등

소년원장은 보호소년이 소년부의 결정 당시 10세 미만(법 32조 1항 10호 처분의 경우에는 12세 미만을 말한다)이거나 19세 이상임이 판명되었을 때에는 지체 없이 그 결정을 한 소년부에 그 사실을 통지하여야 한다(보호소년처우령 12조 1항).

소년원장은 보호소년이 다음 내역에 이르면 특별 임시 퇴원 절차로 진행하는 것이 일반적이다.

① 중환자로 판명되어 수용하기 위험하거나 장기간 치료가 필요하여 교정교육의 실효를 거두기가 어렵다고 판단되는 경우,

② 심신의 장애가 현저하거나 임신 또는 출산(유산·사산한 경우를 포함), 그 밖의 사유로 특별한 보호조치가 필요한 경우,

③ 이탈, 난동 또는 폭력행위 등 시설의 안전과 수용질서를 현저히 문란하게 하는 경우에는 소년부에 보호처분의 변경을 신청하거나 위탁변경에 관한 의견을 제시할 수 있다(같은 조 2항). 다만, 실무상으로 ①, ②항의 사유가 있는 경우에는 특별 임시퇴원 사유에도 해당(보호소년처우규 77조 1호, 2호 참조)된다.

3) 교정교육

소년원의 교정교육은 규율 있는 생활 속에서 초·중등교육, 직업능력개발훈련, 인성교육, 심신의 보호·지도 등을 통하여 보호소년이 전인적인 성장·발달을 이루고 사회생활에 원만하게 적응할 수 있도록 하여야 한다(보호소년처우 28조).

교정교육은 보호소년이 입원한 때부터 퇴원할 때까지의 전 과정을 신입자교육, 기본교육, 사회복귀교육의 3단계로 구분하여 순차적으로 실시하여야 하고, 신입자교육 및 사회복귀교육의 기간은 각각 10일 이내로 한다(보호소년처우령 56조 1항, 2항, 보호소년처우규 53조 2항, 55조 3항).

신입자교육은 신입보호소년에 대한 분류조사와 병행하여 생활규범지도, 기

초교육, 적응훈련, 그 밖에 필요한 지도를 함으로써 신입보호소년이 소년원에 신속한 적응과 심신의 안정을 도모하기 위하여 실시하는 교육이다(보호소년처우규 53조 1항).

소년원장은 보호소년의 연령, 학력, 적성, 진로, 교정의 난이도 등을 고려하여 처우과정을 정하고 교정목표를 조기에 달성할 수 있도록 교육계획을 수립·시행하여야 하고, 수립된 교육계획에 따른 교육과정을 운영하고 법무부장관이 정하는 바에 따라 그 결과를 평가하여 출원(出院), 포상 등 보호소년의 처우에 반영할 수 있다(보호소년처우 41조).

소년원장은 보호소년의 자율성을 높이고 각자가 당면한 문제를 스스로 해결하여 사회생활에 적응할 수 있는 능력을 기르도록 생활지도를 하여야 하고, 보호소년의 취미와 특기를 신장하고 집단생활의 경험을 통하여 민주적이고 협동적인 생활태도를 기르도록 특별활동지도를 하여야 한다(위 법 39조, 40조).

소년원장은 보호소년의 처우와 교정성적관리를 적절하게 하기 위하여 개인별로 소년관리기록부를 갖추고 출원 시까지의 모든 상황을 정해진 양식에 따라 계속 기록·유지하여야 한다(보호소년처우령 58조 1항).

(1) 교과교육

소년원 학생들은 일반학교 학생들과는 달리 학력과 연령 차이는 물론, 입원 시점이 달라 효율적인 교육을 위해서 다양한 교육과정을 마련할 필요가 있다.

이런 까닭으로 이전에는 소년원을 직업능력개발훈련소년원, 교과교육소년원, 종합소년원 등으로 나누고, 교과교육은 직업능력개발훈련소년원만 빼고 전체 기관에서 초·중·고등학교 교육과정 등을 실행하도록 하였다.

(2) 특성화교육

근래에 다변화하는 사회환경의 물결 속에서 이전의 일방적인 일반학교의 운영체제로는 소년원 학생들이 문제 없이 적응하기 힘들다는 인식 아래 교과교육 중심의 소년원학교 운영을 벗어나, 학생들의 각기 다른 요구사항과 특징을 수용할 수 있도록, 2000년 9월 전국 소년원을 특성화학교 체제로 바꾸었고, 2005년 소년원 교육과정을 전체적으로 바꾸어 인성교육 및 컴퓨터 교과목을 특성화교과로 개편함으로써 지식정보사회에서 필요한 정보처리능력을 기르고, 주도적인 성행개선을 통한 재범죄 예방을 유도하고자 하였다.

(3) 직업능력개발훈련

소년원의 직업능력개발훈련은 청소년들에게 직업에 대한 건전한 인식과 사회에서 필수적으로 요구되는 기본기능을 체득하게 하여, 형기를 마친 후 경제적으로 자립할 수 있는 환경을 만들어주는 한편, 근로정신을 길러주어 재비행을 방지하는 데 그 목표가 있다.

직업능력개발훈련과정은 이미 있던 훈련직종 중에서 CNC선반, 전산응용건축제도 등 학생들의 경쟁력이 부족한 직업을 과단성 있게 없애고, 사진영상, 제과제빵, 헤어디자인, 피부미용, 측량, 텔레마케팅, 자동화 정비, 자동화 용접, 건축환경 설비, 건설기계 운전 등 총 10개의 분야에서 학생들이 희망하는 유망직종을 선택하여 취직에 실제적으로 도움이 되는 전문교육을 시행하고 있다.

한편, 훈련직종의 다변화뿐만 아니라 시설 및 장비의 최적화, 산업수요와 연결된 맞춤형 교육과정 운영, '산업체 겸임교수제' 실시 등을 통하여 현장 중심형 전문인력 양성에 집중하고 있다.

(4) 인성교육

2007년 소년보호기관 개편에 따라서 교육과정 통폐합 및 교육기능 개편의 필요성이 요구되면서 소년원학교 교육과정이 바뀌었고, 학생들의 개성과 희망을 반영한 전문화된 인성교육과정을 실시하기 위해 대구・청주・춘천・제주소년원을 인성교육 전문기관으로 선정하여 기본교육과정 중 50% 이상을 인성교육 프로그램으로 결정해 운영하였다.

인성교육은 강・절도예방, 성비행예방 및 치료프로그램 등 비행유형별 교육을 비롯하여 자기성장, 가족관계회복, 대인관계능력 향상, 진로교육 등 프로그램을 편성하여 수요자 특성을 고려한 다양한 교육과정 운영에 중점을 두고 있다. 인성교육 외의 잔여시간은 검정고시, 컴퓨터교육 등으로 구성・운영하는 한편, 인성교육 전문기관 이외의 소년원에서도 인성교육 시간을 편성・운영하도록 하고 있다.

(5) 생활지도

소년원에서는 소년원 학생들이 가진 왜곡된 행동과 생활태도를 재교육하고 사회생활에 어울리지 못하는 원인을 없애기 위해 학생 한 명 한 명의 인권 존중과 개인적 특징에 알맞는 개별대우를 통해 모든 생활환경에서 복합적이고 전문적인 생활지도를 하고 있다.

생활지도는 건전한 습성과 건강한 생활태도를 배우게 하는 교육활동으로서 기본적인 일상 생활지도부터 전문적인 진로지도, 사후지도 등을 포함해 그 범위가 매우 넓다.

입원시작부터 개인상담, 상벌점제도 실시, 학생 자치법정 운영 등을 통해 언어, 식사, 취침, 기상 등 일상생활에서 요구되는 기본적인 행동양식을 포함해 공중도덕, 기본예절, 사회규범, 민주적 질서의식 등을 배우도록 교육하고 있으며, 학생들의 창의력과 자율성을 배양하고 모범적인 인간관계의 발달과 참여의식을 높이기 위하여 자치회 등 넓은 집단교육을 시행하는 한편, 학생들의 정서순화를 위해 책 읽기, 영화감상, 레크리에이션 등을 실시하고 있다.

(6) 멘토링 시스템 구축 등 민관연계 확대

소년원에서는 소년원생들이 받은 교육효과가 사회복귀 이후에도 계속해서 이어져서 안정적으로 사회에 돌아가는 것을 목적 으로 소년원 시작부터 끝까지 민간 자원봉사자와 계속적으로 연계·지원하는 '소년원 학생 멘토링 시스템'을 만드는 한편, 출원 성공인사를 통해 성공 롤모델을 보여줌으로써 소년원 학생에게 성공적 역할모델의 학습기회를 부여하고 있으며, 민간 인력을 적극 영입하여 무의탁 소년원 출원생에 대한 보호·지원활동에 힘쓰고 있다.

또한 고용노동부, 한국법무보호복지공단, 한국청소년상담복지개발원, 청소년상담지원센터, 건강가정지원센터 및 사회복지관 등 많은 지역사회 유관기관 및 민간자원과 합동해서 꾸준히 민관협력 지원체계를 만들고 있다.

(7) 사회정착 지원

소년원교육의 궁극적인 목표는 소년원에서 교육과정을 이수한 소년이 재비행하지 않고 사회에 정착하여 완전한 자립을 이룩하는 데 있다.

그래서 외출, 통학, 체험학습 등 개방대우를 넓혀 실시하여 사회적응력을 기르고, 민·관 협력 지원체계를 만들어 가정관 및 가족관계 회복과정을 실시하여 가족관계 및 가정기능 회복을 돕고 있다. 또한 의료취약계층인 소년원 학생의 건강회복 및 구체적 질병관리를 위해 매년 2회 무료 종합건강검진을 시행하며, 소년원 학생 및 출원생 뿐만아니라 저소득층 일반청소년도 포함해 자체 의료진에 의한 무료 문신제거 시술을 지원함으로써 사회복귀와 사회적응에 필요한 치료들을 해주고 있다.

① 개방처우 확대

소년원 학생들에게 민주적이고 열려있는 분위기를 만들어 사회적응력을 키우고 성공적인 사회복귀를 도와주기 위해 모범학생을 뽑아 외출, 통학, 통근, 가정학습, 체험학습, 봉사활동, 시설개방 등 여러가지 방안으로 개방처우를 넓혔다. 2013년에는 총 4,013명의 소년원학생을 뽑아 개방처우를 시행하였다.

② 가족관계 회복지원

소년원 학생과 가족들이 2~3일간 함께 하는 가족사랑캠프를 포함해 '가족합숙제', '1일 생활제', '가정관 면회제'를 시행하여 비행으로 인해 망가진 가족관계를 개선하고 가족 사이에 믿음을 복구할 뿐만 아니라 소년원 학생들이 심리적 안정감을 가지고 건전한 가정구성원으로 사회에 돌아갈 수 있도록 노력하고 있다. 이외에도 '학생 전화사용', '보호자 1일 명예교사 및 자원봉사제', '가족과 함께 하는 날', '보호자 상담' 등 다양한 가족관계 회복 프로그램을 운영하고 있다. 현재 가정관은 전국 10개 소년원에 13개동 26세대가 설치되어 있으며 2013년에는 소년원 학생 총 689명이 가정관을 활용하였다.

③ 문신제거 시술

소년원 학생들은 한때 호기심으로 인해 문신을 새겼으나 이들 대부분은 문신제거시술을 희망하고 있다. 하지만 그 요금이 상당히 들어가서 제거시술을 포기하고 방치함으로써 취직이나 순조로운 사회생활을 하려 해도 일반사람들의 부정적 시선과 거부감이 사회적응을 힘들게 하는 거대한 벽이 되어 왔다.

그래서 법무부에서는 2000년 4월 서울소년원에 '레이저 시술실'을 만든 이후 전국 10개 소년원 및 소년분류심사원에 레이저 시술실을 만들어 자체 의료 인력을 활용한 문신제거시술을 실시중이다.

여기에서 보호관찰 대상자나 수술비를 준비하기 힘든 저소득층 청소년, 산업체 노동자 등으로 문신제거시술 대상을 넓혀 2013년에는 소년원 청소년 1,336명, 일반인 866명으로 총 2,202명에게 무료 문신제거시술을 실시했다.

④ 취업 및 사회정착지원

전국 소년원 청소년과 일반 자원봉사자와의 1:1 멘토링 프로그램을 만들고 취업후견인을 많이 확보하여 소년원 출신 학생에 대한 취업연결 및 연속적인 사후지도를 계속해 안정적인 사회정착을 유도하고 원만한 사회복귀 및 자립지원을 지속하였다.

㉠ 취업지원활동

전체 소년원에 취직 및 출원 후 정착교육 전담부서와 취직연관단체 담당자로 관민 합동 취업지원협의회를 만들어 분기 1회 이상 정기회의를 열고, 취업설명회(특강) 운영과 구인회사 방문, 취업박람회 참여, 퇴원 예정학생 구직등록(고용노동부 워크넷) 및 취업소개 지원 등 많은 취업지원 프로그램을 운영하였다. 2013년에는 총 898명의 소년원 학생을 대상으로 취업, 산업체 현장실습 등 취업지원활동을 전개하였다.

㉡ 청소년자립생활관 설치·운영

비행청소년을 '사회 재통합적 접근' 중심 시각으로 보는 세계적·시대적인 시선에 일치시켜 생활관을 새로 만든 것을 기점으로 영남권(부산·대구), 호남권(광주·전주), 수도권(의왕·안양), 중부권(대전), 강원권(춘천) 등 총 8개의 청소년자립생활관을 권역별로 설치해서 사용하고 있다.

청소년자립생활관은 약 20명 정도 생활할 수 있는 기숙사 형태의 숙식시설로서 무의탁 및 원격지 거주 취업학생들이 6개월~1년간 사회에 적응하는 것을 돕기 위해 건립되었다. 특히 수도권에는 여학생 전용의 안양청소년자립생활관을 운영하고 있으며, 최근 개관한 전주·춘천청소년자립생활관은 가정과 같은 거주여건을 갖춘 그룹홈 형태로 운영하고 있다.

현재 청소년자립생활관은 민간단체인 (재)한국소년보호협회에서 관리하고 있으며, 생활지도·상담 중심의 자율적 분위기로 운영되고 있다. 2001년 문을 연 다음부터 2013년까지 전체 2,174명이 사용하였다.

법무부에서는 이런 청소년자립생활관을 소년원과 일반사회를 중간다리로 하는 중간처우시설로 운영해서 소년원 출원생들의 원만한 사회적응을 돕고 있다.

(8) 출원(出院)

① 출원 사유

소년원장은 보호소년이 22세가 되면 퇴원시켜야 하고(보호소년처우 43조 1항), 소년법 33조 5항 또는 같은 조 6항에 따라 수용상항기간(단기소년원 송치는 6개월, 장기소년원 송치는 2년)에 도달한 보호소년은 즉시 퇴원시켜야 하며(같은 조 2항), 교정성적이 양호하며 교정의 목적을 이루었다고 인정되는 보호소년에 대하여는 보호관찰 등에 관한 법률에 따른 보호관찰 심사위원회에 퇴원을 신청하여야 한다(같은 조 3항).

② 절차 및 사후지도

소년원장은 보호소년의 퇴원 또는 임시퇴원이 허가되면 지체 없이 보호자 등에게 보호소년의 인도에 관하여 알리고, 당해 보호소년을 보호자 등에게 직접 인도하여야 한다. 다만, 보호소년의 보호자 등이 없거나 허가일로부터 10일 이내에 보호자 등이 인수하지 아니할 때에는 사회복지단체, 독지가, 그 밖의 적당한 자에게 인도할 수 있다(보호소년처우 45조).

③ 재수용

소년원장은 보호관찰 등에 관한 법률 48조에 따라 임시퇴원이 취소된 자에 대하여는 지체 없이 재수용을 하여야 한다(보호소년처우 48조 1항). 재수용된 자의 수용기간은 수용상한기간 중 남은 기간으로 하고, 새로 수용된 보호소년에 준하여 처우한다(같은 조 2항, 3항).

Ⅵ. 소년분류심사원

1. 소년분류심사원의 개념

소년법 제12조는 소년부가 조사 또는 심리를 할 때에는 정신건강의학과의사, 심리학자, 사회사업가, 교육자나 그 밖의 전문가의 진단, 소년분류심사원의 분류심사 결과와 의견, 보호관찰소의 조사결과와 의견 등을 고려하여야 한다고 규정하고 있다.

소년법 제18조 제1항은 소년부 판사가 사건을 조사 또는 심리하는 데에 필요하다고 인정하면 소년의 감호에 관한 결정으로써 소년분류심사원에 위탁하는 임시조치를 할 수 있도록 규정하고 있다.

또한 소년법 제49조의2는 검사가 소년 피의사건에 대하여 소년부송치, 공소제기, 기소유예 등의 처분을 결정하기 위하여 필요하다고 인정하면 소년분류심사원장 또는 소년원장에게 피의자의 품행, 경력, 생활환경이나 그 밖에 필요한 사항에 관한 조사를 요구할 수 있도록 규정하고 있다.

분류심사는 면접, 심리검사, 정신의학적 진단, 행동관찰, 생활사 및 환경자료 분석 등의 조사방법에 의하여 이루어지고 있다. 소년조사제도의 분류는 그 방식과 사법순서 및 해당자에 따라 다양한 모습으로 나눌 수 있지만, 현 시점에 소년보호기관에서 시행중인 소년조사제도에 한해서 나누면 대략 두 가지, 수용 분류심사와 상담조사로 분류할 수 있다.

수용 분류심사란 소년법 제18조 제1항 제3호에 의거해 법원 소년부판사가 소년분류 심사원에 맡긴 소년의 분류심사로, 분류심사원의 수용시기는 1개월을 초과할 수 없고, 보통과 다르게 지속해서 조치할 이유가 존재할 때는 단 한 번, 심사해서 늘릴 수 있다.

분류심사방법을 나누면 일반분류심사와 특수분류심사로 구별할 수 있는데, 일반분류심사는 분류심사대상 전체를 1차로 심사하되 그중에서 비행이유가 상대적으로 미미한 소년을 면접조사와 의학적 진단, 표준화검사, 자기기록, 행동관찰 등을 시행하는 분류심사를 가리킨다.

특수분류심사는 일반분류심사 결과, 문제 또는 비행요인이 중대하고 복잡한 소년에 대하여 개별검사와 정신의학적 진단, 자료조회 및 현지조사를 실시하여 진단하는 분류심사방법이다.

이런 조사결과를 바탕으로 비행의 소재 및 특성, 처우방침, 판정 등을 적은 분류심사결과통지서를 만들어 판단의 근거로 이용할 수 있도록 소년법원에 붙이고 분류심사의 내용을 분류심사서에 적어서 소년분류심사원에 가지고 있다가 당사자가 소년원송치 조치를 받게 되면 그 분류심사서의 사본을 소년원에 보낸다.

상담조사란 보호처분 해당자 중 불위탁 소년을 대상으로 법원 소년부판사가 조사와 교육을 요구하면 3~5일간 낮에만 범죄 소년이 소년보호기관에 참석하여 여러 가지 검사와 상담, 교육을 수료하게 하는 조치로서 소년의 소질, 성장배경, 재범행 가능성 등을 상담·조사한 후 의견서(상담조사서)를 만들어서 법원 심리자료로 송부한다.

2. 소년분류심사원의 조직

소년분류심사원에 원장을 두되, 보도서기관으로 보한다. 다만 서울소년분류심사원장은 보호부이사관으로 보한다. 원장은 법무부장관의 명을 받아 소관 사무를 통할하고, 소속공무원을 지휘·감독한다.

소년분류심사원에 서무과·분류심사과·관호과 및 의무과를 두고 있다. 서무과장·관호과장은 보호사무관으로, 분류심사과장은 보호서기관 또는 보호사무관으로, 의무과장은 의무서기관 또는 의무사무관으로 보한다.

다만 서울소년분류심사원의 서무과장은 보호서기관 또는 보호사무관으로, 의무과장은 의무부이사관 또는 의무서기관으로 보한다. 과장은 원장의 명을 받아 소관 사무를 통할하고, 소속공무원을 지휘·감독한다.

3. 소년분류심사원의 임무

소년분류심사원의 임무로는 보호소년 등의 처우에 관한 법률 제2조 제2항에 따르면, 소년법 제18조 제1항 제3호의 규정에 의해 법원 소년부로부터 위탁된 소년의 수용과 분류심사, 소년법 제12조에 따른 전문가 진단의 일환으로 법원 소년부가 상담조사를 의뢰한 소년의 상담과 조사, 소년법 제49조의2에 따라 소년 피의사건에 대하여 검사가 조사를 의뢰한 소년의 품행 및 환경 등의 조사, 그 밖에 소년원장이나 보호관찰소장이 의뢰한 소년의 분류심사 등이 있다.

분류심사의 목적은 보호소년 등의 처우에 관한 법률 제24조에 명시하고 있는바, 동법 제2조 제2항에 해당하는 소년의 신체, 성격, 소질, 환경, 학력 및 경력 등에 대한 조사를 통하여 비행 또는 범죄의 원인을 규명하여 심사대상인 소년의 처우에 관하여 최선의 지침을 제시토록 하고 있으며, 분류심사를 할 때에는 심리학, 교육학, 사회학, 사회복지학, 범죄학, 의학 등의 전문적인 지식과 기술에 근거하여 보호소년 등의 신체적, 심리적, 환경적 측면 등을 조사·판정하여야 한다고 규정하고 있다.

또한 보호소년 등의 처우에 관한 법률 제26조에 따라 청소년기본법 제3조 제1호에 따른 청소년이나 그 보호자 의뢰에 따른 적성검사 등 진로탐색을 위한 청소년심리검사 또는 상담을 실시하는 등 소년분류심사원의 임무가 매우 강조되고 있다.

2013년 12월 현재 소년분류심사원은 서울 1곳에서만 실시되고 있으며, 소년분류심사원이 만들어 있지 않은 부산, 대구 등 7곳은 소년원에서 그 역할을 대신(이하 "대행소년원"이라 한다)하고 있다.

1) 개요

소년분류심사원은,

① 소년법 18조 1항 3호에 따라 법원 소년부로부터 위탁된 소년(위탁소년)의 수용과 분류심사,

② 보호관찰 등에 관한 법률 42조 1항에 따라 유치된 소년(유치소년)의 수용과 분류심사,

③ 소년법 12조에 따른 전문가 진단의 일환으로 법원 소년부가 상담조사를 의뢰한 소년의 상담과 조사,

④ 소년법 49조의 2에 따라 소년 피의사건에 대하여 검사가 조사를 의뢰한 소년의 품행 및 환경 등의 조사,

⑤ 그 밖에 소년원장이나 보호관찰소장이 의뢰한 소년의 분류심사 등의 임무를 수행한다(보호소년처우 2조 2항).

위탁소년을 소년분류심사원에 수용할 때에는 법원 소년부의 결정서에 의하여야 한다(보호소년처우 7조 1항).

소년분류심사원장은 새로 수용된 위탁소년에 대하여 지체 없이 건강진단과 위생에 필요한 조치를 취하여야 하고(같은 조 2항), 새로 수용된 위탁소년의 보호자 또는 위탁소년이 지정하는 자(이하 '보호자 등'이라 한다)에게 지체 없이 수용사실을 통지하여야 한다(같은 조 3항). 남자와 여자는 분리 수용하고, 16세 미만인 자와 16세 이상인 자도 분리·수용하여야 한다(위 법 8조 1항 1호, 3호).

소년분류심사원장은 위탁소년을 계속 수용하기에 부적절한 사유가 있을 때에는 위탁결정을 한 법원 소년부에 위탁변경에 관한 의견을 제시할 수 있다(보호소년처우 9조 1항).

2) 분류심사의 원칙 · 방법과 종류

(1) 분류심사의 원칙

소년에 대한 분류심사는 위탁소년의 신체, 성격, 소질, 환경, 학력 및 경력 등에 대한 조사를 통하여 비행 또는 범죄의 원인을 규명하여 위탁소년의 처우에 관하여 최선의 지침을 제시함을 목적으로 하고(보호소년처우 24조 1항), 분류심사를 할 때에는 심리학·교육학·사회학·사회복지학·범죄학·의학 등의 전문적인 지식과 기술에 근거하여 위탁소년의 신체적·심리적·환경적 측면을 조사·판정하여야 한다(같은 조 2항).

구체적으로는 소년에 대한 각종 기록 및 상담 결과, 관계인과의 면접, 그 밖의 객관적인 자료를 토대로 하여 조사한다.

① **신상 관계**: 소년의 인적사항, 학력, 지니고 있는 문제, 비행의 개요, 비행이력, 보호자 및 가족상황, 그 밖에 참고인 등에 대한 자료

② **신체적 측면**: 소년의 건강상태, 신체특징, 결함 여부 및 병력 등의 진단

③ **심리적 측면**: 소년의 지능을 중심으로 한 능력, 성격의 특징, 신경증·정신병 등 정신기능의 장애여부, 적응 및 욕구, 자기개선 의지 등의 측정

④ **환경적 측면**: 출생 이후 현재까지 소년의 가정·학교·사회생활 등의 조사

⑤ **행동특징**: 수용생활 및 검사·면접할 때 등 소년이 처한 환경 조건에 따라 반응하는 특이사항 및 경향의 관찰

⑥ 그 밖의 참고사항을 조사하여야 한다(보호소년처우령 51조 1항, 2항).

(2) 분류심사의 방법

현재 소년분류심사원에서 실시하고 있는 분류심사의 방법은 다음과 같다.

① **진찰법 및 신체검사**: 진찰법은 소년의 신체에 질병 등 이상 유무 및 정도를 해당 전문의가 진단하는 것이고, 신체검사법은 신체 각 기관의 이상 및 우열을 과학적 기구로 측정하는 방법이다.

② **면접조사**: 소년을 비롯하여 보호자와 그 밖의 참고인 등을 대상으로 담당 분류심사관이 직접 대면하거나 전화를 통하여 필요한 사항을 질문하고 응답하는 방법이다.

③ **심리검사**: 지능, 적성, 성격특성의 유무 및 정도를 알기 위하여 여러 장면에서 일정한 작업을 행하게 함으로써 그에 대한 규준(norm)과 비교하여 이를 측정하는 방법으로, 표준화된 심리검사나 투사적 검사 등 여러 가지 심리검사를 활용한다.

④ **정신의학적 진단** : 소년의 정신적 측면에서의 질환 유무와 그 정도를 정신과 의사가 측정, 진단하는 방법이다.

⑤ **행동관찰**: 수용생활 및 검사·면담 시 등 소년이 처해진 환경의 조건에 따라 반응하는 특이사항 및 경향을 관찰하는 방법으로 분류심사 대상자를 이해하는 비언어적 방법이다.

⑥ **자기기록**: 일기, 지나온 나의 생활, 회상록 등 소년이 직접 기술하는 방법으로 자기가 살아온 생활사를 자서전식으로 기술하는 방법과 주어진 과제에 대하여 자신의 생각을 자유롭게 기술하는 자유기술식의 방법이 있다.

⑦ **자료조회** : 주민등록정보, 가족관계기록부, 학교생활기록부, 수사경력 및 범죄경력조회[또는 범죄전력(소년보호사건)조회] 등과 같이 행정기관, 학교,

병원, 그 밖의 단체에 대하여 분류심사에 필요한 자료조회를 통해 소년의 환경・심리상태, 성장과정 등을 조사하는 것이다.

⑧ **현지조사** : 분류심사 대상자의 생애, 성장환경을 현장에 나가서 관찰하기 위하여 분류심사관 등이 직접 현지를 방문・조사하는 방법이다.

3) 소년분류심사원(청소년비행예방센터)의 상담조사

소년분류심사원 또는 청소년 비행예방센터에서 실시하는 상담조사는 소년을 해당 기관에 3~5일 정도 주간에 출석하게 하여 비행원인에 관한 전문가의 종합적인 진단과 함께 인성교육 등을 받고 이를 토대로 작성된 소년에 대한 상담보고서를 제출받아 재판의 자료로 활용하는 제도이다(법 12조, 보호소년처우 2조 2항 3호 참조).

법무부장관이 관장하는 기관인 청소년비행예방센터는 직제상 그 소속이 소년분류심사원(서울・경기 지역의 경우) 또는 소년원(그 밖의 경우)으로 되어 있다.

상담조사의 대상자는 주로 경미한 범죄로 인하여 불구속 상태에서 소년부에 송치되는 범죄소년이며, 상담조사 기간은 해당학교 출석으로 인정되어 학교 재학생의 경우 상담조사로 인한 학업중단 사례를 방지하고 있다.

상담조사는 인성검사, 적성검사, 지능검사, 준법교육, 건강진단, 집단미술치료, 상담조사관 면담, 보호자교육 등을 그 내용으로 하고 있어 법원 조사관에 의한 개별적인 조사와는 달리 주로 교육적인 측면을 강조하여 규범의식이 해이하거나 비교적 엄격한 교육을 통한 경각심을 고취할 필요가 있는 소년에 대하여 활용되고 있다. 이러한 상담조사는 소년참여법정 처리절차와 연계되는 활동이다.

Ⅶ. 보호관찰소

1. 보호관찰소 개념

보호관찰의 의의를 간단히 설명하자면, 보안처분은 형벌의 한계를 보완하여 범죄자의 사회 복귀와 범죄자의 특수한 위험성을 고려하여 행하는 예방적 성질의 조치를 말한다.

이러한 보안처분의 대표적인 것의 하나가 보호관찰이다. 보호관찰은 범죄자가 다시 범죄를 저지르지 않도록 예방하고 다시 사회로 복귀하는 것을 돕기 위해 마련된 제도라 할 수 있다.

보호관찰이란 협의로는 범죄인을 구금하는 대신 일정한 준수사항을 이행하는 조건으로 자유로운 사회생활을 허용하면서 국가의 지도·감독을 받도록 하는 제도를 말한다. 하지만 협의의 보호관찰 외에도 사회봉사명령, 수강명령 등을 포함하는 것을 넓은 의미의 보호관찰이라고 한다.

다시 말해, 범죄자를 교도소나 소년원 등 수용시설에 집어넣지 않고 가정과 학교 및 회사에서 일반적인 생활을 할 수 있게 하면서, 법령에 적시된 일정한 규칙을 준수하며 보호관찰관의 지시·감독을 수용하게 하거나, 사회봉사명령이나 수강명령을 따르도록 해서 범죄력을 나아지게 선진 형사정책을 포함해서 말한다.

보호관찰제도는 범죄자에게 시행하는 사회 내 대우의 한 가지로, 유죄로 판정된 범죄자를 교정시설 또는 소년원 등에 구금·형벌을 주는 대신 일정 기간 사회 안에서 일반적인 일상 활동을 허락하면서 전문지식과 교양을 갖춘 보호관찰관의 지휘, 통제와 지원을 제공하여 건강한 사회복귀를 지원함으로써 재범을 예방함과 더불어 범죄로부터 사회를 지키려는 지금까지 없던 형사정책수단이다.

보호관찰은 구금, 즉 자유형의 폐해에 대한 인식의 확산에 따라 구금의 대체처분으로써 활발하게 사용되는 형사제재수단이라 할 수 있다.

이 제도는 유죄로 판결된 범죄자에게 사회 안에서 근본적인 자유, 예를 들어 직업의 자유, 교육을 받을 권리, 단란한 가정생활·사회적 교제·종교활동 등의 자유를 허락하면서도 간단한 집행유예나 석방이 아니라 착한 일반 시민에게 부여되는 준법의무를 넘는 수준 높은 준수사항 행동의무를 준다.

보호관찰관은 범죄자의 규범사항 준수를 지시·감찰하고, 무보수의 강제노동 등을 이행함으로써 구금형 한 측에 포함된 처벌적 요인을 지니게 해서 국가형벌권을 구현하면서도 국민의 법적 정의 이념의 만족을 추구한다.

그에 따라 보호관찰제도는 혁신적이고 진취적인 형사정책방법으로서 범죄자의 성공적인 사회재통합(reintegration)뿐만 아니라 사회 안전의 보장 측면에서도 주도적인 형사제도로 인정받고 있다.

게다가 보호관찰제도는 지구적으로 그 법적 성질에 있어서도 처벌의 하나 혹은 최저의 처벌 대체적 방법으로 재정의되고 있을 뿐만 아니라 그 역할면에서도 단순히 미미한 범죄자에 대한 전환절차(diversion)로서의 기능수준 이상, 대다수 중한 범죄자에 대한 처벌수단, 강력・고위험범죄자(high risk・dangerous offenders) 사회 안의 위험관리방법으로 이용되고 있는 등 감금대우를 뛰어넘는 중심적인 형사정책수단으로 나아가기에 이르렀다.

가장 큰 보호관찰의 효과로는 교도소 같은 감금시설에 구금시 예견되는 범죄오염과 가정・학교・회사 같은 사회와의 단교를 예방하고, 구체적이고 전문적인 지시 감찰을 해서 효율적인 재범예방과 동시에, 사회 전 계층이 범죄인 대우에 같이 동참함으로써 공동체 의식을 제고하면서도, 수용 대우에 동반되는 나라 국고를 절약할 수 있다.

이러한 보호관찰의 연혁을 간단히 살펴본다면 다음과 같다.

① 서구 각국은 보호관찰제도를 도입하여 시행한 지 100년 이상의 오랜 역사를 지니고 있다(영국 1878년, 뉴질랜드 1886년, 호주 1907년, 일본 1949년, 독일 1953년, 프랑스 1958년 보호관찰제도 도입・실시).

② 최초의 보호관찰은 1841년 미국 메사추세츠주 보스톤의 독지가였던 존 어거스터스(John Augustus)가 알코올 중독자를 판사로부터 인계받아 개선시킨 것을 효시로 보호관찰활동이 처음으로 시작한 이래 많은 변화를 겪어왔다.

그 후 1878년 미국 메사추세츠주에서 처음 입법화한 이래 영미법계 국가에서는 형의 선고나 집행을 유예하면서 일정기간 선행유지의 조건을 부과하는 프로베이션의 형태로, 대륙법계 국가에서는 교정시설 내의 구금중인 자에 대하여 가석방을 허용하고 잔형기 동안 선행유지의 조건을 부과하는 퍼롤의 형태로 발전하여 왔다.

③ 근원적 의미의 유권적 보호관찰제도를 수용, 시행하기 시작한 것은 1981년 법무부에 보호국이 만들어 운영한 후 1982년 보호관찰제도 도입연구반을 편제하고, 1983년 1월 27일 훈령으로 보호관찰 시범실시 방침을 제

정해, 실시한 것에서 시작되었다.

④ 법무부에서는 보호관찰 시범실시 방침에 따라서 1983년 3월 1일부터 부산지방검찰청 관내 부분 가석방자를 상대로 보호관찰을 시작했고, 1984년 3월에는 전국적으로 확장·시행하였으며, 1985년에는 가퇴원자에게까지 그 범위를 확대하여 1988년 말까지 총 13,112명에게 시행했다.

⑤ 이 같은 시범실시 효과를 배경으로 1988년 12월 31일 보호관찰법이 만들어져 1989년 7월 1일부터 먼저 소년범에게 전체적이고 구체적인 보호관찰제도를 시행하기에 이른다. 성인범에 대해서는 1989년 3월 25일 사회보호법의 개정으로 보호감호 가출소자 등을 대상으로 보호관찰법상 보호관찰관의 직무로 적시되었고, 1994년 4월 1일 성폭력범죄의 처벌 및 피해자 보호 등에 대한 법률의 실시로 성폭력소년에 대해서도 필수적으로 보호관찰을 명령하고, 성인 성폭력범죄자에게도 보호관찰을 확대해서 실시하였다.

⑥ 특별히 1995년 12월 29일 바뀐 형법(법률 제5057호)에 따라서 1997년 1월 1일부터 선고유예자에 관한 보호관찰(동법 제59조의2), 집행유예자에 관한 보호관찰, 사회봉사명령·수강명령(동법 제62조의2)과 가석방자에 관한 보호관찰(동법 제73조의2)이 실시됨으로써 마침내 성인 범죄자를 포괄해 모든 형사범죄자를 대상으로 한 보호관찰제도 운영의 기초체계를 만들게 되었다.

⑦ 그 후 각종 특별법 제정을 통하여 특정행위 범죄자에 대한 보호관찰, 사회봉사 및 수강명령 등 사회 내 처우 적용을 점차 활성화하게 되었다. 1997년 12월 13일 가정폭력범죄의 처벌 등에 관한 법 입제로 가정폭력범죄에 관한 형사처벌의 특별 사례로써 보호관찰, 사회봉사·수강명령 등 보호처분을 매길 근본요인을 만들었다.

⑧ 2000년 2월 3일에는 청소년의 성보호에 관한 법률 제정으로 청소년 대상 성범죄자에 대하여 수강명령 및 보호처분을 부과하게 되었다. 2004년 3월 22일에는 성매매알선 등 행위의 처벌에 관한 법률 제정으로 성매매자에 대하여 특별한 사정이 없는 한 보호처분 성격으로 보호관찰 등을 부과하게 되었다. 2007년 4월 27일에는 특정 성범죄자에 대한 위치추적

전자장치 부착에 관한 법률 제정으로 2008년 9월 1일부터 특정 성폭력 범죄자에 대하여 위치추적 전자장치 부착을 통한 전자감독을 실시하고 있으며, 2009년 5월 8일에는 미성년자 유괴범죄로 전자감독이 확대되면서 법률의 제명도 특정 범죄자에 대한 위치추적 전자장치 부착 등에 관한 법률로 변경되었다. 또한 2009년 3월 25일 벌금 미납자의 사회봉사 집행에 관한 특례법 제정으로 2009년 9월 26일부터 벌금대체 사회봉사 제도가 시행되는 등 보호관찰은 우리나라 형사법체계에서 업무 영역을 넓히는 가운데 중요한 역할을 수행하고 있다(법무연수원, 2012: 373).

2. 보호관찰소 조직

보호관찰소 행정조직은 중앙감독기관인 법무부 범죄예방정책국 산하에 전국 대도시마다 보호관찰소 및 지소를 설치하여 2013년 12월 현재 보호관찰소 18개소(서울, 서울동부, 서울남부, 서울북부, 서울서부, 의정부, 인천, 수원, 춘천, 대전, 청주, 대구, 부산, 울산, 창원, 광주, 전주, 제주)와 지소 38개소(고양, 부천, 인천서부, 성남, 여주, 안산, 평택, 안양, 강릉, 원주, 속초, 영월, 홍성, 공주, 논산, 서산, 천안, 충주, 제천, 영동, 대구서부, 안동, 경주, 포항, 김천, 상주, 영덕, 부산서부, 진주, 통영, 밀양, 거창, 목포, 순천, 해남, 군산, 정읍, 남원)로 총 56개소가 있다. 그리고 2008년 9월 1일 이후 특정 성폭력 범죄자에 대한 위치추적전자장치 부착에 관한 법률(2012. 12.18. 법률 제11558호로 특정 범죄자에 대한 보호관찰 및 전자장치 부착 등에 관한 법률로 개정됨) 시행에 따라 위치추적관제센터 2개소(중앙 · 대전)가 설치 · 운영되고 있다. 보호관찰소는 보호관찰의 시행과 범죄예방활동 등 주관 사무를 맡고 있고, 그 구성은 보호관찰소마다 조금씩 다르지만, 전국에서 규모가 가장 큰 서울보호관찰소를 예로 들면 소장을 가장 위로 한 행정지원과, 관찰 1 · 2 · 3 · 4과, 집행과, 조사과로 구성되어 있다.

보호관찰 담당자를 살펴보면 보호관찰은 형사정책학, 행형학, 범죄학, 사회사업학, 교육학, 심리학 기타 보호관찰에 필요한 전문적 지식과 소양을 갖춘 5급 이상의 국가공무원인 보호관찰관과 이들을 도와 보호관찰 대상자의 지도감독 및 명령집행의 실무를 수행하고 있는 6급 이하의 보호관찰 공무원이 담당하고 있다.

형법개정에 따라서 1997년 성인 범죄자까지 확장 실시 이후 대상인원이 크게 증가했지만 직원 증가는 적어서, 직원 1명당 시행명수는 1999년에 404명 정도를 나타냈다. 이후에 직원 1명당 시행명수 정도는 차차 개선되어 몇 년간 300여명 정도를 나타내다가, 2005년도부터 소년보호기관으로부터 옮겨온 인력 증원으로 1인당 200명 정도로 줄어들었고 2007년도에는 1인당 171명 정도로 줄어들었다. 이후에 특정범죄자 전자감독 등 업무범위의 급격한 증가로 2008년부터는 직원 1인당 시행명수가 다시 늘어나다가 2013년에는 직원 1인당 시행명수가 123.6명으로 줄어들었으나, 고위험대상자가 늘어남에 따라 보호관찰직원의 물리적인 인원은 분명히 모자란 형편이다.

3. 보호관찰의 임무

1) 보호관찰(협의)

범죄인을 구금하는 대신 일정한 의무를 조건으로 사회생활을 허용하면서 보호관찰관 또는 법사랑위원의 지도감독 및 원호를 하거나, 사회봉사 수강명령을 집행함으로써 성행을 교정하는 제도로 재범위험성에 따라 보호관찰대상자를 집중·주요·일반·분류등급제외자로 분류한 후 등급별 차별화된 감독을 실시하고, 보호관찰대상자면담, 현장방문 등 준수사항 이행여부를 확인, 점검한다. 또한 취업알선, 복학주선 등 자립 개선 지원과 보호관찰 성적양호자에 대한 지도감독 조기해제, 준수사항 위반자에 대한 구인·유치 또는 법원의 집행유예취소 등 제재조치를 가한다.

2) 각종 조사활동

보호관찰 등을 명하기 위해 필요하다고 인정하는 경우 법관의 요구에 따라 피고인의 생활환경, 범행동기 등을 보호관찰관이 조사하여 회보하는 제도로서, 재판 시 양형·집행유예·사회내처우 적합 여부, 기소 전 참고자료 등으로 활용한다.

또한 MMPI, PAI(성격평가검사), K-SORAS(한국성범죄자위험성평가척도) 등 다양한 심리검사도구 등을 활용한 조사 등 전문성을 제고하는 활동으로 결정전조사와 보호관찰조사제도를 구체적으로 설명하고자 한다.

(1) 보호관찰소의 결정전조사

보호관찰소의 결정 전 조사(법 12조)는 주로 소년의 거주지가 소년분류심사원 또는 청소년 비행예방센터와 멀리 떨어져 있는 경우(단, 소년분류심사원 또는 청소년비행예방센터에서는 출장조사를 하는 경우도 있으므로 출장지역도 고려해야 한다), 비행이 심화되거나 보호자의 보호능력이 지극히 미약한 소년의 경우, 소년의 소재가 불분명한 경우, 소년이 정당한 이유 없이 소환에 응하지 않는 경우 등에 활용되고 있는데, 소년의 가정환경, 성장과정, 범행전력, 보호자의 경제상황 및 보호능력, 비행의 심화정도 등 앞으로의 조치에 대한 밀도 있는 자료를 얻기 위하여 활용된다.

보호관찰의 조사경험이나 소년의 성행, 환경 파악에 대한 직업적 숙련도는 조사관 조사나 소년분류심사원과 청소년비행예방센터의 상담조사 등과는 또 다른 측면에서 도움이 된다.

특히 이전에 보호관찰처분을 받은 전력이 있거나 보호관찰기간 주에 재범한 소년의 경우에는 그에 대한 보호관찰 집행기록이나 소년에 대한 자료가 많이 축적되어 있으므로, 결정 전 조사를 의뢰하면서 소년의 보호관찰집행기록을 첨부하도록 요청하면 재판에 많은 도움을 받을 수 있다.

다만 보호관찰소는 보호관찰, 사회봉사명령, 수강명령의 집행 등을 본연의 임무로 하고 있으므로, 가능하다면 다른 조사방법을 활용하고 결정 전 조사는 부득이한 경우에 제한적으로 활용하는 것이 바람직하다.

(2) 보호관찰 조사제도

보호관찰제도 관련 조사는 조사 시점에 따라 판결전조사와 판결후조사로 크게 구분할 수 있다. 판결전조사는 범죄자 한 사람 한 사람에 대응하는 알맞은 대우방안을 정하기 위해서 법원의 요구로 유죄가 판정된 피고인 등에 관해 판결 선고 전에 보호관찰관이 그 성격과 주변 상황 또는 범죄위험성의 형상과 급을 객관적으로 관찰하고, 이를 양형의 기초자료로 활용하게 만드는 법을 가리킨다.

이는 보호관찰 처분의 적합성 판별과 법원의 적정판결에 도움을 주고, 나아가 보호관찰의 효과성을 확보하는 데 그 목적이 있다.

결정전조사는 소년보호사건 및 가정보호사건 등 보호사건의 조사·심리를 하기 위해 법원의 요구에 따라서 사건의 동기·원인·실태 등의 조사를 시행하는 법으로써 보호사건의 가결 이전에 보호관찰소에서 시행하는 조사이다.

2007년 소년법 개정에 따라 소년보호사건에 대한 법원의 결정전조사가 있고, 검사가 소년 피의사건에 대하여 소년부 송치, 공소제기, 기소유예 등의 처분을 결정하기 위하여 필요한 경우 피의자의 품행, 경력, 생활환경 등을 조사하는 검사의 결정전조사제도가 시행되고 있다.

또한 2008년 9월부터 특정 범죄자에 대한 위치추적 전자장치 부착에 관한 법률 시행에 따라 청구전조사를 실시하고 있다. 청구전조사는 검사가 특별히 정한 범죄인에 대한 위치추적 전자장치 부착명령을 요구하기 위해서 그 필요성이 인정될 때 범죄이유, 피해자와의 관계, 심리상태, 재범위험성 등에 대한 조회를 보호관찰소에 요구하는 장치이다.

판결후조사는 법률상 정립된 용어는 아니지만 판결 이후 사회내처우와 관련하여 행해지는 조사업무를 통칭하는 것으로 법령상 환경조사와 보호관찰 사안조사가 있다.

3) 환경조사 (개선활동) · 사안조사

환경조사는 소년원이나 교도소 등 시설 수용자의 범행 동기, 수용 전의 직업, 생활환경, 교우관계, 가족상황, 피해회복 여부, 출소 후 생계대책 등을 조사하여 범죄유발요인 등 환경을 개선하고 수용자의 교정처우 자료, 가석방, 임시퇴원 등 심사자료로 활용하는 제도이다.

보호관찰 사안조사는 가석방심사위원회에서 가석방이 허가된 성인 수형자에 대하여 석방 이후 재범위험성, 사회융화 가능성 등을 석방 전에 탐문하여 가석방 적절성여부 결정 및 보호관찰 필요 여부를 조사하는 근거로 이용하는 규정이다.

4) 범죄예방활동

일반 자원봉사자인 법사랑위원(검찰, 보호관찰소, 법무보호복지공단) 등과 함께 지역사회에서 우범지역 순찰, 청소년 선도 캠페인 등 범죄예방활동을 전개하여 나가며, 법사랑위원에 대한 지속적인 교육으로 활동을 지원토록 하고 있다.

5) 보호관찰 실시 및 내용

지도 · 감독으로는 개별지도와 집합교육으로 나눌 수 있다.

(1) 개별지도

보호관찰관은 보호관찰대상자가 준수사항을 지키고 스스로 건전한 사회인이 되도록 지도 · 감독을 실시한다.

보호관찰 등에 관한 법률 제32조 제2항 상의 보호관찰대상자의 준수사항은

① 주거지에 상주하고 생업에 종사할 것,

② 범죄로 이어지기 쉬운 나쁜 습관을 버리고 선행을 하며 범죄를 저지를 염려가 있는 사람들과 교제하거나 어울리지 말 것,

③ 보호관찰관의 지도 · 감독에 따르고 방문하면 응대할 것,

④ 주거를 이전하거나 1월 이상 국내외 여행을 할 때에는 미리 보호관찰관에게 신고할 것 등이다.

또한 법원과 보호관찰심사위원회는 보호관찰대상자의 특성 및 환경 등을 고려하여 특별준수사항을 부과한다.

준수사항은 보호관찰해당자의 행동개선 및 재범예방을 위하는 행동방침이라는 면에서 보호관찰관은 보호관찰대상자의 준수사항 이행 가부를 확인하고 격려하기 위해서 지휘 · 감찰권을 행사한다.

보호관찰관의 지도 · 감독은

① 보호관찰대상자와 긴밀한 접촉을 가지고 항상 그 행동과 환경을 관찰하는 것

② 보호관찰대상자에게 준수사항을 이행함에 적절한 지시를 하는 것

③ 보호관찰대상자의 건전한 사회복귀를 위하여 필요한 조치를 하는 것 등이다.

보호관찰관이 보호관찰대상자의 준수사항 이행여부를 확인하고 지도·감독하기 위하여 대상자를 대면·접촉하는 것은 필수적이다. 이를 위하여 보호관찰관이 지정한 일시에 대상자를 보호관찰소에 출석시키거나, 수시로 주거지나 직장 등 생활현장을 방문하기도 한다.

소년의 경우 야간외출 여부 확인, 학교교사와 연계해 교내 생활 파악, 복학지도 및 주선, 독서지도, 직업훈련, 기능교육, 장학금지급, 상담자 결연 등의 활동을 실시한다.

어른이라면 취업증명서, 월급명세서, 운전면허 소유 여부, 차량소지 여부, 주거지 임대차계약서 사본 확인 등을 통해 규범사항 실행을 확인, 격려하며 필요하다고 생각되는 경우 기초생활수급권자 결정이나 입원주선, 직업교육을 소개시켜 준다.

그리고 소변검사를 통해 약물남용 여부를 조사하는 등 준수사항이행 여부를 면밀히 확인하는 활동을 전개한다.

(2) 집합교육지도

① 준수사항교육

보호관찰소에서는 월 1회 새로 등록된 보호관찰대상자에게 보호관찰기간 중 준수해야 할 규정을 알려주고, 건강한 인성발달과 사회적응에 요구되는 교육을 시행함으로써 해당자가 바람직한 생활양식 및 문제해결능력을 기르도록 가르친다.

② 보호자교육

보호관찰 해당 소년의 보호자들에게 보호관찰제도의 의미, 가정의 중요성, 부모의 역할 등에 대해 가르침으로써 소년범의 원만한 사회복귀에 소년의 가족구성원이 함께 같이 하고 돕도록 인도한다.

③ 전문 처우 프로그램

보호관찰해당자의 범죄 이유 등 여러 특징을 생각하여 전문상담가 등과의 1:1 멘토링 계획, 문화예술 경험 계획, 미술치료 계획, 숲교육 계획, 심성순화 계획 등 여러 가지 전문처우 계획을 시행해서 보호관찰해당자가 재범을 저지르지 않고 원만한 사회 복귀를 할 수 있도록 돕는다.

(3) 원호

보호관찰대상자의 자립갱생을 돕기 위해서 도움 및 주위 여건의 개선을 통해 현실적이고 영구적인 사회복귀를 지원하기 위해서 숙소 및 취업을 소개하고, 직업훈련 등 교육훈련의 기회를 주며, 장학금 지급 등 경제적 후원이나 사회적 후원의 수혜자가 되도록 기회를 마련해 주는 것을 큰 골자로 한다.

(4) 성구매자 교육프로그램, 존스쿨

존스쿨(John School)은 성매매를 한 초범 남자들에게 처벌하는 방법의 하나로 일반적인 벌금 혹은 단순 기소유예 처벌보다는 성구매 남자의 성의식 개선과 재범예방을 위해 체계적인 교육을 해서 재범을 예방하기 위한 법제이다. 그 명칭은 미국에서 성매매를 한 혐의로 붙잡힌 남자들 대다수가 자기의 이름을 '존(John)'이라고 말한 사례들과 샌프란시스코의 시민단체 세이지(SAGE)가 1995년 성매매 재발 방지 프로그램을 구성해 이름을 '존스쿨'로 지은 사례에서 비롯되었으며 미국, 스웨덴 등 세계 10여 개 나라에서 시행중이다.

우리나라는 2004년 3월 22일에 성매매알선 등 행위의 처벌에 관한 법률이 만들어져 그해 9월 23일부터 실시되었고, 2005년 7월 대검찰청에서 '성구매자 재범방지를 위한 교육 시행방법 및 성매매알선 등 처리지침'을 만들어 '성매매 사건의 수사과정에서 피의자가 초범인 성구매자인 경우 피의자가 동의할 때, 보호관찰소에서 실시하는 교육제도(일명 '존스쿨')를 이수하는 조건으로 기소유예 판결을 내릴 수 있다'라고 제정함으로써 존스쿨제도가 시행되었다.

보호관찰소 존스쿨 프로그램은 보호관찰소에서 16시간(8시간씩 2회) 과정으로 이루어지고, 교육인원은 회기당 50여 명 이내로 한정하여 실시하고 있다. 검사가 성구매자로부터 성구매교육의 이수를 조건으로 기소유예처분을 결정하기 때문에 만일 대상자가 성구매자 교육을 받지 아니할 경우 검사는 유예했던 기소를 하게 된다.

6) 사회봉사[18]명령집행

(1) 개관

사회봉사명령제도[19]란 유죄판결을 받은 범인에게 자유형을 집행하는 대신 사회에 유익한 활동이나 급부를 제공토록 하여 자신이 저지른 죄의 대가를 지불하고 사회에 정상적으로 복귀하도록 하는 제도로, 1970년 형벌제도자문위원회(the advisory council on penal system)에서 작성한 사회 내 형벌과 중간적 형벌(non-custodial and semi-custodial penallis)이라는 보고서가 바탕이 되어 1972년에 최초로 형사재판법에서 입법화되었다.

이 제도는 대상자에게 일정기간 자유를 박탈함과 동시에 범죄로 인해 자신이 피해를 입힌 사회를 위해 피해보상의 의미에서 봉사한다는 이중적인 취지를 가지고 있다.

우리나라에서는 1989년부터 소년보호사건에 대해 보호관찰과 함께 사회봉사명령제도와 수강명령제도가 도입 시행되었는데 1996년 12월 보호관찰 등에 대한 법률의 개정으로 1997년 1월부터 성인법에 대해서도 사회봉사명령제도가 전반적으로 실시되었다.

그동안 우리나라의 사법제도가 구속수사를 원칙으로 운영되어 왔는데, 법의 취지와 정신에 맞게 불구속수사, 나아가서 초범이나 과실범 등에 대해서는 실형보다는 사회내처우인 사회봉사명령 등을 활용하는 것이 여러 면에서 유익하다고 본 것이다.

(2) 연혁

사회봉사명령제도는 영국에서 먼저 실시되었다. 이미 16세기의 교정원(House of Correction)에서는 오늘날의 사회봉사명령제도와 유사한 제도를 노예들 노동에 동원시키기 위해 식민지로 이송한 것에서 기원을 찾을 수 있다.

이 제도는 영국 본토에서 실업문제를 해결하고 동시에 식민지에서의 노동력을 보충하는 양면적인 효과가 있었는데, 처음에는 아메리카 식민지에 매년 2,000명씩 아메리카가 독립할 때까지 범죄인을 이송하였다. 미국이 독립된 이

18) 벌금을 내지 못한 자에 대한 노역장 유치를 사회봉사로 대신하는 제도 (벌금액: 300만원 이하)
19) 법무부, 범죄예방정책국, 2012. 2, 재정리

후인 1787년부터는 호주가 주된 대상지가 되어 이후 60년간 10만 명 이상의 범죄인이 이송되었으나, 1967년부터 정착민들의 반대로[20] 중단되었다.

현대의 제도는 1970년 영국의 Wootton 위원회 보고서 및 1976년 범죄 문제에 관한 유럽위원회(The European Commitee on Crime Problems)의 보고서, 같은 해 유럽평의회(Council of Europe) 각료회의 결정 등에 연유하고 있다.

특히 유럽위원회에서는 회원국이 기존의 보호관찰제도나 벌금형을 활용하도록 할 뿐만 아니라 구금형에 대체할 수 있는 새로운 형벌수단을 입법에 반영하도록 권고하고 있는데, 이 권고에 의해 1986년 유럽평의회는 회원국에서 구금형의 대체수단을 도입하는 상황에 대해 조사보고서를 작성하였는데 여기에서 정식으로 사회봉사명령제도가 거론되었다.

영국에서 사회봉사명령제도가 강조된 이유는 구금형에 대한 실망이 고조되었기 때문인데, 그 이유는

① 인도주의사상,

② 구금형의 재범 방지에 대한 회의,

③ 교도소 수용인원의 과다,

④ 재정적 궁핍 때문이라고 한다.

뿐만 아니라 제2차 세계대전 후 재소자의 수가 급격히 증가하여 과다문제가 발생했고, 구금형이 재범 방지에 회의적일 뿐 아니라 비용도 많이 들어 사회내처우가 요청되어졌던 것이다.

그리고 보호관찰을 비롯한 사회내처우가 실시되고 있었는데도 또다른 제도가 필요했던 것은 범죄는 매우 복잡한 요인에 의해 발생하기 때문에 보호관찰 등과 같이 복지정책의 확대를 통해 문제해결이 어렵다고 보았다. 또한 사회사업적 방법이나 보호관찰에 대해 비판이 제기되었기 때문이다. 1970년 영국에서 교도소 과밀수용의 주요 원인인 단기구금형을 대체할 수단으로 제안되어 1972년 형사재판법(Criminal Justice Act)에서 규정하여, 1972년 10월에 새로운 형사사법 법안이 의회를 통과하였고, 1973년 1월 1일부터 여왕의 재가를 받아 실시되었는데[21] 1974년까지 2년간은 시험 실시하였다.

---

20) 사회봉사명령제도에 관한 비교법적 연구, 형사정책연구원, p.29.

21) Sol Rubin The Law of Criminal Corredim 2ed, st, Panl, Publisbirg Co., pp.20-21.

이로부터 연차적으로 실시지역을 확대하다가 1979년 이후부터 영국의 전 지역으로 실시하였다.

영국에서 이 제도가 성공을 거두었다고 생각되자 미국, 호주, 캐나다, 독일, 프랑스 등 각국도 형벌의 다양화와 단기구금형의 대체수단으로 이 제도를 도입・실시하게 되었다.

(3) 법적 성격

사회봉사제도의 이념은 처벌적 요소로 여가시간의 박탈이나 강제노역 등으로 적극적으로 범인을 처벌한다는 것이고, 배상적 요소로, 범죄로 인해 침해를 받은 사회에 대해 범죄인 스스로의 노력을 통해 사회에 다소나마 공헌함으로써 침해를 배상한다는 의미와 사회복귀 또는 재융합적 요소로, 봉사작업을 통해 사회의 일원으로서의 책임감과 근로의식을 함양하여 사회복귀를 촉진하고, 건전한 시민정신을 길러 사회와 다시 융합할 수 있도록 하자는 것이다.

사회봉사명령이 보호관찰과 어떻게 다르며 다른 사회내처우와 어떻게 다른가 하는 법적 문제가 제기되는데, 다음에서는 특별히 보호관찰제도와의 차이점을 고찰하려 한다.

두 제도는 근본적으로는 다른 바가 없으나 실시방법이나 내용에는 차이가 있다.

① 보호관찰은 사회사업적 방법(social case work)에 따라 대상자가 결핍되고 실패한 자라는 전제하에 부조를 하는 데 중점을 두고 있으나, 사회봉사명령은 적극적으로 범죄인은 사회에 대해 빚을 진 사람이라는 입장에서 본다.

② 보호관찰은 보호관찰소와 같은 사무실이나 범죄예방위원들의 가정방문 등을 통해 이루어지는데 대해 사회봉사명령은 외부에서, 사회적 책임을 부담해야 하는 입장에서 다루어진다.

③ 보호관찰의 내용은 모호할 뿐 아니라 산만하지만, 사회봉사명령은 명확한 목적을 가지고 현장에서 객관적으로 이루어지는 것이다.

(4) 우리나라의 운영상황[22]

우리나라에서 운영되는 사회봉사명령은 유죄가 인정된 범죄자에 대하여 교도소 등에 구금하는 대신 정상적인 생활을 하도록 허용하면서 일정시간 무보수로 사회에 유익한 근로를 하도록 명하는 제도이다.

부과대상과 기간은 다음과 같다.

① 형법 사회봉사 또는 수강을 조건으로 형의 집행유예자 받은 자(제62조의2) → 500시간 범위내

② 소년법 보호처분으로 사회봉사명령 또는 수강명령을 받은 16세 이상의 소년(제32초 제3항) → 독립 사회봉사명령 처분 가능, 200시간 범위 내

③ 가정폭력범죄의 처벌 등에 관한 특례법
사회봉사명령 또는 수강명령을 받은 자(제40조) → 각 100시간 범위내

④ 성매매알선 등 행위의 처벌에 관한 법률
사회봉사명령 또는 수강명령을 받은 자(제14조, 제15조) → 각 100시간 범위내

⑤ 성폭력범죄의 처벌 등에 관한 법률
사회봉사 또는 수강을 조건으로 형의 집행유예를 받은 자(제16조의2) → 500시간 범위내

⑥ 벌금미납자의 사회봉사집행에 관한 특례법
대통령령으로 정한 금액 범위내 벌금형 확정자 중 사회봉사허가를 받은 자 → 500시간 범위내

부과대상과 기간 및 개시교육은 보호관찰과 동일(시행령에 준용규정)하며 사회봉사명령대상자는 법원에서 사회봉사명령을 조건으로 형의 집행유예를 받은 자, 법원 소년부에서 사회봉사명령을 받은 14세 이상의 소년, 가정폭력으로 형사입건되어 법원에서 사회봉사명령을 받은 자, 성매매알선 등으로 법원에서 사회봉사명령을 받은 자를 말한다.

또한 사회봉사명령대상자의 준수사항으로는 보호관찰관의 집행에 관한 지시에 따를 의무와 주거를 이전 또는 1월 이상의 국내외 여행 시 사전 신고

---

22) 송병호 외, 교정보호론, 청송출판사, 2013, 193-.

의무, 법원이 보호관찰대상자의 특성 등을 고려하여 특별히 부과한 사항 등이다.

집행방법은 협력기관에 위탁집행하기도 하며, 보호관찰관은 국공립기관, 기타 단체에 그 집행의 전부 또는 일부를 위탁할 수 있으며 위탁 시 이를 법원에 통보하여야 한다.

법원은 법원 소속 공무원으로 하여금 사회봉사시설이 대상자의 교화 개선에 적당한지 여부와 그 운영실태를 조사・보고토록 하고 부적당하다고 인정하는 경우에는 그 집행의 위탁을 취소할 수 있다. 집행분야 및 장소 지정에 대해서는 법원이 집행분야나 장소를 정하는 경우 이외에는 대상자의 범죄내용, 주거지와의 거리, 가정환경 등 제반사항을 참작하여 보호관찰관이 결정한다.

집행분야는 농촌원조 행동(모내기, 벼 자르기, 농작물 기르기, 열매 따기, 농수로 정리, 농가환경개선, 동네 청소하기 및 농촌 공동시설 고치기 등)이며, 소외계층 원조활동(주거환경개선), 청소, 세탁 등 가사생활지원, 긴급재해복구(천재지변이나 큰 재앙 발생 시 피해 복구 지원) 등이다. 복지시설분야(노인・아동・장애인 시설 지원 및 각종 복지관련 사업보조)와 기타 공익지원사업 분야도 있다.

사회봉사명령의 종료는 집행 완료, 집행유예기간 경과, 사망, 이민, 집행유예 선고 취소 또는 실효 등이며, 보호처분 변경 취소나 금고 이상의 형의 집행을 받게 된 때는 종료하게 된다.

7) 수강명령집행

(1) 의의 및 성격

수강명령이란 유죄판결을 받은 범죄인이 자유형의 집행 대신에 지정된 사회교육시설 내지 교화시설에서 일정기간 동안 교육이나 학습을 받도록 명하는 것인데, 경미한 범죄자에 대해 심성을 계발하고 바른 가치관을 심어 주며, 성행을 교정하여 사회에 정상적으로 복귀하도록 도우는 데 있다.

우리나라에서는 1989년에 보호관찰법 시행으로 이 제도가 실시되었는데 처음에는 비행청소년에 대한 선도조건부기소유예처분으로 실시했던 것을 1988년 개정 소년법에서 보호관찰처분을 받은 16세 이상 소년에게 사회봉사명령과 택일적으로 할 수 있게 되어 보호관찰관이 수강명령집행을 담당해 왔다. 그러다가 1997년 1월 1일부터 집형유예를 선고받은 성인범죄자에 대해서도 확대・적용되게 되었다.

우리나라의 수강명령제도는 영국의 Attendance Centres Order에서 나온 것이다.[23)]

이러한 수강명령은 유죄가 인정된 습관 중독성 범죄자를 교도소 등에 구금하는 대신 자유로운 생활을 허용하면서 일정시간 보호관찰소 또는 보호관찰소가 지정한 전문기관에서 교육을 받도록 명하는 제도이다.[24)] 준법의식 고취는 물론, 범죄의 해악성 자각, 심성계발과 자아확립, 사회적응력 배양 등 효과가 있다.

(2) 부과대상 및 기간

1948년 영국에서 형사재판법에 의하여 비교적 비행성이 약한 21세 미만의 범죄자에게 주말에 수강센터(Attendance Center)에 참석, 강의를 받도록 한 것이 효시이며, 우리니라는 보호관찰제도와 함께 도입・시행 중이다. 보호관찰부 주간센터 명령(Probation Day Center)은 1982년 영국에서 시행된 수강명령과 유사한 제도로서 일과 시간 중 보호관찰대상자에 대하여 교육하는 제도로 우리나라는 보호관찰제도와 함께 도입・시행하고 있다.

8) 위치추적 전자감시

(1) 위치추적관제센터

위치추적관제센터는 아동성범죄 사건의 잦은 발생으로 성폭력범죄의 사회적 심각성이 인식되면서 2007년 특정성폭력 범죄자에 대한 위치추적 전자장치 부착에 관한 법률(현행 특정범죄자에 대한 보호관찰 및 전자장치 부착 등에 관한 법률)에 근거하여 설치되었다.

현재 2008년에 설치된 위치추적중앙관제센터와 2011년에 설치된 위치추적

---

23) 형사정책연구원, 수강명령제도와 교육내용에 관한 연구, 1995. 29.

24) 아동・청소년의 성보호에 관한 법률 제13조의 '이수명령'은 명칭만 다를 뿐 수강명령과 같은 제도임

대전관제센터가 서울에서 운영되고 있다.

위치추적관제센터는 전자장치를 신체에 부착함으로써 24시간 그의 행적을 추적하여 범죄자의 심리적 부담감 증대, 범행기회의 사전차단 및 위치정보의 수사 재판자료 활용으로 성폭력범죄자의 재범 방지와 성행교정을 통한 재사회화를 위하여 성폭력범죄로부터 국민을 보호하고 있다.

(2) 위치추적제도 임무

위치추적제도는 1998년 미국 플로리다주에서 시작되어 현재 미국, 프랑스, 호주 등 세계 10여 개 국가에서 시행중인 제도로서, 우리나라에서는 특정성폭력 범죄자에 대한 위치추적 전자장치 부착에 관한 법률로 바뀌었다.

그 이후에도 전자장치 부착 대상 범죄가 살인범죄, 강도범죄에까지 확대되었고, 형 종료 후 보호관찰제도를 신설하면서 특정 범죄자에 대한 보호관찰 및 전자장치 부착 등에 관한 법률로 개정되어 시행되고 있다.

위치추적관제센터가 하는 일은 다음과 같다.

① **관제**(이동경로 탐지, 경보처리)

위치추적 시스템을 통해 확보되는 피부착자의 위치정보, 전자장치 훼손 및 이탈·금지구역에의 출입여부 등 상황별 경보를 24시간, 365일 관제하고 이상 징후 발생 시 피부착자와 직접 연락을 취하거나 종합적으로 상황을 파악하여 위반사항이 중한 경보는 전담 보호관찰관에게 사건을 이관하여 즉각적인 현장확인 및 조치를 하도록 하는 업무를 담당하고 있다.

② **위치추적 전자장치 및 위치추적 시스템(U-guard)의 관리**

- **전자장치관리**: 전자장치 출고 및 입고 등 재고관리 및 배터리 상태, 장치 배정을 한다.
- **개통관리**: 전자장치 사용을 위해 휴대용 추적장치와 재택감독 장치 전화번호의 개통/해지를 실시한다.
- **전자장치 이관**: 피부착자에게 전자장치 부착 개시 이전 전자장치 시스템이관 및 보호관찰소로 배송을 실시한다.

- **전자장치 유지보수**: 전자장치 유지보수 현황 및 유지보수 등록 등 고장난 전자장치를 관리한다.
- **네트워크 등 정보통신관리**: 서버실 및 DR센터(재난복구센터) 운영 및 유지보수를 실시한다.
- **수신자료의 보전・사용・폐기** : 수사 및 재판자료로 활용할 수 있도록 피부착자의 위치수신자료를 관리한다.

③ 전자감독제도 도입

전자감독제도 도입배경, 위치추적법 법률 등 제・개정 결과 및 외국의 전자감독에 대하여 그림으로 표시하면 아래와 같다.

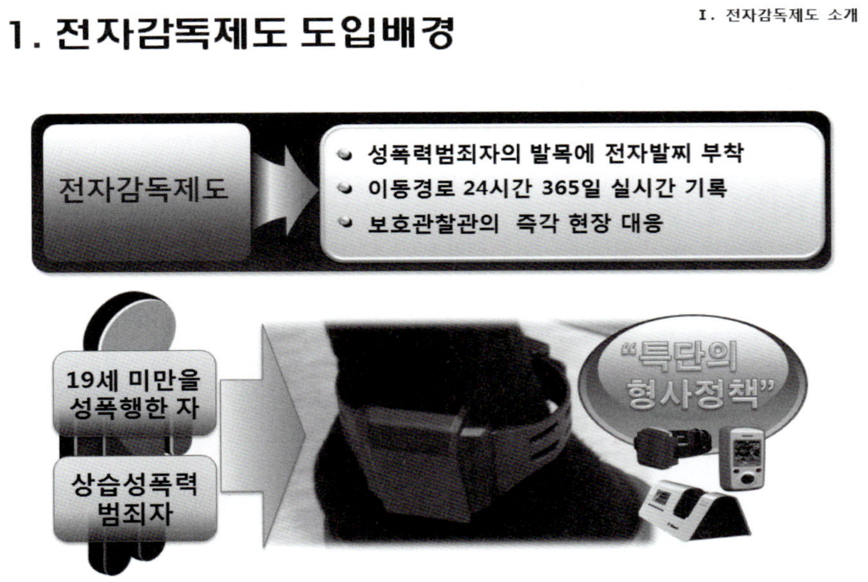

2. 위치추적법 법률 제 · 개정 경과

I. 전자감독제도 소개

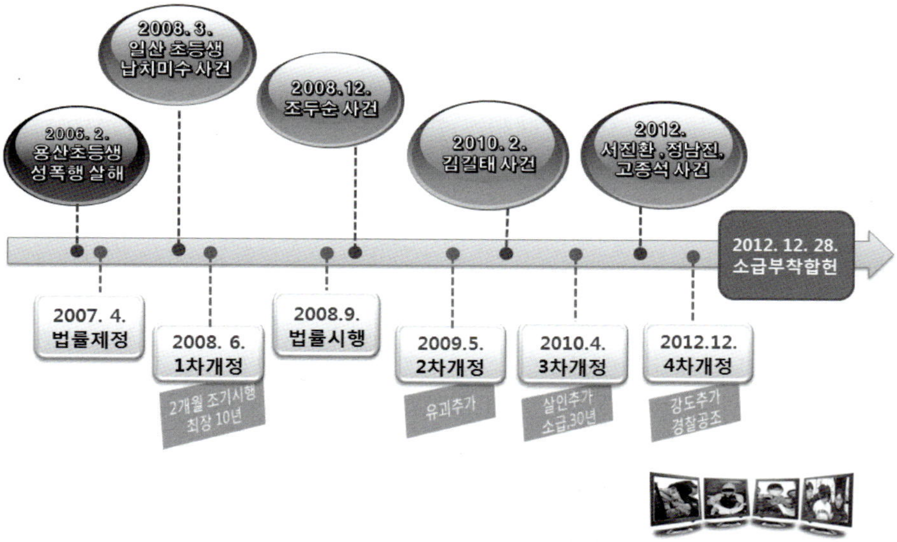

3. 외국의 전자감독

I. 전자감독제도 소개

- **제1세대(재택구금)** : 캐나다(1987), 스웨덴(1994), 오스트리아(1997), 영국(1998), 벨기에(1998), 스위스(1999), 독일(2000), 포르투갈(2002), 이탈리아(2003), 이스라엘(2005)
- **제1세대 + 제2세대 (위치추적)** : 미국(1983), 뉴질랜드(1995), 네덜란드(1995), 오스트레일리아(1996), 스페인(2000), 프랑스(2003)

Ⅷ. 보호관찰심사위원회

보호관찰제도를 효율적으로 운영하기 위해서는 조직이 합리적으로 이루어져야 한다. 보호관찰 등에 관한 법률은 제2장(제5조 내지 제18조)에서 보호관찰의 기관에 관하여 규정하고 있다.

보호관찰 등에 관한 법과 동 시행령 및 동 시행규칙 그리고 보호관찰소 직재를 중심으로 보호관찰의 기관[25]에 대하여 살펴보고자 한다.

1. 보호관찰심사위원회의 개념

보호관찰심사위원회는 법무부 소속으로 고등검찰청 소재지를 비롯한 대통령령이 정하는 지역에 설치하도록(법 제5조 2항) 규정되어 있다.[26] 즉, 현재 고등검찰청이 설치되어 있는 서울·부산·대구·광주·대전에 설치하고 있다.[27]

심사위원회가 관장하는 사항은 다음과 같다(법 제6조).

① 소년범의 가석방과 그 취소

② 성인가석방자의 보호관찰명령 및 가석방 취소

③ 소년원에 구금된 보호소년의 임시퇴원과 그 취소

④ 보호관찰대상자에 관한 보호관찰의 임시해제와 그 취소

⑤ 보호관찰의 중지와 그 해제

⑥ 가석방 중인 자에 대한 부정기형 종료

⑦ 기타 ① 내지 ⑥에 관련된 사항 등을 심사·판단하는 일을 하고 있다.

---

25) 이태언 외, 2012: 83면; 오영근 외, 2013: 252면

26) 보호관찰심사위원회의 직제는 보호관찰 등에 관한 법률 제5조 제2항과 제13조의 규정에 의하여, 보호관찰심사위원회의 설치 및 조직에 관한 필요한 사항을 정하기 위하여 1989년 5월 26일에 대통령령 제12조 714호로 공포되었는데, 전문 8조와 부칙 2개로 구성되어 있다.

27) 보호관찰심사위원회의 직제에 규정된 5개와 심사위원회의 명칭과 위치 및 관할구역은 다음과 같다.
서울보호관찰심사위원회 서울특별시 서울특별시, 인천광역시, 경기도, 강원도
부산보호관찰심사위원회 부산광역시 부산광역시, 경상남도
대구보호관찰심사위원회 대구광역시 대구광역시, 경상북도
광주보호관찰심사위원회 광주광역시 광주광역시, 전라남도, 전라북도, 제주도
대전보호관찰심사위원회 대전광역시 대전광역시, 충청남도, 충청북도

2. 보호관찰심사위원회의 조직

심사위원회는 위원장을 포함하여 5명 이상 9명 이하의 위원으로 구성하는데(법 제7조 ①항), 그중 3명 이내의 상임위원을 두게 되어 있다.

위원장은 고등검찰청의 검사장 또는 고등검찰청 소속 검사 중에서 법무부장관이 임명하고, 심사위원은 판사, 검사, 변호사, 보호관찰소장, 지방교정청장, 교도소장, 소년원장 및 보호관찰에 관한 지식과 경험이 있는 자 중에서 임명 또는 위촉하게 되어 있다(법 제7조).

위원회의 업무는 상임위원 등에 의해 기초되어서 전체 위원회에 회부되어 확정되고, 또 확정된 내용은 상임위원 등에 의해 집행될 것이기 때문에 심사위원회의 운영은 이들 상임위원들에 의해서 이루어지게 된다.

그래서 보호관찰시행령[28]은 제3조에서 상임위원의 자격에 관하여 상세히 규정하고 있다.[29] 상임위원회에는 위원장과 심사위원 외에도 간사 1인, 서기 1인, 고용직 1인 등의 직원을 두도록 하고 있다.

3. 보호관찰심사위원회의 임무

심사회의를 함에 있어 상임위원이나 간사는 심사예정안건 요지를 사전에 위원장에게 보고하여 회의 5일 전까지 내용을 확정하고 사건별 심사관계자료의 사본을 특별한 일이 없는 한 회의 2일 전까지 작성원에게 배부해야 하며, 필요한 때는 심사대상자 기타 관계인을 위원장에게 보고한 후 사전에 소환하는 조치를 취할 수 있다(심사위원회 운영세칙안 제10조).

---

28) 보호관찰 등에 관한 법률 시행령은 전문 37개조와 부칙 2개조로 되어 있는데, 1989년 6월 23일 대통령령 제12736호로 공포된 후 2012년 1월 6일 제11차에 걸친 개정으로 현재 시행되고 있다.

29) 심사위원회의 고위공무원단에 속하는 별정직 공무원인 상임위원은 다음에 해당하는 자로 보호관찰에 관한 지식과 경험이 풍부한 자 중에서 임명한다. ① 판사, 검사 또는 변호사의 직에 5년 이상 재직한 자, ② 대학에서 형사정책학・행형학・범죄학・사회사업학・교육학・심리학 기타 보호관찰에 필요한 전문분야를 담당하고, 조교수 이상의 직에 5년 이상 재직한 자, ③ 교원자격증 소지자로서 교원으로 15년 이상 재직한 자, ④ 4급 이상의 교정직・보도직・보호관찰직・검찰사무직 또는 법원사무직 국가공무원으로 3년 이상 재직한 자, ⑤ 한국법무보호복지공단의 3급 이상 직원으로 5년 이상 재직한 자로 하고 있으며, 4급 상당의 상임위원의 경우, ①, ②의 경우는 재직기간 제한 없이 자격만 있으면 족하고, ③의 경우는 10년, ④의 경우 5급직에 5년 이상 재직한 자, ⑤의 경우는 4급직에 5년 이상 재직한 자를 하고 있다(시행령 제3조).

1) 업무

교도소 등 교정시설에 구금되어 있는 범죄인들의 회생을 돕기 위해 형기가 끝나기 전에 풀어주어 사회복귀의 기회를 주는 법으로써 징역 또는 금고형의 수감자에 대한 가석방, 피보호감호자에 대한 가출소, 피치료감호자에 대한 가종료가 있다.

가석방은 범죄인에 대한 갱생보호의 방법으로써 시설 안의 대우에서 사회 안의 대우로 이행이지만 1989년 7월 1일 이후 소년 가석방자, 가출소자에 대한 보호관찰을 거르고 보면 성인 가석방자에 대한 구체적인 대우가 시행되지 않았다.

그러나 개정 형법(법률 제5057호, 1995. 12. 29.)에 의거하여 1997년 1월 1일부터 가석방자에 대해 보호관찰이 필요할 경우 처분하도록 명령하여 성인범에 대한 보호관찰을 확대・실시하기에 이르렀다.

2) 수형자 가석방

(1) 가석방 절차 등

1989년 7월 1일부터 실시된 보호관찰법(1995. 1. 5. 보호관찰 등에 관한 법률로 이름 변경)을 만듦으로써 성인수감자와 소년수감자의 가석방은 그 경로를 다르게 만들었는데, 소년수감자는 보호관찰심사위원회에서, 성인수감자는 가석방심사위원회에서 따로 검사를 해서 법무부장관의 허락를 받아 시행한다.

가석방은 매월 1회 실시하며, 그 실시 시기에 따라 정기가석방과 기념일가석방(삼일절, 석가탄신일, 광복절, 교정의 날, 성탄절)으로 구분된다.

가석방 기간 안에 재범을 저질러 금고 이상의 형을 선고 받아 그 판결이 확정되면 효력을 잃고, 가석방 기간일 때 규범사항을 어기고 그 경중이 무거울 경우에는 가석방이 취소되어 재수감된다.

가석방이 실효 또는 취소되지 않고 가석방 기간을 경과하면 형의 집행을 종료한 것으로 본다.

(2) 가석방 운영 현황

1998년 1월 1일 성인수감자 형 집행률 완화 등 확대(1998. 1. 1. 가석방 확대지침)에 따라 특정 제외사범을 제한사범으로 완화하고 형 집행률을 10%까지 낮추는 등 가석방 조건을 크게 완화한 결과 매해 허가율이 높아져서 2005년도에는 11,093명의 신청인원 중 10,206명(허가 비율 92.0%)이 허가받았다.

그러나 2006년도 이후 아동 및 여성을 대상으로 강력사건이 급증함에 따라 국민의 불안감이 증폭되자 보다 엄정한 형 집행과 가석방의 제한을 요구하는 사회적 분위기에 발맞추어 가석방 신청 및 허가인원이 감소하고 있음을 알 수 있다(범죄백서, 2015).

3) 소년수형자 가석방

소년수형자가 무기형의 경우 5년, 15년의 유기형의 경우 3년, 부정기형의 경우 단기의 3분의 1을 경과하면 가석방을 허가할 수 있다.

가석방의 경로는 소년수감자를 구금하고 있는 교도소, 구치소 및 소년교도소의 장이 수형기간을 지난 소년수감자를 대상으로 보호관찰심사위원회에 알리고, 보호관찰심사위원회에서는 수용시설의 장의 신청 또는 직권으로 수형소년의 성격, 교정결과, 생활자세 등 모든 사정을 고려하여 가석방의 적절성을 판단하여 가석방이 적절한 것으로 판단했을 때 법무부장관의 허락를 받아 가석방을 시행한다.

특별히 부정기형으로 가석방된 수형소년에 대해서는 보호관찰이 시행되며, 가석방된 후 재범 등으로 인해 그 판결이 무효됨이 없이 가석방 이전에 형을 받은 기간과 같은 기간이 지나면 남은 형의 집행을 끝낸 것으로 여기고 있으나, 가석방된 후 부정기형의 단기가 지나고 보호관찰성적이 준수한 때에는 보호관찰심사위원회에서 위 기간이 지나기 이전이라도 남은 형의 집행을 끝낸 것으로 가결할 수 있다.

Ⅸ. 법무보호복지공단

1. 갱생보호의 개념

보호복지의 주요내용인 갱생보호[30](更生保護, after-care)란 형사처분을 받은 자에 대한 교정사업의 최종 단계로서 형사처분이나 보호처분을 받은 자에게 정신적·물질적으로 원조를 함으로써 사회의 일원으로 복귀할 수 있는 기반을 조성하여 범죄인의 재범을 방지하고 사회적응을 돕는 보호활동을 말하는 것이다.

넓은 의미의 갱생보호는 범죄인의 사회복귀를 촉진하기 위한 공공적인 활동 일체를 말하는데, 이에는 출소자의 보호와 같은 비권력적이고 임의적인 보호, 즉 좁은 의미의 갱생보호를 포함하여 보호관찰과 같이 국가가 권력적이고 강제적으로 행하는 유권적인 보호를 말한다.

그러나 좁은 의미 내지 보통 말하는 갱생보호는 범죄인의 사회복귀를 촉진하기 위한 공공적인 활동 가운데서 권력적인 부분을 제외한 비권력적인 부분만을 말한다.

이들에 대한 중간처우적인 보호적 역할을 함으로써 그간의 사회변화를 경험하게 하여 형편에 맞는 계획을 세워 생활에 적응할 수 있도록 지도, 원호함으로써 정상적인 사회복귀를 도울 필요가 있다. 또 수용시설에서 출소한들 기쁨은 잠깐이고 전과자로 낙인이 찍혀 사회생활을 함에 있어서도 과거의 행적이 문제되어, 사회의 일원으로 받아들여지지 않는 경우가 많아 사회적응을 위한 그들의 노력이 결실을 맺기가 어렵다.

이 때문에 출소자들은 열등감과 소외감을 느껴 사회에서는 용납될 수 없는 낙오자로 생각하고, 사회적응을 포기하는 단계에 이르는 경우도 적지 않다. 또한 주변에는 과거의 비행동료나 교정시설에서 사귄 동료들이 모여 유혹의 손길이 뻗치는 수도 있어 이래저래 자립갱생을 위한 노력에 어려움을 많이

---

30) 1995년 출소자 사후관리법률을 통합하여 상호역할 분담 및 협조체제 강화를 통해 출소자 사후관리 업무의 효율적인 추진을 도모하고자 갱생보호법과 보호관찰법이 보호관찰 등에 관한 법률(법률 제4933호)로 통합 제정·공포되면서 한국갱생보호공단이 설립되었다. 2009년에 현재의 명칭으로 변경되었다.

겪게 된다.

이와 같은 이유로 출소자들에게 적절한 사회적 원조가 필요하고 그들을 정상적인 사회인으로 복귀하도록 국가적 공적인 배려가 필요한 것인데, 교정시설과 사회를 잇는 다리와 같은 이러한 역할을 감당하는 갱생보호제도가 필요한 이유인 것이다. 이것은 형사정책적으로 재범을 막는 데 있어서도 중요한 역할을 하게 된다.

교도소나 소년원 등에 교정처우를 받고 출소한 경우 그대로 두면 재범을 할 우려가 크기 때문에 after-care로서의 갱생보호가 꼭 필요하며, 범죄대책들 중에서 갱생보호는 가장 중요한 내용의 하나라고 볼 수 있다[31]

이러한 갱생보호[32]의 발달은 범죄로부터 사회를 보호하기 위해 합리적인 대책을 수립하려는 국가적인 노력은 현대 형사법학이 담당해야 할 중요한 당면과제가 아닐 수 없다.

범죄는 인류의 사회생활 시작과 동시에 존재했는데, 현대에 와서는 과학문명의 발달로 인해 고도의 산업사회가 되면서, 질적으로는 조폭화, 집단화 내지 기동화되고, 양적으로는 세계 각국이 과잉 구금현상을 빚을 정도로 증가일로로 치닫고 있다.

범죄에 대한 방갈 수단으로는 전통적인 형벌제도인 자유형 중심의 응보적 요소가 강한 시설내수용제도인데, 이는 위하력이 감퇴되어 범죄 방지 내지 범인의 교정에 효과가 떨어지고 있다. 각국은 보다 효율적·합리적인 대책을 마련하기 위한 노력의 일환으로 18세기 이후에는 유럽 각국을 중심으로 보안처분제도(measure of security, Sicherungsmassnahme)가 연구되어 시행되었고, 19세기 중엽부터는 미국에서 보호관찰제도(Probation)가 입법화되어 각국에서 시행되었다.

---

31) 박재윤, 범죄대책의 올바른 방향, 갱생보호 창간호(96년 9. 9).

32) 1995년 출소자 사후관리법률을 통합하여 상호역할 분담 및 협조체제 강화를 통해 출소자 사후관리 업무의 효율적인 추진을 도모하고자 갱생보호법과 보호관찰법이 보호관찰 등에 관한 법률(법률 제4933호)로 통합 제정·공포되면서 한국갱생보호공단이 설립되었다. 2009년에 현재의 명칭으로 변경되었다.

2. 갱생보호의 조직

갱생보호사업은 보호관찰 등에 관한 법률에 의거해 설치된 한국법무보호복지공단(갱생보호회가 1995년 6월 1일 한국갱생보호공단으로, 한국갱생보호공단이 2009년 3월 27일 한국법무보호복지공단으로 이름 변경)과 법무부장관의 허락을 받은 민간 갱생보호법인이 법무부의 지시·감찰 하에 영업을 관리·시행하고 있다.

공단은 서울에 주재하고 있는 본부 외에도 전국 14개 지부와 1개 센터 및 7개의 지소가 있고, 각 기관마다 갱생보호 영역에서 일하는 법사랑위원 및 공단 소속의 보호위원이 갱생보호 일을 함께 하고 있다.

이러한 한국법무보호복지공단은(Korea Rehabilitation Agency)[33] 출소자의 건전한 사회복귀 촉진과 효율적인 범죄예방활동을 통한 사회보호와 공공복지 증진을 위해 만들어진 특수법인체이다(이태언 외 공저, 229).

한국법무보호복지공단은 1961년 갱생보호법에 의거해 만들어진 중앙갱생보호지도회와 8개 지방갱생보호회를 뿌리로 두고 있다.

1963년 갱생보호회와 지부가 설립되었고, 1995년 출소자 사후관리법률을 통합하여 상호역할 분담 및 협조체제 강화를 통해 출소자 사후관리 업무의 효율적인 추진을 도모하고자 갱생보호법과 보호관찰법이 보호관찰 등에 관한 법률(법률 제4933호)로 통합 제정·공포되면서 한국갱생보호공단이 설립되었다. 2009년에 현재의 명칭으로 변경되었다.

한국법무보호복지공단은 본부에 주거지원사업단, 보호기획팀, 행정지원팀을 두고 있으며, 14개의 지역 지부와 여성지원센터를 운영하고 있다. 서울특별시 양천구 목동남로 93에 위치하고 있다.

조직체계를 살펴보면 갱생보호공단에는 이사장 1인을 포함한 10인 이내의 이사와 감사 1인을 두고 있는데, 이사장은 법무부장관이 임명하고 임기는 2년인데, 연임할 수 있다. 이사는 갱생보호사업에 열성이 있고 학식과 덕망이 있는 자 중에서 이사장의 제청에 의해 법무부장관이 임명 또는 위촉하며 임기는 3년으로 연임할 수 있다.

그러나 공무원인 이사의 임기는 그 직책에 있는 동안에 하며, 감사는 이사장

---

33) www.koreha.or.kr

의 제청으로 법무부장관이 임명하고 임기는 2년인데, 연임할 수 있다.

갱생보호의 대상자 및 절차는 다음과 같다.

(1) 대상자

종래에는 갱생보호의 대상자를 법 제3조에서

① 징역 또는 금고형의 집행이 종료되거나 그 형의 집행이 면제된 자,

② 가석방된 자,

③ 형의 집형유예를 받은 자,

④ 기소유예처분을 받은 자,

⑤ 소년법 규정에 의한 보호처분을 받은 자,

⑥ 소년원법 규정에 의해 퇴원 또는 임시퇴원된 자,

⑦ 사회보장법에 의한 보호감호 또는 치료감호의 집행이 종료되거나 가출옥 또는 치료위탁된 자 등이었다.

그러나 보호관찰 등에 관한 법률에 갱생보호법이 흡수 통합된 뒤에는 갱생보호의 대상자를 "형사처분 또는 보호처분을 받은 자로서 자립갱생을 위한 숙식 제공, 여비 지급, 생업도구, 생업조성물품의 지급 또는 대여, 직업훈련 및 취업알선 등 보호의 필요성이 인정된 자"라고 함으로써 과거에는 7가지 경우로 제한을 하였으나, 제한규정을 두지 않아 대상의 범위를 확대하였다.

3. 법무보호복지공단의 임무

갱생보호의 하는 일과 방법 및 개시에 대하여 간단히 설명하고자 한다.

갱생보호는 크게

① 숙식 제공 및 생계보조금 지급

② 직업훈련 및 창업지원

③ 취업 알선 및 기타 자립 지원

④ 의탁알선 및 호적취적 및 주민등록 재등록

⑤ 긴급원호 및 의료시혜

⑥ 주거지원, 재사회화교육, 멘토링 및 사후관리 등과 보호에 부수하는 선행지도 등으로 되어 있다.

1) 숙식 제공

의탁할 곳이 없는 출소자에게 전국 지부, 센터, 지소에서 관리하는 기숙사에서 원만한 사회복귀를 도우려고 최대 2년 동안 먹을 것과 입을 것을 주며, 취업활동으로 생기는 돈에 대한 적금 등을 권장하고, 사회 재진입에 도움이 되는 재사회화 교육을 시행하여 일찍이 독립할 수 있도록 돕는 활동이다.

2) 직업훈련 및 창업지원

기술이 없어 취업에 애로가 있거나 새로운 기술을 배우고자 하는 출소자에게 전문학원 등에 위탁교육을 실시하여 자격증을 취득시켜 직업을 갖고 안정된 생활을 할 수 있도록 지원하는 프로그램이다. 직업훈련 교육 후 자격증을 취득하였거나 특정 직종 취업으로 숙련기술을 습득한 자 중 창업을 희망하는 출소자에게 소자본 창업에 필요한 창업 임대보증금을 휴면예금관리재단(미소금융중앙재단)과의 업무협약을 통해 지원하는 프로그램이다.

3) 취업 알선 및 기타 자립지원

취업처를 구하지 못한 출소자에게 취업 관련 기관이나 기업을 경영하는 범죄예방위원, 직능별 후원회원, 기타 독지가와 연계하여 취업을 지원하는 프로그램이다.

※ 출소자 창업 점포 임차보증금 등 지원(1인당 최대 5,000만 원)

4) 의탁알선 및 호적취적 및 주민등록 재등록

기타 자립지원으로는 의탁알선, 호적취적 및 주민등록 재등록, 의료시혜, 생계보조금 지급, 합동결혼식 거행 등 대상자가 자립에 필요한 사항을 지원한다.

5) 긴급원호 및 의료시혜

긴급원호는 출소 뒤에 질환, 부상, 생활에 고통을 겪고 있는 해당자에게 원만한 사회생활을 도울 수 있도록 병원비, 생활비, 식비, 주거비 등 원조를 후원하는 프로그램이다.

6) 주거지원, 재사회화교육 및 멘토링, 사후관리 등

주거지원으로는 출소로 해체된 가정기능 복원을 위해 부양가족이 있는 출소자에게 국토해양부・한국토지주택공사와 업무협약을 체결하여 임대주택을 저렴하게 지원하는 프로그램이다.

재사회화교육으로는 구금생활로 인하여 변화된 사회에 적응이 어려운 대상자들에게 체험학습, 인지역량 강화, 대인관계 능력 증진, 집단 상담치료 등 재교육을 실시하고, 멘토링 및 사후관리로는 숙식 제공, 직업훈련, 주거지원 대상자에 대하여, 보호・진로・교육・상담・생활지도 등의 멘토링 및 사후관리를 실시하며, 이 기간 동안 면접・통신・방문 기타 적절한 방법으로 대상자의 선행을 지도・장려하고 가정・주거・교육 등 환경을 조정・개선하도록 지도한다.

04

CHAPTER

소년보호절차

제1절 보호처분심판의 대상소년
제2절 수사기관 등에서의 처리절차
제3절 보호사건의 조사
제4절 법원의 심리절차
제5절 보호처분

제1절 보호처분심판의 대상소년

1. 개요

소년법 2조는 19세 미만인 자를 소년법상의 소년으로 규정하고, 4조 1항은 죄를 범한 소년, 형벌 법령에 저촉되는 행위를 한 10세 이상 14세 미만인 소년, 10세 이상의 우범소년을 소년부의 심리대상으로 규정하여 10세 이상 19세 미만인 범죄소년, 촉범소년, 우범소년을 소년법의 적용대상으로 하고 있다.[1)]

한편 소년심판규칙 42조 1항은 심리 중에 소년이 10세 미만인 것이 밝혀진 경우에는 심리개시결정을 취소하고 심리불개시결정을 하여야 한다고 규정하고, 소년법 38조 2항은 범죄소년, 촉법소년에 대한 보호처분 계속 중 본인이 행위 당시 10세 미만으로 밝혀진 경우에는 보호처분을 취소하여야 한다고 규정하고 있으며, 소년법 38조 1항은 보호처분의 계속 중 사건본인이 처분 당시 19세 이상인 것으로 밝혀진 경우에는 보호처분을 취소하여야 한다고 규정하고 있으므로, 소년심판의 대상은 소년보호사건으로 심리하기로 하는 심리개시결정 이후 보호처분의 결정 시까지 10세 이상 19세 미만의 자이어야 한다.

개정 소년법(2007. 12. 21. 법률 제8722호로 개정되어 2008. 6. 22.부터 시행)은 소년법 대상소년들의 연령을 12세 이상 20세 미만에서 10세 이상 19세 미만으로 하향 조정하였다.

소년법의 적용 상한 연령을 19세 미만으로 낮춘 것은 청소년의 성숙 정도, 청소년 보호법 등 다른 법률과의 통일성, 19세는 대학생인 점 등을 고려한 것이고, 촉법소년 및 우범소년의 하한 연령을 낮춘 것은 범죄를 저지르는 소년의 연령이 낮아지는 추세에 있는 점, 그 범행의 내용도 사회적으로 문제가 되는 경우가 적지 아니한 점 등을 고려한 것이다. 현재 우리나라의 교육제도상 10세가 초등학교 4학년 정도이므로 10세 미만의 초등학생인 소년에 대한 보호는 사법작용보다는 교육적 기능에 맡기는 것이 효과적으로 보인다.

다만, 18세 이상의 소년에 대하여는 소년법이 예상하는 교육적 기능이 대단

---

1) 법원실무제요, 소년, 법원행정처, 2014, 3-.

히 제한적이라고 할 것이며, 비록 입법취지는 조금씩 다르지만 아동복지법 3조, 근로기준법 64조 이하에서는 18세를 기준으로 그 적용대상을 구분하고 있는 점, 18세 이상인 자의 범행은 성인범죄와 마찬가지로 흉포화, 전문화되어 있어 이들에 대한 보호처분은 조심스러울 뿐 아니라 성장기의 충동적 비행에 대한 교육 및 복지수단의 성격을 가진 보호처분을 실시하기에는 부적당한 점 등을 종합하여 볼 때 이들에 대한 소년부송치결정은 보다 신중을 기할 필요가 있다.

따라서 소년부송치결정 시에는 되도록 18세 미만의 자를 우선적으로 고려하고, 그 이상의 소년에 대하여는 비행의 성질과 내용, 소년의 특질 등에 비추어 특별히 보호처분의 대상으로 함이 적당하다고 판단되는 경우에 한하며, 소년부 판사의 처분결정 시에도 이러한 점들을 고려할 필요가 있다.

소년법상의 소년은 민법상의 성년의 개념과는 다르므로 19세 미만자가 혼인하였다고 하여(민 826조의2 참조) 심판대상에서 제외되는 것은 아니다.

또 대상자가 19세 미만이라는 것은 심판의 조건이므로 그 상태는 심판종료시까지 계속되어야 한다. 따라서 19세 미만을 판단하는 기준시점은 비행의 행위시가 아니라 심판의 결정시이다.

사건의 접수단계에서 이미 19세 이상임이 밝혀진 경우에는 법원이 송치한 사건이라면 이를 그대로 접수할 것이지만, 검사 또는 경찰서장이 송치하거나 보호자, 학교 또는 사회복리시설의 장이 통고한 사건이라면 이를 주의시켜 송치 또는 통고의 철회를 요구하되 이에 불응하는 경우에는 이를 그대로 접수할 수밖에 없다.

접수 후 조사·심리단계에서 소년이 19세 이상임이 밝혀진 경우에는 법원이 송치한 사건이라면 결정으로 송치한 법원에 사건을 다시 이송하고(법 51조), 법원송치 외의 사건이라면 역시 결정으로 사건을 관할 지방법원에 대응하는 검찰청 검사에게 송치하여야 한다(법 7조 2항, 규칙 8조).

보호처분의 계속 중 소년이 처분 당시 19세 이상인 것이 밝혀진 경우 소년부 판사는 결정으로 그 보호처분을 취소한 다음 위와 같은 조치를 취하여야 한다(법 38조 1항 1호, 2호).

항고 중에 대상소년이 19세에 달한 경우, 항고심은 사후심으로서 원결정시를 기준으로 판단하는 것이므로, 원결정시 소년인 이상 이들이 대상소년으로 되는 데에는 아무런 문제가 없다.

그러나 원결정이 취소되고 사건이 환송 또는 이송된 때에는 환송 또는 이송받은 소년부로서는 이미 대상소년이 19세 이상이 되었으므로 이에 대한 심판권을 가지지 못한다.

연령의 판단은 원칙적으로 기본증명서에 의하여 확인할 것이지만, 기본증명서가 없거나 외국인의 경우 등은 생모의 진술 또는 의사의 출산증명서 그 밖의 자료에 의하여 연령을 인정할 수 있다.

2. 대상소년의 종류

1) 범죄소년

(1) 개요

범죄소년이란 법률상의 죄를 범한 소년(법 4조 1항 1호)이다. 범죄의 종류는 한정되지 않으며, 형법은 물론, 도로교통법, 폭력행위 등 처벌에 관한 법률 유해화학물질 관리법 등 특별법에 저촉되는 경우도 모두 포함한다.

범죄가 성립하기 위해서는 구성요건 해당성, 위법성, 책임성의 요건을 충족하여야 하고, 형벌을 부과하기 위해서는 다시 소송조건을 구비하여야 하며, 처벌조각사유도 존재하지 않아야 한다.

유책성에 관한 논의는 다음 항에서 보지만, 형사미성년자(14세 미만, 형 9조)는 촉법소년으로 별도로 정하여져 있다. 구성요건 해당성, 위법성 충족의 필요성에 관하여는 이론이 없다.

소년이 구성요건에 해당하는 행위를 하여도 정당방위 등 위법성 조각사유(형 20조부터 24조)가 있으면 범죄소년에는 해당하지 않는다.

그러나 소송조건(친고죄에 있어서의 고소 등)이 흠결된다든지, 형의 감면사유(형 10조 2항, 11조, 25조 2항, 26조, 27조, 52조 등)나 처벌조각사유(친족상도례의 근친자, 형328조 1항)가 있는 것만으로 범죄는 성립하고 있으므로 범죄소년으로서 심리의 대상으로 된다.

다만, 소송조건, 처벌조각사유의 취지(예컨대, 친고죄에서 피해자의 심정보호 등)

를 고려하여 조사·심리·처분결정 등을 하여야 할 것이다.

(2) 유책성의 필요 여부

소년이 심신미약(형 10조 2항)으로 책임능력이 제한된 경우에도 심리의 대상은 되고, 그 요소는 보호의 필요성을 판단할 때 실질적으로 고려된다. 그러나 소년이 심신상실(같은 조 1항)로 책임능력이 없는 경우에도 심리의 대상으로 되는가에 관하여는 견해의 대립이 있다.

유책성 필요설은

① '죄를 범한'의 문언은 책임을 포함한 범죄성립요건을 요구하고 있다고 해석되는 점

② 보호처분도 소년의 자유를 제한하고, 불명예가 되는 불이익을 주기 때문에 그 정당화 근거로서 비난가능성이 요구되는 점

③ 유책한 행위가 아니면 소년의 인격을 충분히 나타내고 있다고는 할 수 없는 경우가 있는 점

④ 책임이 없는 자에게는 심리에서 반성·이해를 얻는 것도 곤란한 점 등을 이유로 한다.

유책성 불요설은

① 보호처분은 소년을 보호할 필요성에 기초한 보호·교육적 처분이고 비행에 대한 비난, 제재가 아닌 점

② 촉법소년, 우범소년에게 보호처분을 허용하는 이상 범죄소년에 관해서만 보호처분이 주는 불이익을 강조하여 책임을 요건으로 하는 것은 일관성이 없는 점 등을 들고 있다.

그 밖에 촉법소년, 우범소년에게도 공통된 것으로서 행위의 시비변별능력 정도의 실질적 책임능력이 필요하다는 설, 보호처분 적응능력으로서의 실질적 책임이 필요하다고 하는 설 등 중간적 견해도 있다.

소년보호절차는 소년의 건전한 육성과 보호·교육을 위하여 소년의 갱생에 가장 적합한 처우를 하기 위한 것인데, 유책성이 없는 소년이더라도 심리의

대상으로 하여 보호처분을 하여야 할 경우도 있을 것이므로 유책성 불요설이 타당하다.

2) 촉법소년

(1) 의의

촉법소년이란 형벌 법령에 저촉되는 행위를 한 10세 이상 14세 미만의 소년을 말한다(법 4조 1항 2호). 10세 이상 14세 미만으로 형벌 법령에 저촉되는 행위를 한 소년은 형사미성년으로 그의 행위는 벌하지 않기 때문에(형 9조) 범죄소년과 구별하여 촉법소년으로 규정한 것이다. 형사책임능력을 결한 점에서 범죄소년과 구별되지만 그 밖의 요건은 범죄소년의 경우와 같다.

(2) 촉법소년과 특별법

형벌 법규 중에는 형사책임능력에 관한 형법 9조를 배제하는 규정이 있는 특별법(예컨데, 담배사업법 31조 등)이 있는바, 10세 이상 14세 미만의 소년이 이러한 법규를 위반한 경우 이를 범죄소년으로 볼 것인가 촉법소년으로 볼것인가가 문제된다.

특별법의 취지를 중시하여 이를 범죄소년이라고 보는 견해와 소년법을 일반 형사법에 대한 특별법으로 보아 소년법을 우선하여 이를 촉법소년이라고 보는 견해가 대립되어 있다. 위 특별법의 취지는 그 단속목적을 위하여 가벼운 벌금형에 한하여 이를 형사미성년자에게도 부과하려는 것에 불과하다고 할 것이므로, 특별법 위반 소년을 일반 범죄소년과 동일하게 보기는 어렵다.

따라서 후설이 타당하다. 특별법규에 위반한 소년을 범죄소년으로 보느냐 촉법소년으로 보느냐를 논의할 실익은 사건을 경찰서장이 직접 소년부로 송치할 수 있느냐의 여부에 있다(법 4조 2항).

(3) 연령의 판단기준 시점

10세 이상 14세 미만의 판단기준시점은 행위이다. 개정 전 소년법(2007. 12. 21. 법률 제8722호로 개정되기 전의 것) 4조 1항 1호는 죄를 범한 소년을 범죄소년으로, 2호는 형벌 법령에 저촉되는 행위를 한 12세 이상 14세 미만의 소년을 촉법소년으로 규정하는 한편, 38조 2항에서 '보호처분의 계속 중 본인이 처분 당시 12세 미만인 것이 판명된 경우에는 소년부 판사는 결정으로 그 보호처분을 취소하여야 한다'고 규정하여, 12세 이상 14세 미만의 판단기준시점에 관하여, 12세 이상이라는 것은 처분의 대상자 문제에 불과한데 대하여 14세 미만이라는 것은 형사책임능력의 문제라는 이유로 12세 이상의 기준시점은 처분시, 14세 미만의 기준시점은 행위시라고 해석하였다.

그런데 개정 소년법 38조 2항은 '보호처분의 계속 중 사건본인이 행위 당시 10세 미만으로 밝혀진 경우에는 소년부 판사는 결정으로써 그 보호처분을 취소하여야 한다'고 규정하여 촉법소년 연령의 하한과 상한의 판단기준시점을 행위시로 통일하였다.

행위시 10세 미만의 소년에 대하여는 심리조건이 구비되어 있지 않으므로 심리개시가 있기 전이라면 소년부 판사는 심리불개시결정을 하여야 하고(법 19조 1항), 심리 중에 그것이 판명된 경우라면 심리개시결정을 취소하고 심리불개시결정을 하여야 한다(규칙 42조 1항). 또 보호처분을 한 후에 보호처분이 계속 중인 소년이 그 행위 당시 10세 미만임이 판명된 경우에는 그 보호처분을 취소하고 심리불개시결정을 하여야 한다(같은 조 2항).

3) 우범소년

(1) 개요

우범소년이란 객관적으로 일정한 우범사유(법 4조 1항 3호 가목 내지 다목)가 있고, 그의 성격이나 환경에 비추어 앞으로 형벌 법령에 저촉되는 행위를 할 우려(우범성)가 있는 10세 이상인 소년을 말한다(법 4조 1항 3호).

우범소년의 경우, 보호처분 시 10세 이상 19세 미만이어야 한다.

(2) 우범소년의 취급

소년재판절차에서는 범죄소년만을 취급하고, 우범소년은 복지·행정직 절차에서만 취급하는 법제와 범죄소년과 함께 우범소년도 일괄적으로 같이 취급하는 법제가 있다.

구 소년법(2007. 12. 21. 법률 제 8722호로 개정되기 전의 것)의 개정과정에서 우범소년 규정을 존치할 것인가에 대하여 폐지론과 존치론이 엇갈렸다.

폐지론은,

① 비행이나 범죄의 위험성이 있다고 하여 형사제재의 일종인 보호처분을 과하는 것은 과잉금지원칙에 반하고,

② 우범소년에 대해서는 형사제재로서의 보호처분이 아닌 복지적 처분을 해야 한다는 것 등을 근거로 제시하였다.

존치론은,

① 소년법은 범죄나 비행을 예방하는 기능도 수행해야 하는데, 이를 위해서는 범죄나 비행의 위험성이 높은 소년에 대해서도 보호처분을 해야 할 필요가 있고,

② 우범소년에 대한 처우를 규정하고 있는 다른 법률이 없는 상태에서 우범소년 규정을 폐지할 경우에는 이들에 대해 법적으로 개입을 할 수 있는 여지가 모두 사라진다는 것 등을 근거로 제시하였다. 결국 현행소년법은 우범소년 규정을 존치하되 우범사유를 좀 더 구체적으로 규정하였다. 따라서 우리나라에서는 구법 이래 소년심판에서는 범죄소년과 우범소년을 마찬가지로 취급하고 있다.

3. 심리(심판)의 대상소년

1) 비행사실의 심리에서의 위치

소년심판절차에서의 심리의 대상에 대해서는 비행사실만이 심리대상이라는 설, 보호의 필요성만이 심리대상이라는 설, 비행사실과 보호의 필요성 모두를 심리대상으로 보아야 한다는 설이 대립될 수 있다.

소년보호사건의 심리과정은 실체적 진실의 발견 및 인권보장이라는 사법적 기능을 실현하기 위한 사법과정임과 동시에 소년의 보호육성이라는 복지적·교육적 기능을 실현하기 위한 보호과정이라고 할 수 있다.

이러한 사법적 기능과 보호적 기능은 모두 정당하게 평가되고, 서로 조화를 이루면서 작용되어야 할 요소이다.

따라서 실체적 진실의 발견과 인권보장의 사법기능에서 요구되는 비행사실의 확정은 소년보호처분의 결정을 위해 중요한 판단근거로 작용하는 보호의 필요성과 함께 심리의 대상이 된다고 보는 견해가 타당하다.

2) 보호의 필요성과 의의

보호의 필요성은 범죄적 위험성, 교정가능성, 보호상당성을 모두 포함하는 개념이다.

범죄적 위험성이란 현재 소년에게 잠재하고 있는 반사회성이 장래에 드러나 다시 비행할 가능성이 있는 인격의 속성을 말한다(비행반복의 위험성).

소년의 비행이 일회적이고 장래에 다시 비행을 저지를 위험성이 없다고 인정되는 경우에는 보호의 필요성이 없다.

교정가능성이란 성행의 교정 및 환경의 조정을 통하여 비행반복의 개체적·환경적 위험성이 개선될 가능성을 말한다(보호처분의 유효성). 따라서 치료의 가능성이 없는 정신병으로 인하여 비행을 저지른 경우, 범죄성이 너무 강하여 보호처분으로는 재비행을 막을 수 없는 경우, 환경적 요인이 이미 조정되어 비행반복의 위험성이 없어진 경우 등에는 보호의 필요성이 없다.

보호상당성이란 보호처분에 의한 보호가 소년의 건전한 성장을 위한 가장 필요·적절한 수단으로 인정되는 것을 의미한다(보호처분의 상당성·허용성).

따라서 보호처분을 통하여 소년의 비행반복의 위험성이 개선될 가능성이 있는 경우라도, 사회적 위험성, 정의관념, 교정의 효과 등에 비추어 형사처분을 하는 것이 더욱 적절한 것으로 인정되는 경우나 다른 사회복지적 조사가 소년의 성행개선에 더 큰 도움이 될 것으로 판단되는 경우와 같이 보호처분 외의 수단이 보다 적절한 것으로 인정될 경우에는 보호의 필요성이 없다.

3) 소년보호사건의 특징

형사소송절차에서 사건은 피고인(피의자)과 범죄행위에 의하여 특정된다. 소년보호사건에서는 그 기본적 목적이 소년의 책임을 추급하여 제재하는 것이 아니라 가장 적절한 처우를 하여 갱생하게 하는 것이기 때문에 개개의 행위만이 아니고, 비행과 문제행동의 전체를 파악할 필요가 있다.

따라서 사건을 소년(인격)에 의하여 특정하는 입장도 있으나, 소년보호절차에 있어서도 인권의 보장, 절차의 안정성 등이 필요하고, 비행사실도 심판의 대상으로서 보호절차개시 및 보호처분의 요건이라고 할 수 있으므로 소년보호사건도 소년과 비행사실에 의하여 특정된다고 할 수 있다.

4) 불고불리의 원칙

소년에 대한 적정절차의 요청에서 소년보호절차에서도 불고불리의 원칙이 인정되어야 할 것이다. 보호처분의 일사부재리의 범위를 확정하는 의미에서도 이 원칙은 중요하다.

소년보호사건에서 불고불리의 원칙이 소년별로 적용되는 점에는 이론이 없다. 즉, A소년의 사건을 조사·심판하는 과정에서 B소년에 관하여 통고, 송치 등의 수리절차를 거치지 않는 한 조사, 심판의 대상으로 할 수 없다.

한편 비행사실에 관하여 불고불리의 원칙이 적용되는가, 즉 소년보호사건이 이미 계속 중인 소년의 조사·심판의 과정에서 새로운 비행사실(여죄로서의 범죄·촉법사실 혹은 우범사실)을 발견한 경우, 소년부는 통고·송치 등의 수리절차를 거치지 않고, 이 비행사실을 심판의 대상으로 할 수 있는가가 문제된다.

불고불리의 원칙은 소년에 관하여서만 적용되고, 당해 소년에 관하여 소년부에 사건이 계속되어 있는 이상, 새로 발견한 비행사실에 관하여 별도의 수리절차를 거칠 것 없이 당연히 심판의 대상으로 할 수 있다고 해석하는 견해도 있다. 그러나 불고불리의 원칙은 법원의 공정한 판단을 객관적으로 담보하기 위한 원리로서 적정절차를 보장하기 위해서도 소년과 비행사실의 모두에 적용된다고 해석함이 타당하다.

따라서 수리절차를 거치지 않고 새로운 비행사실을 심판의 대상으로 할 수 없다. 다만 미송치 여죄나 미입건 우범을 보호의 필요성의 자료로 고려하는 것은 불고불리의 원칙에 저촉되지 않는다고 해석된다.

제2절 수사기관 등에서의 처리절차

1. 개요

송치란 경찰서장, 검사 또는 법원이 소년사건을 소년부에 보내 보호사건으로 처리하게 하는 행위를 말한다(법 4조 2항, 49조 1항, 50조). 송치는 소년법 4조 1항에서 정한 요건이 갖추어져 있는 이상 이를 수리하여야 한다는 점에서 보호사건으로 심리할 필요성이 있는지를 먼저 검토한 후 수리하는 통고와 다르다.

소년법상 송치기관은 소년법이 정한 요건을 인정하면 마치 모든 사건을 소년부에 송치하여야 하는 것처럼 규정되어 있으나, 실제로는 송치기관이 보호처분의 필요성 여부를 판단할 수 있으므로 소년부 송치 외에 다른 적절한 조치(예컨대, 검사는 불기소 처분 또는 약식명령 청구, 법원은 벌금형, 선고유예 또는 집행유예 등)를 취하는 경우도 많다.

2. 경찰서장의 송치

1) 의의 및 대상

경찰서장은 소년법 4조 1항 2호 및 3호에 해당하는 소년, 즉 촉법소년이나 우범소년이 있을 때에는 직접 관할 소년부에 송치하여야 한다(법 4조 2항).

경찰서장의 송치에 관한 사항은 경찰청훈령인 범죄수사규칙에 자세히 규정되어 있는데, 이에 따르면 촉법소년이나 우범소년에 대하여는 적당한 선도보호조치를 취하되 보호자가 없거나 보호자에게 감호하게 하는 것이 부적당하다고 인정될 때에는 아동복지법에 따른 조치를 취하거나 이를 소년보호사건으로 하여 경찰서장이 직접 관할 소년부에 송치하여야 한다(범죄수사규칙 214조 1항, 3항).

그러나 촉법소년의 행위가 금고 이상의 형에 해당하는 것인 때에는 이를 소년부에 직접 송치하여야 한다(같은 조 2항).

2) 범죄사건이 송치된 경우의 처리

경찰서장이 범죄사건을 검사에게 송치하지 않고 소년보호사건으로 처리하여 소년부로 송치한 경우, 예컨대 촉법소년과 범죄소년이 공범인데 모두 소년부로 송치한 경우 소년부 사건접수 담당자는 범죄소년에 대하여는 사건을 수리하여서는 안 되며, 착오로 수리한 경우에는 소년부가 소년법 7조 1항을 준용하여 결정으로 사건을 관할 지방법원에 대응한 검찰청 검사에게 송치하여야 한다.

3) 절차

경찰서장은 소년보호사건을 송치할 때 송치서에 사건본인의 주거, 성명, 생년월일 및 행위의 개요와 가정상황을 기재하고 기타 참고자료를 첨부하여야 한다(법 5조).

여기서 참고자료란 서류와 증거물 전부를 말하며(규칙 7조 2항), 공범이 있거나 그 밖의 사유로 참고자료를 첨부할 수 없는 경우에는 그중 소년보호사건과 관련되는 부분의 등본을 첨부하여야 한다(같은 조 3항).

4) 불복방법

경찰서장의 소년부 송치에 대하여는 불복방법이 없다. 다만, 소년부는 조사 또는 심리한 결과 금고 이상의 형에 해당하는 범죄사실이 발견된 경우에 그 동기와 죄질이 형사처분의 필요가 있다고 인정하면 결정으로써 사건을 관할 지방법원에 대응한 검찰청 검사에게 송치하여야 한다(법 7조 1항).

3. 검사의 송치

1) 개요

검사는 소년에 대한 피의사건을 수사한 결과 보호처분에 해당하는 사유가 있다고 인정한 때에는 사건을 관할 소년부에 송치하여야 한다(법 49조 1항).

2) 요건

보호처분에 해당하는 사유가 있을 것, 즉 '보호처분 상당성'이 있어야 한다. 보호처분 상당성이 있는 경우란 구체적 사안에 따라서 합목적적으로 판단하여 소년의 건전한 성장을 위하여 형사처분보다는 소년법에 규정된 보호처분을 하는 것이 그 소년에 대한 처우로 적절하다고 인정하는 경우이다. 보호처분을 하는 것이 적절한지 여부는 소년법의 목적과 보호처분의 내용 및 효과, 집행의 실제 등을 고려하여 결정한다.

소년법에 규정된 보호처분을 함으로써 소년을 둘러싼 환경의 조정과 성행의 교정이 가능하고, 또 적절하다고 판단한다면 그 사건은 소년부로 송치함이 상당하다고 볼 수 있다.

'보호처분 상당성'은 보호소년의 성행, 지능, 환경(특히 부모의 보호의지 및 보호능력 등 가정환경), 피해자와의 관계는 물론 학교생활, 교우관계, 나이, 비행·보호 처분경력, 범죄 정상의 경중, 범행 후의 정상, 과형에 의한 폐해·영향, 공범자와의 처우의 균형 등의 요소를 종합하여 판단하여야 하며, 이를 인정하기 위해서는 해당 사건의 형사절차에서 과하여질 것이 예상되는 구체적 형벌(자유형의 실형, 자유형의 집행유예, 벌금형)보다 송치 후 보호절차에서 예상되는 구체적 처분(보호관찰, 소년보호시설 감호위탁, 소년원 송치 등)이 소년의 개선을 위하여 유효할 것, 즉 보호처분의 유효성과 함께 형벌이 아닌 보호처분을 선택하는 것이 피해감정, 사회의 불안·처벌감정·정의관념 등에 비추어 사회적으로 용인·허용될 것, 즉 보호처분의 허용성이 전제되어야 한다.

개개의 소년에게 가장 적절한 처우를 선택하는 문제이기 때문에 형사처분과 보호처분의 어느 쪽이 우선되어야 하는가 하는 추상적 이념으로 정하여서는 안 된다.

3) 절차

검사가 범죄소년을 송치하는 경우에는 송치서에 범죄사실과 적용법조를 명시하여야 한다(규칙 7조 1항). 검사가 사건을 소년부에 송치할 경우에도 송치서와 함께 관계되는 서류와 증거물 전부를 첨부하여야 한다. 다만, 공범이 있거나 그 밖의 사유로 이를 첨부할 수 없을 때에는 송치하는 사건과 관련되는 부분의 등본을 송부하여야 한다(같은 조 2항, 3항).

검사는 소년 피의사건에 대하여 소년부 송치 처분을 결정하기 위하여 필요하다고 인정하면 피의자의 주거지 또는 검찰청 소재지를 관할하는 보호관찰소의 장, 소년분류심사원장 또는 소년원장에게 피의자의 품행, 경력, 생활환경이나 그 밖에 필요한 사항에 관한 조사를 요구할 수 있다(법 49조의2 1항).

4) 불복신청의 가부

검사의 소년부 송치에 대하여는 불복방법이 없다. 다만, 소년부는 검사로부터 송치받은 사건을 조사 또는 심리한 결과 그 동기와 죄질이 금고 이상의 형사처분을 할 필요가 있다고 인정할 때에는 결정으로 이를 당해 검찰청 검사에게 송치할 수 있다(법 49조 2항). 이러한 사건은 검사가 다시 소년부에 송치할 수 없다(같은 조 3항).

4. 법원의 송치

1) 개요

법원은 소년에 대한 피고사건을 심리한 결과 보호처분에 해당할 사유가 있다고 인정한 때에는 결정으로 사건을 관할 소년부에 송치하여야 한다(법 50조). 여기서 법원이란 소송법상 의미의 법원을 말하는 것이고, 법률심이 아닌 사실심, 즉 1심과 2심만을 의미한다.

2) 요건

(1) 사실심리를 거칠 것

소년부 송치는 '피고사건을 심리한 결과', 즉 사실심리를 거친 다음에 하여야 한다. 공소사실의 인정, 보호처분 상당성에 관한 판단은 공판절차에서 조사한 증거에 따라야 한다.

(2) 범죄사실의 인정

공소사실에 관하여 유죄의 심증을 얻을 수 있을 정도로 범죄사실이 인정되어야 한다. 다만, 유죄의 심증을 엄격한 증거법칙을 적용한 후 얻어야 하는 것으로 제한적으로 볼 필요는 없다. 따라서 공소사실에 관하여 임의로 자백할 때에는 보강증거에 다소 부족한 점이 있어도 범죄사실을 인정하여 소년부에 송치할 수 있는 경우도 있다(대법원 1982. 10. 15.자 82모36 결정 참조).

그러나 공소사실을 부인하고 다른 증거도 없어 공소사실에 관하여 유죄의 심증을 얻을 수 없을 때에는, 예컨대 우범사유와 우범성이 인정되는 경우에도 우범소년으로 소년부 송치를 하여서는 안 된다. 일부 공소사실이 유죄로 인정되고, 나머지 공소사실이 유죄로 인정되지 않는 경우에도 결정에서 이와 같은 취지를 명시하고 소년부로 송치하는 것이 바람직하다.

(3) 보호처분 상당성

검사의 송치에서 설명한 바와 같다. 소년에 대한 피고사건을 심리한 법원이 그 결과에 따라 보호처분 사유가 있는지를 인정하는 것은 법관의 자유재량에 의하여 판정할 사항이다(대법원 1991. 1. 25. 선고 90도2693 판결).

3) 재판의 방식

소년부 송치는 결정으로 한다. 항소법원이 소년형사사건의 항소심으로서 사실심리를 행하고, 소년부 송치를 하는 경우 원판결을 파기한 다음 판결로 송치할 것인가(파기설), 파기판결을 하지 않고 단순히 결정으로 송치할 것인가(결정설)가 문제가 된다.

파기설은, 항소심은 원판결의 당부 심사를 하는 것이고(사후심), 원판결을 파기하지 않으면 항소심의 이송결정 후에도 원판결은 여전히 남아 있어서 그 효력의 존부를 둘러싸고 혼란이 생길 수 있으며, 보호처분에 처하여야 할 소년에게 형벌을 과하는 것은 양형부당 또는 그에 준한 파기사유가 될 수 있는 점 등을 근거로 한다.

그러나 문리상 '결정으로써'라고 명기되어 있고, 상급심의 송치결정이 있으면 이것에 반하는 원판결은 실효되었다고 봄이 당연하여 절차상의 혼란도 생길 여지가 없으며, 보호처분에 해당할 사유가 있는지 여부의 판단은 사실심의 재량이고, 항소심이 소년부송치결정을 하는 것은 사실심으로서 한 것으로 볼 수 있으므로 결정설이 타당하다.

4) 구속의 효력

소년부송치결정이 있는 경우에는 소년을 구금하고 있는 시설의 장은 검사의 이송지휘를 받은 때부터 법원 소년부가 있는 시 · 군에서는 24시간 이내에, 기타 시 · 군에서는 48시간 이내에 소년을 소년부에 인도하여야 하고(법 52조 1항 전문), 소년부 판사는 인도된 소년에 대하여 도착한 때로부터 24시간 이내에 소년법 18조 1항의 규정에 따라서 감호에 관한 결정을 하여야 한다(법 18조 2항).

이 경우 구속영장의 효력은 소년부 판사가 소년법 18조 1항의 규정에 따른 소년의 감호에 관한 결정을 한 때에 상실한다(법 52조 1항 후문). 다만, 이러한 인도와 결정은 구속영장의 효력기간 내에 이루어져야 한다(같은 조 2항).

5) 소년부 송치와 보조인

앞서 본 바와 같이 소년부 송치에 따라 변호인이 당연히 보조인이 되는 것은 아니므로 변호인이 보조인이 되기 위해서는 소년부에 보조인선임서를 제출하여야 한다.

6) 소년부 송치결정 이후의 사무처리

소년부 송치결정이 있으면 송치결정 법원은 그 결정 당일 송치서(전산양식 B3522)에 소년부송치결정등본을 첨부하여 관할 소년부로 이를 송부한다.

형사소송기록(공판기록 및 수사기록)과 증거물은 모두 위 송치서에 첨부하여 직접 소년부로 송치할 것이나, 기록 정리가 필요하여 결정 당일 기록을 송치서에 첨부하여 송부할 수 없는 경우에는 늦어도 결정일로부터 14일 내에 추송서(전산양식 B3523)에 의하여 추송하여야 한다[형사사건의 소년부 송치절차 등에 관한 예규(재일 2003-2) 2조 1항, 2항].

또 소송기록은 그 원본을 송부함을 원칙으로 하되, 공동 피고인에 대한 소송이 계속 중이거나 기타 사유로 그 원본을 송부할 수 없는 경우에는 재판장이 지정하는 필요 부분의 등본을 송부한다.

이 경우의 등본 작성 방법에 관하여는 1책 기록에 관하여 수 개의 절차에서 동시에 소송이 계속하게 되는 때의 처리요령(재일 80-3) 2항은 준용한다[형사사건의 소년부 송치절차 등에 관한 예규(재일 2003-2) 3조 1항, 3항].

송치결정 법원과 관할 소년부가 동일 "또는 인근 청사에 위치하지 아니한 경우에는 소년부송치결정을 한 법원은 관할 소년부가 소년법 18조 1항에 규정된 임시조치를 같은 조 2항의 기간 내에 할 수 있도록 하기 위하여 그 결정 당일 모사전송기(팩시밀리)를 이용하여 송치서(전산양식B3522) 및 소년부송치결정 등본(범죄사실 첨부)을 송부한다.

이때에는 전송업무취관으로부터 통보된 전송보고서 또는 출력된 통신관리 보고서를 모사전송한 송치서 등에 첨부한다. 모사전송한 송치서 및 범죄사실이 첨부된 소년부송치결정등본(전성보고서 등 첨부)은 소송 기록을 추송할 때 첨부하여 송부한다(위 예규 2조 3항, 4항).

제3절 보호사건의 조사

소년보호사건의 심판절차는 조사단계와 심리단계로 구분된다.

조사는 주로 소년에 대한 보호의 필요성에 관한 사회적 자료를 수집・분석하는 것으로서 생활환경조사의 기능을 가지고 있음에 비하여, 심리는 조사된 자료를 기초로 하여 비행 및 보호의 필요성의 존부를 판단하고 적절한 보호처분을 결정하는 것으로서 사법적 기능을 가진다.

모든 사건에서 소년에 대한 조사절차를 반드시 거쳐야 하는 것은 아니지만, 심리개시가 예상되는 사건으로서 소년분류심사위원에 위탁되지 아니한 소년에 대하여는 가급적 조사절차를 거치는 것이 바람직하다.

조사절차는 먼저 법원의 조사절차와 법원 외의 조사절차로 나눌 수 있다.

법원의 조사절차에는 고유한 의미의 조사절차라고 할 수 있는 조사관 조사

외에 전문가 진단, 심리상담조사, 시험관찰, 청소년참여법정, 저분 전 교육명령 등이 포함된다.

조사관의 조사는 소년부 판사의 명에 의하여 조사관이 행하는 조사활동으로서, 전문적 지식을 이용하여 소년의 성행을 중심으로 한 사회적 자료를 조사하는 것으로, 임의적 방법에 의한다는 점에서 심리 중에 소년부 판사가 행하는 강제조사와 다르다.

법원 외의 조사절차는 소년분류심사원(청소년비행예방센터)의 상담조사와 보호관찰소의 결정 전 조사 등이 이에 해당한다. 법원 외의 조사절차도 소년부 판사의 명에 의하여 조사절차가 개시된다는 점에서 법원의 조사절차와 공통점이 있지만, 실제로 조사업무를 담당하는 기관이 법원 외부의 기관이라는 점에서 법원의 조사절차와 구별된다.

위와 같은 조사절차에는 조사관 조사, 전문가 진단, 소년분류심사원의 상담조사, 보호관찰소의 결정 전 조사 등과 같이 소년법에 명문의 근거 규정을 두고 있는 것도 있지만, 소년법 9조, 11조, 12조 등의 유추적용 또는 해석론으로서 운용되고 있는 제도들도 있음을 연관 학습해야 한다.

1. 법원 조사관

1) 조사명령

조사관의 조사는 소년부 판사의 조사명령에 의하여 개시되는데 조사명령의 요건 등 자세한 내역은 다음과 같다.

(1) 조사명령의 요건

조사는 소년 개인의 사적 생활에 깊이 관여하는 것이므로, 비행사실의 존부가 불명확한 상태에서 조사를 명하는 것은 적당하지 않다.

따라서 소년부가 사건을 접수한 때에는 조사관에게 조사를 명하기에 앞서 기록을 정사하여 법률적 측면에서 심리조건 및 비행사실의 존부에 관하여 조사하고 심리조건과 비행사실의 존재에 대한 개연성이 인정되면 조사관에게 조사를 명한다.

이러한 기록검토는 소년부 판사가 스스로 행하여야 할 것이지만, 법원사무관 등은 위와 같은 소년부 판사의 기록검토를 보좌하는 의미에서 관할, 소년의 연령 등의 심리조건이나 소년이 비행사실을 부인하고 있는지 여부 등 비행사실 인정상의 문제점의 유무 등에 관하여 사전에 사건기록을 점검하여 그 결과를 소년부 판사에게 보고할 필요가 있다.

소년부 판사가 기록을 검토한 결과 명백하게 심리조건이 흠결되었거나 비행사실이 존재하는 개연성조차 얻을 수 없는 경우에는 조사절차를 거칠 필요 없이 바로 심리불개시결정을 하여야 하는데, 비행사실에 대한 개연성이 인정되더라도 조사의 필요가 없는 사건에서는 조사명령을 하지 않을 수 있다(법 11조 1항).

예컨대, 연령이 19세에 임박하거나 사안의 내용이 중하여 형사처분이 적당하다고 인정되어 이송하여야 할 사건, 사안이 비교적 간단하고 송부된 기록에 의하여 충분히 판단할 수 있는 사건 등에서는 조사명령 없이 바로 처리할 수 있다.

반면 통고된 사건은 수집된 자료가 없는 경우가 많기 때문에 조사를 명하는 것이 필수적이다(같은 조 2항). 송치 시 기록이 함께 송부되어 오지 않은 경우에는 소년부 판사는 절차의 촉진을 위하여 송치서의 내용을 짐작하여 미리 조사를 명하는 것이 보통이다. 조사명령을 하는 시기에는 제한이 없으며, 보통은 심리개시 전에 하지만 경우에 따라서는 심리 도중에도 할 수 있음을 알아두어야 한다.

(2) 조사담당관

조사를 할 조사관은 조사명령에서 개별적으로 지정되는 수도 있지만, 미리 정하여진 법원내부의 사무분담에 의하여 결정되는 것이 보통이다. 소년부 판사는 사건내용에 따라 2인 이상의 조사관의 공동조사를 명할 수도 있다.

소년부 판사는 조사에 관하여서도 궁극적인 권한과 책임을 가지고 있지만, 구체적인 조사의 내용에 대하여는 조사관이 전문가로서 상당 부분 독자적으로 수행할 수 있다.

(3) 조사사항

소년부 판사는 조사관에게 사건본인, 보호자 또는 참고인의 심문이나 그 밖에 필요한 사항을 조사하도록 명할 수 있다(법 11조 1항). 소년부 판사는 조사명령에서 조사의 방침, 조사의 대상자, 조사사항을 구체적으로 정할 수 있지만, 보통은 소년심판규칙 11조 1항 각 호에 정한 사항을 조사하라는 포괄적 조사를 명하고 있다.

조사의 명을 받은 조사관은 조사의 결과를 당연히 보고할 의무가 있으므로(규칙 12조 1항) 조사명령에서도 별도로 보고하라는 내용을 기재할 필요는 없으나, 통상은 보고기간을 정하여(1~2개월 정도) 그때까지 조사를 하여 서면보고할 것을 아울러 기재하는 경우가 많다.

2) 조사의 실시

(1) 조사의 준비

① 조사명령의 접수

조사명령이 발령되면 법원사무관 등은 그 조사명령과 함께 사건기록을 담당조사관에게 인계하고, 각 법원에 따라 내규로 정한 장부에 기록의 인계인수상황을 명확히 하여 둔다.

내규에 의한 장부가 없는 경우에는 소년보호사건처리부[각급법원이 작성 비치할 각종 보조장부의 종류 및 양식에 관한 예규(재일 80-1) 양식번호 13]의 조사관란에 날인을 받아둠으로써 이에 대신할 수 있다.

② 조사계획의 수립

조사관은 조사에 임하기 전에 우선 기록을 검토하여 형식적 요건(예컨대, 연령, 관할권 등)의 존부를 먼저 살펴보고 그것이 구비되어 있으면 조사의 방향, 조사대상자, 조사의 방법 등에 관한 계획을 수립한다.

만일 형식적 요건의 불비를 발견한 경우에는 이를 소년부 판사에게 미리 보고하고 적절한 지시를 받아 처리하도록 한다.

(2) 조사의 대상과 구체적 조사사항

① 조사의 대상

조사는 소년, 보호자 또는 참고인의 심문이나 그 밖에 필요한 사항에 관하여 명하여지는데(법 11조 1항), 조사관이 행하는 조사의 대상은 비행의 인격적, 환경적 요인을 포함하는 소년에 대한 보호의 필요성이다.

소년보호사건에서의 처우는 비행사실과 보호의 필요성에 따라 선택·결정되는데, 보호사건의 성질상 보호의 필요성 유무와 그 정도의 인정 및 판단이 중요한 의미를 가지고, 조사관의 조사결과는 그 보호의 필요성 판단의 가장 중요한 자료가 된다.

② 구체적 조사사항

조사관이 행하는 조사의 대상은 소년에 대한 보호의 필요성 전반이고, 소년에 관하여 그 가정 및 보호자와의 관계, 경력, 교육정도 및 상황, 비행화의 경과, 성행, 사건과의 관계(동기, 경위, 역할, 행동, 사후의 대응 등), 심신의 상황 등 심리 및 처우상 필요한 사항이 조사의 대상이며, 가족 및 관계인의 경력, 교육정도, 성행 및 유전관계 등도 가능한 한 조사대상에 포함된다.

(3) 조사의 방법

조사관에 의한 조사는 모두 임의로 행하여진다. 소년부 판사와 달리 강제력을 수반하는 조사를 할 수는 없다.

조사의 주된 방법으로서는 면접조사(소년·보호자, 사건관계인 등), 조회조사(가족관계등록부조회, 학교조회, 직업조회 등), 환경조사(가정, 학교 등에의 방문, 지역환경조사 등), 각종 검사(심리테스트, 의학적 검사 등), 기록조사(사건기록 조사, 일기장 등에 의한 조사), 그 밖의 소년의 행동관찰 등을 들 수 있다.

이들 조사방법은 구체적 상황에 따라서 상호 병용되고, 복합적으로 활용된다. 이와 같이 조사의 방법으로는 면접, 조회, 검사 등이 있으나 실제로는 면접과 조회가 주된 조사방법으로 사용된다.

① 면접

조사의 가장 일반적인 방법은 소년, 보호자 또는 참고인에 대한 면접조사이다. 면접조사는 조사관이 직접 면접하여 사정 등을 청취하는 조사방법으로 조사관의 전문적 판단을 이끌어내기 위한 정보와 자료를 수집하는 가장 중요한 방법이다.

면접조사는 수사관의 조사와 같은 인상을 주어서는 아니되고 조용하고 편안한 분위기에서 행하여져야 한다. 면접은 조사관이 가정, 학교, 직장을 방문하여 행할 수도 있으나 통상은 조사대상자를 소환하여 조사관실에서 행한다.

② 조회

조사관은 필요한 경우에 공무소나 공사단체에 조회하여 필요한 사항의 조사, 보고 또는 필요한 사건기록이나 서류를 넘겨줄 것을 요구할 수 있다(규칙 11조 2항).

조사관의 조회는 소년부 판사의 조회(법 28조)와는 달리 조사관의 명의로 하는 것이며, 상대방도 반드시 조회에 응할 의무를 지는 것은 아니다. 조회에는 가족관계등록부조회, 학교조회, 직장조회, 전과조회, 주민등록표조회, 소년분류심사원 또는 소년원 등에 대한 조회 등이 있다.

(4) 진술거부권의 고지

조사관이 조사의 단계에서 진술거부권을 고지할 필요가 있는가에 관하여는 다툼이 있다. '소극설'은 조사관의 조사에서 진술거부권을 고지하는 것은 소년과의 심적 교류를 중시하는 신뢰의 분위기를 손상시키므로 조사를 원활히 하고 소기의 목적을 달성하기 위하여서는 고지를 의무화하지 않는 것이 상당하다고 한다.

이에 반해 '적극설'은 조사관의 조사단계에서도 비행사실의 조사가 이루어지고, 자기에게 불이익한 진술이 강제될 수 없는 것은 조사단계에서도 당연하며, 진술거부권의 고지가 곧바로 조사관과 소년 사이의 신뢰관계를 저해하는 것은 아니므로 진술거부권을 고지하여야 한다고 한다.

소년법 10조는 조사관이 범죄사실에 관하여 소년을 조사할 때에는 미리 소년에게 불리한 진술을 거부할 수 있음을 알려야 한다고 규정하고 있다.

3) 조사결과의 보고

(1) 개요

조사관이 조사를 마친 때에는 조사기록을 작성하여 서명날인하고(법 30조 2항 전단), 그 조사의 결과를 의견을 붙인 서면으로 작성하여 보고하여야 한다(규칙 12조 1항). 또 조사관은 위 서면보고 외에도 그 전후를 통하여 소년의 처우에 관하여 소년부 판사에게 의견을 진술할 수 있다(같은 조 2항).

조사보고서는 실무상 정형의 양식이 사용되고 있다. 이러한 소년조사기록은 심판의 기초자료가 될 뿐만 아니라 보호처분의 집행기관에 송부되고(법 32조 5항), 처우상의 참고자료로서도 중요한 역할을 하게 된다.

(2) 조사보고서의 기재요령

① 양식 앞면의 각 항목별 기재요령

- 접수연월일

  소년보호사건이 소년부에 접수된 연월일을 적는다.

- 보내온 곳

  송치 또는 통고한 곳을 적는다.

- 성명, 성별, 연령

  한글 성명을 적고 괄호 안에 한자성명을 적는다. 성별은 남녀로 해당란에 ○표 하고 연령은 만으로 계산하여 적는다.

- 위탁관계

  보호소년이 소년분류심사원에 위탁된 경우는 분류심사원에 ○표를, 보호자에 위탁된 경우는 보호자에 ○표를 하고, 기타에 위탁된 경우는 기타에 위탁된 곳을 적는다.

- 연락처, 주소, 거소, 출생지

  연락처는 보호소년과 보호자의 연락처(전화번호 등)를 적고, 주소는 사실상 보호자와 소년의 생활근거지가 되는 곳을 기재하며, 그것이 주민등록상의 주소와 일치하지 않아도 상관없다.

  거소는 보호소년의 현 거처를 적는다. 소년이 거소를 중심으로 새로운 보호관계가 형성되어 장래에도 보호관계가 지속될 보호자가 있을 때는 그 보호자의 성명과 연락주소도 연락처나 거소에 기재하여 후에 조사 및 심리 시 그 보호자를 소환할 수 있도록 한다. 출생지란에는 보호소년의 출생지를 적는다.

- 직업

현재의 직업을 기재하고 비행 당시의 직업과 다를 때에는 괄호 안에 비행 당시의 직업을 적는다.

- 경력

경력내용, 시기, 기간을 적시한다.

- 학력

최종학교의 졸업, 재학, 휴학, 퇴학 등의 학력과 그 시기를 적는다.

- 종교

종교의 유무 및 종류를 적는다.

- 가족사항

보호자와 소년을 중심으로 형성된 사실상의 가족사항을 기재하며, 별거의 경우에는 동거 여부에 별거장소와 별거기간을 적는 것이 좋다.

- 특기

보호소년에게 기능에 대한 자격증이 있거나 예능, 운동 등에서 대회입상 또는 학교대표경력이 있는 경우 특기사항으로 적는다.

- 전과

보호소년의 비행전력의 유무에 관하여서만 간단히 기재한다.

- 가출기간

보호소년이 보호자의 승인 없이 무단가출한 경험이 있을 때는 그 시기와 기간을 적는다.

- 거처상태

보호자와 동거할 경우 거처가 자가인지 여부 및 방이 몇 개이며 소년은 누구와 같이 거처하는가 등을 기재하고 보호자와 보호소년이 거처를 달리할 경우는 보호자의 거처상태와 보호소년의 거처상태를 나누어 적는다.

• 생활상태

보호소년과 보호자의 진술에 의하여 의식주의 생활상태를 기입한다. 주택의 유무, 재산의 정도, 월수입 총액 등을 기재하고, 생활정도를 대강 상, 중, 하, 극빈으로 구분하여 적는다.

• 신체결함사항

보호소년의 신체적 질병이나 정신적 결함 또는 장애 등을 적는다. 문신, 자상흔, 담뱃불 흔적 등도 여기에 기재하면 참고가 된다.

• 기타

보호소년의 음주, 흡연의 유무와 그 시기, 양 등을 적는다.

② 나머지 항목의 기재요령

• 비행사실, 그 동기와 경위, 비행 후의 정황, 비행전력

비행사실을 6하 원칙에 의하여 간략하게 기재하여 소년부 판사가 심리할 때 비행의 개요를 쉽게 알 수 있도록 하고, 특히 공동비행자가 수인인 경우는 보호소년별로 일목요연하게 비행사실의 개요를 기재하여야 한다. 소년이 비행사실을 인정하는지 여부도 함께 적는다. 그 밖에 소년의 가정환경이나 성장과정에서의 문제점, 교육관계, 직업관계, 비행의 동기와 방법, 비행 후의 정황, 소년의 비행화의 경위, 소년의 비행전력 등에 관하여 기재한다.

• 소년의 심신상태와 교우관계, 보호자의 소년에 대한 보호감독상황 및 향후의 보호능력 그 밖의 가정환경

소년의 심신상태와 교우관계, 소년과 보호자와의 관계 등에 관한 소년의 진술을 기재하고, 소년에 대한 향후의 보호감독상황이 개선될 여지가 있는지 여부와 보호자의 보호능력 등에 관한 조사관의 의견을 함께 적는다.

• 피해자에 대한 관계 및 재비행의 위험성과 정도

소년의 검거경위, 피해자와의 관계 및 피해변상 여부, 소년의 반성의 정도, 앞으로의 각오 등을 기재하며, 재비행의 위험성과 그 정도에 대한 조사관의 의견을 적는다.

• 그 밖에 심리와 처분을 함에 필요한 사항

비행성과 보호의 필요성을 조사함에 참고가 될 만한 내용을 적는다.

• 보호자, 참고인 등의 심문내용

보호자심문사항을 획일적으로 정형화할 수는 없으나 대개

- 소년의 가정환경 및 성장과정, 부모의 생존관계, 직업관계, 형제관계, 생활상태 등,
- 소년의 비행화의 경위, 즉 소년이 언제부터 비행화되었는지,
- 비행전력 및 비행동기,
- 피해의 변상관계, 즉 피해변상유무, 변상액을 기재하며 합의서가 제출되면 이를 보고서에 첨부하고 피해변상을 하지 못하였을 경우는 그 사유,
- 향후의 보호소년에 대한 의견, 즉 보호자가 향후 보호소년을 어떠한 방법으로 보호하려는가를 물어 기재한다. 그리고 참고인 심문은 조사관의 조사계획에 따라 소환한 것이므로 조사상 필요한 사항만을 심문하여 적는다.

• 조사관 의견

소년의 처우에 대한 조사관의 의견을 기재한다.

(3) 기록의 인계

보호사건의 조사가 종결되고 보고서가 작성되면 조사관은 그 보고서에 서명날인하여 이를 기록에 편철하고, 소년보호사건조사부의 해당란에 종일결과 처분의견을 기재한 다음, 기록인계연월일을 기재하여 기록을 소년과에 인계하고 기록영수인을 받아둔다.

2. 전문가 진단

소년부 판사는 조사 또는 심리를 할 때에 정신건강의학과의사 · 심리학자 · 사회사업가 · 교육자나 그 밖의 전문가의 진단을 고려하여야 한다(법 12조).

진단을 의뢰받은 전문가는 진단을 위하여 필요한 경우에는 소년부 판사에

게 소년법 18조에 따른 임시조치를 요청할 수 있다. 진단을 의뢰받은 전문가는 진단실시 후 바로 전문가 진단 의견서를 제출하여야 한다.

3. 심리상담조사

1) 개요

심리상담조사는 일정기간 동안 심리상담 전문가를 통해 소년 및 그 가족들에게 심리상담을 실시해 소년이 변화하도록 이끌고 조사관이 이 과정을 점검하며 이를 소년의 처분에 대한 의견에 반영하는 제도를 말한다.

심리상담조사는 위에서 본 전문가 진단의 일환으로 또는 이와 병행하여 실시되는 경우도 있으나 전문가 진단과는 별개의 조사절차로서 운용되기도 한다.

명문의 근거 규정은 없으나 실무상 소년법 11조, 12조 등을 유추적용하여 운용되고 있다.

2) 심리상담조사가 필요한 유형

소년이 초범이고 사안이 경미하나 부모의 이혼 등으로 가정환경이 열악하여 재비행의 우려가 있는 경우, 사안이 경미하지만 반복적으로 재범을 저지르는 경우 등의 사건에서 심도 있는 상담 및 가족치료 등의 개입이 효과적일 수 있다.

정신과적 상담과 치료가 필요하나 소년과 보호자에게 치료에 대한 인식이 없거나 경제적인 형편 때문에 치료를 받지 못하는 경우에 정신과 상담이나 약물치료를 일정기간 동안 받게 하면 재비행 예방에 효과적일 수 있다.

3) 진행절차

소년부 판사는 사건검토 및 심리를 통해 심리상담조사가 필요하다고 판단되는 경우 '심리상담조사명령'을 내리고, 심리기일 중 심리상담조사를 결정하는 때에는 소년 및 보호자에게 심리상담조사절차에 대한 안내를 함으로써 상담에 대한 동기화를 높일 필요가 있다.

조사관이 조사를 진행하는 중에 심도 있는 상담이나 소년에 대한 환경조정이 필요하다고 생각되는 경우, 조사명령처리 기간 내에 처리할 수 없으므로 우선 조사를 종결하면서 심리상담조사명령 필요성을 '조사관 의견'란에 기재하고, 소년부 판사가 이를 고려하여 심리상담조사명령을 하게 된다.

4. 시험관찰

시험관찰은 소년에 대한 보호처분을 결정하기 위하여 필요하다고 인정되는 경우 종국처분을 일정기간 보류하고 조사관으로 하여금 대략 3개월 정도 소년의 행동 등을 관찰하게 하는 등의 중간적 조치이다. 직접적인 근거규정은 없으나 소년법 11조, 12조에 근거하여 조사절차의 일환으로 실시할 수 있다고 보는 것이 일반적이다.

실무상 주로

① 소년의 반성 여부나 행동변화에 따라 처분을 달리하는 것이 상당하다고 보이는 경우

② 12세 미만의 소년으로 수강명령의 부과가 불가능하나 성행의 개선을 위한 상담이 필요한 경우 등에 활용된다.

제4절 법원의 심리절차

1. 심리의 개시결정

1) 개요

소년부 판사는 송치서, 통고서(통고조서)와 조사관의 조사보고에 따라 사건을 심리할 필요가 있다고 인정하면 심리개시결정을 하여야 한다(법 20조 1항).

사건을 심리할 필요가 있는지 여부는 송치서 등과 조사관의 조사보고에 의하여 판단한다.

법문에 따르면 조사관의 조사보고에 기초하여 심리개시결정여부를 판단함이 원칙이겠지만, 실무에서는 사건 검토 결과 사건을 심리할 필요가 없음이 명백하지 않으면 일단 심리개시결정을 하여 심리기일을 지정하고, 이후 조사보고 결과 사건을 심리할 필요가 없다고 판단되면 심리개시결정을 취소하는 경우도 있는데, 이는 심리가 지연되는 것을 막고 공소시효의 진행을 정지하기 위한 것이다.

2) 요건

심리를 개시하기 위해서는 '사건을 심리할 필요'가 있어야 한다.

사건을 심리할 필요가 있다고 인정하려면, 심리능력, 심리조건, 비행사실(우범사유) 존재 및 보호의 필요성이 인정될 개연성이 있어야 한다는 것이 통설이다.

따라서 소년에게 심리능력이 결여된 경우, 심리조건이 갖추어지지 않은 경우, 비행사실 존재의 개연성이 없거나 보호의 필요성이 인정될 개연성이 없는 경우에는 심리불개시결정을 한다.

3) 방식

심리개시결정은 소년보호절차 내에서의 중간결정에 지나지 않지만, 실무상 독립된 결정서를 작성하는 것이 보통이다.

심리개시결정은 사건본인과 보호자에게 알려야 하는데, 이 경우 심리개시사유의 요지와 보조인을 선임할 수 있다는 취지를 아울러 알려야 한다(법 20조 2항).

심리개시결정을 한 A사건에 B사건을 병합하는 경우에는 B사건에 관하여 별도로 심리개시결정서를 작성할 필요가 없다. A사건에 관하여 심리를 개시한 이상 B사건에 관하여서도 심리기일에 소년의 변명을 들을 수 있고, 소년에게도 별다른 불이익은 없기 때문이다.

이 경우에 먼저 한 심리개시결정의 효력이 병합된 사건에도 미친다고 보는 설도 있으나, 병합결정 시에 묵시의 심리개시결정이 있다고 보면 충분하다. 다만, 실무에서는 B사건에 대하여도 심리개시결정을 한 다음 이를 병합하는 경우가 많다.

4) 효력

(1) 공소시효의 정지

소년부 판사가 보호처분결정을 할 때는 공소시효 완성 여부가 문제되지 않는다.

그러나 소년부 판사가 송치 또는 통고된 사건을 심리한 결과 형사처분을 할 필요가 있다고 인정할 때 또는 사건의 본인이 19세 이상으로 밝혀진 경우에는 결정으로 검사에게 사건을 송치할 수 있고(법 7조 1항, 2항, 49조 2항), 보호처분을 받은 소년이 보호처분 당시 19세 이상인 것으로 밝혀져 보호처분을 취소하는 경우 소년부 판사는 검사에게 사건을 송치하여야 하는데(법 38조 1항 1호), 이와 같은 경우에는 검사의 공소제기가 필요하므로, 그 사건이 소년부에 계속되어 있는 기간 동안 공소시효의 진행을 정지할 필요가 있다.

이에 따라 소년법 54조는 심리개시결정이 있었던 때로부터 그 사건에 대한 보호처분의 결정이 확정될 때까지 공소시효는 그 진행이 정지된다고 규정하였다. 공소시효 정지의 시기(始期)는 형사소송절차에서 공소제기에 의하여 진행이 정지되는 것과 달리(형소 253조 1항), 심리개시결정이 있었던 때이다.

심리개시결정이 취소된 경우에는 취소결정 시부터 공소시효의 나머지 기간이 진행된다.

공소시효 정지의 종기(終期)는 보호처분의 결정이 확정될 때이며 여기서의 보호처분은 넓은 의미의 보호처분으로 이송결정(법 6조)을 제외한 종국결정을 모두 포함한다.

그러나 불처분결정이 확정된 경우에는 공소제기의 필요성이 없을 것이고, 소년법 32조의 보호처분결정이 확정된 경우에는 소년법 53조에 의하여 소년법 38조 1항 1호의 경우를 제외하고는 그 사건에 관하여 다시 공소를 제기할 수 없으므로, 공소시효 정지를 논할 실익이 크지 않다.

소년사건에서 공소시효의 정지가 가장 문제되는 경우는 보호처분을 받은 범죄소년이 보호처분 당시 19세 이상인 것으로 밝혀져 소년부 판사가 일단 확정된 보호처분을 취소하고 사건을 검사에게 송치하는 경우(법 38조 1항 1호)이다.

이때 일단 확정된 보호처분이 취소되면 보호처분의 확정이 없었던 것으로 되지만 보호처분의 취소에는 소급효가 없으므로 보호처분이 취소된 때부터가 아니라 본래의 보호처분이 확정된 때부터 남은 공소시효 기간이 진행된다고 보아야 한다.

(2) 그 밖의 효력

심리개시결정이 있으면 소년부 판사는 심리기일을 지정하고 사건본인과 보호자를 소환하여야 하며, 보조인이 선정된 경우에는 보조인에게 심리기일을 알려야 한다(법 21조).

소년부 판사는 소년의 처우에 관하여 의견을 들을 필요가 있다고 인정하는 경우에는 심리기일에 의견 진술을 필요로 하는 조사관 또는 소년분류심사원 및 보호관찰소 소속 공무원 등에게 심리기일에 출석할 것을 요구할 수 있다(규칙 23조).

또한 심리개시결정 후에는 보조인이 소년부 판사의 허가를 받지 않고 소년보호사건의 기록과 증거물을 열람할 수 있다(법 30조의2). 심리개시결정에 대한 항고는 인정되지 않는다.

5) 취소

소년부 판사는 심리개시결정 후에도 심리기일에서의 심리가 개시되기 전까지는 언제든지 결정으로 심리개시결정을 취소할 수 있다(규칙 22조). 그 판단은 소년부 판사의 재량에 맡겨져 있다.

심리개시결정을 취소하는 대표적인 사유로는 소년의 소재불명, 사망 등이 있다. 이때는 취소결정 후 다시 심리불개시결정을 하여 사건을 종결시키는 것이 보통이지만, 경우에 따라서는 비록 소재불명이라도 죄질과 소년의 연령에 따라 검찰에 송치하거나 법원에 이송하는 것도 가능하다.

일단 심리가 개시된 후에는 보호처분을 할 필요가 없다고 인정되는 경우라도 원칙적으로 심리개시결정을 취소하지 않고 불처분결정을 하여야 한다.

다만, 심리 중에 소년이 10세 미만인 것이 밝혀진 경우에는 심리개시결정을 취소하고 심리불개시결정을 하여야 한다(규칙 42조 1항).

심리개시결정을 취소하는 결정 역시 소년과 보호자에 통지하여야 한다(규칙 3조 2항).

취소의 효력은 장래에 향하여 발생한다. 따라서 심리개시결정 이후부터 그 취소결정 이전까지 심리개시결정에 근거하여 발생한 법적 효과가 심리개시결정의 시점으로 소급하여 소멸하는 것은 아니다. 심리개시결정 취소의 청구권은 인정되지 않는다.

2. 심리기일의 준비

1) 기일의 지정

소년부 판사가 심리개시결정을 한 때에는 심리기일을 지정하여야 한다(법 21조 1항).

이 경우 소년 또는 보호자가 심리에 대한 준비를 할 수 있고 또 기일 전에 송달보고서가 돌아올 수 있도록 소환장의 송달과 심리기일과의 사이에 상당한 유예기간을 두어야 한다(형소 269조 1항 참조). 기일 지정은 기록표지 이면에 있는 '법정 외에서 지정하는 기일'란에 지정기일을 기재하고 소년부 판사가 날인하는 방법으로 한다.

소년분류심사원에 위탁된 소년의 경우, 그 위탁기간은 1개월을 초과하지 못하고 특별히 계속 조치할 필요가 있을 때 한 번에 한하여 연장할 수 있을 뿐이므로(법 18조 3항) 심리기일을 신속하게 지정할 필요가 있다. 기일 지정이 되어 있는 사건에 다른 사건을 병합하는 경우에는 다시 기일지정을 할 필요가 없다.

소년부 판사는 기일 지정 후에도 직권으로 또는 사건본인, 보호자 또는 보조인의 청구에 의하여 심리기일을 변경할 수 있다. 기일을 변경한 경우에는 이를 사건본인, 보호자 또는 보조인에게 알려야 한다(법 22조).

2) 국선보조인의 선정

(1) 개요

소년이 소년분류심사원에 위탁된 경우 보조인이 없을 때에는 법원은 변호사 등 적정한 자를 국선보조인으로 선정하여야 하고, 소년이 소년분류원에 위탁되지 아니하였을 때에도 소년에게 신체적·정신적 장애가 의심되는 경우, 빈곤이나 그 밖의 사유로 보조인을 선임할 수 없는 경우, 그 밖에 소년부 판사가 보조인이 필요하다고 인정하는 경우 법원은 직권에 의하거나 소년 또는 보호자의 신청에 따라 보조인을 선정할 수 있다(법 17조의2 1항, 2항).

(2) 국선보조인 선정을 위한 고지

소년부 판사는 소년보호사건을 접수한 때, 소년 및 보호자 등에게

① 소년이 소년분류심사원에 위탁된 경우에 소년 또는 보호자가 스스로 보조인을 선임하지 아니할 때에는 법원이 국선보조인을 선정하게 된다는 취지와

② 소년법 17조의2 2항 각 호의 어느 하나에 해당하는 때에는 법원에 대하여 국선보조인의 선정을 신청할 수 있다는 취지 등을 서면으로 고지하여야 한다(규칙 9조 3호, 4호).

또한 소년부 판사는 보조인이 선임되어 있지 아니하고 국선보조인 선정 청구가 없는 소년에게는 위 고지서 송달과 동시에 국선보조인 선정을 위한 고지를 하여야 한다.

항고법원 및 재항고법원은 소년이 소년법 17조의2 1항에 해당하지 아니하고 항고·재항고기록 접수 시까지 보조인이 선임되어 있지 않으며 국선보조인 선정 청구가 없는 때에는 기록 접수 후 바로 소년에게 고지서(뒷면에 국선보조인 선정 청구서가 인쇄된 것)에 의하여 국선보조인 선정에 관한 고지를 한다(같은 조 3항).

(3) 선정 대상 국선보조인의 범위

① 국선보조인 예정자 명부

법원은 매년 1월 중 당해연도에 국선보조를 담당할 것으로 예정된 사람을 일괄 등재한 국선보조인 예정자 명부를 작성하여야 하고, 그 경우 소년부 판사는 특별한 사정이 없는 한 위 명부의 기재에 따라 국선보조인을 선정하여야 한다[형소규 16조의2 1항, 5항, 국선변호에 관한 예규(재형 2003-10) 3조 1항].

② 재판부별 전속 국선보조인

법원은 국선보조인 예정자 명부 중 일정 수를 각 재판부에 전속시켜 그중에서 국선보조인을 선정할 수 있다[국선변호에 관한 예규(재형 2003-10) 4조 1항].

(4) 선정의 절차

① 국선보조인의 선택

법원은 소년에게 국선보조인을 선택할 기회를 주고, 소년의 의사를 참자가형 국선보조인을 선정한다. 다만, 법원장이 당해 법원의 소년보호사건의 수, 국선변호인 예정자의 수, 그 밖에 지역적 특수성 등을 감안하여 적절하지 아니하다고 판단하는 때에는 그러하지 아니하다[국선변호에 관한 예규(재형 2003-10) 10조 1항]. 국선보조인 선택에 관한 구체적 내용은 위 예규 10조 2항 내지 5항 참조.

소년이 1심 국선보조인을 항고심의 국선보조인으로 선정해 줄 것을 청구한 경우 항고법원은 특별한 사정이 없는 한 그를 국선보조인으로 선정한다(같은 조 6항).

② 결정

소년이 소년분류심사원에서 위탁된 경우 보조인이 없을 때에는 국선보조인을 선정하여야 하므로(법 17조의2 1항), 소년부 판사는 소년심판규칙 9조 3호의 고지를 받은 소년 및 보호자가 보조인을 선임하지 아니한 때에는 지체 없이 국선보조인을 선정하여야 한다(규칙 19조의2 2항).

3) 소환 및 통지

소년부 판사는 심리기일을 지정한 후 사건본인과 보호자를 소환하고 또 보조인이 선정된 경우에는 그 보조인에게 심리기일을 알려야 한다(법 21조 1항 본문, 2항). 필요한 경우에는 참고인을 소환할 수 있다(법 13조 1항).

(1) 사건본인

소년보호사건의 직접심리의 원칙, 교육주의의 요청에 비추어 볼 때 사건본인은 반드시 출석시켜야 한다. 소년이 심리기일에 출석하지 아니한 때에는 심리를 할 수 없다(규칙 24조 1항). 심리기일에 소환을 받은 사건본인이나 보호자가 정당한 이유 없이 소환에 응하지 아니하면 소년부 판사는 동행영장을 발부할 수 있다(법 13조 2항).

(2) 보호자

심리기일에는 보호자도 소환하여야 한다(법 21조 1항 본문). 보호자의 지위, 성격을 반영하여 소년의 권리보호 외에 심리에 있어서의 보호의 필요성에 관한 정보·자료의 제공, 보호처분에 대한 협력의사의 확인 등을 위하여 보호의 소환이 필요하다. 다만, 소년부 판사가 보호자를 소환할 필요가 없다고 인정한 경우(예컨대, 보호자 소재불명 등)에는 보호자는 소환하지 아니할 수 있다(같은 항 단서).

(3) 보조인

소년에게 보조인이 선정된 경우에는 그 보조인에게도 심리기일을 알려야 한다(법 21조 2항). 보조인에 대한 심리기일 통지는 소년의 권리보호의 관점에서 정하여져 있으므로 이를 흠결하면 위법하여 항고이유가 된다.

(4) 피해자 등

소년부 판사는 피해자 또는 그 법정 대리인·변호인·배우자·직계친족·형제자매(이하 "피해자 또는 그 대리인 등"이라 한다)가 의견 진술을 신청할 때에는 피해자 또는 그 대리인 등에게 심리기일에 의견을 진술할 기회를 주어야 하므로(법 25조의2 본문), 피해자 또는 그 대리인 등이 의견을 진술하는 기일에는 피해자 또는 그 대리인 등도 소환하는 것이 바람직하다.

(5) 조사관 등

소년부 판사는 심리기일에 의견 진술을 필요로 하는 조사관 또는 소년분류심사원 및 보호관찰소 소속 공무원 등에게 심리기일에 출석할 것을 요구할 수 있다(규칙 23조).

3. 심리의 방식

1) 개요

소년보호사건의 심리 방식에 관한 규정은 증거조사에 관한 규정 외에 소년법 24조, 25조의2, 소년심판규칙 25조가 있을 뿐이다.

이는 소년보호절차가 소년의 건전한 성장을 목적으로 하고, 그 심리과정 자체가 교육적·복지적 성격을 가지는 점을 감안하여, 소년의 개별적 성격, 문제상황 등에 따라 유연하게 대처할 수 있도록, 소송절차에서 요구되는 요식성·엄격성을 없애고, 심리의 방식을 소년부 판사의 재량에 맡기기 위한 것이다. 따라서 심리의 방식에 관한 소년부 판사의 재량은 자유재량이 아니고, 소년의 건전한 성장을 달성하기 위한 적정 절차에 따른 합리적 재량이어야 한다.

2) 심리의 장소

소년보호사건의 심리를 하는 장소를 심판정이라 부른다. 심리는 법정에서 행하는 것이 원칙이지만, 필요에 따라 법원 외의 장소에서도 행할 수 있다(법조 5조 1항, 2항).

법원 외의 장소에서 개정하는 요건은 규정되어 있지 않지만, 합리적인 이유가 있어야 하고, 소년 보호를 위하여 필요하며, 심리에 적절한 장소여야 한다.

심리 장소의 질서유지를 위해서 소년부 판사는 법원조직법 58조, 60조, 61조 및 법정 등의 질서유지를 위한 재판에 관한 규칙에 의한 권한(법정의 질서유지를 위한 명령, 경찰공무원의 파견 요구, 질서유지 명령 위반자·법정 녹화 등 행위자·폭언 소란 등 행위자에 대한 감치 및 과태료 등)을 행사할 수 있다.

3) 심판정의 구성

(1) 법원 측 참석자

심리기일에는 소년부 판사와 서기가 참석하여야 한다(법 23조 1항).

조사관도 소환·통지의 유무에 관계없이 심리기일에 출석할 수 있다(같은 조 2항). 조사관이 사건의 조사과정에서 형성된 신뢰관계에 기초하여 적절한 진술을 할 수 있는 점, 진술을 하지 않더라도 조사관이 재정하는 것에 의한 안도감이 소년과 보호자에게 진실을 말하게 하고, 원활한 심리운영에 기여하며, 심리의 교육적 효과를 증진시킬 수 있는 점, 조사관이 심리기일에서의 소년·보호자 등의 발언·태도 등도 검토하여 처우의견을 진술할 수 있는 점 등을 고려하면, 적절하고 효과적인 처우의 선택을 위하여 조사관이 심리기일에 출석하는 것이 바람직하나, 실무상은 과중한 업무부담 등을 이유로 특별한 경우를 제외하고는 조사관이 심리기일에 출석하지 않고 있다. 사안에 따라 출석의 필요성을 충분히 검토하여 적절하게 운영하여야 할 것이다.

(2) 소년의 출석

① 직접심리의 원칙

심리 기일에는 소년이 출석하여야 한다. 소년이 심리기일에 출석하지 아니한 때에는 심리를 할 수 없다(규칙 24조 1항). 이는 소년의 건전한 성장과 권리보호의 견지에서 소년으로부터 직접 변명을 듣고, 필요한 경우 적절한 조언·훈계 등을 하기 위한 것이다. 그러나 다음과 같은 예외적인 경우에는 소년을 일시 퇴장시키고 심리를 할 수 있다.

② 소년의 퇴정

소년부 판사는 조사관, 보호자 및 보조인이 심리에 관하여 의견을 진술할 경우 필요하다고 인정하면 사건본인의 퇴장을 명할 수 있다(법 25조 2항, 1항). 예컨대 보호자 등이 소년에게 비밀로 하여야 할 질병이나 출생의 비밀 등에 관하여 진술하거나, 판사가 보호자의 훈육방식의 문제점을 언급하는 등의 경우에는 소년에게 일시 퇴정하도록 명할 수 있다.

③ 소년이 불출석한 경우의 사건처리

소년이 소환장을 송달받고도 심리기일에 불출석한 경우에는 동행영장을 발부한다. 동행영장은 실무상 주로 보호관찰관이나 사법경찰관리에 집행하도록 하고 있다.

(3) 보호자·보조인의 출석

소년이 소년분류심사원에 위탁되어 있는 사건 및 소년법 17조의2 2항에 의하여 국선보조인이 선정된 사건에서 보조인이 심리기일에 출석하지 아니한 때에는 심리를 할 수 없다(규칙 24조 2항).

소년의 보호자가 정당한 이유 없이 소환에 응하지 아니한 때에는 100만 원 이하의 과태료를 부과하거나(법 71조 1호), 동행영장을 발부할 수도 있으나(법 13조 2항), 실무상 활용하는 예는 거의 없다.

(4) 관계자의 참석

심리는 제3자에게 공개하지 아니함이 원칙이지만(법 24조 2항 본문), 소년부 판사는 '적당하고 인정하는 자'에게 참석을 허가할 수 있다(같은 항 단서) '적당하다고 인정하는 자'의 범위는 소년부 판사가 법령 및 당해 사건 심리와 관련된 제반 정황 등을 참작하여 재량에 의하여 판단한다.

소년부 판사는 심리기일에 의견 진술을 필요로 하는 조사관 또는 소년분류심사원 및 보호관찰소 소속 공무원 등에게 심리기일에 출석할 것을 요구할 수 있고(규칙23조), 심리조서에는 소년, 보호자, 보조인 외에 조사관 또는 소년분류심사원, 보호관찰소 소속 공무원의 진술요지를 기재하여야 하므로(규칙 28조 2항 7호), 조사관과 소년분류심사원 및 보호관찰소 소속 공무원이 '적당하다고 인정하는 자'에 해당함은 분명하다.

소년부 판사는 피해자 또는 그 대리인 등이 의견 신술을 신청할 때에는 피해자 또는 그 대리인 등에게 심리기일에 의견을 진술할 기회를 주아야 하므로(법25조의2 본문), 피해자 또는 그 대리인 등도 '적당하다고 인정하는 자'에 포함됨이 분명하다.

(5) 심리 참여자의 의견진술권 및 제한

직접심리의 원칙 등에 비추어 볼 때, 소년이 심리절차에서 의견을 진술할 수 있음은 당연하다. 소년심판규칙 25조 1항은 '소년부 판사가 심리를 할 때에는 비행사실의 내용을 고지하고 그 이익되는 사실을 진술할 기회를 주어야 한다'고 규정하여 소년부 판사에게 소년의 진술기회를 보장하도록 하고 있다.

조사관, 보호자 및 보조인도 심리에 관하여 의견을 진술할 수 있다(법 25조 1항). 이것은 소년의 건전한 성장을 위하여 법원에 충분한 자료가 제공되도록 하기 위한 것이고, 특히 보호자 및 보조인의 의견진술권은 소년의 권리보호를 위한 것이므로, 소년부 판사는 그들이 충분히 의견을 진술할 수 있도록 배려하여야 한다.

소년부 판사는 피해자 또는 그 대리인 등이 의견 진술을 신청할 때에는 피해자 또는 그 대리인 등에게 심리기일에 의견을 진술할 기회를 주어야 한다(법 25조의2 본문).

4) 심리운영의 원칙

심리운영의 원칙은 직접심리의 원칙 외에 비공개의 원칙, 병합심리의 원칙, 개별심리의 원칙, 보호·교육적 배려, 심리의 공정성 확보 등이 있음을 숙지해야 하는데 구체적인 내용은 다음과 같다.

(1) 비공개의 원칙

소년보호사건의 심리는 공개하지 아니하는 것을 원칙으로 한다(법 24조 2항). 소년심판은 소년이 건전하게 성장하는 것을 목적으로 하는 것이므로, 소년의 인격을 보호하고, 사회복귀를 방해하지 않도록 하기 위하여 소년이 비행을 저지른 것 자체가 비밀이 되어야 한다.

또한 소년을 둘러싸고 있는 문제점(보호의 필요성)을 명백히 하고, 그 개선방법을 명확히 하기 위해서는 소년의 성격 및 성장과정 뿐만 아니라 그 가족의 프라이버시에 관한 사항도 상세하게 밝힐 필요가 있는데, 심리과정에서 이와 같은 사항에 관하여 소년과 보호자로부터 솔직한 진술을 듣고 아울러 관계자의 협력을 얻기 위해서도 절차의 비밀성은 필요불가결하다. 이와 같은 요청을 충족시키기 위하여 소년법은 심리의 비공개와 함께 소년을 특정하는 사항의 보도금지(법 68조), 기록 열람·등사의 제한(법 30조의2), 조회 응답 제한(법 70조) 등을 규정하고 있다. 소년심판규칙 10조의 소년보호사건 관계인에 대한 비밀유지의무 조항도 같은 취지이다. 소년의 보호를 위하여 소년심판절차를 비공개로 하는 것은 재판의 공개원칙(헌 109조)에 저촉되지 않는다고 해석되고 있다.

(2) 병합심리의 원칙

동일 소년에 대한 2개 이상의 보호사건 및 관련 보호사건은 될 수 있는 한 병합하여 심리하여야 한다(규칙 25조 2항). 소년심판에 있어서는 비행사실과 함께 보호의 필요성이 심리의 대상으로 되고, 보호의 필요성은 소년의 성격, 보호환경 등 관련 사건 모두에 공통되는 사항에 좌우되는 경우가 많으므로 비행사실마다 별도로 심리를 하면 이에 대하여 중복하여 심리를 하여야 하는데, 중복된 절차는 소년에게 불필요한 부담을 주고, 심리경제에도 반하며, 비행성 또는 재범가능성을 정확하게 포착하여 적절한 처분을 하기 위해서는 모든 비행사실을 확인할 필요가 있으므로 형사소송 이상으로 병합심리가 요청된다.

병합결정은 소송법상의 법원이 사건단위로 행하는 결정이고, 별개의 법원에 계속되어 있는 사건의 병합이 인정되는 이상 사건마다 병합결정을 하는 것이 타당하다.

(3) 개별심리의 원칙

소년심판에서는 원칙적으로 여러 소년에 대한 사건을 병합하거나 병행심리하는 것이 허용되지 않는다. 이에 관한 명문의 규정은 없지만, 소년 및 관계자에 대한 비밀유지의 요청에 기하여 인정되는 것이므로 심리의 비공개를 규정한 소년법 24조 2항과 소년에 대한 형사사건의 심리를 분리할 것을 규정한 소년법 57조에 이 원리가 반영되어 있다고 할 수 있다.

(4) 보호·교육적 배려

심리는 친절하고 온화하게 하여야 한다(법 24조 1항). 이는 소년심판절차의 보호·교육적 성격을 명백히 한 것으로, 소년의 연령·성격 등에 따라 적절한 용어와 말투를 사용하여 소년과 보호자 및 관계인의 납득과 신뢰를 얻을 수 있는 분위기에서 심리를 행하라는 취지이다.

한편, 소년심판은 처우를 결정하는 교육의 장이기 때문에 무조건 부드러운 분위기만 유지하려 하거나 안이하게 소년과 보호자의 반발을 회피하려고만 할 것이 아니라 필요한 때에는 의연한 태도로 임하는 것도 요청된다.

(5) 심리의 공정성 확보

앞서 본 바와 같이 소년부 판사에게는 보호·교육적 절차의 주재자로서 광범위한 재량이 인정되어 있으므로, 소년부 판사는 공정성을 확보하기 위하여 힘쓰고, 항상 공정한 판단자로서 냉정한 안목을 잃지 않도록 노력하며, 부당한 불신을 받지 않도록 하여야 한다.

소년심판규칙 26조 1항은 소년부 판사의 공정성을 담보하기 위하여 "소년부 판사는 심리의 공평을 해할 만한 상당한 사유가 있다고 인정하는 때에는 그 직무의 집행을 회피하여야 한다"고 규정하고 있다. 회피는 서면, 구두 등 적당한 방식으로 하면 된다.

소년심판규칙은 심리에 관여하는 법원사무관 등 및 조사관의 공정성을 확보하기 위하여 이들에게도 소년심판규칙 26조 1항을 준용하고 있다(규칙 26조 2항).

형사소송절차와 달리 소년심판절차에서는 제척이나 기피가 인정되지 않음을 알아야 한다.

4. 심리의 진행

1) 개요

소년보호사건은 개별 소년의 사건에 대해서 비공개로 심리가 진행되므로, 소년은 자신에 대한 심리가 시작될 때 심판정에 들어간다.

따라서 소년보호사건의 심리에 있어서 판사의 심판정 개정선언, 사건 호명 등은 필요하지 않고, 다만, 심판정에 들어오는 소년에게 적당한 방법으로 심리를 개시한다는 뜻을 고지하는 것으로 심리를 시작하면 된다.

심리 절차는 일반적으로

① 진술거부권의 고지,

② 인정신문,

③ 비행사실의 고지와 소년의 변명 청취,

④ 비행사실의 심리,

⑤ 보호의 필요성에 관한 사실의 심리,

⑥ 보호자, 보조인, 조사관 등의 관계인의 의견 청취,

⑦ 종국결정 및 항고에 관한 사항 고지의 순서로 진행된다.

그러나 소년이 비행사실을 인정하고 비행사실의 증거가 충분한 사건에서 ④, ⑤는 명확히 구별되지 않으므로, ③의 단계를 거친 후 소년, 보호자, 보조인, 조사관 등 관계인들에게 사정을 묻거나 의견을 진술하게 하고, 소년부 판사가 적절히 각각의 문제점을 지적하여 ⑦의 절차에 이르는 경우가 많음을 학습한다.

2) 진술거부권의 고지 및 인정신문

(1) 진술거부권의 고지

소년법 10조는 '소년부 또는 조사관이 범죄사실에 관하여 소년을 조사할 때에는 미리 소년에 대하여 불리한 진술을 거부할 수 있음을 알려야 한다'고 규정하여 조사절차에서 진술거부권을 고지하도록 규정하고 있으나, 심리절차에서의 진술거부권 고지에 관하여는 명문의 규정이 없다.

조사와 심리는 별개의 절차이므로 위 조항이 심리절차에도 당연히 적용된다고 할 수는 없으나, 헌법 12조 2항 후문은 모든 국민이 형사상 자기에게 불리한 진술을 강요당하지 아니한다고 규정하고 있는데, 특히 범죄소년에 관하여는 검사에의 송치결정(법 7조 1항, 49조 2항)을 매개로 하여 형사책임을 물을 가능성이 있으므로 진술거부권이 보장되어야 함이 분명하고, 진술거부권을 보장하기 위해서는 소년에게 진술거부권이 있음을 고지할 필요가 있고, 조사절차에서 진술거부권을 고지하면서 심리절차에서는 진술거부권을 고지하지 않을 이유가 없으므로, 심리절차에서도 소년에게 진술거부권이 있음을 고지하여야 한다.

보호처분도 강제처분으로 소년에게 형사처분과 유사한 불이익을 주는 점, 촉법·우범소년에 대한 심리과정에서 형사책임을 물을 수 있는 사실이 심리의 대상이 될 가능성이 있는 점 등의 사정을 고려하면, 진술거부권을 규정한 헌법 12조 2항의 취지는 누구든지 법률과 적법한 절차에 의하지 아니하고는 처벌·보안처분 또는 강제노역을 받지 아니한다는 헌법 12조 1항을 매개로 하

여 촉법·우범소년에게도 미친다고 하여야 할 것이다.

그렇다면 촉법·우범소년의 경우를 범죄소년의 경우와 달리 볼 이유가 없으므로, 촉법·우범소년에게도 진술거부권이 있음을 고지하여야 할 것이다.

따라서 심리절차에서는 모든 소년에게 진술거부권을 고지하고, 심리조서에도 심리에 관한 중요사항(규칙 28조 2항 10호)으로서 진술거부권을 고지하였는지 여부를 기재하여야 한다.

(2) 인정신문

소년법은 인정신문에 관하여 형사소송법 284조와 같은 명문의 규정을 두고 있지 않으나, 출석한 자가 사건본인인지 확인할 필요가 있고, 보호처분결정서 등에는 소년의 성명, 주민등록번호, 직업, 주거, 등록기준지를 기재하여야 하므로(규칙 2조 2항), 소년보호사건의 심리절차에서도 소년의 성명, 주민등록번호, 직업, 주거, 등록기준지를 물어 출석한 자가 사건본인인지 확인할 필요가 있으며, 출석한 보호자, 보조인 및 기타 관계인에 대해서는 통상 성명 정도만 확인한다.

3) 비행사실의 고지와 변명 청취

소년부 판사가 심리를 함에 있어서는 소년에게 비행사실(범죄사실, 촉법사실, 우범사실)의 내용을 고지하고, 그 이익되는 사실을 진술할 기회를 주어야 한다(규칙 25조 1항). 비행사실의 고지와 변명 청취는 적정절차 원칙의 기본적 요청에 기한 것이다.

비행사실의 고지는 송치서 또는 조사관의 조사보고서에 기재된 행위의 개요를 읽어주는 방법으로 하는 것이 좋을 것이나, 실무상 사실관계에 관하여 다툼이 없는 경우에는 간략하게 요지만 고지하기도 한다.

소년부 판사는 소년에게 비행사실의 내용을 고지한 후 소년이 비행사실을 인정하는지 여부를 묻고, 소녀에게 이익이 되는 사실을 진술할 기회를 주어 소년의 변명을 들어야 한다. 이익되는 사실의 진술 기회를 보장하기 위하여, 실무에서는 소년에게 당해 사건에 관하여 권리의 보호를 위하여 필요하거나 이익이 되는 사실을 진술할 수 있음을 진술거부권과 함께 고지한다. 변명은 소년의 보호자나 보조인도 할 수 있고(법 25조 1항), 경우에 따라서는 보조인으로 하여금 소년을 신문하게 할 수도 있다.

4) 비행사실의 심리

(1) 개요

소년심판에서 비행사실의 인정은 증거에 의하여야 한다.

형사소송절차에서는 범죄사실 인정에 대하여 엄격한 증거조사절차와 방식, 증거법칙 등이 규정되어 있으나, 소년심판절차의 비행사실 인정에 대해서는 소년법 26조 내지 28조, 소년심판규칙 27조의 규정이 있을 뿐이고, 그 외의 점은 소년부 판사의 재량에 위임되어 있다.

이 재량은 소년의 권리보호 및 건전한 성장을 도모하기 위한 것이므로 자유재량이 아니고 적정절차에 따른 합리적 재량이어야 한다. 따라서 명문의 규정이 없는 경우에도 소년심판절차에서의 비행사실 인정 절차와 방식, 증거 채택 등에는 적정절차의 원칙에 의한 합리적인 제한이 있어야 한다.

비행사실의 심리에 관한 재량의 범위는 형사소송절차와 다르지만, 소년심판에서도 비행사실의 인정은 합리적인 의심이 없는 정도의 증명에 이르러야 한다는 것이 통설적 견해이다. 따라서 합리적인 의심을 배제할 수 있을 정도로 심증이 형성되지 않은 상태에서 비행사실의 의심 또는 개연성만으로 심리를 다하지 않은 채 보호처분을 결정하여서는 아니된다. 또한 판사가 증거의 증명력을 자유로이 판단할 수 있는 것도 형사소송의 경우와 다르지 않다.

(2) 직권주의적 심리구조의 채택

소년이 건전하게 성장하도록 하기 위해서, 비행이 없는 소년은 가능한 한 빨리 절차에서 해방시키고, 비행을 저지른 소년에게는 그 보호의 필요성에 따른 적절한 보호·교육적 처우가 신속하게 이루어져야 하므로, 소년심판절차에는 형사재판절차 이상으로 적정하고 신속한 심리가 요청된다. 이러한 요청에 부응하기 위하여 소년심판절차는 소년부 판사가 주도하는 직권주의적 심리구조를 채택하고 있다.

따라서 소년부 판사는 심리기일 전에 먼저 충분한 사전준비를 하여야 한다.

특히 공소장일본주의를 취하고 있는 형사소송절차와 달리 소년심판절차에서는 심리기일 전에 기록의 검토가 가능하기 때문에, 부인(否認)사건 등 다수의 증거조사가 필요한 경우에는 심리계획의 수립, 증거조사기일의 확보, 증인 등의 출석확보, 보조인과의 기일 조정, 법원 내부의 사건처리 준비, 소년의 신병취급 등에 최대한의 배려를 하여야 한다.

(3) 직권증거조사

소년심판절차에서는 직권주의적 심리구조가 채택되고, 검사는 존재하지 않으며, 소년 측의 권리보호자인 보조인이 없는 경우도 적지 않고, 보조인의 증거조사에는 사실상 한계가 있어, 진실을 규명할 책임은 상당 부분 소년부 판사에게 위임되어 있다.

따라서 소년부 판사는 사법기관으로서의 공정성을 해하지 않는 범위 내에서 소년에게 유리한지 불리한지 여부를 불문하고 필요한 증거를 충실히 조사하여야 한다. 그 범위에서 소년부 판사는 진실발견에 노력하여야 할 책임이 있고, 직권증거조사의 의무가 있다고 해석된다.

(4) 증거조사에 관한 소년, 보호자 및 보조인의 권리

① 증거조사청구권 인정 여부

실무상 소년 측이 증거의 조사를 청구하는 경우가 있고, 증거조사청구권을 인정하는 견해도 있으나, 소년의 증거조사청구권을 명시하거나 그것을 전제로 한 규정이 없는 점, 소년심판절차가 직권주의적 심리구조를 취하고 있는 점 등에 비추어 보면, 소년 측의 증거조사청구권을 인정하기는 어렵다. 따라서 소년 측이 증거의 조사를 신청하더라도 이는 직권발동을 촉구하는 것에 불과하므로, 판사는 이에 관하여 판단을 할 필요가 없다.

그러나 소년의 건전한 성장을 위해서는 가능한 한 소년 측이 납득할 수 있는 형태로 심리를 운영하는 것이 바람직하고, 증거조사에 관한 소년부 판사의 재량은 적법절차의 보장과 실체적 진실 발견의 요청에 따른 합리적인 재량이어야 하므로, 중요한 증거에 관하여 합리적인 범위에서 증거조사를 신청하는 경우에는 실질적으로 소년 측의 신청에 응할 필요가 있다.

② 증인신문권 등

특히 증인신문의 경우 소년 측에 증인신문청구권을 인정할 수는 없지만, 자기에게 불리한 증거를 다툴 권리를 부여하는 것은 적정절차 원칙의 기본적 요청이므로, 법원이 직권으로 채택한 증인에 대한 소년 측의 신문권은 인정된다(법 26조 2항, 형소 161조의2). 감정인, 통역인, 번역인에 대해서도 마찬가지이다.

③ 증거조사에 대한 의견 진술권

소년, 보호자 및 보조인은 심리에 관하여 의견을 진술할 수 있으므로(법 25조 1항, 규 25조 1항), 소년부 판사의 증거결정, 증거조사 방식 및 증거조사 결과에 대하여도 의견을 진술할 수 있다.

(5) 증거법칙의 적용 여부

① 전문법칙

소년심판에도 전문진술을 사실인정의 증거로 쓰는 것을 제한하는 이른바 전문법칙이 적용되어야 한다는 입장도 있으나, 소년법에는 형사소송법 310조의2와 같은 전문증거 배제의 규정이 없고, 전문법칙은 기본적으로 당사자주의적 대심절차에서 상대방의 반대신문권을 보장하기 위한 것이므로, 직권주의적·비대심적 구조를 전제로 하는 소년심판절차에는 전문법칙이 적용되지 않는다고 해석된다.

② 임의성을 의심할 만한 이유가 있는 자백의 증거능력 제한

형사소송법 309조는 피고인의 자백이 고문, 폭행, 협박, 신체구속의 부당한 장기화 또는 기망 기타의 방법으로 임의로 진술한 것이 아니라고 의심할 만한 이유가 있을 때에는 이를 유죄의 증거로 하지 못한다고 규정하고 있으나, 소년법에는 이와 같은 규정이 없다.

소년법에는 위와 같은 규정이 없으므로 임의성을 의심할 만한 이유가 있는 자백의 증거능력 제한이 소년심판절차에는 적용되지 않는다는 견해

도 있으나, '피고인의 자백이 고문·폭행·협박·구속의 부당한 장기화 또는 기망 기타의 방법에 의하여 자의로 진술된 것이 아니라고 인정될 때에는 이를 유죄의 증거로 삼을 수 없다'는 헌법 12조 7항의 규정 취지, 비행사실의 존부에 관한 수사과정은 범죄수사와 거의 같은 절차이다.

③ 자백에 대한 보강증거 요구 여부

형사소송법 310조는 피고인의 자백이 그 피고인에게 불이익한 유일의 증거인 때에는 이를 유죄의 증거로 하지 못한다고 규정하고 있으나, 대법원은 형사소송절차가 아닌 소년보호사건에 있어서는 비행사실의 일부에 관하여 자백 이외의 다른 증거가 없다 하더라도 법령적용의 착오나 소송절차의 법령 위반이 있다고 할 수 없다고 판시하고 있다(대법원 1982. 10. 15.자 82모36 결정).

어떤 견해에 의하더라도 소년부 판사는, 헌법 12조 7항의 규정 취지, 비행사실의 존부에 관한 수사과정은 범죄 수사와 거의 같은 절차이고, 비행사실의 인정이 형사처분과 유사한 불이익을 주는 보호처분 등의 전제로 되어 있는 점, 허위자백의 배제, 자백강요의 방지, 위법한 조사에 의한 자백채취 방지, 자백편중을 방지하고 그 밖의 증거를 수집시킬 필요 등은 형사절차뿐만 아니라 소년심판절차에 있어서도 마찬가지인 점을 고려하여, 적어도 소년이 법정에서 비행사실을 부인하는 경우 보강증거를 확인하는 등 심리에 신중을 기하여야 할 것이다.

④ 위법수집증거 및 임의성 없는 진술의 증거능력

명문의 규정이 없더라도 적법절차의 원칙에 비추어 위법수집증거의 증거능력 및 진술인이 임의로 진술하거나 작성하지 않은 진술증거의 증거능력은 부정되어야 한다.

다만, 소년법에는 형사소송법 317조 2항과 같은 규정이 없으므로, 진술증거인 서류의 작성 또는 내용인 진술이 임의로 되었다는 것이 증명된 경우에만 이를 증거로 할 수 있는 것은 아니라고 해석된다.

⑤ 조사보고서의 사실인정에의 이용 여부

조사관의 조사결과를 정리한 조사보고서에 기재된 사실을 보호의 필요성의 인정에 사용하는 것은 당연하지만, 비행사실 인정의 자료로 사용하는 것은 곤란하다.

왜냐하면 조사관은 심리학·교육학 등의 전문성을 활용하여 소년에 대한 보호의 필요성을 명백히 하는 것을 목적으로 하여 조사를 행하는 것이고, 실무상으로도 조사관은 그러한 뜻을 설명하여 신뢰관계를 확립하고 조사하는 것이 통상이며, 조사대상자는 비행사실 인정에 사용되지 않는 것을 전제로 진술·자료제공 등을 하는 경우가 대부분이므로, 조사의 결과를 비행사실 인정을 위하여 사용하는 것은 이러한 신뢰관계를 손상하고 적절한 조사를 저해할 염려가 있기 때문이다.

⑥ 증거의 조사방법

소년, 보호자, 보조인이 비행사실을 인정하고, 사실인정에 문제가 없는 경우에는 비행사실을 뒷받침하는 증거를 하나하나 조사할 필요가 없다. 종국결정의 결정서에 증거의 표목을 기재할 것을 요구하지 않는 것(규칙 2조 2항)은 이와 같은 경우를 상정한 것이라고 해석된다.

그러나 비행사실에 관하여 실질적인 다툼이 있어 소년이 적극적으로 증거조사를 희망하는 때에는 소년 측을 납득시키고, 적정절차를 보장하기 위하여 비행사실을 뒷받침하는 증거를 형사소송절차에 준하여 조사할 필요가 있다.

다만, 소년이 범죄사실을 일부 부인하면서도 적극적으로 증거에 대하여 다투거나 새로운 증거를 제출하려는 의사가 없는 경우에는 기존 증거의 내용을 적당한 방법으로 고지하는 것으로 충분하고, 이러한 경우까지 개별 증거별로 엄격한 증거조사를 할 필요는 없다.

소년이 적극적으로 증거조사를 하고자 하는 경우에는 소년의 방어권을 보장하고, 심리의 적정 및 효율을 기하기 위하여 소년에게 보조인을 선임하도록 권유하거나 국선보조인을 선임하여 할 필요가 있는 때도 있다.

5) 보호의 필요성에 관한 사실의 심리

(1) 개요

비행사실의 인정에 문제가 없는 사건에서는 앞서 본 바와 같이 비행사실의 고지 및 변명 청취 후 보호의 필요성도 함께 심리하면 되나, 비행사실을 부인하는 사건에서는 비행사실의 인정이 선행되어야 하므로, 비행사실의 존재에 의문이 있는 경우에는 먼저 비행사실에 관하여 심리를 하고, 비행사실이 인정된 이후에 보호의 필요성에 관하여 심리를 함이 원칙이다. 그러나 실무에서는 시간적 제약 등으로 인하여 비행사실의 심리와 보호의 필요성에 관한 사실의 심리를 병행하는 것이 불가피한 경우도 있다.

(2) 심리의 방법

보호의 필요성에 관하여는 심리기일에서의 심리결과와 함께 조사관 등의 조사결과가 중요한 자료가 된다.

조사는 심리기일 이전에 이루어지는 경우가 많으나, 조사절차를 거치지 않고 바로 제1회 심리기일을 지정한 후 소년분류심사원에 임시위탁하는 경우도 있고, 심리기일 진행 중 조사가 필요하다고 판단되어 심리기일을 속행하고 조사를 명하는 경우도 있다.

다만, 소년부 판사는 보호의 필요성의 유무 및 정도에 따라 소년에 대하여 불처분결정부터 소년원송치·검사송치 등까지 다양한 결정을 할 수 있고, 그러한 연유로 소년과 보호자도 보호의 필요성 인정에 관심을 집중하는 경우가 많으므로, 적정절차 보장의 취지에서 보호의 필요성 판단의 기초가 되는 중요한 사실에 관하여는 원칙적으로 심판정에서 소년·보호자에게 그 내용을 고지하고 확인할 필요가 있다.

(3) 심증의 정도

보호의 필요성에 관한 사실에 대한 심증의 정도에 관하여는 여러 가지 견해가 있다.

- 보호의 필요성에 관한 사실에 대해서까지 확신을 요구하는 것은 불가능하므로 일단 확실할 것이라는 정도의 심증 또는 소명으로 충분하다는 설,
- 보호의 필요성도 비행사실과 함께 중요한 심리 대상으로 보호의 필요성에 대한 판단에 따라 소년의 자유를 구속하는 처분도 가능하기 때문에 합리적으로 의심할 여지가 없는 정도의 심증을 요한다는 설도 있으나,

- 보호의 필요성은 소년 자신의 성격, 비행력, 개선의지 등 개인적 요인과 보호환경, 생활환경, 사회환경 등 환경적 요인 모두에 기초한 종합적이고 미래지향적인 판단이기 때문에 합리적 의심을 배제할 수 있는 정도의 심증을 요구하는 것은 무리이지만, 보호의 필요성의 중요성 등에 비추어 증거의 우월 또는 증거가 우세할 정도의 심증은 필요하다고 해석하여야 할 것이다.

(4) 송치 또는 통고되지 않은 비행 사실의 취급

송치 또는 통고되지 않은 새로운 비행사실을 심리중인 사건의 보호의 필요성 판단의 자료로 삼으면 사실 오인 및 이중처벌의 위험성이 있다는 이유로 새로운 비행사실에 대하여는 별도의 수리절차가 요구된다는 견해도 있으나, 보호의 필요성 판단은 소년에 대한 전인격적인 판단이기 때문에 소년의 성행 전체를 파악할 필요가 있고, 소년이 심리 중인 비행 외에 다른 비행도 저질렀다는 사정은 소년의 성행 판단을 위한 중요한 자료가 될 수 있다는 점, 새로운 비행사건이 수리될 때까지 심리 중인 사건에 대한 판단을 미루거나 이미 발견된 새로운 비행사실의 존재를 모르는 것처럼 취급하는 것은 적절하지 않거나 사실상 곤란한 경우가 많은 점 등에 비추어 볼 때, 송치 또는 통고되지 않은 비행사실도 소년의 성행 등 판단을 위한 자료, 즉 보호의 필요성 판단의 자료로 사용할 수 있다고 보아야 한다.

따라서 심리대상 비행사실보다 새로운 비행사실이 심히 중한 경우, 예컨대 심리 대상 사실이 절도인데 새로운 비행사실은 강도상해인 경우, 절도사건의 심판절차에서 강도생의 비행사실에 부합하는 보호처분을 하는 것은 허용되지 않으므로, 절도에 대해서만 별도로 심판하는 것이 부적절하다고 판단되는 경우에는 별도로 송치 등에 의해 강도상해사건이 수리되는 것을 기다려 판단을 하여야 한다(절도에 대해서 우선 보호처분을 하고자 하는 경우에는 강도상해 사실에 대한 보호처분을 하지 않도록 유의하여야 한다).

6) 피해자, 보호자 등의 의견 청취

(1) 피해자 등의 의견 청취

소년부 판사는 피해자 또는 그 대리인 등이 의견 진술을 신청한 때에는 심리기일에 의견을 진술할 기회를 주어야 하는데, 피해자 등의 의견 진술 시기 및 방법에 대해서는 법령에 정하여진 것이 없으므로 소년 및 피해자 측의 사정과 심리기일의 제반 사정을 고려하여 적정하다고 판단되는 때에 적절하다고 판단되는 방법으로 기회를 주면 된다.

(2) 보호자 등의 의견 청취

소년이 비행사실을 인정하고 보호의 필요성에 관한 사실의 심리가 간단히 마칠 수 있는 경우에는 소년의 진술을 듣고 소년에 대한 질문을 모두 마친 후에 보호자, 보조인, 조사관 등 관계인의 의견을 듣고 심리를 마치면 된다.

7) 종국결정 등의 고지

통상적으로 판사는 비행사실과 보호의 필요성에 관한 심리를 마치고, 보호자 등의 의견 청취를 마친 직후 특별한 사정이 없는 한 그 자리에서 종국결정을 고지한다. 보호처분의 결정을 고지할 경우 소년부 판사는 소년에게 항고기간과 항고법원을 알려주어야 한다.

8) 기타

(1) 심리 대상 비행사실의 변경

소년부 판사는 소치 또는 통고된 비행사실과 동일성이 인정되는 범위에서 심리대상 비행사실을 변경할 수 있다. 그러나 송치 또는 통고된 비행사실과 동일성이 없는 사실은 불고불리의 원칙상 심리의 대상으로 할 수 없으므로 이에 대하여 심판하려면 별도의 송치 또는 통고절차가 필요하다.

소년부 판사의 비행사실 변경은 형사소송절차에서의 공소장 변경과 유사하나, 변경 대상 사실의 차이(우범사유의 존재), 검사가 관여하지 않는 점 등 때문에, 그 동일성 판단 기준에 차이가 있고, 형사소송절차에서와 같은 공소장 변경 절차를 필요로 하지도 않는다.

형사소송절차와 달리 소년심판의 경우 심리 대상 비행사실을 변경하는 경우에도 공소장 변경 등과 같은 절차는 요구되지 않는다. 다만, 변경된 비행사실을 심리하는 경우 소년 측의 방어권을 보장하기 위하여 소년에게 그 사실을 고지하여 변명을 듣고, 반론 및 반증의 기회를 주고, 심리조서에도 그러한 사정을 기재하여야 한다.

(2) 심판절차의 갱신

실질적인 심리에 들어간 후에 소년부 판사가 교체된 경우에 소년법에는 형사소송법과 달리 심판절차 갱신 등의 규정이 없으므로, 엄격한 방식의 심판절차 갱신 절차는 거칠 필요가 없다.

다만, 이 경우에도 적정절차의 원칙 및 심리의 충실을 위하여 소년에게 다시 변명의 기회 또는 전회 심리에서 있었던 중요한 사항에 관하여 진술할 기회를 주어야 한다.

(3) 심리기일에 제출된 서류의 취급

심리기일에 소년, 보호자 또는 보조인이 합의서, 진정서 등의 서류를 제출할 때에는 법원사무관 등은 이를 접수하여 그 취지를 조서에 기재하고 조서 말미에 이를 첨부하여 둔다.

제5절 보호처분

1. 개요

보호처분의 결정이란 비행소년에 대하여 환경의 조정과 성행의 교정을 목적으로 필요한 처분을 하는 것으로서 그 내용은 소년법상 한정적으로 열거되어 있다.

보호처분은 소년부 판사가 심리한 결과 보호처분의 필요가 있다고 인정하면 결정으로 행하는 것이므로(법 32조 1항) 보호처분을 하려면 반드시 심리를 거쳐야 한다.

2. 종류

2007.12.21. 법률 제8722호로 개정된 소년법은 변화된 시대환경에 맞추기 위해 개정 전 소년법에 비해 다양화, 내실화되어 소년범의 품행 교정을 위한 적절하고 실효성 있는 보호처분이 가능해졌고 보호처분의 기간도 조정되었다. 즉, 종전 부가처분에 불과하던 사회봉사명령과 수강명령을 독립된 보호처분으로 하여 활용을 확대하고, 1개월 이내 소년원 송치 처분을 신설하였으며, 인성교육 위주의 대안교육, 청소년단체 상담·교육, 외출제한명령, 보호자교육명령제도 등을 도입하고, 사회봉사명령·수강명령시간 및 단기보호관찰기간을 각각 연장하였으며, 장기 소년원 송치 처분의 수용 상한 기간을 명문화하였는바 그 구체적인 내용은 다음과 같다.

보호처분의 종류를

① 보호자 또는 보호자를 대신하여 소년을 보호할 수 있는 자에게 감호를 위탁하는 것(1호 처분),

② 수강명령(2호 처분),

③ 사회봉사명령(3호 처분),

④ 보호관찰관의 단기보호관찰을 받게 하는 것(4호 처분),

⑤ 보호관찰관의 장기보호관찰을 받게 하는 것(5호 처분),

⑥ 아동복지법상의 아동복지시설이나 그 밖의 소년보호시설에 감호를 위탁하는 것(6호 처분),

⑦ 병원, 요양소 또는 보호소년 등의 처우에 관한 법률에 따른 소년의료보호시설에 위탁하는 것(7호 처분),

⑧ 1개월 이내로 소년원에 송치하는 것(8호 처분),

⑨ 단기로 소년원에 송치하는 것(9호 처분),

⑩ 장기로 소년원에 송치하는 것(10호 처분)으로 한정하였다(법 32조 1항). 위

3호 처분은 14세 이상의 소년에게만 할 수 있고(같은 조 3항), 2호 및 10호 처분은 12세 이상의 소년에게만 할 수 있다(같은 조 4항).

보호처분의 기간은 다음과 같다.

1호·6호·7호 처분의 위탁기간은 6개월로 하되, 소년부 판사는 결정으로 6개월의 범위에서 한 번에 한하여 그 기간을 연장할 수 있고, 필요한 경우에는 언제든지 결정으로 그 위탁을 종료시킬 수 있다(법 33조 1항).

4호 처분의 단기 보호관찰기간은 1년이고(같은 조 2항), 5호 처분의 장기보호관찰기간은 2년이다(같은 조 3항 본문). 다만, 5호 처분의 경우에 소년부 판사는 보호관찰의 신청에 따른 결정으로 1년의 범위에서 한 번에 한하여 그 기간을 연장할 수 있다(같은 항 단서).

2호 처분의 수강명령은 100시간을, 3호 처분의 사회봉사명령은 200시간을 초과할 수 없으며, 보호관찰관이 그 명령을 집행할 때에는 사건본인의 정상적인 생활을 방해하지 아니하도록 하여야 한다(같은 조 4항).

9호 처분으로 단기로 소년원에 송치된 소년의 보호기간은 6월을 초과하지 못하고(같은 조 5항), 10호 처분으로 장기로 소년원에 송치된 소년의 보호기간은 2년을 초과하지 못한다(같은 조 6항).

그 밖에도 보호소년 등의 처우에 관한 법률에 따르면 소년원장은 보호소년이 22세가 되면 퇴원시켜야 하고, 소년법 32조 1항 8호 또는 33조 5항·6항에 따라 수용상한기간에 도달한 보호소년은 즉시 퇴원시켜야 하며, 교정성적이 양호하며 교정의 목적을 이루었다고 인정되는 보호소년에 대해서는 보호관찰 등에 관한 법률에 따른 보호관찰 심사위원회에 퇴원을 신청하도록 되어 있다(보호소년처우 43조 1항, 2항, 3항).

6호부터 10호까지의 어느 하나에 해당하는 처분을 받은 소년이 시설위탁이나 수용 이후 그 시설을 이탈하였을 때에는 위 처분기간은 진행이 정지되고, 재위탁 또는 재수용된 때로부터 다시 진행한다(법 33조 7항).

소년법에서 가장 중요하다고 보는 보호처분의 종류 및 기간과 보호처분의 병합과 부가처분 등에 대하여 간단한 설명은 <표 4-1>과 같다.

표 4-1 보호처분의 종류 및 기간

종류	내용	기간(연장)	적용연령
1호	보호자 또는 보호자를 대신하여 소년을 보호할 수 있는 자에게 감호위탁(보호자 및 위탁보호위원 처분도 가능)	6월(+ 6월)	10세 이상
2호	수강명령	100시간 이내	12세 이상
3호	사회봉사명령	200시간 이내	14세 이상
4호	단기 보호관찰	1년	10세 이상
5호	장기 보호관찰	2년(+ 1년)	10세 이상
6호	아동복지법상의 아동복지시설이나 그 밖의 소년보호시설에 감호위탁	6월(+ 6월)	10세 이상
7호	병원, 요양소 또는 보호소년 등의 처우에 관한 법률에 따른 소년의료보호시설에 위탁	6월(+ 6월)	10세 이상
8호	1개월 이내의 소년원 송치	1개월 이내	10세 이상
9호	단기 소년원 송치	6개월 이내	10세 이상
10호	장기 소년원 송치	2년 이내	12세 이상

표 4-2 보호처분의 병합과 부가처분 등

처분	1호	2호	3호	4호	5호	6호	7호	8호	9호	10호	외출 제한	대안교육 (상담교육)	보호자 특별교육
1호		●	●	●	●								○
2호	●		●	●	●								○
3호	●	●		●	●								○
4호	●	●	●			●					○	○	○
5호	●	●	●			●		●			○	○	○
6호				●	●								○
7호													○
8호					●								○
9호													○
10호													○

이 외에 아동·청소년의 성보호에 관한 법률이 정한 특별한 보호처분으로서 선도보호가 있는데(아청 40조 1항 2호, 44조 2항 2호), 이는 청소년 보호법 35조의 청소년 보호·재활센터에 선도보호를 위탁하는 보호처분이다.

1) 1호 처분

1호 처분은 보호자 또는 보호자를 대신하여 소년을 보호할 수 있는 자에게 감호를 위탁하는 것이다. 저연령의 초범인 소년으로서 보호자의 보호능력이 있다고 판단되고 비행내용이 가벼운 경우에는 보호자에게 감호를 위탁하고, 보호자가 있더라도 보호자의 보호능력이 부족하거나 비행정도가 가볍지 아니한 경우에는 보호자 감호와 함께 위탁보호위원에게 감호를 위탁하는 처분을 한다.

비행정도는 시설 내에 수용하여 교육할 정도로 중하지 아니하나 소년의 보호자가 없는 경우에는 소년의 보호를 원하는 종교단체나 보호처분을 받은 청소년을 위한 시설의 관리자 등을 보호자로 하여 1호 처분을 선택할 수도 있다. 이 경우에는 보통 보호관찰처분을 병합한다.

(1) 보호자에게 위탁하는 경우

여기서 보호자란 법률상 감호교육의 의무가 있는 자 또는 현재 소년을 감호하는 자를 말하며, 부모, 동거하는 고용주 등이 이에 속한다(제4장 제2절 7. 참조).

1호 처분은 2·3·4·5호 처분을 병합하지 않는 한 사실상 보호소년을 종래의 환경에 그대로 돌려놓는 것에 불과하여 아무런 효과가 없고 불처분과 다를 바 없다는 비판이 있을 수 있으나, 1호 처분은 보호자에게 법원의 결정에 의하여 보호소년의 감호를 위탁하는 것으로서 보호자에 대한 주의를 환기시킨다는 점에서 불처분결정과 다르다.

비록 실효성이 적은 처분이라고 하더라도 어떤 처분을 한다는 면에서 아무런 처분도 하지 않는다는 불처분결정보다는 심리적 강제가 더 있으며, 그 위탁기간 중 처분변경이 가능하다는 점(법 37조 1항)에서도 불처분과 다르다.

비행사실이 명백하게 인정되나 그 정도가 보호관찰을 요할 정도는 되지 않는다고 인정되는 경우 불처분결정보다는 1호 처분을 하는 것이 더 바람직할 것이다.

가정 내에서 적극적인 지도가 이루어지지 않을 경우, 이를 위해 법 32조의2 3항에서 정한 보호자특별교육명령이 활용된다.

또한 주로 초범이고 경미한 비행을 한 나이 어린 소년을 대상으로 보호처분을 하기 전에 소년조사관이 1시간가량 소년 및 보호자를 교육하는 처분 전 교육명령제도를 이용하는데, 이는 재범의 위험성에 대한 경각심을 일깨우는 효과가 있다. 1호 처분을 하는 경우에는 소년법 36조에 의한 보고서 제출요구명령을 하거나 조사관에 의한 집행상황 조사보고 또는 집행조사기일을 운영하는 것이 바람직하다.

(2) 보호자를 대신하여 소년을 보호할 수 있는 자에게 감호를 위탁하는 것

이는 소년에게 보호자가 없거나, 보호자가 있더라도 그 보호자가 소년을 보호할 능력이 부족한 때에 보호자를 대신하여 소년을 보호할 수 있는 자(이를 '위탁보호위원'이라고 한다)에게 위탁하는 것이다.

가정법원장 또는 소년부가 설치되어 있는 지방법원장은 위탁보호위원을 정신과의사, 심리학자, 사회사업가 또는 학식과 덕망이 있는 사람 중에서 위촉하고(규칙 33조 1항), 위탁보호위원이 소년의 보호에 적당하지 아니하거나 그 밖의 사유로 그 직무를 적절히 수행하기 어렵다고 인정하는 때에는 그 위촉을 해제할 수 있다(같은 조 2항).

위탁보호위원은 보호소년의 신병을 인수하는 형태의 '신병인수 위탁보호위원'과 신병을 인수하지 않고 월 1~4회 정도의 상담 등을 통하여 보호소년을 지도, 원호하는 형태의 '신병불인수 위탁보호위원'으로 분류될 수 있다[소년보호절차에 관한 예규(재특 2008-2) 9조 1항]. 현재 실무상 '신병불인수 위탁보호위원'이 대부분이다.

비행소년의 교정은 사회 전체가 관심을 갖는 관제인 점에 비추어 보면 이러한 경우에 보호자 외의 적당한 자의 적극적인 참여가 절실히 요청된다. 전국의 거의 모든 소년부는 위탁보호위원을 미리 지정하여 두고 그 감호에 위탁하는 처분을 활용하고 있다. 위탁보호위원제도 운영과 관련된 소년보호절차에 대한 예규(재특 2008-2)와 실무례를 종합하면 그 내용은 다음과 같다.

① 위탁보호위원의 위촉

위탁보호위원으로 위촉받고자 하는 자는 신청서에

㉠ 이력서

㉡ 주민등록표등본

㉢ 신원증명

㉣ 납세증명

㉤ 감호계획서

㉥ 자격증명 등 기타 필요한 서면을 첨부하여 법원장에게 신청하고, 법원장은 필요한 때에는 소속 공무원으로 하여금 신청자가 위탁보호위원으로서 그 직무를 적절히 수행할 수 있는지의 여부를 조사, 보고하게 할 수 있으며, 이에 적당하다고 인정되면 위탁보호위원으로 위촉한다.

② 수탁절차

소년부 판사가 신병인수 위탁보호위원에게 감호위탁하는 1호 처분을 하는 때에는 그에게 적당한 방법으로 통지하여 심리기일에 출석하게 하고, 소년부 판사의 감호 등에 필요한 지시를 받아 보호소년을 인수하도록 한다.

③ 소년의 감호 등

신병불인수 위탁보호위원은 매월 2회 이상 보호소년을 면접 관찰하여 보호, 지도, 원호하고 그 결과를 감호일지에 기재하여야 하고, 신병인수 위탁보호위원은 수시로 보호소년을 면접·관찰하여 보호, 지도, 원호하여야 한다.

④ 감호상황 등의 보고

위탁보호위원은 보호소년의 감호상황 등을 기재한 집행상황 보고서를 작성하여 매 1개월마다 소년부 판사에게 보고하여야 한다[소년보호절차에 관한 예규(재특 2008-2) 11조 1호]. 소년부 판사는 위탁보호위원이 소년의 신병을 인수하여 감호할 경우에는 정기적으로 조사관에게 그 집행상황을 보고하도록 하여야 한다(위 예규 9조 3항).

⑤ 위탁보호위원의 해촉

법원장은 소속 공무원으로 하여금 위탁보호위원이 그 직무를 적절히 수행하고 있는지를 조사, 보고하게 할 수 있고 이에 부적당하다고 인정되면 해촉한다.

⑥ 비치할 장부

법원에는 위탁보호위원의 감호소년명부, 위탁보호위원의 위촉 및 해촉에 관한 철, 보고에 관한 철과 신병불인수 위탁보호위원의 감호소년명부, 감호일지, 감호비용의 수입, 지출에 관한 철, 신병불인수 위탁보호위원과 관련한 보고에 관한 철을 각 비치하여야 한다. 신병인수 위탁보호위원은 감호소년명부, 집행상황보고서, 감호비용의 수입, 지출에 관한 철, 보고에 관한 철을 각각 비치하여야 한다.

⑦ 감호비용의 지급 등

소년부 판사는 보호자가 없을 경우 또는 보호자나 위탁보호위원으로부터 제출받은 소명자료 등을 검토하여 보호자가 소년보호절차에 관한 예규(재특 2008-2) 6조 2항 각 호의 어느 하나에 해당한다고 인정되는 경우에는 소년의 신병을 인수하여 감호하는 위탁보호위원에 대하여 소년 1인당 월 60만 원의 범위 내에서 그 감호에 관한 비용을 지급할 수 있고(위 예규 9조 2항), 소년의 신병을 인수하지 아니하고 감호하는 위탁보호위원에 대하여 소년 1인당 월 5만 원의 범위 내에서 그 감호에 관한 비용을 지급할 수 있다(같은 조 4항).

(3) 1호 처분이 있는 경우 소년부 법원사무관 등은 소년을 보호자 또는 위탁보호위원에게 인계하고 보호소년수탁서를 받아 기록에 철한다. 소년분류심사원에 위탁되어 있는 소년에 대하여 1호 처분이 있는 경우에 그 결정에 의하여 감호에 관한 임시조치의 효력도 당연히 상실된다고 해석하여야 할 것이지만, 실무상으로는 신병을 석방시키기 위해 결정등본의 교부 등으로 석방지휘를 한다. 보통 출석한 소년분류심사원 직원에게 결정등본을 교부하고 결과통지부에 그 수령인을 받고 있다.

가정법원은 소년분류심사원에 위탁된 소년에 대해 1호 처분을 하는 경우에 보호자나 적당한 자에게 인계하기 위하여 결정고지일에 이들을 소환하여야 한다. 이들이 당일 출석하지 아니하여 소년을 인계할 수 없는 경우에는 소년을 분류심사원에 계속 위탁할 필요가 있을 것인데, 이런 경우에 임시위탁기간을 연장하는 결정을 한다. 이와 같은 경우에는 소년에게 1호 처분이 아닌 다른 처분을 하는 것이 보다 적당한 것이 아닌지 검토할 필요도 있다.

주문례

보호소년을 보호자 부 ○○○의 감호에 위탁한다.
보호소년을 위탁보호위원 ○○○의 감호에 위탁한다.
보호소년을 보호자 부 ○○○ 및 위탁보호위원 ○○○의 감호에 위탁한다.

2) 2, 3호 처분

(1) 의의

2호 처분은 100시간의 범위 내에서 12세 이상 소년에게 수강명령을, 3호 처분은 200시간의 범위 내에서 14세 이상 소년에게 사회봉사명령을 하는 것이다(법 32조 3항, 4항, 33조 4항 전단). 수강명령 또는 사회봉사명령은 보호관찰처분(4호, 5호 처분)과 병합할 수 있다(법 32조 2항 1호, 2호). 종전에 이 두 처분은 보호관찰에만 병합하도록 되어 있는 부가처분이었으나, 보호처분의 다양화라는 측면에서 독립된 처분이 되었다.

수강명령은 비행소년을 교도·개량하기 위해서 마련된 강의나 교육을 이수하도록 강제하는 것을 뜻하고, 사회봉사명령이란 비행소년을 소년원에 가두는 것보다 일상적인 사회생활을 하도록 하게 하면서 정해진 시간 내에 선정된 기간 동안 돈을 받지 않고 일하도록 명령하는 것을 뜻한다.

(2) 대상 사건

2호 처분을 할 때에는 적정한 시간의 책정도 중요하지만 적정한 시간에 알찬 내용의 교육을 받도록 하는 것이 중요하다. 따라서 교육의 필요성이 높고 집중적인 교육을 받아야 할 소년들에 대해서는 장시간의 수강명령을 부과하고, 교육필요성이 상대적으로 적은 소년에 대해서는 단기간의 교육프로그램에 참석토록 하는 것이 효과적이다.

소년부는 보호관찰소 외에도 지정된 민간 수강명령기관에게 수강을 명하고 있다. 서울가정법원의 경우 '청소년폭력예방재단', '청소년희망재단', '서울시립청소년드림센터', '사단법인 탁틴내일 부설 내일청소년상담소' 등을 수강명령기관으로 지정하여 각 기관의 특화된 프로그램에 맞추어 수강시간을 정하는데 보통 20시간이고, 각 기관의 특성을 고려하여 보호소년에 적합한 기관에서의 수강을 명하고 있다(예를 들어, 성비행의 경우에는 '서울시립청소년드림센터'나 '사단법인 탁틴내일 부설 내일청소년상담소'에 수강명령을, 폭행 사안의 경우에는 '청소년폭력예방재단'이나 '청소년희망재단'을 수강기관으로 한 수강명령을 한다).

2호 처분은 대부분의 비행 유형에 고려되나 특히 무면허운전, 교통사고처리특례법 위반사건, 성폭력사건 등의 경우에 많이 하고, 3호 처분은 주로 절도, 사기사건이나 폭행, 상해, 공갈사건에서 피해 회복이 되지 않은 경우, 소년이 학교에도 다니지 않고 무위도식하는 경우 등에 명하고 있다.

보호관찰 및 사회봉사명령 등에 관한 예규(재형 2003-9) 5조는 사회봉사명령·수강명령 대상자의 선정에 대하여 다음과 같이 규정하고 있는데, ②에서 예시하는 수강명령에 적합한 경우라도 집행기관 및 교육프로그램의 여건과 내용 등을 고려하여 적절한 사회봉사명령을 부과할 수 있다.

① 사회봉사명령에 적합한 소년 대상자의 유형
   ㉠ 부모의 과잉보호로 인하여 자기중심적이고 배타적인 성격을 가진 경우
   ㉡ 생활궁핍의 경험이 없는 경우
   ㉢ 근로정신이 희박하고 무위도식을 하는 경우
   ㉣ 퇴폐향락과 과소비에 물든 경우
   ㉤ 경미한 비행을 반복하여 범함으로써 가정에서 소외된 경우
   ㉥ 기타 사회봉사명령을 부과하는 것이 적절하다고 판단되는 경우

② 수강명령에 적합한 대상자의 유형
   ㉠ 본드·부탄가스를 흡입하는 등 약물남용범죄를 저지른 경우 또는 마약범죄를 범한 경우
   ㉡ 알코올 중독으로 인한 범죄를 범한 경우
   ㉢ 심리·정서상의 특이한 문제와 결합된 범죄(성범죄 등)를 범한 자로서 적절한 프로그램을 통하여 치료를 받을 필요가 있는 경우
   ㉣ 기타 수강명령을 부과하는 것이 적절하다고 판단되는 경우

③ 사회봉사명령에 적절하지 않은 해당자의 종류
   ㉠ 약물이나 알코올 중독으로 범죄를 저지른 경우

㉡ 일상적이거나 심한 폭행 또는 성적 집착에 의한 범죄를 저지른 경우
㉢ 정신병이나 심한 정신장애의 처지에 있는 경우
㉣ 신체장애로 인해 맡겨진 일을 처리할 수 없는 경우
㉤ 보안관찰 해당 되는 공안범죄를 저지른 경우

(3) 수강 또는 사회봉사할 장소 또는 시설 지정

소년부 판사는 수강명령 또는 사회봉사명령의 처분을 하는 경우 필요하다고 인정하는 때에는 수강할 강의의 종류나 방법 및 대상이 될 시설, 사회봉사의 종류나 방법 및 그 대상이 될 시설 등을 지정할 수 있다(규칙 31조 2항 후문).

사회봉사명령 또는 수강명령은 보호관찰관이 집행하거나 보호관찰관이 국공립기관이나 그 밖의 단체에 위탁하여 집행할 수 있다(보호관찰 61조 1항). 그러나 소년에 대해서는 법원장도 소년이 수강 또는 사회봉사할 장소 또는 시설을 지정할 수 있다(규칙 34조 2항). 법원장이 수강 또는 사회봉사할 장소 또는 시설을 지정하는 경우, 법원장은 보호관찰소의 장으로 하여금 필요한 보고를 하게 하거나 그 의견을 들을 수 있다(같은 조 3항).

그러한 장소는 소년에 대한 환경의 조정과 성행의 교정에 적당한 곳이어야 하고 이를 지정함에 있어서는 미리 그 시설의 운영자와 협의하여야 하며(같은 조 5항), 법원장은 언제든지 법원소속 공무원으로 하여금 지정된 장소 등이 소년의 보호에 충분한 시설을 가지고 있는가의 여부와 그 운영실태를 조사·보고하도록 하고 이에 부적당하다고 인정되는 경우에는 그 지정을 취소할 수 있다(같은 조 6항).

보호관찰 및 사회봉사명령 등에 관한 예규(재형 2003-9) 4조는 사회봉사명령·수강명령 등을 집행하는 시설·장소의 지정 및 통보에 관하여 규정하고 있는데, 그 내용은 다음과 같다.

① 지방법원·가정법원의 장이 시설·장소를 정하는 경우

지방법원·가정법원의 장은 보호관찰관이 사회봉사명령·수강명령의 집행을 위탁 지정한 국·공립기관, 기타 단체가 부족하거나 부적절하는 등의 사유로 인하여 직접 지정하는 것이 필요하다고 판단하는 경우 사회봉

사 또는 수강할 시설·장소를 지정할 수 있다[보호관찰 및 사회봉사명령 등에 관한 예규(재형 2003-9) 4조 1항].

② 보호관찰관이 위탁시설에 위탁하여 집행하는 경우

보호관찰소의 장은 매년 11. 30.까지 소재지 관할 고등법원·지방법원·가정법원 및 지원의 장에게 다음해에 사회봉사명령·수강명령을 위탁하여 집행할 시설·장소 등에 관한 내역을 다음 각 호의 서류를 첨부하여 통보하여야 한다(다만, 사회봉사명령을 위탁받아 집행하는 시설과 수강명령을 집행하는 국·공립기관 등에 대하여는 ①, ②, ③호의 서류는 이를 생략할 수 있다). 도중에 새로이 위탁시설을 지정하는 경우에는 10일 이내에 같은 방법으로 법원에 통보하여야 한다[보호관찰 및 사회봉사명령 등에 관한 예규(재형 2003-9) 4조 2항].

㉠ 법인등기부등본 기타 자격증명에 관한 서면

㉡ 정관 또는 규약

㉢ 부동산등기부등본, 도면 기타 시설에 관한 서면

㉣ 대상자의 감호와 교육 등에 관한 계획서

㉤ 사회봉사 또는 수강할 수 있는 연인원

㉥ 기타 필요한 서면

(4) 사회봉사명령·수강명령의 시간 및 집행기한

구체적인 사건에서 사회봉사명령·수강명령의 총 시간은 대상자의 개선가능성, 범죄의 경중, 미결구금 여부 등을 종합적으로 고려하여 결정하는데, 이에 대한 일반적인 기준으로서 소년보호사건에서 사회봉사시간은 200시간의 범위 내에서 8의 배수가 되도록 명하고, 수강시간은 죄명, 대상자의 성향, 관할보호관찰소의 수강프로그램 등을 고려하여 정하되 8의 배수가 되도록 한다[보호관찰 및 사회봉사명령 등에 관한 예규(재형 2003-9) 6조 2호, 4호].

수강명령 또는 사회봉사명령의 처분을 하는 경우에는 집행기한을 특정하여야 하는데(규칙 31조 2항 전문), 보통 50시간 이내는 6개월 내지 8개월, 80시간 이내는 8개월 내지 10개월, 120시간 이내는 10개월 내지 1년으로 특정하나, 소년의 상황이나 그 밖의 사정을 고려하여 집행기한을 달리 정할 수 있다. 서울가정법원은 사회봉사명령의 처분을 하는 경우에 통상 집행기간을 8개월 이내(80시간 이내일 경우)로 정하고 있고, 120시간이나 그 이상의 사회봉사를 명하는 경우 또는 보호소년이 방학을 이용하여 사회봉사명령 집행을 할 필요가 있는 경우 등에는 집행기한을 1년 이내로 정하기도 한다.

(5) 결정의 고지 및 통지

① 소년보호사건에서 결정 주문 기재례

소년부 판사는 사회봉사명령, 수강명령의 취지, 비행의 내용, 대상자의 연령과 직업과 소질 등 개인적 특성, 집행시기, 지역적 특성, 집행시설 및 장소의 여건 등 제반 사정을 고려하여 가능한 한 아래 (나), (다)에서 예시하는 바와 같이 사회봉사 또는 수강할 강의의 종류나 방법 및 그 대상이 되는 시설을 지정하여야 한다.

특히 단순 노역보다는 대상자 스스로 자신의 행동을 반성하고 사회적 책임감을 회복하는 동기를 부여할 수 있는 방법을 고려하여 지정하고, 필요한 경우에는 두 가지 이상의 사회봉사방법을 지정할 수 있다[보호관찰 및 사회봉사명령 등에 관한 예규(재형 2003-9) 7조 1항].

주문례

보호소년에게 이 결정을 고지받은 날부터 6개월 안에 보호관찰소에서 40시간의 수강을 할 것을 명한다.

보호소년에게 이 결정을 고지받은 날부터 6개월 안에 ○○○에서 20시간의 수강을 할 것을 명한다.

보호소년에게 이 결정을 고지받은 날부터 8개월 안에 자연보호활동 40시간의 사회봉사를 명한다.

② 사회봉사명령 작업내용의 일반적 유형

㉠ 자연보호활동(공원·하천 등 제초작업 및 오물수거)

㉡ 복지시설 및 단체 봉사활동(양로원·고아원·장애자시설 지원, 사회복지기관·단체의 복지관련 사업보조 등)

㉢ 공공시설봉사활동(고속도로·국도변 쓰레기·오물수거, 도서관 장서정리, 공공시설 보수, 산불·풍수해 등 재해복구활동 등)

㉣ 대민지원봉사활동(응급실 인력보조, 환자 간병보조, 자원재생공사의 재활용사업 지원, 모내기, 벼베기, 과일수확, 문화재보수 · 제설 · 배수로 정비, 쓰레기 분리수거, 저소득 · 서민층 등 소외계층에 대한 기초생활지원활동 등)

㉤ 기타 지역사회에 유익한 공공분야 봉사활동

③ 수강명령 강의내용의 일반적 유형

㉠ 약물 · 마약 · 알코올치료강의

㉡ 준법운전강의

㉢ 정신 · 심리치료강의

㉣ 성폭력 · 가정폭력치료강의

④ 취지 설명, 준수사항의 서면에 의한 고지 및 신고안내

수강명령, 사회봉사명령을 명하는 결정을 고지하는 경우에는 소년부 판사는 법정에서 대상자에게 수강명령, 사회봉사명령의 취지를 설명하고, 수강명령(사회봉사명령) 대상자의 준수사항을 교부하여 사회봉사명령 · 수강명령 집행기간 중에 준수할 사항을 고지하고, 보호관찰 등 대상자 신고안내서를 교부하여야 한다[보호관찰 및 사회봉사명령 등에 관한 예규(재형 2003-9) 8조].

수강명령, 사회봉사명령을 명하는 결정을 고지하는 경우에는 대상자로부터 준수사항을 기재한 서면에 관한 영수증 등을 별도로 받지 아니하고, 그 고지 사실을 심리조사에 아래 예시와 같이 기재한다.

"예시" 결정서에 의하여 결정을 고지하고 항고기간, 항고장제출법원 및 항고법원을 고지하고, 보호관찰기간 중 준수할 사항을 서면고지.

대상자에게 교부한 보호관찰기간 중에 또는 사회봉사명령 · 수강명령 집행기간 중에 준수할 사항을 기재한 서면은 그 사본 1통을 심리조서 다음에 편철한다.

⑤ 결정의 통지

수강명령, 사회봉사명령을 명하는 결정을 한 경우에는 그 법원의 법원사무관 등은 결정일부터 3일 이내에 대상자의 주거지를 관할하는 보호관찰소의 장에게 결정등본을 송부하여야 하는데, 실무는 형사사건에서 사용하는 양식을 사용하지 않고, 결정등본에 사무관 등이 결정등본이라는

취지를 부기하여 보내고 있다.

(6) 집행 및 비용지급

보호관찰관이 수강명령 또는 사회봉사명령을 집행함에는 소년의 정상적인 생활을 방해하지 아니하도록 하여야 한다(법 33조 4항 후단).

소년부 판사는 법 32조 1항 2호, 3호에 따라 민간 수강명령기관 등에서 소년이 수강한 장소 또는 시설에 보호소년 1인당 1시간에 1만 원을 지원할 수 있고, 위 기관 등에게 비용을 지급할 때에는 비용 청구서 및 영수서(전산양식 B5712)와 필요한 소명자료를 제출받는다[소년보호절차에 관한 예규(재특 2008-2) 10조 1항 2호, 2항].

(7) 집행감독 등

① 법원장의 집행기관 지정 취소

법원장은 소년이 수강 또는 사회봉사할 장소 또는 시설을 지정할 수 있고, 언제든지 법원소속 공무원으로 하여금 위에 따라 지정된 위탁받는 기관 등이 소년의 보호나 보호자특별교육에 충분한 시설을 가지고 있는가의 여부와 그 운영실태를 조사, 보고하도록 하고 이에 부적당하다고 인정되는 경우에는 그 지정을 취소할 수 있다(규칙 34조 2항, 6항).

② 보호관찰소가 집행위탁한 경우

㉠ 집행상황의 통보

보호관찰소의 장은 소재지 관할 지방법원·가정법원 또는 지원의 장에게 매년 2월 말일과 8월 말일을 기준으로 한 직전 6개월 동안의 보호관찰 및 사회봉사명령·수강명령의 위탁 인원수, 집행종료 인원수 및 미집행 인원수를 통보하여야 하고, 매월 5일까지 보호관찰소별·위탁집행기관별 집행기능 인원수 및 실제 배정 인원수, 사회봉사·수강명령의 구체적 집행 내용 및 집행 중 재범현황 등을 서면으로 통보하여야 한다[보호관찰 및 사회봉사명령 등에 관한 예규(재형 2003-9) 10조].

㉡ 집행상황의 감독

지방법원·가정법원의 장은 관장지역 안에 있는 보호관찰소와 위탁집행기관의 진행상황을 감시하고 집행위탁 취소 등의 일을 전적으로 맡기게 하기 위해서 소속법관 중 1인을 보호관찰, 사회봉사·수강명령 책임 법관(이하 '책임법관'이라 한다)으로 정하여야 한다. 그 사무분담기간은 특별한 사정이 없는 한 1년으로 한다[보호관찰 및 사회봉사명령 등에 관한 예규(재형 2003-9) 11조].

책임법관은 보호관찰소장이 통보한 집행상황의 내용이 기재된 보고서를 모아 소속법원 법관들이 열람할 수 있도록 한다.

지방법원·가정법원의 장은 필요한 경우 소속 법원공무원으로 하여금 관할구역 내에 있는 위탁집행기관이 대상자의 교화·개선에 적당한지 여부 및 운영·집행실태를 조사할 수 있다.

책임법관은 사회봉사 또는 수강할 시설·강의가 종전의 집행실태나 교육과정 등에 비해 부적절하다고 인정하는 경우에는 이를 법원장 등에게 보고하고, 법원장은 이에 따라 집행방법 또는 교육과정 등의 시정을 요구하거나 일반적인 위탁지정을 취소할 수 있다. 법원장이 위탁지정을 취소한 경우에는 법원사무관 등은 관할 보호관찰소에 집행위탁 취소서(전산양식 B5836)를 송부하여야 한다.

위와 같이 법원장이 위탁지정을 취소한 내용을 통보받은 보호관찰소의 장은 법원장 또는 법원에 교육과정의 시정 또는 재지정한 위탁시설을 통보하여야 한다.

㉢ 대법원에 보고할 상황

고등법원·지방법원·가정법원·지원은 매년 12월 10일까지 법원행정처에 다음해에 사회봉사명령 또는 수강명령을 집행할 시설·장소를 보고하여야 한다. 법원장이 일반적인 위탁지정을 취소하였을 때에도 10일 이내에 같은 방법으로 보고하여야 한다[보호관찰 및 사회봉사명령 등에 관한 예규(재형 2003-9) 12조].

(8) 보호관찰협의회

지방법원·가정법원은 판사들과 보호관찰소 및 위탁집행기관이 매우 가깝게 돕고 생각을 공유함으로써 보호관찰 및 사회봉사명령·수강명령을 원만하게 수행하기 위해서 보호관찰협의회를 운영하여야 한다.

협의회는 법원장, 책임법관을 포함한 부장판사 또는 단독판사, 보호관찰소의 장, 보호관찰관, 위탁집행기관의 대표자들로 구성하되, 법원의 사정에 그 구성을 달리할 수 있다. 협의회는 연 2회 법원 또는 지원에서 개최한다[보호관찰 및 사회봉사명령 등에 관한 예규(재형 2003-9) 20조, 21조, 23조, 자세한 내용은 4, 5호 처분 내용 참조].

3) 4, 5호 처분

(1) 의의 및 처분의 내용

소년법상 보호관찰은 보호소년을 비수용상태, 즉 사회 내에 두면서 전문가인 보호관찰관의 지도, 감독과 보도, 원호를 통하여 교정하려는 보호처분으로서 사회 내 처우의 가장 대표적 방법이다.

4호 처분은 단기(1년) 보호관찰을, 5호 처분은 장기(2년) 보호관찰을 받는 것으로서 보호관찰 대상자의 주거지를 관할하는 보호관찰소 소속 보호관찰관이 담당한다(보호관찰 31조).

보호관찰 대상소년은 보호관찰관의 지도·감독을 받으며 준수사항을 지키고 스스로 건전한 사회인이 되도록 노력하여야 한다(보호관찰 32조 1항).

소년부 판사는 소년들의 비행을 방지하는 데 효과적인 야간외출제한명령을 보호관찰처분의 특별준수사항으로 부과할 수 있는데, 그 기간은 1년 이내이다(같은 조 2항).

이 밖에 실무상 많이 사용되는 특별준수사항의 예는 다음과 같다(보호관찰령 19조 1호, 2호, 4호 참조). 소년들의 이해를 돕기 위해 쉬운 구어체로 할 수 있다.

1. 운전면허를 취득할 때까지 자동차(원동기장치자전거를 포함한다) 운전을 하지 않을 것(무면허 운전하지 말 것)
2. 직업훈련, 검정고시 등 학과교육 또는 성행개선을 위한 교육, 치료 및 처우 프로그램에 관한 보호관찰관의 지시에 따를 것(검정고시 준비 잘 할 것)
3. 성실하게 학교수업에 참석할 것(학교에 잘 다닐 것)
4. 술마시지 말 것
5. 피해자에게 접근하지 말 것(성폭력범죄의 경우)
6. 유해화학물질 등 중독성 있는 물질을 사용하지 아니할 것(본드 흡입의 경우)

(2) 결정의 고지 및 통지

소년부 판사는 보호관찰 처분 시 법정에서 소년 및 보호자에게 관할 보호관찰소에 신고하도록 하면서 보호관찰안내문 및 준수사항을 교부하고, 보호관찰은 결정이 확정된 때부터 개시되고(보호관찰 29조 1항) 결정은 고지된 날로부터 7일 이내에 항고가 제기되지 아니하면 확정되므로(법 43조 2항), 소년부 판사는 그 집행을 위하여 신속히 결정서의 등본을 교부하여 보호관찰관으로 하여금 그 결정을 집행하게 한다(법 35조, 규칙 37조, 21조).

보호관찰은 그 자체가 하나의 독립된 처분이므로 이 처분만을 독자적으로 행할 수도 있으나 이 처분은 소년의 수용을 전제로 하지 아니하므로 그 실효를 거두기 위하여 소년을 보호자에게 위탁하는 1호 처분과 병합하여 행할 수 있게 되어 있고(법 32조 2항), 실제로도 거의 대부분 1호 처분을 병합한다. 소년부 판사가 아동·청소년의 성보호에 관한 법률이 정한 가해 아동·청소년에 대하여 소년법 32조 1항 4호 또는 5호의 보호관찰처분을 하는 경우에는 재범예방에 필요한 수강명령을 하여야 한다(아청 44조 4항).

주문례

보호소년에게 (단기/장기) 보호관찰을 받을 것을 명한다.
보호소년에게 이 상담개시일로부터 3개월 안에 보호관찰소에서 20시간의 상담(교육)을 받을 것을 명한다.
보호소년에게 이 결정을 고지받은 날부터 6개월 안에 서울남부청소년비행예방센터에서 35시간의 대안교육을 받을 것을 명한다.

(3) 집행 및 임시해제

보호관찰의 내용은 다음과 같다.

① 지도·감독활동으로서 보호관찰 대상자의 재범을 방지하고 사회복귀를 촉진하기 위하여 보호관찰 대상자와 긴밀한 접촉을 가지고 항상 그 행동 및 환경 등을 관찰하고, 보호관찰 대상자에 대하여 준수사항을 이행함에 적절한 지시를 하며, 보호관찰 대상자의 건전한 사회복귀를 위하여 필요한 조치를 취하는 등으로 지도·감독을 하고,

② 원호활동으로서 보호관찰 대상자가 자조(自助)의 노력을 함에 있어 그의 개선과 자립을 위하여 필요하다고 인정되는 적절한 조치, 예컨대 숙소 및 취업의 알선, 직업훈련기회의 제공, 환경의 개선, 보호관찰 대상자의 건전한 사회복귀를 위하여 필요한 원조의 제공 등의 원호를 하며,

③ 응급구조활동으로서 보호관찰소의 장은 보호관찰 대상자에게 부상·질병 기타 긴급한 사유가 발생한 때에는 필요한 구호를 할 수 있다(보호관찰 33조부터 35조까지). 실제로 보호관찰관이 행하는 보호관찰은 지도활동이 대부분이고, 지도활동은 월 1~2회 정도의 본인면담이 상당 부분을 차지하고 있으나 최근에는 직업훈련, 검정고시 등 학과교육 또는 성행개선을 위한 교육, 치료 및 처우 프로그램에 관한 보호관찰관의 적극적인 지도도 행해지고 있다.

보호관찰기간 중 군입대를 하는 경우 보호관찰 등에 관한 법률 56조에 따라 보호관찰을 실시하지 않는다.

다만, 군복무 종료 후에도 보호관찰기간이 남아 있는 경우에는 잔여기간 동안 보호관찰을 받게 된다. 한편, 보호관찰기간 중 해외연수나 해외유학을 가는 경우 미리 보호관찰관에게 신고하면 된다(보호관찰 32조 2항 4호 참조).

보호관찰 심사위원회는 보호관찰 대상자의 성적이 양호한 때에는 보호관찰소의 장의 신청에 의하여 또는 직권으로 보호관찰을 임시해제할 수 있다(위법 52조 1항).

임시해제 중에는 보호관찰을 하지 않지만, 보호관찰 대상자는 준수사항을 계속하여 지켜야 하고, 다시 보호관찰을 하는 것이 적절하다고 인정되면 심사

위원회는 보호관찰소의 장의 신청을 받거나 직권으로 임시해제 결정을 취소할 수 있다(같은 조 2항, 3항).

(4) 보호관찰협의회의 설치 및 운용

① 협의회의 목적

지방법원 혹은 가정법원은 판사들과 보호관찰소 및 위탁집행기관 사이 대표자 간 가까운 도움과 생각을 공유함으로써 보호관찰 및 사회봉사명령·수강명령의 원만한 수행을 위해서 보호관찰협의회를 운영하여야 한다[보호관찰 및 사회봉사명령 등에 관한 예규(재형 2003-9) 20조].

② 협의회의 구성

협의회는 법원장, 책임법관을 포함한 부장판사 또는 단독판사, 보호관찰소의 장, 보호관찰관, 위탁집행기관의 대표자들로 구성하되, 법원의 사정에 따라 그 구성을 달리할 수 있다(위 예규 21조).

③ 협의회의 의장 및 간사

협의회의 의장은 법원장으로 하며 회의를 주재하고 협의회의 사무를 통할한다. 협의회의 효율적인 운영을 위하여 법원, 보호관찰소, 위탁집행기관에 각 간사 1인을 둔다[보호관찰 및 사회봉사명령 등에 관한 예규(재형 2003-9) 22조].

④ 협의회의 일시·장소

협의회는 연 2회 법원 또는 지원에서 개최한다(위 예규 23조).

4) 6호 처분

(1) 의의

6호 처분은 수용처우(시설 안의 대우)를 명령하는 보호처분인 면에서 1호 내지 5호 처분과 차이나고, 그 수감시설이 소년원 같은 공공시설이 아니고 사설시설인 점에서 8호 내지 10호 처분과 구분되는데, 온건한 사회 내 대우와 소년원 송치 처리의 중간부분에 자리하는 중간대우이다.

각별히 6호 처분은

① 국가시설수용이 소년범에게 주는 쇼크와 파멸적 작용을 경감할 수 있어

보다 인간적인 점,

② 국가시설수용에서 발생하는 범죄습득, 낙인의 영향을 감소시키고 사회생활과의 절단을 줄여 재사회화를 용이하게 하는 점,

③ 국가시설수용에 비교할 때 경비와 효율 면에서 그것보다 경제적인 점,

④ 비행소년의 대우에 민간단체가 함께하도록 함으로써 소년범의 복리와 형사 정책적 개선에 도움을 주고 또한 국가의 부담(보호관찰관의 과부담, 소년원의 과밀수용 등)을 줄일 수 있는 점 등의 이점이 있다.

(2) 대상소년

6호 처분 대상소년으로는

① 비행정도가 낮지만 보호자나 가족이 전혀 없는 무의탁소년(보호자가 있더라도 도움이 되지 못하거나 나쁜 영향을 주는 가정의 소년도 포함)으로서 방치한다면 비행반복의 위험성이 큰 경우,

② 소년이 이미 4호나 5호의 처분을 받은 전력이 있으면서 재범하였고, 개선가능성은 있지만 보호자나 가족의 보호능력이 미약할 경우,

③ 아직 9호나 10호의 처분전력은 없지만 비행정도가 높은 소년으로서 국가기관에 의한 엄격한 제도적 선도보다는 다소 온정적인 보호에 의한 선도를 기대할 수 있는 경우 등이 적당하다. 다만, 위탁받는 기관의 성격상 폭력성이 심한 소년은 관리에 문제가 있으므로 가급적 피하는 것이 좋다. 6호 처분을 선택하는 경우에는 심리 전날 또는 심리 당일 위탁받는 기관에 연락하여 소년의 신병을 인수하도록 하고 있다.

(3) 6호 처분 수탁기관

6호 처분에 따라 소년을 위탁받아 감호하는 '아동복지법에 따른 아동복지시설이나 그 밖의 소년보호시설'을 통상 '6호 처분 수탁기관(이하 '6호 기관'이라 한다)'이라고 부르는데, 법원장은 소년에 대한 환경의 조정과 성행의 교정에 적당한 곳을 미리 그 시설의 운영자와 협의하여 수탁기관으로 지정하여야 하고(규칙 34조 1항, 5항), 언제든지 법원소속 공무원으로 하여금 지정된 수탁기관이 소년의 보호에 충분한 시설을 가지고 있는가의 여부와 그 운영실태를 조

사·보고하도록 하여, 이에 부적당하다고 인정되는 경우에는 그 지정을 취소할 수 있다(같은 조 6항).

(4) 현재 대표적인 6호 기관은 다음과 같으며 좀 더 자세히 살펴보기로 한다.

① 보호치료시설 효광원

대전에 있는 천주교 계열의 기관으로 아동복지법상의 보호치료시설이다. 비교적 엄한 규율 하에 소년을 자동차정비기술반과 제과제빵, 이·미용, 컴퓨터 교육반으로 나누어 체계적으로 가르치며, 심성교육과 학과교육도 겸한다. 6호 기관 중 이탈방지시설이 되어 있고 생활 및 교육시설이 비교적 잘 구비되어 있다. 6호 기관들 중에서 보호소년의 평균 연령과 비행정도가 가장 높은 편으로 주로 학업에 흥미가 없는 16세 이상의 소년을 보내고 있다.

② 나사로 청소년의 집

경기 양주군에 있는 기독교 계열의 기관이다. 기독교식 심성교육과 학과교육을 겸하고 있다. 직업훈련 프로그램으로는 애견미용과 화훼장식기능사 수업이 있다. 운영자인 목사가 가족들 및 교사들과 함께 생활하면서 운영한다. 자연친화적인 환경, 다양한 동아리활동과 비교적 자유로운 분위기가 특징이다. 비행정도가 낮은 15세 이하의 무의탁소년을 주로 보낸다. 퇴소 후 부모의 보호력이 취약한 소년들을 위해 그룹홈을 운영한다.

③ 살레시오 청소년센터

서울 영등포구에 위치한 천주교 계열의 기관으로 아동복지법상의 보호치료시설이다. 운영주체는 재단법인 한국천주교 살레시오회다. 사랑에 바탕을 둔 심성교육을 중시하고 학과교육을 비롯하여 목공과 도예교육을 실시한다. 이탈방지시설이 없는 개방형 시설이므로 나이가 어리고 비행정도가 가벼우면서도 보호자가 없거나 보호자의 관심이 없는 소년을 보낸다. 목공교육 시간에 니스 등 화공약품을 취급하게 되므로, 유해화학물질 관리법 위반 소년은 사절하고 있다. 시설, 운영, 재정상태 면에서 우수하나 도심에 위치하고 있고, 다소 개방적인 운영방침으로 인하여 이탈사고가 많다.

④ 로뎀청소년학교

충북 제천시에 있는 기독교 계열의 기관이다.

교사로 재직하다가 정년퇴임한 운영자가 가족과 함께 소년들을 돌본다. 폐교된 시골 학교시설을 무상사용하면서 자체적으로 마련한 체계적인 교육 프로그램에 따라 심성교육, 기초학과교육을 실시하며 학력이 뒷받침되는 소년의 경우에는 인근의 중학교에 취학시킨다. 약 6천 평의 농장(채소밭과 가축사육장)을 갖추어 영농 및 근로교육을 하고 그 수확물을 자체 소비하고 있다.

바이올린 등 악기 연주를 통한 치유, 축구 등 체육활동을 이용한 치유에 노력과 관심을 집중하고 있는 편이다. 나이가 어리고 부모나 연고자가 없으며, 비행정도가 가벼운 소년으로서 학업에 뜻을 가진 소년을 위탁한다.

⑤ 마자렐로센터

서울 영등포구에 위치한 천주교 계열의 기관으로 아동복지법상의 보호치료시설로 운영주체는 사회복지법인 살레시오수녀회이다. 가치관 및 인성교육과 자립준비를 위한 프로그램으로 네일아트 미용사자격, 컴퓨터 정보화교육, 바리스타 자격과정을 갖추고 있다.

6호 기관뿐만 아니라 1호 처분의 보호자를 대신할 기관으로서 결손가정의 소녀들이나 성폭력 피해자의 쉼터로도 활용이 가능하다. 이와 같이 수탁기관마다 그 특성을 달리하고 있고, 각 가정법원이나 지방법원에서도 나름대로 특징이 있는 수탁기관을 지정하여 운영하고 있는 실정이다.

주문례

보호소년에게 (단기/장기) 보호관찰을 받을 것을 명한다.
보호소년을 ○○○의 감호에 위탁한다.

(5) 6호 기관 지정 절차 등

앞서 1호 처분 부분에서 본 소년보호절차에 관한 예규(재특 2008-2) 중 6호 기관에 관한 내용과 실무사례를 종합하면 다음과 같다.

① 위탁받는 기관의 지정

위탁받는 기관으로 지정받고자 하는 기관의 대표자는 신청서에 다음 각 호의 서류를 첨부하여 법원장에게 신청하여야 한다.

㉠ 법인등기부등본 기타 자격증명에 관한 서면

㉡ 정관 또는 규약

㉢ 부동산등기부등본, 도면 기타 시설에 관한 서면

㉣ 재무제표 기타 재정 및 운영에 관한 서면

㉤ 보호소년에 대한 감호와 교육・상담・수강・사회봉사 등에 관한 계획서와 감호・교육・상담・수강・사회봉사할 수 있는 연인원, 보호자에 대한 특별교육에 관한 계획서와 교육할 수 있는 연인원

㉥ 기타 필요한 서면

법원장은 소속 공무원으로 하여금 소년심판규칙 34조 5항에 규정된 요건을 충족하고 있는지를 조사, 보고하도록 하고, 이에 적당하다고 인정되면 위탁받는 기관으로 지정한다.

② 위탁받는 절차

소년부 판사가 소년법 32조 1항 6호에 해당하는 처분을 하는 때에는 위탁받는 기관의 대표자에게 적당한 방법으로 통지하여 심리기일에 출석하게 하고, 그 기관은 판사의 감호 등에 필요한 지시를 받아 보호소년을 인수하여야 한다.

③ 준수사항

위탁받는 기관의 대표자는 보호소년의 보호자 또는 소년이 지정하는 자에게 지체 없이 수용사실을 통지하여야 한다. 위탁받는 기관의 대표자는 보호소년을 위탁받는 기관의 시설에 수용할 때에는 소년의 건강과 위생에 필요한 조치를 취하여야 하고, 질병에 걸린 때에는 지체 없이 보호자에게 이를 통지하고 상당한 치료를 받도록 하여야 한다.

위탁받는 기관의 대표자는 소년의 이탈, 소요, 난동, 폭행, 자해, 기타 사고를 방지하는 데 필요한 조치를 하여야 한다. 위탁받는 기관의 대표자는 소년을 신체 또는 정신상 유해・위험한 일에 종사하게 하여서는 아니 된다.

④ 소년의 감호 등

위탁받는 기관의 대표자는 수시로 보호소년을 면접·관찰하여 보호, 지도, 원호하고 그 결과를 집행상황 보고서에 기재하여야 한다.

⑤ 감호 등 상황의 보고

위탁받는 기관의 대표자는 보호소년의 감호상황 등을 매 1개월마다 소년부 판사에게 보고하여야 한다.

⑥ 감호의 종료

위탁받는 기관의 대표자는 소년에 대한 감호기간이 종료된 때에 소년부 판사 및 보호자 또는 보호소년이 지정하는 자에게 그 취지 및 신병인도에 관한 통지를 하여야 한다.

⑦ 위탁받는 기관의 지정 취소

법원장은 언제든지 법원소속 공무원으로 하여금 지정된 기관이 소년의 보호나 보호자특별교육에 충분한 시설을 가지고 있는가의 여부와 그 운영실태를 조사, 보고하도록 하고, 이에 부적당하다고 인정되는 경우에는 그 지정을 취소할 수 있다(규칙 34조 6항).

⑧ 비치할 장부

법원에는 위탁받는 기관별 감호소년명부와 위탁받는 기관의 지정 및 그 취소에 관한 철, 보고에 관한 철을 비치하여야 하고, 위탁받는 기관에는 ① 감호 소년명부, ② 감호일지, ③ 감호비용의 수입·지출에 관한 철, ④ 보고에 관한 철을 비치하여야 하며, 법원 및 위탁받는 기관은 법원장의 허가를 받아 위 규정 외의 장부를 비치할 수 있다.

⑨ 감호비용의 지급 등

소년부 판사는 비용 청구서 및 영수서(전산양식 B5712)와 필요한 소명자료를 제출받아 규칙 34조 1항에 따라 6호 기관에게 보호소년 1인당 월 30만 원의 범위 안에서 비용을 지급할 수 있다[소년보호절차에 관한 예규(재특 2008-2) 10조 1항 1호, 2항].

위탁받는 기관이 감호에 관한 비용을 보조받았을 때에는 보호소년의 감호를 위하여 지출하여야 한다. 감호비용을 보조받은 위탁기관은 법원에 매년 그 비용의 수입과 지출에 관한 결산보고서를 제출하여야 한다.

(6) 6호 처분의 특징

6호 처분과 9호 처분은 위탁기관이 동일하고 비행 및 보호의 필요성의 정도가 비슷한 경우가 많다.

6호 기관은 지역사회에 설치되어 있어 소년원에 비해 사회로부터 격리된 정도가 덜하고, 6호 기관에서는 소년이 시설운영자의 지도하에 단체생활을 하기 때문에 지속적인 감독과 통제가 가능하다. 이러한 점에서 6호 기관은 소년원과 가정의 중간단계에 속하는 다소 개방적 수용시설이라고 할 수 있다.

과거에는 수탁기관에 대한 국가의 재정지원이 미흡하고 보호소년의 특성에 맞는 수탁기관을 찾기도 어려워 아동복지시설이나 소년보호시설에 위탁하는 처분을 기피하였다.

그러나 앞서 본 바와 같이 법원은 6호 기관이 창의적이고 내실 있는 프로그램을 운영할 수 있도록 보호소년 1인당 월 30만 원의 비용을 지급하고 있고, 6호 시설 역시 인적·물적 자원을 보강하여 현재 6호 처분의 비율이 증가하고 있다.

5) 7호 처분

(1) 7호 처분의 의의

소년을 병원, 요양소 또는 보호소년 등의 처우에 관한 법률에 따른 소년의료보호시설에 위탁하는 처분으로서, 정신질환이 있거나 약물남용과 같이 의학적인 치료와 요양이 필요한 경우에 행하여지는 처분이다. 비행의 내용보다는 보호자의 보호력과 소년의 정신건강상태에 따라 7호 처분을 선택한다.

7호 처분은 소년의 치료와 요양을 목적으로 한다는 점에서 소년보호재판의 보호주의적, 복지주의적 성격을 가장 직접적으로 표현하고 있는 처분이다.

7호 처분을 하기 전에는 소년에 대한 세심하고 철저한 심리검사를 하여야 하는데, 제출된 진단서나 감정서만으로 충분하지 않은 경우에는 분류심사원에 임시위탁을 하거나 임시조치를 활용하여 병원에 위탁한 후, 7호 처분의 필요성이 인정되면 이를 적극적으로 선택할 필요가 있다.

7호 처분의 위탁받는 기관의 지정 등은 6호 처분의 경우와 같다. 현재 7호 처분이 가능한 수탁기관은 다음과 같다.

법원	보호기관	전화번호	주소
서울	건국대학교병원	(02)20300-5400 (02)2030-7121~5	서울특별시 광진구 능동로 120-1 (화양동)
	경기도의료원 의정부병원	(031)828-5162	경기도 의정부시 홍선로 142 (의정부동)
	국립서울병원	(02)2204-0122	서울특별시 광진구 능동로 398 (중곡동)
	동산의원	(02)744-4567	서울특별시 종로구 율곡로 219-1 (이화동)
	대전소년원 부속의원	(042)272-4645	대전광역시 동구 산내로 1398-41 (대성동)
	백상창 신경정신과의원	(02)2696-1583 (02)2605-4778	서울특별시 강서구 화곡로 264 (화곡동)
	청소년복지재단 마리스타의 집	(043)853-5313	충청북도 충주시 산척면 지속골길 71
춘천	대전소년원 부속의원	(042)272-4645	대전광역시 동구 산내로 1398-41 (대성동)
대전	국립공주병원	(041)850-5700	충청남도 공주시 고분터로 623-21 (오곡동)
	대전소년원 부속의원	(042)272-4645	대전광역시 동구 산내로 1398-41 (대성동)
청주	대전소년원 부속의원	(042)272-4645	대전광역시 동구 산내로 1398-41 (대성동)
대구	대동병원	(053)663-1000	대구광역시 동구 화랑로 169 (효목동)
	대전소년원 부속의원	(042)272-4645	대전광역시 동구 산내로 1398-41 (대성동)
부산	대전소년원 부속의원	(042)272-4645	대전광역시 동구 산내로 1398-41 (대성동)
광주	국립나주병원	(061)330-4114	전라남도 나주시 산포면 세남로 1328-31
	광주 양지병원	(062)570-9000	광주광역시 북구 우치로 422번길 32 (삼각동)
	대전소년원 부속의원	(042)272-4645	대전광역시 동구 산내로 1398-41 (대성동)

서울가정법원의 경우 7호 처분을 위탁받는 기관으로 대전소년원 부속의원, 의정부에 있는 지방공사 경기도의료원 의정부병원, 서울 광진구에 있는 국립서울병원과 건국대학교병원이 있다. 7호 처분을 한 경우에는 소년을 위탁받는 기관까지 법원직원이 호송하여야 하고(대전소년원 부속의원에의 위탁처분은 제외), 사전에 위탁받는 기관에게 수용할 능력이 있는지도 확인하여야 한다.

(2) 소년보호절차에 관한 예규(재특 2008-2) 6조 1항 전단에 의하면 소년부 판사가 보호소년에 대하여 병원 등 위탁처분을 하는 경우에는 상담한 비용 지출이 수반되므로 보호자가 감호에 관한 비용을 부담할 경제적 능력이 있는지를 확인하여야 한다.

보호자로부터 소년부 판사가 지정할 위탁병원 또는 요양소 등 수탁기관에 상당기간의 감호에 관한 비용을 미리 지급하였거나 지급하겠다는 취지의 서류를 제출받은 후에 보호처분결정을 하여야 한다(위 예규 6조 1항 후단). 다만, 국가의 지방자치단체가 그 비용을 부담하는 대전소년원 부속의원과 청소년복지재단 마리스타의 집에 대한 위탁처분을 하는 경우에는 위 절차를 생략한다.

보호자가 없는 경우 또는 보호자로부터 제출받은 소명자료 등을 검토하여 보호자가

① 월 평균수입이 100만 원 미만인 사람

② 국민기초생활 보장법에 따른 수급자

③ 국가유공자 등 예우 및 지원에 관한 법률에 의한 국가유공자와 그 유족

④ 한부모가족지원법에 따른 보호대상자인 모자가족 및 부자가족의 모 또는 부

⑤ 그 밖에 감호에 관한 비용을 부담할 경제적 능력이 없는 사람에 해당한다고 인정되는 경우에는 비용부담결정(전상양식 B5708)에 의하여 감호에 관한 비용의 전부 또는 일부를 국가가 부담하기로 결정하고, 병원 등 위탁처분결정을 할 수 있다[소년보호절차에 관한 예규(재특 2008-2) 6조 2항].

소년부 판사는 위탁받은 자를 지정하여 보호처분결정을 하고, 그 즉시 보호처분결정문과 비용부담에 관한 결정문의 각 등본 및 위탁의뢰서를 보호소년의 감호에 참고가 될 자료와 함께 위탁받는 자에게 보내야 한다. 위탁기간이 끝난 후 위탁받는 자가 비용을 청구하면 사후에 법원 예산으로 비용을 지급한다.

주문례

보호소년을 대전소년원 부속의원의 감호에 위탁한다.

보호소년을 ○○병원의 감호에 위탁한다.

(3) 7호 처분의 위탁받는 기관으로 지정된 병원은 그 수가 적고 전문성·다양성이 부족하다. 보호소년이 실제 입원하는 과정에서 호송인력이 부족하고, 병원에서 부모의 동의서를 요구하는 등 절차상 어려움이 있고, 국가에서 그 비용의 전부를 부담하기는 실질적으로 힘든 측면도 있다.

본드 등 약물에 의존하는 경향이 큰 소년과 정신분열증, 반사회적 인격장애 등 정서적으로 문제가 있는 소년들에 대하여는 형사처분보다 병원에서의 치료가 용이한 7호 처분이 적당한 경우가 많다. 소년부 판사는 보호소년의 문제점을 면밀히 파악하여 소년들에 대하여는 7호 처분을 적절히 활용할 필요가 있다.

6) 8호 처분

(1) 소년원 송치는 보호소년에 대한 시설 내 처우로서 소년의 자유를 구속하는 처분이다. 그 기간의 장단에 따라서 8호 처분, 9호 처분, 10호 처분으로 나누어진다. 8호 처분은 1개월 이내 소년원 송치 처분이다.

실무상 수용경험(분류심사원 입원은 제외)이 없는 소년을 대상으로 8호 처분을 하고 있는데 보통 장기 보호관찰처분을 병합하고 있다. 소년부 판사는 8호 처분결정 시 특별한 사정이 없는 한 소년원 입원일을 지정하여 지정된 날짜에 소년 스스로 소년원에 입원하도록 하고 있다.

현재 남자 소년은 대전소년원에서 수용·교육하고(제주지방법원으로부터 처분받은 경우는 제주소년원), 여자 소년은 청주소년원에서 수용·교육한다(이하 8호 처분을 집행하는 소년원을 '전담소년원'이라 한다). 8호 처분을 받은 보호소년은 특별한 사정이 없는 한 4주 동안 소년원에 구금된 상태에서 체험교육, 준법교육, 인성교육 등을 받는다.

주문례

보호소년을 1개월간 소년원에 송치한다. 보호소년은 20 . . .에 ○○소년원에 입원하여야 한다.

(2) 8호 처분의 집행은 법무부의 8호 처분 운영지침에 의하여 실시되고 있다. 8호 처분결정에 참고가 되는 사항을 정리하면 다음과 같다.

법원 소년부의 관할지역에 위치한 소년원(이하 '관할 소년원'이라 한다) 또는 소년분류심사원장은 소년부 판사로부터 처분결정서 등본을 교부받아 지체없이 전담소년원장에게 송부하고 그 사본을 보관한다. 또 해당 소년의 기본신상, 입원일 등의 사항을 전담소년원장(8호 처분 집행소년원장)에게 즉시 통보한다.

소년부 판사가 8호 처분결정(5·8호 병과처분을 포함, 이하 같다)을 하면서 입원일자를 지정하지 아니한 경우, 관할 소년원장이 해당 소년을 법원 소년부로부터 인수받아 즉시 입원시킨다. 소년부 판사가 8호 처분결정을 하면서 처분결정일과 다른 특정 일자를 소년원 입원일자로 지정한 경우, 전담소년원장은 해당 소년이 지정된 일시까지 전담소년원에 스스로 입원할 수 있도록 소년원의 위치, 준비물 등 필요한 사항을 통지한다.

전담소년원장은 8호 처분결정을 받은 소년(이하 '8호 처분자'라고 한다)이 지정된 일자에 입원하지 아니한 경우, 처분을 결정한 소년부 판사 및 관할 보호관찰소장에게 그 사실을 지체없이 통보한다. 전담소년원장은 8호 처분자가 입원 시 사고 또는 신체 및 정신질환 등으로 인하여 교육부적격자로 판단되는 경우 의무과장 등 전문의의 소견서 등을 첨부, 해당 법원에 입원일 재지정 또는 보호처분변경신청 등의 필요한 조치를 할 수 있다.

전담소년원장은 8호 처분자가 원만하게 적응할 수 있도록 10시간 이내에서 신입자교육을 실시한다. 전담소년원장은 기관별 실정을 고려하여 8호 처분자의 특성에 맞는 비행유형별 전문교육, 집단상담, 집단지도, 다양한 체험활동 등의 인성교육을 통해 품행 교정이 이루어질 수 있도록 한다. 전담소년원장은 주5일 교육과정(수업)을 운영하되 수업시간은 1일 7교시(1교시 40분 수업, 10분 휴식)로 한다. 전담소년원장은 8호 처분자 퇴원 시 보호관찰 안내, 퇴원후 생활지침 제공 등을 내용으로 하는 8시간 이내의 퇴원자 교육을 실시한다.

8호 처분자는 소년원 입원 후 4주에 달하는 날, 퇴원자 교육이 종료된 때에 퇴원한다. 전담소년원장은 퇴원 시 지체 없이 보호자 등에게 알리고, 소년을 보호자 등에게 직접 인도하되, 보호자 등이 없거나 인수하지 아니할 때에는 사회복지단체, 독지가, 그 밖의 적당한 자에게 인도할 수 있다. 전담소년원장은 5·8호 병과 처분결정을 받은 소년이 퇴원하는 경우에는 퇴원 3일 전까지 퇴원예정통보서를 관할 보호관찰소장에게 통보하여야 한다.

7) 9, 10호 처분

(1) 9호 및 10호 처분은 상당한 기간 보호소년을 시설에 수용하는 처분으로서 소년의 자유를 구속하는 가장 강력한 처분이다. 9호 처분은 단기로 소년원에 송치하는 것으로 그 수용기간은 6개월을 초과하지 못하고, 10호 처분으로 소년원에 송치된 소년의 수용기간은 2년을 초과하지 못한다(법 33조 5항, 6항).

> **주문례**
>
> 보호소년을 (단기/장기)로 소년원에 송치한다.

(2) 소년원에 수용된 보호소년은 각자의 특성에 따라 학과교육을 계속할 것인지 직업훈련을 받을 것인지 결정하여 해당되는 교육 또는 훈련을 받게 된다.

(3) 소년원의 교정교육

① 교과교육

법무부장관은 소년원에 초·중등교육법 2조 2호부터 5호까지의 학교(이하 '소년원학교'라 한다)를 설치·운영할 수 있다(보호소년처우 29조). 소년원학교는 초·중등교육법에서 정하는 기준에 따라 설치·운영되어야 한다(보호소년처우령 59조 1항). 소년원학교의 원활한 운영과 소년보호 교육기관의 특성을 고려하여 '소년원'과 '소년원의 각급학교 명칭'을 함께 사용할 수 있다(같은 조 2항).

소년원학교는 초·중등교육법에 의한 정규학교이다. 비행으로 인하여 학업을 중도에 포기한 보호소년에게 진로개척에 필요한 학력을 취득할 수 있는 기회를 부여하여 사회적응을 원활하게 하기 위한 것이다.

② 학업능력개발훈련

소년원의 직업능력개발훈련은 보호소년들에게 직업에 대한 올바른 의식과 사회에서 꼭 필요한 기본능력을 습득시킴으로써 출원 후 경제적으로 자립할 수 있는 토대를 마련하는 한편, 근로정신을 함양하여 건전한 직업생활을 하도록 함으로써 재비행을 방지하는 데 그 목적이 있다. 따라서 소년원의 직업능력개발훈련은 보호소년이 근로의 소중함을 깨닫고 직업에 대한 올바른 태도와 능력을 길러 건전한 직업생활을 할 수 있도록 하여야 하고, 학교교육 및 산업사회와 밀접한 관련을 갖도록 실시하여야 한다(보호소년처우령 71조 1항, 2항).

법무부장관은 근로자직업능력 개발법 27조에 따라 소년원에 공공직업훈련시설을 설치·운영할 수 있다(보호소년처우령 72조). 소년원장은 직업능력개발훈련을 실시할 때 보호소년에게 해롭거나 위험한 일을 하게 하여서는 아니되고, 기계, 기구, 재료, 그 밖의 시설 등에 의하여 보호소년에게 위해가 발생할 우려가 있으면 이를 방지하는 데에 필요한 조치를 하여야 한다(보호소년처우 38조 1항, 2항).

(4) 소년원장은 수용 중인 보호소년의 교정성적이 양호하고 보호관찰의 필요성이 있다고 인정되는 때에는 관할 보호관찰 심사위원회에 임시퇴원의 심사를 신청하여 그 위원회의 결정과 법무부장관의 허가에 의하여 임시퇴원시킬 수 있다(보호소년처우 44조, 보호관찰 22조 1항, 23조, 25조). 보통 9호 처분 소년의 경우에는 5개월 전후, 10호 처분 소년의 경우에는 12개월 내지 16개월 사이에 각 임시퇴원하고 있으며, 임시퇴원 후 6개월 내지 1년 동안 보호관찰을 받고 있다.

현재 보호관찰 등에 관한 법률에 의하면 소년원장이 보호관찰 심사위원회에 임시퇴원신청을 하고 보호관찰 심사위원회가 이를 심사·결정하며, 법무부장관의 허가를 받도록 규정되어 있는데, 이러한 절차에 소년이나 그 보호자가 전혀 관여할 수 없는 점은 문제이다.

(5) 현재의 소년원은 각 소년원마다 대략 2~300명 단위로 비교적 대규모로 운영되고 있고, 교육내용도 교과교육과 직업교육으로만 분류되고 일관되게 폐쇄적으로만 운영되는 등 그 다양성이 부족하고, 범죄학습효과와 사회와의 단절에서 오는 폐해 등의 문제는 계속 지적되고 있다.

8) 선도보호(아동 · 청소년의 성보호에 관한 법률)

(1) 아동 · 청소년의 성보호에 관한 법률에 따라 아동 · 청소년의 성을 사는 행위를 한 자의 상대방이 된 아동 · 청소년(이하 '대상 아동 · 청소년'이라 한다)에 대하여 소년부 판사는 소년법 32조 1항 각 호의 보호처분이나 청소년보호법 35조의 청소년 보호 · 재활센터에 선도보호를 위탁하는 보호처분을 할 수 있다(아청 40조 1항).

소년부 판사가 위 아동 · 청소년에 대하여 소년법 32조 1항 4호 또는 5호의 보호관찰처분을 하는 경우에는 수강명령을 동시에 명할 수 있다(아청 40조 2항). 선도보호를 위탁하는 보호처분에 따른 위탁기간은 6개월로 하되, 소년부 판사는 결정으로 6개월의 범위에서 1차에 한하여 그 기간을 연장할 수 있고(아청 40조 3항), 연장한 위탁기간이 만료하지 아니하는 경우에도 필요하다고 인정하는 때에는 결정으로써 그 위탁을 종료할 수 있다(아청 40조 4항).

(2) 성매수의 상대방이 될 경우 비록 소년보호처분에 차이가 없더라도 성보호사건으로 송치되는 것보다 소년보호사건으로 송치되는 것이 바람직하다.

① 아동 · 청소년에 대한 성폭력범죄의 처벌 등에 관한 특례법 3조부터 15조까지의 죄,

② 아동 · 청소년에 대한 형법 297조, 297조의2 및 298조부터 301조까지, 301조의2, 302조, 303조, 305조 및 339조의 죄,

③ 아동 · 청소년의 성보호에 관한 법률 7조의 죄(아동 · 청소년에 대한 강간 · 강제추행 등)를 범한 10세 이상 16세 미만의 가해 아동 · 청소년에 대하여 소년부 판사는 소년법 32조 1항 각 호의 보호처분이나 청소년보호법 35조의 청소년보호 · 재활센터에 선도보호를 위탁하는 보호처분을 할 수 있다(아청 44조).

(3) 청소년보호법 35조의 청소년보호 · 재활센터는 아래와 같은 8가지 외에 아동 · 청소년 대상 성범죄로부터 보호하기 위하여 대통령령으로 정하는 업무를 수행할 수 있다(아청 48조 1항).

① 성매매방지 및 피해자보호 등에 관한 법률 10조의 성매매피해상담소 및

청소년복지지원법 29조 1항에 따른 청소년상담복지센터와 같이 범죄신고의 접수 및 상담, 대상 아동·청소년과 병원 또는 사실과의 연계 및 위탁, 아동·청소년 성매매 등과 관련한 조사 연구

② 대상 아동·청소년의 보호·자립 지원

③ 장기치료가 필요한 대상 아동·청소년의 다른 기관과의 연계 및 위탁 업무(아청 45조). 아동·청소년을 성적 착취와 학대 행위로부터 보호하기 위하여

④ 대상 아동·청소년의 교육·상담 등 선도보호

⑤ 피해 아동·청소년과 대상 아동·청소년의 치료·안정회복과 사회복귀를 돕는 프로그램 운영

⑥ 피해 아동·청소년과 대상 아동·청소년의 법정대리인 등을 위한 교육·상담 프로그램 운영

⑦ 아동·청소년 대상 성폭력범죄의 가해 아동·청소년과 그 법정대리인 등의 교육·상담 프로그램 운영

⑧ 아동·청소년 성보호 전문가 교육

(4) 현재 청소년보호법 35조에 근거한 시설은 2012. 10. 개설된 국립중앙청소년디딤센터 1곳이다. 그런데 위 시설은 청소년복지지원법 31조도 근거로 하고 있고, 우울증 등 정서장애, 행동장애 치유에 주안점을 둔 시설로 성매매 청소년에 특화된 시설은 아니다.

따라서 성매매 청소년을 선도보호시설에 위탁하는 보호처분은 현실적으로 어려움이 있다.

다만, 소년법상 보호처분을 통해 선도보호가 기대하는 목적을 거의 달성할 수 있고, 실제로 여성인권진흥원에서 관리하는 성매매 청소년 지원시설을 2호 처분의 소년이 수강받는 시설로 정하여 위 시설에서 수강을 받도록 하거나 6호 처분에 따른 위탁받는 기관으로 정하여 위 시설에 위탁하는 처분을 할 수 있다.

3. 보호관찰처분에 따른 부가처분

보호관찰처분의 부가처분(법 32조의 2)으로 3개월 이내의 대안교육 또는 소년의 상담·선도·교화와 관련된 단체나 시설에서의 상담·교육명령이 도입되었다. 또한 소년부 판사가 사정상황 등을 고려하여 필요하다고 판단되면 보호자에게 소년의 보호에 대한 교육을 받을 것을 명하는 보호자특별교육명령 제도가 신설되었다(법 32조의2).

1) 부가처분

(1) 대안교육

보호관찰처분을 받은 소년 중 초기단계의 비행청소년을 대상으로 문제유형별 전문교육과 체험활동 중심의 인성교육을 통해 건전한 청소년을 육성하기 위하여 법무부 소속 대안교육센터(청소년비행예방센터, 제4장 제2절 6. 참조)에서 대안교육을 받도록 하고 있다.

안산청소년비행예방센터의 경우 5일(35시간), 10일(70시간)의 교육프로그램을 운영하고 있는데, 하루 7시간씩 폭력예방, 절도비행예방, 교통안전, 중독예방, 성비행예방 등의 전문교육과 장애체험, 봉사활동, 미술치료, 명상 및 극기훈련 등의 체험교육 및 심리상담 등을 진행한다. 재학생의 경우 교육기간 동안 학교 출석이 인정된다.

(2) 상담·교육명령

보호관찰처분을 받은 소년 중 절도습벽을 가진 소년, 충동조절에 문제가 있는 소년, 정신과적인 문제가 있는 소년, 저연령의 소년 등 수강명령보다는 개별상담 치료프로그램에 참가할 필요가 있는 소년들을 대상으로 하고 있으며, 보호관찰소에서 자체 또는 협력기간을 통하여 상담교육명령의 집행을 하고 있다. 아직까지는 보호관찰소와 외부 전문가와의 협조체계는 충분치 않은 것으로 보이며, 보호관찰소 이외의 전문기관을 상담교육명령 위탁기관으로 지정하여 전문화된 상담교육이 이루어지도록 할 필요가 있다.

2) 보호자특별교육명령

소년부 판사는 보호처분을 하는 경우 소년의 가정환경, 소년과 보호자와의 관계 등을 고려하여 필요하다고 판단되면 보호자에게 보호자특별교육명령을 부과한다. 보호자가 없거나, 고령, 기타 신병상의 이유로 보호자 교육을 받을 수 없는 경우를 제외하고는 보호자특별교육명령을 하고 있고, 그 이외에도 필요하다고 보이는 경우 적극적으로 활용하고 있다.

서울가정법원의 경우 보호자특별교육은 보호소년에 대한 보호처분을 집행하고 있는 곳에서 교육하는 것을 원칙으로 하고 있다.

각 집행기관에서는 해당기관별로 보호자특별교육 프로그램을 운영하고 있으므로, 소년부 판사는 보호처분을 하면서 보호자특별교육명령을 부가할 때 어느 기관에서 몇 시간의 보호자특별교육명령을 받을 것인지를 고지하여야 한다.

특히 보호처분이 병과될 경우 병과된 처분 중 10호 처분에 가장 가까운 처분을 집행하는 기관에서 하되(예를 들면, 1 · 2 · 4호 처분을 병과한 경우에는 4호 기관인 보호관찰소에서, 5 · 6호 처분을 병과한 경우에는 6호 기관에서 보호자특별교육명령을 받아야 할 것임), 5 · 8호 처분을 하는 경우에만 5호 기관인 보호관찰소에서 보호자특별교육을 실시하게 된다.

주문례

보호소년의 부 ○○○, 모 ○○○에게 이 결정을 고지받은 날부터 6개월 안에 ○○에서 ○시간 동안 특별교육을 받을 것을 명한다.

4. 결정의 효력

1) 집행력

보호처분의 결정은 고지와 동시에 집행력이 생긴다. 즉, 이 결정의 집행력은 결정의 확정 전에 이미 발생하며 항고가 있더라도 그 집행이 정지되지 아니한다(법 46조).

2) 일사부재리의 효력

(1) 의의

소년법 32조의 보호처분을 받은 소년에 대하여 그 심리·결정된 사건은 다시 공소를 제기하거나 소년부에 송치하지 못한다(법 53조 본문). 다만, 보호처분이 계속 중일 때에 사건본인이 처분 당시 19세 이상인 것으로 밝혀진 경우(법 38조 1항 1호)에는 공소를 제기할 수 있다(법 53조 단서).

따라서 이 경우를 제외한 나머지 보호처분에는 형사소추나 다시 소년심판에 부치는 것을 차단하는 효력, 즉 일사부재리의 효력이 있다.

보호처분의 결정에 이와 같은 효력을 인정하는 근거·성격에 관하여는 대상 소년에게 안도감을 주어 갱생을 도모하려고 하는 교육적 견지나 법적 안정성에 기한 것이라고 하는 독자효설, 기판력 내지 이중위험을 이유로 하는 일사부재리의효설, 쌍방의 요청을 모두 드는 설 등이 있다.

교육적 관점이나 법적 안정성이라면 종국결정 모두에게 공통하는 것으로서 범죄소년의 보호처분에 한정할 필요가 없으므로, 범죄소년에 대한 보호처분과 형사처분의 동질성 내지 유사성으로부터 특별히 설정된 규정이라고 하는 것이 타당하다.

(2) 일사부재리의 효력 범위

① 인적 범위(보호처분을 받은 소년)

일사부재리의 효력은 보호처분을 받은 그 소년에 대하여 생기는데 이러한 보호처분을 받았다 함은 소년에 대하여 보호처분이 있었고 그것이 확정된 것을 의미한다.

보호처분이 후에 취소된 경우에 그 취소가 항고심에서 이루어진 경우에는 보호처분의 확정 전의 취소로서 일사부재리의 효력도 문제되지 않을 것이지만, 그 취소가 종국 후 결정으로써 된 경우에 문제가 된다.

우선 보호처분의 계속 중 보호처분 당시 19세 이상이었음이 판명되어 취소되는 경우에는 사건이 검사에게 송치되거나 법원으로 이송되어 형사소송절차가 진행되는 것이므로(법 38조 1항) 이때에는 일사부재리의 효력이 생기지 않는 것이 명백하다.

② 객관적 범위

일사부재리의 객관적 효력 범위는 심리를 거쳐 결정된 사건이며, 심리·결정된 사건이란 심리 및 결정의 대상이 된 비행사실을 말하며 비행사실의 종류여하(범죄행위, 촉법행위, 우범행위)를 불문한다.

다만, 심리의 대상이 되었던 사실과 결정서에 적시된 사실의 범위가 일치하지 않는 경우에 어느 것을 기준으로 할 것인지 문제가 되지만 결국 보호처분의 기초가 되는 것은 결정서에 기재된 사실이므로 이것을 기준으로 보아야 할 것이다. 그리고 일사부재리의 효력이 미치는 사실은 결정에서 인정된 비행사실 자체뿐 아니라 그것과 사건의 동일성이 미치는 범위 내의 사실도 모두 포함된다.

(3) 일사부재리 원칙에 반한 경우의 처리

이미 보호처분이 있는 사건에 대하여 다시 보호절차가 진행되었다면 이것은 심리조건이 흠결된 경우이므로 심리불개시 또는 불처분결정을 하여야 한다.

형사사건으로 공소가 제기되었다면 보호처분은 확정판결이 아니고, 따라서 기판력도 없으므로 이에 대하여 면소판결을 할 것이 아니라 공소제기절차가 법률의 규정에 위배하여 무효인 때에 해당하므로 형사소송법 327조 2호의 규정에 의하여 공소기각의 판결을 선고하여야 한다(1996. 2. 23. 선고 96도47 판결).

3) 그 밖의 효력

소년은 보호처분은 그 소년의 장래 신상에 어떠한 영향도 미치지 아니하며(법 32조 6항), 이것은 소년의 장래에 불이익을 주지 않음으로써 소년의 갱생을 도모하려는 취지이다.

따라서 범죄소년에 대하여 보호처분이 있었다 하여도 자격제한을 받지 않으며, 누범, 집행유예 및 그 실효·취소에 있어서 보호처분을 받은 사실이 고려되어서는 아니 된다.

다만, 상습성을 인정하는 자료에는 아무런 제한이 없으므로 피고인이 과거에 소년법에 의한 보호처분을 받은 사실도 상습성 인정의 자료로 삼을 수 있다(대법원 1973. 7. 24. 선고 73도1255 전원합의체 판결 등).

05

CHAPTER

소년형사절차

제1절 소년형사절차의 개요

제2절 수사절차상의 특칙

제3절 심리절차성의 특칙

제4절 형사처분상의 특칙

제1절 소년형사절차의 개요

Ⅰ. 소년형사절차의 목적

촉법소년과 우범소년은 보호사건으로만 처리해야 하지만, 범죄소년에 대해서는 보호사건으로 처리할 수도 있고, 형사사건으로 처리할 수도 있다. 범죄소년에 대하여는 보호절차와 형사절차를 통합한 일원적 절차를 취하는 입법례도 있다. 예를 들어, 독일의 경우 소년법은 소년형법(Jugendstrafrecht)을 내용으로 하고 형사사건의 특례를 규정하고 있다. 이에 비해 우리나라는 범죄소년에 대해서도 보호사건으로 처리할 수도 있고, 형사사건으로 처리할 수도 있다. 소년법 제3장은 범죄소년에 대한 형사사건의 특별조치를 규정하고 있다. 이것은 보호사건에서는 물론 범죄소년에 대한 형사사건에서도 소년의 건전성장이라는 목적을 실현하기 위한 것이다(제1조).

따라서 응보나 일반예방도 고려되는 성인 형사사건에서와 달리 소년 형사사건에서는 보호사건에서와 마찬가지로 응보나 일반예방이 아닌 소년의 건전육성이라는 목적을 추구해야 한다. 다시 말해 소년형사사건과 소년보호사건은 그 동원하는 수단에서는 다를 수 있지만, 소년의 건전육성이라는 같은 목표를 지니고 있고, 보호처분과 형사처분은 소년의 건전육성이라는 목표를 좀 더 효율적으로 수행하기 위한 선택사항에 불과하다고 할 수 있다.

소년에 대한 형사사건에 관하여는 소년법에 특별한 규정이 없으면 일반 형사사건의 예에 따른다(법 48조). 이것은 소년법 제3장의 규정은 형법, 형사소송법 등에 대한 특별법적인 성격을 지닌다는 의미라고 할 수 있다. 소년에 대한 형사사건에 관하여는 소년법 제3장의 규정이 형법, 형사소송법, 형집행법 등 일반 형사법에 우선적용되는 특별법적 성격을 지닌다는 것을 의미한다.

Ⅱ. 소년형사절차의 개요

1. 검사선의주의

소년에 대한 형사사건에 관하여는 소년법에 특별한 규정이 없으면 일반 형사사건의 예에 따른다(제48조). 소년의 범죄사건을 수사한 검사는 보호처분에 해당하는 사유가 있다고 인정한 경우에는 사건을 관할 소년부에 송치하여 보호사건으로 처리하거나(제49조 제1항), 형사사건으로 처리할 수 있다. 이와 같이 법원이 아니라 검사가 보호사건과 형사사건 중 어느 것을 선택할 것인지를 결정하는 것을 검사선의주의라고 한다.

검사가 관할 소년부에 송치한 경우 법원소년부는 검사가 송치한 사건을 조사 또는 심리한 결과 그 동기와 죄질이 금고 이상의 형사처분을 할 필요가 있다고 인정할 때에는 결정으로써 해당 검찰청 검사에게 송치할 수 있다(제49조 제2항). 이 경우 검사는 이 사건을 다시 소년부에 송치할 수 없고(제49조 제3항), 형사사건으로 처리해야 한다.

2. 공소제기 및 재판절차

검사는 범죄를 수사한 결과 범죄의 혐의가 분명하고 충분한 증거가 있다고 하더라도 형법 제51조를 참작하여 공소를 제기하지 않을 수 있다(형사소송법 제247조). 이것을 기소유예라고 하고, 검사에게 이와 같은 기소재량을 인정하는 것을 기소편의주의라고 한다. 기소법정주의에 의하면 검사에게 이와 같은 기소재량이 인정되지 않는다.

성인에 대한 기소유예에는 어떠 조건을 붙일 수 없으나 범죄소년에 대해 기소유예를 할 때에는 범죄예방자원봉사위원의 선도를 받거나 소년의 선도·교육과 관련된 단체·시설에서의 상담·교육·활동 등을 하는 조건을 붙일 수 있다. 이것을 조건부 기소유예라고 한다(소년법 제49조의3). 범죄예방자원봉사위원의 선도를 받을 것을 조건으로 하는 기소유예를 선도조건부기소유예라고 한다.

검사가 범죄소년에 대해 공소를 제기한 때에는 형사재판절차가 개시된다. 법원은 소년에 대한 피고사건을 심리한 결과 보호처분에 해당할 사유가 있다고 인정하면 결정으로써 사건을 관할 소년부에 송치하여야 한다(제50조). 사건을 송치받은 소년부가 조사 또는 심리한 결과 사건의 본인이 19세 이상인 것으로 밝혀지면 결정으로써 송치한 법원에 사건을 다시 이송하여야 한다(제51조). 이 경우에는 소년형사재판절차가 아니라 성인형사재판절차가 진행된다.

검사가 범죄소년에 대해 공소를 제기하고 법원이 형사사건으로 심리, 재판을 할 경우 성인에게는 인정되지 않는 여러 가지 특칙이 인정되는데, 소년법은 이러한 특칙을 규정하고 있다.

제2절 수사절차상의 특칙

Ⅰ. 기본원칙

소년사건을 수사할 때에는 보호처분 또는 형사처분에 대한 특별한 심리자료를 제공하기 위한 것이라는 점에 유의하여야 하며, 소년의 건전한 성장을 도우려는 자세로 수사하여야 한다('검사의 사법경찰관리에 대한 수사지휘 및 사법경찰관리의 수사준칙에 관한 규정'[1] 제59조).

소년사건을 수사할 때에는 소년의 특성에 비추어 되도록 다른 사람의 이목을 끌지 아니하는 조용한 장소에서 온정과 이해를 가지고 부드러운 어조로 조사하여야 하며, 그 소년의 심정을 충분히 배려하여야 한다(제60조).

소년사건을 수사할 때에는 범죄의 원인 및 동기와 그 소년의 성격·행실·태도·경력·교육정도·가정상황·교우관계와 그 밖의 환경 등을 상세히 조사하여 소년환경 조사서를 작성하고, 소년의 심신에 이상이 있다고 인정될 때에는 지체 없이 의사로 하여금 진단하게 하여야 한다(제61조).

1) 이하 '수사준칙'이라 한다.

Ⅱ. 소년의 소환 및 구속

수사에 관하여는 그 목적을 달성하기 위하여 필요한 조사를 할 수 있고, 수사에 필요한 때에는 피의자의 출석을 요구하여 진술을 들을 수 있다(형소법 제199조 제1항, 200조).

검사는 피의자가 죄를 범하였다고 의심할 만한 상당한 이유가 있고, 제70조 제1항 각 호의 1에 해당하는 사유[2]가 있을 때에는 검사는 관할지방법원판사에게 청구하여 구속영장을 받아 피의자를 구속할 수 있고, 사법경찰관은 검사에게 신청하여 검사의 청구로 관할지방법원판사의 구속영장을 받아 피의자를 구속할 수 있다(형소법 제201조 제1항).

소년법은 “소년에 대한 구속영장은 부득이 한 경우가 아니면 발부하지 못한다”고 규정하고 있다(제55조 제1항). 이는 소년의 보호·교육적 배려를 강조한 것으로서. ‘부득이한 경우’란 구속이 소년의 심신에 미치는 악영향과 수사의 필요성을 종합적으로 고려하여 구체적인 사안에 따라 판단되어야 한다. 수사준칙도 “소년에 대해서는 되도록 구속을 피하여야 하며, 부득이 구속하거나 동행할 때에는 그 시기와 방법에 관하여 특히 주의를 하여야 한다”고 규정하고 있다(제62조).

소년을 구속하는 경우에도 특별한 사정이 없으면 다른 피의자나 피고인과 분리하여 수용하여야 한다(소년법 제55조 제2항). 이것 역시 소년형사사건에서도 소년보호의 목적을 강조한 것이다.

2) 형소법 제70조(구속의 사유) ①법원은 피고인이 죄를 범하였다고 의심할 만한 상당한 이유가 있고 다음 각 호의 1에 해당하는 사유가 있는 경우에는 피고인을 구속할 수 있다. 1. 피고인이 일정한 주거가 없는 때, 2. 피고인이 증거를 인멸할 염려가 있는 때, 3. 피고인이 도망하거나 도망할 염려가 있는 때

제3절 심리절차성의 특칙

Ⅰ. 조사의 위촉

법원은 소년에 대한 형사사건에 관하여 필요한 사항을 조사하도록 조사관에게 위촉할 수 있다(소년법 제56조). 소년보호사건에서와 마찬가지로 소년형사사건에서도 조사는 의학・심리학・교육학・사회학이나 그 밖의 전문적인 지식을 활용하여 소년과 보호자 또는 참고인의 품행, 경력, 가정 상황, 그 밖의 환경 등을 밝히도록 노력하여야 한다(제9조).

Ⅱ. 심리상 원칙

복수의 피고인에 대한 관련 형사사건을 심리할 경우 법원은 필요하다고 인정한 때에는 직권 또는 검사, 피고인이나 변호인의 신청에 의하여 결정으로 변론을 분리하거나 병합할 수 있다(형소법 제300조), 이에 대해 소년법은 소년에 대한 형사사건의 심리는 다른 피고사건과 관련된 경우에도 심리에 지장이 없으면 그 절차를 분리하여야 한다고 규정하고 있다(제57조). 이것은 소년에 대한 처우의 개별화원칙을 공판절차에도 적용하기 위한 것이다. 여기에서 '다른 피고사건'에서의 피고인이 성인이든 소년이든 불문한다.

소년에 대한 형사사건의 심리는 친절하고 온화하게 하여야 하고, 소년의 심신상태, 품행, 경력, 가정 상황, 그 밖의 환경 등에 대하여 정확한 사실을 밝힐 수 있도록 특별히 유의하여야 한다(소년법 제58조).

Ⅲ. 판결전조사

1. 의의

소년보호사건에서 결정전 조사(보호관찰법 제19조의2)가 있듯이 소년형사사건에서는 판결전 조사를 할 수 있다. 즉, 법원은 피고인에 대하여 형법 제59조의2 및 제62조의2에 따른 보호관찰, 사회봉사 또는 수강을 명하기 위하여 필요하다고 인정하면 그 법원의 소재지 또는 피고인의 주거지를 관할하는 보호관찰소의 장에게 범행 동기, 직업, 생활환경, 교우관계, 가족 상황, 피해회복 여부 등 피고인에 관한 사항의 조사를 요구할 수 있다(보호관찰법 제19조 제1항).

소년형사사건에서도 소년의 보호와 건전육성을 목표로 하므로 이러한 목표를 달성하기 위해서는 소년의 특성에 맞는 개별적이고 다양한 처우가 필요하다. 소년에게 개별화된 처우를 하기 위해서는 소년의 성장과정, 환경, 성격, 정신상태 등을 사회학, 심리학, 교육학, 의학 등의 과학적 조사와 이 조사에서 확보한 자료들을 판결에 반영하는 것이 필요하다. 이것이 판결전 조사가 필요한 이유이다.

2. 보호관찰소의 조사

법원으로부터 판결전 조사를 요구받은 보호관찰소의 장은 지체 없이 이를 조사하여 서면으로 해당 법원에 알려야 한다. 이 경우 필요하다고 인정하면 피고인이나 그 밖의 관계인을 소환하여 심문하거나 소속 보호관찰관에게 필요한 사항을 조사하게 할 수 있다(제19조 제2항). 법원은 판결전조사를 요구받은 보호관찰소의 장에게 조사진행상황에 관한 보고를 요구할 수 있다(제19조 제3항).

제4절 형사처분상의 특칙

Ⅰ. 총설

소년법은 범죄소년에게 형사처분을 과한다 하더라도 소년은 성인에 비해 개선가능성이 크다는 점 등을 고려하여 형사처분을 완화하는 특칙을 두고 있다. 즉, 죄를 범할 때에 18세 미만인 소년에 대하여는 사형 또는 무기형으로 처할 것인 때에는 15년의 유기징역으로 하고(제59조), 소년이 법정형 장기 2년 이상의 유기형에 해당하는 죄를 범한 때에는 그 형의 범위안에서 장기와 단기를 정하여 선고하고, 소년의 특성에 비추어 상당하다고 인정되는 때에는 형을 감경할 수 있다(제60조 제1, 2항). 소년법 제18조 제1항 제3호(소년분류심사원에 위탁하는 것)의 조치가 있었을 때에는 그 위탁기간을 판결선고전 구금일수로 보고(소년법 제61조), 원칙적으로 18세 미만인 소년에 대하여는 벌금미납의 경우에도 형법 제70조의 규정에 의한 노역장 유치를 하지 못하도록(제62조) 규정하고 있다.

소년의 개선가능성이 크다는 것은 다른 한편으로는 국가가 소년의 개선, 교육에 적극적으로 개입할 것을 필요가 있다는 것을 의미하기도 한다. 이 때문에 소년법 이외에 다른 법률에서도 범죄소년에 대한 형사처분의 특칙을 규정하고 있기도 하다, 예를 들어, 성폭력처벌법은 성폭력범죄를 범한 소년에게 형의 선고를 유예할 경우 반드시 보호관찰을 받을 것을 명해야 하고 있다(동법 제16조 제1항).

이하에서는 소년법상의 형사처분에 관한 특칙규정을 중심으로 살펴보기로 한다.

Ⅱ. 사형 · 무기형의 완화

1. 연혁

1988년 개정 소년법 이전의 소년법은 “죄를 범할 때에 16세 미만인 소년에 대하여는 사형 또는 무기형으로 처할 것인 때에는 15년의 유기징역으로 한다”고 규정하고 있었다(제53조). 이에 대해서는 그 적용범위가 너무 좁고, 16세 미만으로 해야 할 합리적 근거가 없으며, 사형폐지라는 세계적 경향에 역행하고 소년형법의 이념에 맞지 않는다는 비판이 제기되었다. 이 때문에 1988년 개정 소년법은 사형 · 무기형의 완화범위를 죄를 범할 때에 18세 미만인 소년으로 확대하였다.

2. 소년법 제59조

죄를 범할 때에 18세 미만인 소년에 대하여는 사형 또는 무기형으로 처할 것인 때에는 15년의 유기징역으로 한다(소년법 제59조). 사형・무기형이 완화되는 것은 죄를 범할 때에 18세 미만의 소년이어야 한다. 죄를 범할 때 18세 미만이면 재판시에 18세 이상이어도 상관없다. 죄를 범할 때 18세 미만의 소년에 대해서만 사형・무기형이 완화되므로, 18세 이상 19세 미만의 소년이 죄를 범한 경우에는 사형・무기형에 처할 수 있다.

여기에서 '사형 또는 무기형으로 처할 것인 때에는 15년의 유기징역으로 한다'에서 사형 또는 무기형은 법정형이 아니라 처단형을 의미한다. 따라서 법정형이 사형 또는 무기징역인 강도살인죄(형법 제338조)를 범한 소년에 대해 무기징역을 선택한 후 작량감경한 경우에는 7년 이상 15년의 징역에 처하면 되는 것이기 때문에(형법 제55조 제1항 제2호) 15년의 징역을 선고하지 않고 12년의 징역을 선고하여도 무방하다(대판 1986.12.23. 선고 86도2314).

3. 입법론

사형제도는 성인범에 대해서도 폐지되어야 할 제도이지만, 소년범에 대해서 사형을 과하는 것은 더욱 정당화될 수 없다. 사형폐지가 단계적으로 이루어진다면 먼저 소년범에 대한 사형이 폐지되고 다음으로 성인범에 대한 사형이 폐지되어야 할 것이다.

현행 소년법은 18세의 소년이 죄를 범한 경우에는 사형에 처할 수 있도록 하고 있다. 그러나 이와 같이 범죄인의 개선가능성을 완전히 포기하는 사형제도는 성인사법에서는 물론이고 소년사법에서는 더더욱 허용될 수 없다고 해야 한다. 따라서 모든 범죄소년에 대해 사형이나 무기징역형을 과할 수 없도록 개정해야 할 것이다.

Ⅲ. 부정기형

1. 부정기형의 개념

일반적으로 부정기형이란 부정기선고형을 의미한다. 범죄인이 구금되어야 할 형기는 선고형이다. 자유형의 선고형에는 형기를 특정하는 정기 선고형, 형기를 특정하지 않고 형의 집행 단계에서 형기를 결정하는 부정기선고형이 있다. 부정기선고형에는 다시 형의 선고시에 형기의 장·단기를 특정하지 않는 절대적 부정기선고형과 형기의 장기와 단기를 특정하여 형을 선고하는 상대적 부정기선고형이 있다. 이 중 죄형법정주의원칙상 절대적 부정기선고형은 인정되지 않으며, 상대적 부정기선고형은 인정된다.

우리나라의 경우 성인범에 대해서는 부정기선고형을 인정하지 않고 있으나, 소년법 제60조 제1항은 "소년이 법정형 장기 2년 이상의 유기형에 해당하는 죄를 범한 때에는 그 형의 범위 안에서 장기와 단기를 정하여 선고한다. 다만, 장기는 10년, 단기는 5년을 초과하지 못한다"라고 규정함으로써 상대적 부정기선고형제도를 규정하고 있다. 예를 들어, 야간주거침입절도죄(형법 제330조. 10년 이하의 징역)를 범한 성인에 대해서는 '3년 징역', '1년 6개월 징역' 등과 같이 정기형을 선고해야 한다. 그러나 소년에 대해서는 '단기 1년, 장기 1년 6개월', '단기 3년, 장기 4년'과 같은 부정기형을 선고할 수 있다.

소년에 대해 부정기형이 선고되면 수형자는 원칙적으로 부정기형의 단기 이상을 복역한 후 단기와 장기 사이에서 교정기관의 부정기형 집행종료 결정에 의해 석방되거나 장기가 도래한 때에 석방된다.

2. 부정기형의 연혁

우리나라에 근대적인 소년사법제도를 처음으로 도입한 것으로 평가되고 있는 조선소년령(1942.3.24. 제령 제6호)은 제8조에서 "소년에 대하여 장기 3년 이상의 유기징역 또는 금고로 처단하는 때에는 그 형의 범위 내에서 장기와 단기를 정하여 선고하되 단기는 5년을 초과하지 못한다"라고 규정하였다. 해방

이후 1958년 7월 제정된 소년법(1958.7.24. 법률 제489호) 제54조는 "① 소년이 법정형 장기 2년 이상의 유기형에 해당하는 죄를 범한 때에는 그 법정형기의 범위 내에서 장기와 단기를 정하여 선고한다. 단 장기는 10년, 단기는 5년을 초과하지 못한다. ② 형의 집행유예, 형의 선고유예를 선고할 때에는 전항의 규정을 적용하지 아니한다"라고 하여 부정기형을 규정하였다.

그러나 부정기형제도에 대해서는 ① 예를 들어, '-년 이상의 징역' 등과 같이 법정형이 하한만을 규정하고 있는 경우 소년이 성인에 비해 양형상 불리하게 되고, ② 형기의 1/2 이상을 복역한 후 가석방된 경우 소년이 성인에 비해 가석방기간의 종료에 있어서 불리하고, ③ 법정형의 하한이 5년을 초과하는 경우 단기 5년을 선고하기 위해서는 작량감경을 한 결과가 된다. 따라서 명시적인 감경규정을 두는 것이 타당하다. ④, ⑤다음과 같은 비판이 제기되었다.

첫째, 일정한 범죄에 대하여 [3].

둘째, [4].

셋째, [5].

넷째, 장기와 단기의 차이에 대하여는 아무런 제한규정이 없다.

다섯째, 소년형법에서만 부정기형을 규정하고 있는 특별한 입법의도가 내용적으로 충족되지 않음으로써 그 정당성이 의심스러워진다[6].

1988년의 개정 소년법은 제60조를 현행 소년법과 제1항에서 제3항과 같이 개정하였다. 이후 2007년 12월 개정 소년법은 제4항을 추가하였다.

3. 부정기형의 이론

1) 부정기형의 이론적 근거

객관주의 범죄이론과 응보형 및 일반예방론의 입장에서는 형벌의 양은 범

3) 권태호 "소년범에 대한 형벌의 효율성 검토", 법무부, 청소년범죄연구, 제4집, 1986, 39-40면.

4) 정동기, 앞의 논문, 291면.

5) 권태호, 앞의 논문, 41면; 김기두, "소년법상의 제반 문제점과 개정방향", 법무부, 청소년범죄연구, 제3집, 1985, 25면.

6) 배종대, 앞의 논문, 26면.

죄사실의 경중에 상응하여 정해져야 하기 때문에 정기형 이외의 부정기형은 원칙적으로 인정되지 않는다. 그러나 특별예방주의 및 교육형주의의 입장에서는 형벌의 경중은 객관적인 범죄사실보다도 범죄인의 반사회적 위험성과 교육의 필요에 상응하여 정하여야 하고, 형벌의 내용은 개개인의 특성에 맞춰 정해야 한다는 형벌개별화에 따른 당연한 귀결로서 부정기형을 인정하게 된다. 부정기형은 사회복귀이념에 따라 범죄인이 교화·개선될 때까지 구금함으로써 사회를 보호하고, 다양한 교육과 처우를 통해 범죄인을 신속하게 사회로 복귀시키기 위한 효과적인 수단으로, 사회복귀이론의 중추(backbone)이다.

사회복귀이론은 범죄환경을 강조하는 입장과 결합할 수도 있으나, 범죄인을 환자로 취급하는 소위 의료모델(medical model)과 결합하게 되는 경우 자연스럽게 부정기형을 강조하게 된다. 의료모델은 범죄는 일종의 병이고, 전문가에 의해 적절히 진단되면 치료될 수 있다는 전제에 기초하고 있다. 이와 같이 부정기형은 사회복귀이론과 의료모델에 근거하여 범죄인의 사회복귀를 위하여 특성에 알맞은 개별적인 교정처우를 가능하게 하는데 필수적인 요소로 등장하였다.

2) 부정기형에 대한 비판이론

1960년대 중반 이후 미국을 위시한 여러 나라에서 사회복귀이념과 치료모델 및 이에 근거한 부정기형에 대해 새로운 회의론이 전개되었다. 부정기형에 대한 비판의 내용은 다음과 같이 요약할 수 있다.

(1) 죄형법정주의에 근거한 비판

첫째, 부정기형제도는 형기의 연장 또는 감축을 교도관에게 맡기는 결과가 되어 수형자의 인권보장을 위태롭게 한다. 또한 법관이 아닌 교정기관이 형기를 사실상 정하도록 하는 것은 삼권분립의 원칙에 위배된다.

둘째, 부정기형은 책임의 상한을 초과하는 예방목적의 보안구금을 허용할 위험성이 있다.

(2) 재량권남용에 대한 비판

부정기형제도 나아가 사회복귀모델은 일반적으로 법관, 교도관, 가석방기관 등에 막대한 재량을 부여하는데, 재량은 항상 남용될 가능성이 있다. 부정기형의 성패는 가석방 및 형집행종료결정을 얼마나 적절하게 실시하는가에 달려 있으나, 수형자의 교화개선 여부나 사회복귀 정도를 결정하는 방법은 매우 원시적이고, 신뢰성과 유효성도 갖추지 못하고 있다.

(3) 구금기간연장에 대한 비판

부정기형이 논리필연적으로 중형주의를 내포하는 것은 아니지만, 부정기형이 도입되면서 법정형과 선고형의 형기가 올라가는 경향이 있었다

(4) 정의와 비례성에 근거한 비판

의료모델에 따라 범죄인은 환자이며, 따라서 범죄인을 처벌할 것이 아니라 치료해야 한다고 할 경우 치료는 형벌과 달리 공정성보다는 효율성이 중요한 원리가 된다. 그러나 1960년대 이후 입법자, 법관, 학자들은 공정성에 대해 관심을 갖게 되었고, 구금기간의 결정을 치료가능성과 위험성 판단을 기준으로 할 것인지 아니면 정의와 비례성의 원칙을 기준으로 할 것인지 심각하게 고려하게 되었다.

3) 부정기형의 정당성

부정기형을 옹호하른 입장에서는 다음과 같은 근거들을 제시한다.

첫째, 부정기형은 행형목적인 사회복귀이념을 완전하게 실시할 수 있도록 허용한다. 부정기형은 비자발적으로 구금된 수형자들이 사회복귀를 위해 자발적으로 노동하도록 동기를 부여하는 가장 좋은 수단이다, 이러한 동기부여는 대부분의 사회복귀프로그램의 효율적 시행을 위한 전제요건이고, 구금시설 내에서의 질서를 유지하는 데 도움이 된다.

둘째, 부정기형은 구금기간에 대한 결정을 교정전문가에게 맡기는데, 이를 통해 법관이 형을 선고할 때보다 더 많은 증거를 고려하여 결정을 내릴 수 있다.

셋째, 부정기형은 법률에서 장기와 단기의 범위를 규정하고 있고, 법원의 판결에 의해 선고되고, 교정기관은 법률 또는 판결에 따라 일정한 장기와 단기 사이에서 형을 집행함에 불과하다. 따라서 부정기형이 입법권이나 사법권을 침해하는 것은 아니다.

넷째, 부정기형은 범죄인을 불필요하게 구금하는 것을 예방하고, 또한 명백히 사회복귀할 준비가 되어 있지 않은 범죄인을 석방하는 것을 예방함으로써, 구금기간에 대한 결정이 범죄인의 사회복귀와 사회의 안전을 충분히 조화시키는 선에서 이루어질 수 있게 한다.

다섯째, 부정기형은 특히 소년형사사법분야에서는 그 정당성이 필연적으로 인정될 수밖에 없다. 범죄소년의 처우에서는 소년의 개선, 교육 및 사회복귀 목표가 다른 어느 목표보다 우선하기 때문이다. 현행 소년법 제1조도 소년의 건전육성이란 목표를 선언하고 있다. 이러한 목표를 달성하는 데에는 정기형보다는 부정기형이 더 적합한 수단이라고 할 수 있다.

판례도 부정기형이 헌법상 평등의 원칙에 위반된다고는 할 수 없다고 한다(대판 2002. 2. 8. 2001도6515).

4. 소년법상의 부정기형제도

1) 부정기형의 선고

(1) 관할법원

부정기형의 선고는 소년에 대한 형사사건을 심리한 법원이 행한다. 소년형사사건의 관할에 대하여 소년법에 특별한 규정이 없기 때문에 일반 형사사건의 예에 의하는데(소년법 제48조), 형사소송법의 관련 규정이 적용되어 일반 형사법원이 관할권을 가진다. 이는 소년보호사건의 경우 소년법원(가정법원소년부 또는 지방법원소년부)이 관할권을 가지는 것(소년법 제3조)과 대비된다.

(2) 재판절차

부정기형은 공판절차를 거쳐 선고되는데, 소년형사사건의 심리는 친절하고 온화하게 해야 하며, 소년의 심신상태, 성행, 경력, 가족 상황 기타 환경 등에 대하여 정확한 사실을 규명함에 특별한 유의를 하여야 한다(소년법 제58조). 법원은 소년형사사건에 관한 필요사항의 조사를 조사관에게 위탁할 수 있다(소년법 제56조).

(3) 적용요건

① 피고인이 판결선고 시 소년일 것

부정기형은 피고인이 소년인 경우 그의 개선가능성을 행형에서 고려하기 위하여 선고하는 것이기 때문에, 부정기형을 선고하기 위해서는 피고인이 범행시 뿐만 아니라 판결선고시에도 소년이어야 한다. 제1심에서 소년이기 때문에 부정기형을 선고받은 사람이 항소심 계속 중 성년에 달한 경우 원판결을 파기하고 정기형을 선고해야 한다(대판 1966.3.3. 65도1229; 대판 2008. 10. 23. 2008도8090).

이와 같이 부정기형을 정기형으로 변경하는 경우 불이익변경금지의 원칙이 적용되는데, 불이익 여부를 부정기형의 무엇을 기준으로 하는가에 대하여 학설은 장기설, 단기설, 중간위설로 대립하고 있으나 판례는 단기설을 따르고 있다(대판 1959.8.21. 4292형상242; 대판 2006. 4. 14. 2006도734). 한편 항소심 판결선고 후 소년이 성년이 되었다고 해도, 상고심에서는 부정기형을 선고한 항소심 판결을 파기할 수 없다(대판 1983.4.26. 83도534; 대판 1993. 2. 23. 선고 93도69).

② 법정형 장기 2년 이상의 유기형에 해당하는 죄를 범했을 것

부정기형은 소년이 법정형 장기 2년 이상의 유기형에 해당하는 죄를 범한 경우 선고할 수 있다. 따라서 법정형이 사형, 무기징역(예 형법 제338조의 강도살인죄) 또는 장기가 2년 미만의 유기형에 해당하는 죄(예 형법 제360조의 점유이탈물횡령죄)를 범한 경우는 물론 법정형 중에서 무기징역을 선택한 후 작량감경한 결과 피고인에게 유기징역을 선고하게 되었을 경우에는 피고인이 소년이라 하더라도 부정기형을 선고할 수 없다(대판 1983.4.26. 83도210). 그러나 살인죄(형법 제250조 제1항)와 같이 사형, 무기형 등이 선택형으로 규정되어 있는 경우라도 실제로 선택된 형이 장기 2년 이상의 유기형일 때에는 부정기형을 선고하여야 한다(대판 1967.1.31. 66도1731).

③ 실형이 선고될 것

피고인에게 실형이 아닌 형의 집행유예 또는 형의 선고유예를 선고할 때에는 부정기형을 선고할 수 없다(소년법 제60조 3항). 부정기형은 행형단계에서 수형자의 자발적인 교화개선을 촉구하는 효과를 위한 것이므로, 현실적인 형집행이 없는 형의 집행유예 또는 형의 선고유예를 선고할 때에는 무의미하기 때문이다.

(4) 선고형의 장단기

① 선고형이 처단형의 범위 내일 것

소년에 대해 부정기형을 선고하는 때에는 장기와 단기를 정하여 선고해야 하며, 부정기형의 장단기는 처단형의 범위 내에서 결정해야 한다(소년법 제60조 제1항 본문). 즉, 부정기형의 선고시 "그 형의 범위 안에서" 장기와 단기를 정한다는 것은 법정형의 장기와 단기의 범위가 아니라 법률상 가감 및 작량감경한 처단형의 장기와 단기의 범위를 기준으로 한다는 의미이다. 예를 들어, 야간주거침입절도죄의 법정형은 10년 이하의 징역이지만, 작량감경을 한 경우 5년 이하의 징역이 되는데, 부정기형을 선고할 때에는 법정형이 아니라 처단형인 5년 이하의 범위에서 장기와 단기를 정하여야 한다.

② 선고형이 장기 10년, 단기 5년 이하일 것

부정기형의 장기는 10년, 단기는 5년을 초과할 수 없다(소년법 제60조 제1항 단서). 법정형의 하한이 5년을 초과하는 경우에는, 소년의 특성에 비추어 상당하다고 인정되는 때에는 그 형을 감경할 수 있으므로(소년법 제60조 제2항) 법률상 감경과 작량감경을 하지 않는 경우에도 단기를 5년 이하로 정할 수 있다. 예를 들어, 강도치상죄(형법 제337조)에 대해 부정기형을 선고할 때 다른 법률상 감경이나 작량감경을 하지 않고 소년법상의 감경을 하면 처단형이 3년 6개월 이상의 징역이므로 단기를 3년 6개월에서 5년 사이로 정할 수 있다.

장기와 단기 가운데 어느 것이 본래의 형이며, 그 결정의 구체적 기준이 무엇인가에 대해서 소년법에는 아무런 규정이 없다. 실무상으로는 장기에 중점을 두는데, 이는 부정기형의 집행이 주로 장기를 기준으로 하고 있다는 점과 정기형을 선고받는 성인과의 형의 균형을 고려하기 때문이라고 한다.

장기와 단기간에 어느 정도 차이를 두어야 하는가에 대해서도 소년법은 아무런 규정을 두고 있지 않다. 소년형사사건에 있어서 부정기형의 선고 실태를 보면 장기 1년 이하일 때에는 2월 내지 4월의 차이를 두고 있으며, 단기가 1년 이상 3년 미만일 경우 6월, 3년 이상 5년 미만일 경우 1년, 5년일 경우 2년 이상의 차이를 두고 있다.

2) 부정기형의 집행

(1) 수용시설

교도소에는 19세 이상의 수형자를 수용하고, 소년교도소에는 19세 미만의 수형자를 수용해야 한다(형집행법 제11조 제1, 2항). 따라서 부정기형을 선고받은 소년수형자는 원칙적으로 소년교도소에 수용된다. 즉, 징역 또는 금고의 선고를 받은 소년에 대하여는 특히 설치된 교도소 또는 일반교도소 내에 특히 분계된 장소에서 그 형을 집행하고, 다만 소년이 형의 집행 중에 23세에 달한 때에는 일반교도소에서 집행할 수 있다(소년법 제63조). 수형자와 미결수용자, 19세 이상의 수형자와 19세 미만의 수형자를 같은 교정시설에 수용하는 경우에는 서로 분리하여 수용한다(형집행법 제13조 제2항).

(2) 교정처우

부정기형을 선고받은 소년수형자에 대한 형집행은 소년법 이외에 형집행법의 규정들이 적용된다.

소년교도소장은 소년수용자에 대하여 나이·적성 등을 고려하여 적정한 처우를 하여야 한다(행형법 제54조 제4항). 소년수형자는 인격적으로 성숙과정에 있고 개선가능성이 많기 때문에 성인수형자와는 달리 처우를 하여야 하며, 소년의 특성에 따라 알맞는 교화수단이 요청된다.

3) 부정기형의 종료

부정기형은 단기만기일 또는 단기만기후 장기만기전 부정기형집행종료결정이 있는 경우 또는 장기의 경과로 인한 형기종료가 있는 경우 종료된다. 부정기형집행종료결정에 의하여 수형자를 석방하는 경우에는 만기석방증을 교부한다.

소년으로 범한 죄에 의하여 형의 선고를 받은 자가 그 집행을 종료하거나 집행의 면제를 받은 때 또는 형의 선고유예나 집행유예를 선고받은 경우에는 자격에 관한 법령의 적용에 있어서는 장래에 향하여 형의 선고를 받지 아니한 것으로 간주한다(소년법 제67조).

5. 가석방에 관한 특칙

1) 가석방요건

소년수형자에 대한 가석방요건은 성인에 비하여 완화되어 있다. 소년수형자에 대하여는 ① 무기형에는 5년, ② 15년의 유기형에는 3년, ③ 부정기형에는 단기의 1/3의 기간을 경과하고(소년법 제65조), 교정성적이 양호하고 재범의 위험성이 없다고 인정되는 때에는(보호관찰 등에 관한 법률 제22조) 가석방을 허가할 수 있다.

2) 가석방절차

소년수형자에 대한 가석방의 절차는 소년교도소장의 기간경과통보 또는 가석방심사신청, 보호관찰위원회의 가석방심사·결정, 법무부장관의 허가, 소년교도소장의 석방의 순으로 진행된다.

(1) 기간경과통보

교도소·구치소·소년교도소의 장은 징역 또는 금고의 형의 선고를 받은 소년(이하 "소년수형자"라 한다)이 소년법 제65조의 기간을 경과한 때에는 당해 교도소·구치소·소년교도소의 소재지를 관할하는 심사위원회에 그 사실을 통보하여야 한다(보호관찰 등에 관한 법률 제21조 제1항). 교도소 또는 구치소의 장에게 기간경과통보의 의무가 있는 이유는 소년이 구속재판을 통해 부정기형을 선고받고 소년교도소로 이송되기 전에 이미 미결구금일수의 산입에 의해 가석방에 필요한 기간이 경과한 경우가 있기 때문이다.

(2) 가석방심사신청

교도소・구치소・소년교도소의 장은 소년법 제65조의 기간을 경과한 소년수형자에 대하여 교정성적이 양호하고 재범의 위험성이 없다고 인정되는 때에는 관할심사위원회에 가석방의 심사를 신청할 수 있다. 가석방신청에 있어서는 보호관찰 등에 관한 법률 제26조 및 제27조의 보호관찰소의 환경조사 및 환경개선활동 결과[7]를 고려하여야 한다(보호관찰 등에 관한 법률 제22조).

(3) 가석방 심사・결정

보호관찰심사위원회는 소년교도소장 등의 가석방심사신청이 있는 때에는 소년수형자에 대한 가석방의 적부를 심사하여 결정한다. 보호관찰심사위원회는 소년교도소장 등의 기간경과통보가 있는 소년수형자에 대하여는 소년교도소장 등의 가석방심사신청이 없는 경우에도 직권으로 가석방 및 가퇴원의 적부를 심사하여 결정할 수 있다. 보호관찰심사위원회는 제1항 또는 제2항의 규정에 의하여 소년수형자에 대한 가석방의 적부를 심사하는 때에는 보호관찰의 필요성 여부를 심사하여 결정한다. 보호관찰심사위원회는 가석방 심사・결정을 함에 있어서는 본인의 인격・교정성적・직업・생활태도・가족관계 및 재범위험성 등 모든 사정을 고려하여야 한다(보호관찰 등에 관한 법률 제23조).

---

7) 보호관찰 등에 관한 법률 제26조 (환경조사) ① 수용기관의 장은 소년수형자 및 소년법 제32조 제1항 제6호・제7호의 보호처분을 받은 자(이하 "수용자"라 한다)를 수용한 때에는 지체없이 거주예정지를 관할하는 보호관찰소의 장에게 신상조사서를 송부하여 환경조사를 의뢰하여야 한다. ② 제1항의 규정에 의하여 환경조사를 의뢰받은 보호관찰소의 장은 수용자의 범죄 또는 비행의 동기, 수용전의 직업, 생활환경, 교우관계, 가족 상황, 피해회복여부, 생계대책 등을 조사하여 수용기관의 장에게 통보하여야 한다. 이 경우 필요하다고 인정하는 때에는 수용자를 면담하거나 관계인을 소환하여 심문하거나 소속보호관찰관으로 하여금 필요한 사항을 조사하게 할 수 있다.
제27조 (환경개선활동) ① 보호관찰소의 장은 제26조의 규정에 의한 환경조사결과에 따라 수용자의 건전한 사회복귀를 촉진하기 위하여 필요하다고 인정하는 때에는 본인・가족・관계인의 동의 또는 협력을 얻어 본인의 환경개선을 위한 활동을 할 수 있다. ② 보호관찰소의 장은 제1항의 규정에 의한 환경개선활동을 위하여 필요하다고 인정하는 때에는 수용기관의 장에게 수용자의 면담 등 필요한 협조를 요청할 수 있다. ③ 보호관찰소의 장은 제1항의 규정에 의한 환경개선활동의 실시결과를 수용기관의 장과 수용기관의 소재지를 관할하는 심사위원회에 통보하여야 한다.

(4) 가석방 허가

보호관찰심사위원회는 가석방심사 결과 가석방이 적합하다고 결정한 경우 및 보호관찰필요 여부 심사결과 보호관찰이 필요없다고 결정한 경우에는 결정서에 관계서류를 첨부하여 법무부장관에게 이에 대한 허가를 신청하여야 하며, 법무부장관은 심사위원회의 결정이 정당하다고 인정되는 때에는 이를 허가할 수 있다(보호관찰 등에 관한 법률 제25조).

(5) 보호관찰

소년수형자가 가석방된 때에는 가석방 전에 집행된 기간과 동일한 기간 동안 보호관찰을 받는다(소년법 제66조, 보호관찰 등에 관한 법률 제30조 제3호). 보호관찰은 보호관찰대상자의 주거지를 관할하는 보호관찰소 소속 보호관찰관이 담당한다(보호관찰 등에 관한 법률 제31조).

준수사항, 보호관찰의 가해제, 보호관찰의 정지 등은 보호처분이나 보호관찰부 집행유예 등에서와 같다.

보호관찰기간이 경과하거나, 가석방이 취소, 실효된 때, 보호관찰심사위원회의 가석방집행종료결정이 있는 때[8]에는 보호관찰이 종료된다(보호관찰 등에 관한 법률 제51조).

(6) 가석방의 종료, 취소 및 실효

징역 또는 금고의 선고를 받은 소년이 가석방된 후 그 처분이 취소되지 아니하고 가석방 전에 집행을 받은 기간과 동일한 기간을 경과한 때에는 형의 집행을 종료한 것으로 한다. 다만, 소년법 제59조의 형기(사형 · 무기형의 완화에 의한 15년의 유기징역) 또는 제60조 제1항(부정기형)의 규정에 의한 장기의 기간이 먼저 경과한 때에는 그 때에 형의 집행을 종료한 것으로 한다(소년법 제66조).

보호관찰심사위원회는 가석방된 자가 보호관찰기간 중 보호관찰의 준수사항을 위반하고, 그 정도가 무거워 보호관찰을 계속함이 적합하지 아니하다고

---

8) 보호관찰 등에 관한 법률 제50조 제1항. 소년법 제60조 제1항의 규정에 의하여 형의 선고를 받은 후 가석방된 자가 그 형의 단기가 경과하고 보호관찰의 목적을 달성하였다고 인정되는 때에는 동법 제66조에 정한 기간 전이라도 심사위원회는 보호관찰소의 장의 신청에 의하여 또는 직권으로 형의 집행을 종료한 것으로 결정할 수 있다.

판단되는 때에는 보호관찰소의 장의 신청에 의하여 또는 직권으로 가석방의 취소를 심사하여 결정할 수 있다. 보호관찰심사위원회는 심사결과 가석방을 취소함이 적합하다고 결정한 때에는 결정서에 관계서류를 첨부하여 법무부장관에게 이에 대한 허가를 신청하여야 하며, 법무부장관은 심사위원회의 결정이 정당하다고 인정되는 때에는 이를 허가할 수 있다(보호관찰 등에 관한 법률 제48조).

가석방 중 고의로 인한 죄로 금고 이상의 형의 선고를 받아 그 판결이 확정된 때에는 가석방처분은 효력을 잃는다(형법 제74조).

6. 미결구금일수의 산입

소년법 제18조 제1항 제3호(소년분류심사원에 위탁하는 것)의 조치가 있었을 때에는 그 위탁기간은 형법 제57조 제1항[9])의 판결선고전 구금일수로 본다(소년법 제61조).

7. 환형유치의 금지

벌금형을 선고받은 18세 미만의 소년에 대하여는 형법 제70조의 규정에 의한 유치 선고를 하지 못한다(소년법 제62조 제1항). 18세 미만의 소년이 벌금을 납부하지 못한 경우 노역장에 유치하게 되면 시설내 처우에 의한 악풍감염의 우려가 있으므로 이를 방지하기 위해 둔 규정이다.

다만, 판결선고전 구속되었거나 제18조 제1항 제3호(소년분류심사원에 위탁하는 것)의 조치가 있었을 때에는 그 구속 또는 위탁의 기간에 해당하는 기간은 노역장에 유치된 것으로 보아 형법 제57조의 규정을 적용할 수 있다(소년법 제62조 제2항). 이는 소년분류심사원이 소년을 구금하는 기능을 하고 있음을 부인할 수 없으므로 이 기간을 구금된 기간으로 보아 벌금액을 상각시켜 주는 것이다.[10])

---

9) 형법 제57조 (판결선고전 구금일수의 통산) ① 판결선고전의 구금일수는 그 전부를 유기징역, 유기금고, 벌금이나 과료에 관한 유치 또는 구류에 산입한다. ② 전항의 경우에는 구금일수의 1일은 징역, 금고, 벌금이나 과료에 관한 유치 또는 구류의 기간의 1일로 계산한다.

10) 제4절 형사처분상의 특칙, 오영근 감수, 2020.7.

Ⅳ. 소년감경

소년의 특성에 비추어 상당하다고 인정되는 때에는 그 형을 감경할 수 있다(소년법 제60조 제2항).

1. 기준연령

소년감경에서 소년의 기준시점에 대해서는 범죄시설과 재판시설이 대립한다. 범죄시설은 소년감경을 인정하는 이유는 소년의 경우 성인보다 책임능력이 미약하기 때문이므로 범죄시에 소년이면 재판시에 성인이 되었다고 하여도 소년감경을 할 수 있다고 한다. 이에 대해 재판시설은 소년은 인격의 변화가능성이 많기 때문에 소년의 사회복귀를 지원하기 위해 소년감경을 인정하는 것이므로, 재판시에 소년이어야 하고 범죄시에 소년이었지만 재판시에 소년인 경우에는 소년감경을 할 수 없다고 한다.

판례는 재판시에 소년이어야 한다는 입장을 따르고 있다[11].

2. 적용범위

소년에 대해 정기형을 선고하는 경우에도 소년감경이 적용될 수 있는지에 대해 긍정설과 부정설이 대립할 수 있다. 부정설은 소년법 조문의 제목이 부정기형인 제60조 제2항에 규정되어 있다는 것을 근거로 들 것이다. 이에 대해 긍정설은 정기형이든 부정기형이든 소년의 보호와 사회복귀를 목표로 한다는 점에서는 다를 것이 없다는 것을 근거로 들 것이다.

판례는 분명하게 언급하지는 않지만, 긍정설에 더 가깝다고 할 수 있다.

11) 대판 2009.5.28. 2009도2682; 소년법이 적용되는 '소년'이란 심판시에 19세 미만인 사람을 말하므로, 소년법의 적용을 받으려면 심판시에 19세 미만이어야 한다. 따라서 소년법 제60조 제2항의 적용대상인 '소년'인지의 여부도 심판시, 즉 사실심판결 선고시를 기준으로 판단되어야 한다.

Ⅴ. 미결구금일수의 산입

소년에 대하여 소년분류심사원에 위탁하는 조치(소년법 제18조 제1항 제3호)가 있었던 경우에는 그 위탁기간은 형법 제57조 제1항의 판결선고전 구금일수로 본다(제61조).

성인인 피고인이 구속되었던 경우 그 기간은 전부 형기에 산입한다(형법 제57조 제1항). 예를 들어, 2개월간 구속되었던 피고인에 대해 징역 1년을 선고할 경우 구속된 2개월의 기간을 형기에 산입하므로 피고인은 나머지 10개월간만 복역하면 된다.

소년에 대한 감호조치로서의 소년분류심사원 수용은 구속과 다른 성질을 가지지만, 신체의 자유박탈이라는 점에서는 구속과 다를 바가 없다. 따라서 형사처분을 받는 소년이 소년분류심사원에 수용되었던 경우에는 그 기간을 미결구금 기간으로 보아 감호조치의 기간을 본형에 산입함으로써 수형기간의 단축을 허용하는 것이다.

부정기형을 선고할 경우에도 소년분류심사원 수용기간을 판결선고전 구금일수로 보아야 할 것인가에 대해 긍정설과 부정설이 있다. 부정설에서는 소년의 보호, 건전한 사회복귀의 지원이라는 부정기형의 목적상 미결구금일수로 볼 필요가 없다고 한다. 그러나 부정기형에서는 미결구금일수로 보지 않는다는 명문의 규정이 없으므로 긍정설이 타당하다고 할 수 있다.

Ⅵ. 환형처분의 금지

18세 미만인 소년에 대하여는 형법 70조의 규정에 의한 유치선고를 하지 못한다(소년법 62조).

성인의 경우 벌금형을 선고받은 사람이 벌금형을 납부하지 않는 경우에는 일정기간 노역장에 유치할 수 있다[12]. 이것을 환형유치라고 한다. 예를 들어,

12) 형법 제70조(노역장유치) ① 벌금 또는 과료를 선고할 때에는 납입하지 아니하는 경우의 유치기간을 정하여 동시에 선고하여야 한다. ② 선고하는 벌금이 1억원 이상 5억원 미만인 경우에는 300일 이상, 5억원 이상 50억원 미만인 경우에는 500일 이상, 50억원 이상인 경우에는 1,000일 이상의 유치기간을 정하여야 한다.

법원은 성인피고인에 대해 벌금 500만원을 선고하는 경우 동시에 피고인이 벌금을 납부하지 않는 경우 3년 미만의 기간을 정하여 노역장유치를 선고해야 한다. 그리고 피고인이 벌금을 납부하지 않은 경우에는 법원이 선고한 기간만큼 노역장에 유치되어 노역을 해야 한다.

그러나 소년의 경우 경제적 능력이 없을 것이므로 부모가 벌금을 대납하거나 대납할 사람이 없는 경우에는 노역장에 유치된다. 벌금의 대납을 인정하는 것은 형벌의 일신전속적 성격에 반하고, 대납을 인정하지 않으면 소년에 대해 징역형과 내용이 같은 노역자에 유치되게 된다. 이것은 소년보호의 이념에 반하고 소년의 사회복귀에 지장을 초래할 것이기 때문에 환형처분을 금지하는 것이다.

Ⅶ. 징역 · 금고의 집행

징역 또는 금고를 선고받은 소년에 대하여는 특별히 설치된 교도소 또는 일반 교도소 안에 특별히 분리된 장소에서 그 형을 집행한다. 다만, 소년이 형의 집행 중에 23세가 되면 일반 교도소에서 집행할 수 있다(소년법 제63조). 이것은 성인수용자에 의한 악영향으로부터 소년을 보호하고, 소년의 사회복귀에 지장을 초래하지 않기 위한 것이다.

보호처분이 계속 중일 때에 징역, 금고 또는 구류를 선고받은 소년에 대하여는 먼저 그 형을 집행한다(제64조). 이것 역시 소년보호와 소년의 사회복귀에 더 효과적이거나 덜 지장을 초래하기 때문이다.

Ⅷ. 가석방의 특칙

1. 가석방의 의의

가석방이란 징역 또는 금고의 집행을 받는 사람을 형기만료 이전에 일정한 조건하에 석방하는 것을 말한다(형법 제72조 제1항). 잔여형의 집행유예라고 할 수 있다.

일정기간 징역, 금고의 집행을 받았고 재범가능성이 없다고 판단되는 수형자를 형기만료일까지 구금하는 것은 그의 사회복귀에 방해가 된다. 이런 의미에서 가석방제도 역시 응보나 일반예방보다 특별예방을 우선하는 제도라고 할 수 있다[13]. 따라서 소년수형자에 대해서는 가석방의 필요성이 더 크다고 할 수 있다.

2. 가석방 요건

1) 성인가석방과의 비교

징역 또는 금고의 집행 중에 있는 성인수형자의 경우 그 행장이 양호하여 개전의 정이 현저한 때에는 무기에 있어서는 20년, 유기에 있어서는 형기의 3분의 1을 경과한 후 행정처분으로 가석방을 할 수 있다. 벌금 또는 과료의 병과가 있는 때에는 그 금액을 완납하여야 한다(제72조 제1, 2항).

이에 대해 소년법은 징역 또는 금고를 선고받은 소년에 대하여 무기형의 경우에는 5년, 15년 이상 유기형의 경우에는 3년, 부정기형의 경우에는 단기의 3분의 1의 기간이 지나면 가석방을 허가할 수 있다고 규정하고 있다(소년법 제65조). 소년에 대한 환형처분은 금지되므로(소년법 제62조) 벌금 또는 과료의 완납이라는 요건은 필요하지 않다.

2) 행장의 양호하여 개전의 정이 현저할 것

소년수형자의 경우에도 성인수형자와 마찬가지로 그 행장이 양호하여 개전의 정이 현저해야 한다는 요건은 필요하다. 개전의 정이란 자신의 죄를 뉘우치는 마음이라고 할 수 있는데, 죄를 뉘우치는 마음이 징역, 금고의 집행 중의 양호한 행장을 통해 나타나야 한다. 가석방 여부는 행장의 양호와 개전의 정이 현저한지 여부를 기준으로 결정해야 하고, 피고인이 행한 범죄의 죄질이나 심각성 등을 기준으로 결정해서는 안 된다.

13) 오영근, 형법총론, 제4판, 박영사, 2018, 540면.

3) 형집행기간

소년가석방을 위해 필요한 형집행기간은 무기형의 경우 5년, 15년 이상 유기형의 경우 3년, 부정기형의 경우 단기의 3분의 1 이상의 기간이다. 15년 미만의 정기 유기형의 경우 얼마의 기간이 경과해야 하는지 규정되어 있지 않으므로, 형법 제72조에 따라 형기의 3분의 1의 기간이라고 해야 한다. 이렇게 될 경우 9년 이상 15년 미만의 정기 유기형의 경우에는 15년 이상의 유기형의 경우보다 더 불리하게 되므로, 입법적인 보완이 필요하다.

형기에 산입된 판결선고전 구금 일수는 가석방에 있어서 집행을 경과한 기간에 산입하므로(형법 제73조 제1항), 소년이 구속되었거나 소년분류심사원에 수용되었던 기간은 가석방요건인 형집행기간에 산입된다.

4) 기준연령

소년가석방에서의 소년은 형선고시를 의미하고 가석방시에는 성인이어도 상관없다. 만약 가석방시에도 소년이라고 한다면 무기형을 선고받을 수 있는 소년은 18세의 소년뿐이므로 5년을 경과해야 가석방이 허용된다고 하는 규정이 의미가 없어지기 때문이다.

3. 가석방절차

교도소 · 구치소 · 소년교도소(이하 '수용기관'이라 한다)의 장은 징역 또는 금고의 형을 선고받은 소년수형자가 소년법 제65조 각 호의 기간을 지나면 그 교도소 · 구치소 · 소년교도소의 소재지를 관할하는 보호관찰심사위원회에 그 사실을 통보하여야 한다(보호관찰법 제21조 제1항).

수용기관의 장은 가석방에 필요한 형기가 지난 소년수형자에 대하여 법무부령으로 정하는 바에 따라 가석방 심사를 신청할 수 있다(동법 제22조 제1항). 가석방신청을 받은 보호관찰심사위원회는 소년수형자에 대한 가석방이 적절한지를 심사하여 결정한다(동법 제23조 제1항).

보호관찰심사위원회는 수용기관의 장으로부터 가석방에 필요한 형기가 지난 것으로 통보받은 소년수형자에 대해서는 수용기관의 장이 신청이 없어도 직권으로 가석방이 적절한지를 심사하여 결정할 수 있다(동법 제23조 제2항).

보호관찰심사위원회는 수용기관의 장의 신청이나 직권으로 소년수형자의 가석방이 적절한지를 심사할 때에는 보호관찰의 필요성을 심사하여 결정한다(동법 제23조 제3항). 보호관찰심사위원회가 소년수형자의 가석방을 심사·결정할 때에는 소년의 인격, 교정성적, 직업, 생활태도, 가족관계 및 재범 위험성 등 모든 사정을 고려하여야 한다.

보호관찰심사위원회는 심사 결과 가석방이 적절하다고 결정한 경우 법무부장관에게 가석방 허가를 신청하여야 하며, 법무부장관은 보호관찰심사위원회의 결정이 정당하다고 인정하면 가석방을 허가할 수 있다(동법 제25조).

4. 가석방기간 및 보호관찰

소년수형자의 가석방기간은 가석방 전에 집행을 받은 기간과 같은 기간이다(소년법 제66조).

보호관찰심사위원회가 가석방된 소년수형자에게 보호관찰이 필요하다고 결정한 경우 소년수형자는 가석방기간 동안 주거지를 관할하는 보호관찰소 소속 보호관찰관의 보호관찰을 받는다(보호관찰법 제30조 제3호, 제31조).

5. 가석방의 효과

소년수형자가 가석방된 후 그 처분이 취소되지 아니하고 가석방 전에 집행을 받은 기간과 같은 기간이 지난 경우에는 형의 집행을 종료한 것으로 한다. 다만, 사형·무기형 대신 15년의 유기징역을 선고받은 경우 15년, 부정기형의 경우 장기의 기간이 먼저 지난 경우에는 그때에 형의 집행을 종료한 것으로 한다(소년법 제66조).

06

CHAPTER

범죄 · 비행청소년의 보호

제1절 사회적 약자의 보호

제2절 처우선택 시 고려할 요소

제3절 청소년비행예방센터의 보호

제4절 보호자의 역할과 보호

제5절 보조인의 보호

제6절 국선보조인의 보호

제7절 사회복지시설의 보호

제8절 자원봉사자의 보호

제1절 사회적 약자의 보호[1)]

1. 청소년의 보호

청소년을 보호할 목적으로 각종 상담 서비스 및 쉼터를 제공하거나, 의료 및 법률 지원 등의 활동을 벌이고 있는 기관과 단체도 많다.

청소년 보호와 관련된 업무를 총괄하는 국가기관으로는 여성가족부가 있다. 여성가족부와 지방자치단체가 운영하고 있는 '청소년 전화 1388'은 청소년은 물론, 학부모, 교사 등 일반 국민 누구나 청소년을 위하여 이용하는 전화로 청소년 상담, 긴급구조, 유관기관 연계 등 청소년 관련 모든 문제에 대해 365일 24시간 원스톱(one-stop)으로 서비스를 제공하고 있다.

유선전화로는 1388만 누르고 휴대전화를 사용할 경우에는 지역번호와 함께 1388을 누르면 상담이 가능하다(통신료 무료). 전화 외에 휴대폰 문자(#1388), 인터넷을 통해서도 서비스를 지원받을 수 있으며 한국청소년상담복지개발원과 전국 140곳의 청소년 센터 및 청소년종합지원센터에서는 24시간 상담 서비스를 제공하고 있다.

한국청소년상담복지개발원은 2011년부터 여성가족부 위탁사업의 일환으로 개발원 내에 '청소년권리 전담기구'인 청소년희망센터를 운영하고 있다. 청소년희망센터는 청소년 권리과제를 발굴하고 청소년 권리에 대한 모니터링단을 구성하여 운영하고 있으며, 청소년 권리교육을 위한 강사를 양성하고 있다.

다양한 청소년 권리교육 프로그램을 개발하여 보급하고 민간자원 및 공공기관과 연계하여 다양한 활동을 하고 있다.

한국청소년쉼터협의회는 주로 가출문제와 관련하여 어려움을 겪는 청소년들에게 무료로 숙식 및 의료 서비스와 상담 서비스 등을 제공한다. 그리고 전국 곳곳의 청소년 쉼터에 대한 통합적인 정보도 제공하고 있다.

---

1) 법과 생활, 앞의 책, 20-.

2. 여성의 보호

여성에 대한 사회적 차별을 없애고 직장, 가정 및 정치생활 등에서 여성의 권리를 증진시키기 위해 활동하는 시민단체들의 대부분은, 여성이 직면하는 각종 차별 및 폭력 등의 문제에 관해 폭넓은 상담 서비스를 제공하고 있다.

특히 '여성긴급전화 1366 프로그램'은 여성에 대한 가정폭력 및 성폭력 등을 예방하고 피해자 보호 등의 대책을 마련하기 위한 것으로, 시민 사회와 정부, 지방자치단체의 공동대책이라고 할 수 있다.

여성긴급전화 1366 프로그램은 24시간 열려 있는 긴급전화(해당 지역번호+1366번)를 전국에 개설하고 있으며, 17개 권역별로 지방자치단체 또는 그로부터 운영을 위탁받은 시민단체가 가정폭력, 성폭력 및 성매매 등에 관한 상담 서비스 및 긴급 피난처를 제공하고 있다.

또한 의료적·법적 서비스를 관련 기관과 연계하여 제공하는데 이와 같은 프로그램은 피해자가 원하는 경우에는 상담결과에 따라 일정기간 쉼터에 입소하여 무료로 숙식과 기타 서비스를 제공받을 수 있도록 함으로써 실질적으로 피해자를 보호하고 있다.

제2절 처우선택 시 고려할 요소

1. 비행사실 등 행위요소

대부분의 사건에서 비행사실의 경중과 보호의 필요성은 대응·상관관계에 있는 경우가 많은데, 경미한 비행에는 일시적이거나 특별한 보호조치가 필요 없는 경우가 많지만, 중대한 비행을 범한 소년은 보호의 필요성의 정도도 높고 특별한 보호를 가할 필요가 많은 경우가 대부분이다.

그런데 이 비행사실과 보호의 필요성의 상관관계는 형사절차에서의 범죄사실과 정상(情狀)의 관계와는 같지 않다. 형사절차의 양형에서는 범죄의 실행

행위와 결과가 중시되고, 범행의 동기 · 목적이 고려되는 비율은 행위 · 결과에 비하여 보통 현저하게 낮다.

그러나 소년보호사건에서의 비행사실은 보호의 필요성(비행성)의 현재화라고 파악되므로, 그 동기 · 목적이 본인의 성격적인 문제에서 비롯된 것인지 여부가 중시되고, 범행 후의 대응 등도 환경적 문제로 고려된다.

비행이 발생한 시간(주간, 야간), 장소(학교, 어두운 골목길, 빌라의 지하 주차장), 비행의 방법, 흉기 휴대 여부, 장기간 비행을 저질러 왔는지 여부 등도 비행성 정도를 판단하는 중요한 지표 중의 하나이다.

2. 비행의 전력

수사기관에서의 수사경력, 검찰에서의 기소유예경력, 법원에서의 형사재판경력, 보호처분의 경력이 있는지 여부는 비행성의 심화 정도를 판단함에 있어서 중요한 기능을 한다.

원칙적으로 전력이 없거나 단순한 경우에는 비행성이 없거나 비행초기단계인 것으로, 반면에 많은 전력이 있는 경우에는 비행성이 심화된 상태로 판단할 수 있겠으나, 비록 전력이 없는 경우에도 적발되지 않은 비행이 있을 수 있으므로 주의를 요함이 필요하다.

3. 가정환경

소년의 가정환경은 크게 구조적인 측면과 기능적인 측면에서 바라볼 수 있는데, 구조적인 측면은 소년의 보호자가 누구인지, 부모 중 일부 또는 전부가 부재 중인지, 보호자인 부모 등과 동거하고 있는지 등의 가족구성의 문제이고, 기능적인 측면은 가족 간의 유대관계, 보호자의 보호능력과 보호의지, 보호자의 훈육과 감독을 소년이 수용하고 있는지 등의 문제이다.

구조적인 문제가 있는 경우에는 대부분 기능적으로도 취약하다고 할 것이므로 양자 사이에는 상당한 관련성이 있음을 알아야 한다.

소년과 보호자를 포함한 가족구성원 간의 유대관계가 견고할 때에는 보호자의 훈육기능이 정상적으로 작동될 수 있으므로, 보호환경이 양호하다고 평가할 수 있다. 구조적으로는 문제가 없는 가정이라도 보호자와 소년과의 유대관계가 소원하여 훈육기능이 정상적으로 작동하지 못하거나, 가족구성원 간의 신체적, 언어적 폭력, 심리적 학대 등으로 유대관계가 악화된 경우에는 보호환경이 열악하다고 보아야 할 것이다.

이런 의미에서 볼 때 보호자의 보호능력은 경제적인 능력, 보호자의 훈육이 소년에게 수용되는지 여부, 보호자에게 실질적인 보호의사, 보호의지가 있는지 여부에 따라 결정됨을 알 수 있다.

4. 친구관계

소년의 비행에 가정환경 다음으로 많은 영향을 미치는 것은 친구관계인데, 이 시기의 소년은 아직 정신적으로 미성숙하여 주변 환경의 영향, 특히 친구의 영향을 많이 받게 된다.

특히 가정이 정상적으로 기능을 수행하지 못할 경우 소년들은 친구에게서 위로받고 고민을 해결하려 하며, 이러한 소년의 비행성은 또래 불량한 친구들과 어울리면서 더 심화되는 경향이 있으므로, 보호자나 소년부 판사는 소년의 친구관계를 면밀히 파악하여 이를 조정해 줄 필요가 있다.

5. 학교, 직업 등 사회생활

일시적, 우발적 비행의 경우 소년이 정상적인 학교생활을 하는 반면, 비행이 심화된 경우에는 정상적인 학교생활을 하지 못하는 경우가 많다.

소년이 학생인 경우에도 학교에서 원만히 생활하고 있는지, 교우관계나 교사의 소년에 대한 평가, 무단결석 또는 지각 여부, 학업 의지, 학교에 대한 평가, 교사들에 대한 태도 등으로 소년의 성행과 환경을 평가할 수 있다.

학생이 아니라도 검정고시학원이나 직업학교에 등록한 경우 또는 취업하여 성실하게 생업에 종사하는 경우 등 자신의 역할을 찾아서 안정적인 사회생활을 하는 것도 보호환경을 평가할 수 있는 요소가 된다.

6. 심리상태

소년에게 정신질환이 있는 경우에는 원칙적으로 의료조치가 우선되어야 하지만, 그 증상 · 장해의 정도, 비행성의 정도, 의료상황 등 개개의 사례에 따라 검토할 필요가 있다.

소년의 심리상태는 조사관, 보호관찰관, 분류심사원의 심리검사 또는 정신과의사의 감정 등에 의하여 확인할 수 있는데, 가벼운 심리적 문제가 발견된 경우에는 우선 보호자에게 알리고, 수강명령이나 보호관찰의 특별준수사항으로 심리치료를 명할 수 있다.

심한 우울증, 정신분열증의 소견을 보이는 경우에는 7호 처분을 할 수 있고, 보호자 등이 소년을 정신병원에 입원시켜 치료를 받게 하는 등으로 보호자가 행한 의료조치가 타당할 경우에는 별도의 의료적 처분 없이 향후에도 그 의료조치가 유지될 수 있도록 보호자에게 적절한 주의를 줄 필요가 있다. 이후 소년의 비협조 등으로 의료조치가 유지되지 않을 가능성이 있다고 판단되면 의료조치의 유지 등을 확보하기 위하여 보호관찰을 명할 수도 있다.

7. 연령과 성

연령도 처우선택에 있어서 중요한 요소 중의 하나이다.

보호처분 중 2호와 10호 처분은 12세 이상(법 32조 4항), 3호 처분은 14세 이상(법 32조 3항)의 소년에게 부과할 수 있으며, 비행의 내용이 중하더라도 연령이 너무 어린 경우 6호부터 10호까지의 처분을 함에 있어서는 좀 더 세심한 검토가 필요하다.

소년원 송치 처분보다는 6호 처분을 고려하게 되고, 6호 처분 내에서도 수탁기관의 특성을 고려하여야 할 것이다.

소년의 성 자체는 처우의 선택에 큰 영향을 미치지 않지만, 6호 수탁기관이나 소년원의 선택에 있어서는 고려하여야 할 요소이다.

임신 중인 소년의 경우에는 기본적으로 집단적인 시설 내에서의 생활이 부적절하고 시설에서의 관리가 어려울 수 있으므로, 수용보호를 할 것인지 여부를 신중하게 판단하여야 할 것이다.

8. 피해자와의 관계

최근 범죄피해자의 법적 지위 재확인 및 그 권리를 보장하려는 새로운 경향이 활발하게 전개되고 있는 가운데 소년법에서도 다양한 형태로 피해자의 법적 지위를 확보하려는 움직임이 있다. 이러한 추세에 발맞추어 소년법 25조의2는 피해자 등의 진술권을 규정하고 있기는 하지만, 피해자의 권리를 소극적으로 보장하는 데 그치고 있다.

가해자인 소년의 성향과 환경조정을 통하여 소년을 선도·보호하려는 소년법의 성질상 피해자의 법적 지위의 확립과 권리보장과는 다소 충돌하는 측면이 있음을 부인할 수는 없다.

소년보호절차에서 피해자의 피해정도·소년 측의 사죄·배상 등은 주로 보호자의 감호능력, 보호환경의 문제로 검토된다.

그러나 교내 폭력 사건, 동일한 피해자에 대한 지속적인 갈취·폭력 사건, 강간 등의 성폭력 사건의 경우에는 피해자의 처벌의사나 피해 회복 여부 등 피해자 요인을 중요하게 고려해야 한다.

소년에게 자신의 비행 결과, 피해자에게 준 손해·고통·피해, 비행에 대한 사회적 영향이나 평가를 충분히 인식하게 하여야 비로소 진정한 반성을 할 수 있을 것이므로, 피해자 요인은 소년법의 목적을 달성하려는 측면에서도 조사나 심리과정에서 보다 적극적으로 취급하여야 하고, 처우선택에 있어서도 이를 반영시켜야 할 것이다.

한편 소년법은 화해권고를 명문화하여 소년부 판사는 소년의 품행을 교정하고 피해자를 보호하기 위하여 필요하다고 인정하면 소년에게 피해변상 등 피해자와의 화해를 권고할 수 있고, 기일을 지정하여 소년, 보호자 또는 참고인을 소환할 수 있으며, 소년이 화해권고에 따라 피해자와 화해하였을 경우에는 보호처분을 결정할 때 이를 고려할 수 있음(법 25조의3)을 규정하여 자발적인 피해변상 및 소년의 반성을 유도하고 있다.

9. 사회방위적 배려

소년법상 보호처분은 그 결과 소년이 품행을 교정하여 재범을 방지하는 것을 목표로 하고 있고, 그러한 의미에서 특별예방으로서의 사회방위에 이바지한다고 할 수 있다.

또한 부차적인 효과로 소년이 보호처분을 받았다는 사실은 공범이나 소년 주변의 비행 친구들에게 자각·품행 교정의 계기가 될 수 있고, 특히 불량집단에 의한 비행에서는 그러한 효과가 크다고 할 수 있다. 물론 해당 소년의 교육과 관계없이 본보기로 보호처분을 하는 것은 곤란하다.

10. 기타

1) 가출

소년의 가출은 가정의 기능적 취약, 학교 등에서의 부적응, 친구관계의 불량 등을 징표한다. 가출은 직접적으로 절도, 갈취, 강도의 비행으로 연결되고, 여자 소년의 경우에는 성매매로 연결될 수 있으며, 가출 횟수와 기간은 비행성의 정도와 보호환경을 판단하는 요소이다.

2) 음주 · 흡연 · 문신 · 성경험

음주·흡연은 절도, 공문서 부정사용, 폭행 등 비행을 유발하거나 학교부적응의 원인이 되고 있으므로, 비행성의 정도를 판단하는 요인이 될 수 있으며 문신이나 성경험이 있는지 여부도 마찬가지임을 알아야 한다.

3) 교통비행

교통비행을 보호처분에 적합하지 않다고 보는 견해도 있으나, 일회성의 경과실은 별론으로 하고, 소년범죄는 오토바이의 절도와 무면허운전으로 시작하는 경우가 적지 않고, 이러한 비행을 반복하는 소년은 다른 비행을 저지르는 소년들과 마찬가지이거나, 그 이상의 비행성을 가진 경우가 많으므로, 보호처분에 의한 적절한 대응이 검토되어야 한다.

4) 여죄 등의 처리

보호처분 집행 중에 발견된 여죄(보호처분 이전에 범하여진 것)에 관하여 처분하는 경우 종전 보호처분 당시 같이 판단되더라도 종전 보호처분과 달라지지 않았을 것으로 판단될 경우에는, 종전 보호처분의 효력을 유지하게 하고 여죄를 심리불개시 또는 불처분결정으로 처리할 수도 있겠으나, 보호의 필요성에 관하여 종전 보호처분과 달리 평가해야 할 경우에는 여죄에 대하여 새로운 보호처분을 하고 종전의 보호처분을 취소하여야 한다.

또한 보호처분 집행 중에 발생한 새로운 비행(사건)에 대하여서는 소년에게 경각심을 주기 위해서라도 심리를 개시하여 종전 보호처분을 강화하는 새로운 보호처분을 하고 종전 보호처분을 취소하거나, 새로운 특별준수사항을 추가하거나, 새로운 처분을 하지 않더라도 엄히 훈계하여야 할 것이다.

이러한 판단을 하는 경우 종전 보호처분에서의 비행과 여죄 등의 비행을 종합적으로 검토하여 비행의 중대성과 본인의 비행성을 고려하는 외에 여죄·신건발견의 경위, 이미 집행 중인 보호처분의 효과 등도 신중하게 고려하여야 하며, 이미 집행을 마친 사건 이전에 발생한 비행을 후에 심판하는 경우에도 중요하다.

5) 친고죄의 고소

친고죄의 경우 고소가 없더라도 소년에게 보호처분을 할 수 있다고 봄이 타당하다. 즉, 친고죄란 고소가 있어야 공소를 제기할 수 있는 범죄인데, 보호처분은 공소제기를 전제로 하지 아니하므로, 친고죄에서 고소가 없거나 취소되어도 보호처분을 할 수 있는 것이다.

6) 소년의 태도

소년의 태도는 소년의 반성 여부와 개선가능성을 표방하는 것이므로 당연히 처우의 선택에 영향을 미친다. 그러나 법정에서의 태도만으로 반성 여부 등을 판단하기는 어려우므로, 조사관조사, 결정전조사, 분류심사원 조사과정에서 나타난 소년의 태도를 참고로 하여야 할 것이다. 법정에서 소년의 보호자에 대한 태도 등도 처우의 선택에 반영될 수 있다.

7) 조사관 등의 처분의견

조사관, 보호관찰소, 분류심사원 등은 조사보고서 등을 작성하면서 그 처분의견을 제출하는데, 처우의 선택과정에서 이를 참작할 필요는 있지만, 그 의견에 구속될 필요는 없다.

8) 위탁, 임시위탁, 구속의 경험

소년에 대한 분류심사원에의 위탁 또는 수사과정, 재판과정에서의 구속 경험이 최종적인 처우의 선택에 있어서 반드시 고려되어야 할 요소는 아니지만, 당해 사건에서 구속이나 위탁을 받은 경험이 있다면 그러한 경험이 소년의 품행 교정에 긍정적인 영향을 끼쳐 보호의 필요성의 정도가 다소 완화되었다고 판단할 경우도 있다.

9) 집행기관의 상황

집행기관의 상황은 처우의 선택에서 반드시 고려해야 할 요소이다. 특히 1호 신병인수 위탁보호위원에의 위탁처분과 6호 처분의 경우에는 소년의 특성에 맞는 위탁보호위원이 존재하는지 또는 위탁받은 기관이 소년의 성격에 맞는 프로그램과 인적, 물적, 시설을 가지고 있는지, 소년이 위탁받은 기관의 기존 소년들에게 악영향을 미칠 가능성이 있는지 등을 고려하여 처우의 선택을 결정하게 된다.

제3절 청소년비행예방센터의 보호

1. 개요 및 조직

청소년비행예방센터는 부적응 학생 등 위기 청소년과 기소유예자 등 비행초기단계의 청소년을 대상으로 대안교육 등을 실시함으로써, 범죄를 예방하기 위하여 설치된 기관으로 법무부장관이 관장한다.

청소년비행예방센터장은 서기관 또는 보호사무관으로 보한다(법무부와 그 소속기관 직제 시행규칙 21조의2 1항). 대전 청소년비행예방센터에는 교육지원과 교육운영과를, 안산청소년비행예방센터에는 교육지원과, 교육운영과 및 연구개발과를 두고 있다(같은 조 2항).

본 센터의 설립 목적과 취지는 근래에 학교폭력 등 어린 소년에 의한 범죄가 늘어남에 따라서 위기청소년 및 비행 초반 상태에 있는 청소년의 재범예방을 위한 오랫동안 구체적인 대책의 하나로, 2007년 7월부터 소년원 및 소년분류심사원 기능 조절이 없었던 부산 · 광주 · 대전 · 청주 · 안산 · 창원 등 6개 지역에 청소년비행예방센터를 창립하였다.

또한 2012년 2월 전체 정부 수준의 '학교폭력근절종합대책'이 공표됨에 따라서 학교폭력근절대책의 하나로 2012년에는 서울남부 · 서울북부 · 인천 · 대구 등 4개 청소년비행예방센터를, 2013년에는 순천, 전주, 춘천청소년비행예방센터를 추가 창설하여 지금까지 전국 13개 조직을 운용하고 있다.

청소년비행예방센터는 법원 · 검찰청 · 학교 등에서 위임한 위기청소년에 관한 비행예방교육(대안교육) 및 부모 등에 대한 보호자교육, 소년부 판사 또는 검사가 신뢰한 비행청소년 상담조사, 지역사회 청소년에 관한 여러 가지 심리검사 및 상담, 일반학교 학생 · 교사 등에 관한 법 강의를 시행하고 있으며, 이 밖에 청소년 비행연관 연구 및 교육프로그램 등을 고안하고 있다.

특별히 2012년부터 정부 전체 수준에서 진행하던 '학교폭력근절종합대책'이 2013년 '현장중심학교폭력예방 및 근절대책'으로 연결되는 와중에 학교폭력 가해자 및 보호자 상대의 특별교육, 가족캠프를 포함해 방문하는 학교폭력예방교육, 주말 학교폭력예방캠프, 학교폭력예방 교원직무연수 등 방지 프로그램이 크게 활성화되고 있다.

청소년비행예방센터에서는 여러 기관과 도움 체계를 만들고 지역사회 물자를 가장 많이 활용함으로써 청소년비행예방에 국가와 지역사회가 개입할 수 있도록 하고, 이용자들의 정서적 부하를 줄여주기 위해서 '청소년꿈키움센터'라는 두 개의 명칭을 이용하고 있으며, 폭행, 절도, 성문제, 도로교통안전, 약물오 · 남용 등 비행종류별 진료프로그램을 자체적으로 제작하여 운용하고 있다.

이러한 측면에서 볼 때 바람직한 발전으로 대전청소년비행예방센터는 어린이, 청소년, 교사 등 일반인을 상대로 선진 법문화 정착, 법적 사유력을 가진 민주시민 육성, 학교폭력 등 청소년비행을 방지하기 위해서 만들어진 법 경험 및 법 교육 전문기관으로, '솔로몬로파크'라는 두 개의 이름을 이용하고 있다.

2008년 1월 문을 연 뒤에 모의재판 경연대회, 일반학교 교사 법 직무연수, 생활 법 경시대회, 등 여러 가지 법교육 체험을 운용하고 있고, 2009년 3월 법 체험관도문을 열어 과학수사, 모의재판, 모의국회 등 법 체험 프로그램과 교사 직무연수, 어린이 법 체험캠프 등 여러 가지 법연수프로그램을 운용하고 있다.

2. 명칭 · 관할지역

내방 학생과 보호자에게 비행이라는 용어로 인한 거부감을 줄이기 위해서 청소년비행예방센터의 대외적인 명칭은 청소년비행예방센터와 청소년꿈키움센터(대전청소년비행예방센터는 '솔로몬 로파크')를 같이 사용하고 있다.

현재 설치된 청소년비행예방센터의 명칭 및 관할지역은 다음과 같다[2].

표 6-1 청소년비행예방센터 기관명칭 및 관할지역

기관명칭 (대외명칭)	직제상 소속	관할지역	설치일
부산청소년비행예방센터 (부산청소년꿈키움센터)	부산소년원	부산서부	2007. 7.
창원청소년비행예방센터 (창원청소년꿈키움센터)	부산소년원	경남	2007. 7.
광주청소년비행예방센터 (광주청소년꿈키움센터)	광주소년원	광주, 전남서부	2007. 7.
대전청소년비행예방센터 (대전청소년꿈키움센터)	대전소년원	전국	2007. 7.
청주청소년비행예방센터 (청주청소년꿈키움센터)	청주소년원	충북	2007. 7.

2) 법무부와 그 소속기관 직제 시행규칙 21조의2 7항 별표 2의3 참조.

안산청소년비행예방센터 (안산청소년꿈키움센터)	서울소년 분류심사원	안산, 시흥, 광명, 안양, 의왕, 과천	2007. 7.
서울남부청소년비행예방센터 (서울남부청소년꿈키움센터)	서울소년 분류심사원	서울남부, 동부, 서부	2012. 6.
서울북부청소년비행예방센터 (서울북부청소년꿈키움센터)	서울소년 분류심사원	서울북부, 의정부, 고양	2012. 6.
인천청소년비행예방센터 (인천청소년꿈키움센터)	서울소년 분류심사원	인천, 부천, 김포, 강화	2012. 6.
대구청소년비행예방센터 (대구청소년꿈키움센터)	대구소년원	대구, 경북	2012. 6.
전주청소년비행예방센터 (전주청소년꿈키움센터)	전주소년원	전북	2013. 11.
순천청소년비행예방센터 (순천청소년꿈키움센터)	광주소년원	전남동부	2013. 11.
춘천청소년비행예방센터 (춘천청소년꿈키움센터)	춘천소년원	강원	2013. 11.
부산청소년비행예방센터 (부산청소년꿈키움센터)	부산소년원	부산동부	2014. 11.
울산청소년비행예방센터 (울산청소년꿈키움센터)	부산소년원	울산, 양산, 울주	2014. 11.
수원청소년비행예방센터 (수원청소년꿈키움센터)	서울소년 분류심사원	수원, 오산, 성남, 이천, 평택 등	2014. 11.

3. 활동

1) 일반학교 부적응학생 등 대안교육 내실화

지역사회의 평범한 청소년들의 비행을 방지하기 위해서 2001년 10월 시범 운용을 해본 후 2002년을 시작으로 일반학교 부적응학생에 대해 대안교육을 시행중이다.

전국 12개 청소년비행예방센터와 2개 대행소년원(대전·제주)이 각 시·도 교육청에서 초·중등교육법시행령 제31조에 의해 '중·고등학생 특별교육 이수기관'으로 결정되어 운용하고 있다.

대안교육은 진로·성격 등 심리검사, 정서훈련, 경험교육 등 1~5일간 진행되는 프로그램으로 운용 중인데, 교육과정을 받으면 대안교육 수료증을 주고 교육귀추를 해당학교에 송부해 학생생활교육을 하는데 바탕으로 이용하도록 하고 있으며, 적성검사 결과를 포함해 자녀교육에 필요한 정보를 학부모에게 주고, 각 학교와 협력하여 교육수료한 학생에게 사후지도를 시행하여 비행청소년 전문기관으로서 청소년비행예방센터의 소임을 강조함으로써 신뢰도를 높이고 있다.

2) 기소유예자 및 선도유예자 대안교육 실시

전국 청소년비행예방센터(대전청소년비행예방센터 제외) 등 2개 센터 대행소년원(대전 · 전주)에서는 해당 관할 지방검찰청과 논의를 하여 기소유예자에 대해서 체험교육을 시행함으로써 해당자들의 비행성 조기개선과 더불어 재비행 예방에 도움이 되고 있다.

이것은 청소년비행예방센터의 비행청소년에 관한 특화된 진단기법과 비행방지 전문교육 프로그램을 비행의 초반 단계에 서 있는 청소년교육에 능동적으로 이용함으로써 청소년 선도 강화와 재비행 예방을 목표로 시행 중이다.

이러한 대상자에 대한 대안교육 실시의 예로 검찰청에서 의뢰한 기소유예 등을 받은 소년에게 3~5일 과정의 통학형 위탁교육으로 운영되며, 비행유형별 비행예방교육 및 법교육, 문화예술교육, 장애체험, 심리치료 등 다양한 체험 위주의 인성교육으로 운영되고 있다.

최근에는 교육조건부 기소유예 다각화 방법의 하나로 청소년비행예방센터에서 운용하고 있는 소나기가족캠프 참가를 대안교육 및 보호자교육으로 대리하도록 하는 '가족캠프 참여조건부기소유예'가 서울북부, 부산, 청주청소년비행예방센터 등에서 시행 중인 것을 포함해 교육 대상자 중심으로 여러 가지 맞춤형 프로그램이 운용 중인데 효과가 크다.

3) 청소년심리상담실 운영

1996년 2월부터 서울소년분류심사원과 대구 · 춘천 · 전주 · 제주소년원 등에 청소년적성검사실을 설치하였고, 2007. 12. 21. 보호소년 등의 처우에 관한 법률이 개정되면서 '청소년심리상담실'로 명칭을 변경하여 전국 12개 청소년비행예방센터(대전센터 제외)와 2개 센터 대행 소년원(대전 · 제주)에서 지역사회 청소년들의 진로지도 및 비행예방활동을 적극 전개하고 있다.

청소년심리상담실은 소년분류심사원의 비행청소년에 대한 전문지식과 지도경험을 이용하여 해당되는 지역사회 근로청소년과 학생, 지역주민 등에게 적성·지능·성격검사 등을 시행해서 기질과 기호에 알맞은 진로 지도방침을 주는 역할을 맡고 있다.

해당 기관에서는 교육학, 정신의학, 사회학, 심리학 등을 전공하고 임상적 경험이 많은 전문인이 검사와 상담을 시행하고 있고, 가정·학교·사회단체 등 각지에서 부탁한 청소년의 여러 가지 문제 동기를 종합적으로 해석하여 이성적이고 합당한 지도방침을 주고 있다.

4) 보호자교육 실시

비행청소년 지도·교육과정에서 축적한 노하우를 활용하여 법원이나 학교장으로부터 보호자 교육명령을 받은 보호자 또는 자원참가자를 대상으로 가족관계 회복 및 가정의 보호력 증진, 바람직한 부모-자녀 관계형성을 위한 보호자교육을 실시하고 있는데, 2010년부터는 부산·청주·안산청소년비행예방센터에서 '소통·나눔·기쁨(소나기)'을 주제로 사춘기 부적응 청소년과 부모가 함께 참가하는 1박 2일 또는 2박 3일 과정의 '가족솔루션캠프'를 운영하였다.

이러한 청소년비행예방센터에서 운용하는 가족솔루션캠프의 성적이 참가자들을 포함하여 외부적으로도 인정받아서 학교, 법원, 검찰청 등 기관에서 '소나기캠프 참여조건부 보호자교육 혹은 대안교육' 등을 부탁하여 가족솔루션캠프 운영기관이 전국 센터로 확대되고 있다.

5) 법교육 운영

법교육은 대전청소년비행예방센터(솔로몬로파크)에서 전문화해서 운용하고 있으며, 그 밖에 9개 비행예방센터에서는 대전청소년비행예방센터에서 설립·운용하는 전문교육 커리큘럼을 받은 직원을 중심으로 법교육을 시행하고 있다.

2009. 12. 28. 부산·안산청소년비행예방센터가 법무부 법문화진흥센터로 선정된 이후로 찾아가는 법교육, 찾아가는 학교폭력예방교육 등을 확장·시

행해서 지역사회의 일반청소년을 포함해 위험 · 비행청소년을 상대로 한 법교육을 진행하고 있다.

4. 업무

청소년비행예방센터에서는 다음과 같은 소년의 지도와 교육을 병행하고 있다.

① 소년법 32조의2 1항에 따라 법원 소년부 판사로부터 교육명령을 받은 소년

② 소년법 49조의3 2호에 따라 검사가 기소유예의 조건으로 교육을 의뢰한 소년

③ 초 · 중등교육법 18조에 따른 징계대상인 학생으로서 각급학교의 장이 의뢰한 소년

④ 학교폭력예방 및 대책에 관한 법률 17조에 따른 가해학생을 대상으로 비행예방 및 재범방지 또는 사회적응을 위한 체험과 인성 위주의 교육과정을 운영한다(보호소년처우 42조의2 1항).

그 밖에도 청소년비행예방센터에서는

① 법원이 의뢰한 상담조사

② 소년법에 따른 보호처분을 받은 자의 보호자와 학교폭력예방 및 대책에 관한 법률 17조에 따른 가해학생의 보호자에 대한 교육

③ 학교폭력예방 및 대책에 관한 법률 15조 3항에 따른 학교폭력 예방교육

④ 청소년에 대한 법교육

⑤ 청소년비행 관련 자원봉사자에 대한 전문교육 등을 하고 있다.

특히 안산청소년비행예방센터에서는 소년보호행정 정책추진을 위한 조사 · 연구기능이 취약하다는 지적에 따라 청소년의 비행예방 및 비행청소년의 건전한 육성을 위한 정책 및 프로그램의 연구 · 개발 등의 업무를 하고 있다[3].

---

3) 법무부와 그 소속기관 직제 시행규칙 21조의2 참조.

대안교육과정에서는 다음과 같은 교육을 행하고 있다.

① 자기반성을 통한 자기관리 능력 증진 및 올바른 가치관 정립

② 준법의식 고취 및 청소년비행 문제인식

③ 당면문제에 대한 현실적 대응능력 함양

④ 약물 오·남용 및 학교폭력 예방

⑤ 봉사활동 등 체험교육

⑥ 감수성 훈련·인간관계 훈련 등 심성훈련

⑦ 그 밖에 미래에 대한 계획수립과 같은 내용을 포함하고 있다(보호소년처우규 73조 1항, 2항).

대안교육 대상소년이 정해진 교육과정을 이수하였을 때에는 그 기간을 재적학교의 출석일수로 인정하며(보호소년처우령 85조 1항), 대안교육 대상소년이나 그 보호자가 원하는 경우에는 대안교육 이수사실을 소년의 재적학교의 장에게 통지할 수 있다(같은 조 2항).

제4절 보호자의 역할과 보호

1. 보호자의 권리·의무

보호자의 역할과 보호에서 보호자란 소년에 대하여 법률상 감호교육을 할 의무가 있는 자와 소년을 현재 감호하는 자를 말하는데(법 2조 후단), 전자를 '법률상 보호자', 후자를 '사실상 보호자'라고 한다. 소년법상 보호자는 우선 소년보호사건의 조사·심리절차에서 대상소년의 권리·이익을 옹호하고 그를 대변하는 지위를 가진다.

보호자는 심리기일에 출석할 수 있고(법 23조 2항), 소년부 판사에게 심리기일의 변경을 청구할 수 있으며(법 22조), 의견 진술권(법 25조), 보조인 선임권 및 취임권(법 17조), 국선보조인 선정 신청권(법 17조의2 2항), 항고권 및 재항고권(법 43조 1항, 47조 1항), 각종 통지를 받을 권리(법 8조) 등을 가진다.

보호자는 소년에 대한 국가적 보호활동에서 협력자로서의 지위를 가지고 있기도 하는데, 보호대상소년을 관할 소년부에 통고할 수 있고(법 4조3항), 조사 · 심리 중에는 대상소년을 임시조치에 따라 위탁받을 수 있다(법 18조 1항 1호). 부양의무가 있는 보호자는 소년이 소년법 18조 1항 1호 · 2호의 조치에 관한 결정이나 32조 1항 1호 · 6호 · 7호(보호소년 등의 처우에 관한 법률에 따른 소년의료보호시설 위탁처분은 제외)의 처분을 받은 경우 위탁받은 자에게 그 감호에 관한 비용의 전부 또는 일부를 지급할 의무가 있다(법 41조).

또한 보호자는 조사방법의 객체로서의 지위도 가지기 때문에 조사의 대상이 되고(법 11조 1항), 소환 · 동행 등 강제절차에 응할 의무를 가지고 있다. 그밖에도 보호자는 법원의 명령에 의하여 소년원 · 소년분류심사원 또는 보호관찰소 등에서 실시하는 소년의 보호를 위한 특별교육을 받을 수 있음(법 32조의2 3항)을 알아야 한다.

2. 법률상 보호자

소년에 대하여 '법률상 감호교육을 할 의무가 있는 자'로서는 친권자(민 913조), 미성년후견인(민 945조), 이혼한 부부 중 자의 양육자(민 837조, 843조), 후견인의 직무를 행하는 보호시설의 장[4] 등이 있다.

법률상 보호자는 소년을 현실적으로 보호 · 감호를 하고 있을 필요는 없다. 재산관리권을 상실한 부모도 법률살 감호교육의 의무가 있는 자라고 할 수 있다.

3. 사실상 보호자

소년을 '실제로 감호하는 자'란 사실상 소년을 현실적으로 감호 · 보호하고 있는 자이다. 반드시 소년과 동거하고 있을 필요는 없지만, 소년의 생활 전반에 걸쳐서 어느 정도 전인적 감독 · 감호를 하고 있는 자라야 한다. 사실상의 보호자라고 인정할 수 있는 지는 보호자로서 역할을 실질적으로 수행하고 있

4) 보호시설에 있는 미성년자의 후견 직무에 관한 법률 2조, 3조.

는가라고 하는 관점에서 판단하여야 한다.

예컨대, 소년에게 숙식을 제공하는 고용주, 기숙사의 책임자, 친권자의 위탁, 그 밖의 사정으로 친권자를 대신하여 소년을 보호·감독하는 친족, 계부모 등이 여기에 해당한다.

그러나 통근하는 소년의 고용주나 학교의 교사 등은 일반적으로는 사실상의 보호자에 해당하지 않으며, 사회통념상 시인할 수 있는 보호감독의 실질을 가진 자일 것이 필요하므로, 폭력단의 두목, 위법한 영업의 고용주, 유괴나 폭력행위 등 범죄행위의 결과 소년을 지배하고 있는 자 등은 아무리 소년에의 영향력이 크다고 하더라도 보호자에는 해당하지 않는다.

4. 법률상 보호자와 사실상 보호자와의 관계

법률상의 보호자가 현실적으로 감호를 행하고 있는 경우에는 사실상의 보호자를 인정할 필요가 없다고 하는 견해도 있으나, 보호자의 역할(특히 자료 제공자, 보호적 조치의 작용 대상자로서의 역할)을 제대로 할 수 없거나 하지 못하는 경우도 있으므로 법률상 보호자가 있는 경우에 획일적으로 사실상 보호자를 인정하지 않는다고 할 필요는 없다.

제5절 보조인의 보호

1. 제도의 취지

소년보호절차는 소년이 건전하게 성장하도록 돕는 것을 목적으로 하고(법 1조), 소년부가 소년에 대하여 후견적 역할을 수행한다고는 하더라도 소년원송치(법 32조 1항 8호, 9호, 10호) 등에서 보는 바와 같이 소년의 인권을 제약하는 경우가 있고, 적정한 처우결정이 곤란한 경우도 있으므로, 소년의 권리와 이익을 손상할 위험성이 없다고는 할 수 없다.

또 비행사실이 다투어지는 경우 보호환경의 조정을 필요로 하는 경우 등 소년의 정당한 이익을 옹호하고, 적정한 심리 · 처우결정을 위하여 활동하는 자로서 보조인 제도가 있다.

소년보호절차는 행정적 · 복지적 성격과 사법적 성격을 동시에 가지고 있음을 알아야 하며, 소년보호사건의 보조인은 보호소년에 대하여 적절한 보호처분이 이루어지도록 협조하는 역할을 수행하기도 하지만, 그보다 더 실질적이고 중요한 역할은 절차상으로 보호소년의 이익을 변호하는 것이라고 할 수 있다. 소년부 판사가 소년법 17조의2에 따라 선정하는 국선보조인의 자격, 선정사유 및 절차, 보수 등에 관하여는 별도의 항에서 살펴보기로 한다.

2. 보조인의 자격

보조인은 소년의 정당한 이익을 옹호하고, 적정한 심리 · 처우결정을 위하여 활동하는 자로서 자격에는 제한이 없으나, 보호자나 변호사 이외의 자는 소년부 판사의 허가를 얻어야 보조인으로 선임될 수 있다(법 17조 1항, 2항).

그러나 보조인이 그 직책을 제대로 수행하기 위해서는 소년법제에 관한 지식뿐만 아니라 소년의 보호 · 교육에 관한 전문적 지식도 아울러 가질 것이 요구된다.

3. 보조인 선임

선임권자는 소년과 보호자이고, 소년부 판사는 국선보조인을 선정하는 것 외에는 직권으로 보조인을 선임할 수 없다(법 17조 1항).

소년부 판사는 소년보호 사건을 접수한 때에 소년 및 보호자에게 위와 같은 사항을 서면으로 고지하여야 한다(규칙 9조 2호).

보호소년이 재학 중인 학생인 경우에는 그 학교의 교사를 보조인으로 선임할 수 있고, 때에 따라서는 주거지 인근의 청소년전문상담기관의 교사나 상담전문가 등을 보조인으로 선임할 수도 있다.

소년의 미성숙성 때문에 보호자는 소년의 의사에 반하여서도 보조인을 선임할 수 있으나, 소년은 보호자가 선임한 보조인을 해임할 수 없다고 해석되며 선임의 시기는 사건이 소년부에 접수된 후에는 언제든지 가능하다.

선임의 방법은 사건이 계속되어 있는 소년부(경우에 따라 항고법원이나 재항고법원)에 소년과 보조인과의 관계(예컨대, 부모, 형제, 고용인, 담임교사 등)를 기재하고, 선임자와 보조인이 연명날인한 서면(보조인 선임신고서)을 제출하여야 한다(법 17조 3항).

소년과 보조인과의 관계에 관한 기재는 소년부 판사가 선임 허가의 자료로 하기 위한 것이기 때문에 변호사의 경우는 필요 없고(같은 항 후문), 이에 관한 소명자료를 함께 제출하면 된다.

보조인의 선임에는 소년부 판사의 허가가 필요하다(같은 조 1항).

보조인에게는 뒤에서 보는 바와 같이 여러 가지 권한이 인정되므로 법원이 그 적격성을 심사할 필요가 있기 때문이다. 보호자나 변호사를 보조인으로 선임하는 경우에는 소년부 판사의 허가를 받을 필요가 없다(같은 조 2항).

소년부 판사는 보조인 선임을 허가함에 있어서 보조인의 인물, 소년과의 관계, 사건의 내용 등과의 관계를 신중하게 고려하여야 하지만, 특히 부적당하다고 인정되지 않는다면 원칙적으로 허가하는 것이 타당할 것이다. 사건이 항고심이나 재항고심이 계속되어 있는 경우에는 각각의 당해 법원이 허가하여야 한다.

소년부 판사는 보조인이 심리절차를 고의로 지연시키는 등 심리진행을 방해하거나 소년의 이익에 반하는 행위를 할 우려가 있다고 판단하는 경우에는 언제든지 그 허가를 취소할 수 있다(법 17조 4항).

보조인 선임 허가의 재판 및 허가 취소의 재판 방식은 보조인 선임신고서의 난외 여백에 그 취지를 기재하고 날인한 후 이를 고지하면 족하다.

보조인 선임을 불허하는 재판 또는 허가를 취소하는 재판에 대하여는 불복할 수 없다. 보호자를 보조인으로 선임하는 것은 본인은 물론 보호자 스스로도 할 수 있고, 보호자 스스로가 선임의 서면을 제출할 때에는 소년 본인과의 연서는 필요 없다.

선임의 효력은 사건단위로 하여야 할 것이지만, 병합된 사건에 관하여는 보조인이 다른 의사표시를 하는 등 특별한 사정이 없는 한 전부에 선임의 효력이 미친다고 해석된다(형소규 13조 참조). 보조인 선임의 효력은 그 심급에 한하므로 그 선임은 매 심급마다 하여야 한다(법 17조 5항).

변호인이 선임된 형사사건이 소년부에 송치(법 49조 1항, 50조)된 경우 변호인이 당연히 보조인이 되는 것은 아니므로, 변호인은 소년부에 보조인선임계를 별도로 제출하여야 한다.

만일 보조인 선임신고서를 제출하지 않는 경우, 소년부 판사는 변호인에게 보조인으로 활동할 의사가 있는지 여부를 확인하여 선임계의 제출을 촉구할 수 있다. 또한 검찰청에 제출된 보조인 선임신고서가 사건기록과 함께 소년부에 송부된 때에는 유효한 선임계로 취급하여야 한다.

사건이 다시 검찰청에 송치되거나 사건송치법원으로 이송된 경우에는 소년부 송치 이전에 있었던 변호인 선임의 효력은 다시 부활된다. 보조인의 지위는 보조인 스스로 사임하거나 소년본인 또는 보호자의 해임에 의하여 상실된다.

4. 보조인의 권한

소년법상 보조인은 심리기일 출석권(법 21조 2항, 23조 2항), 심리기일 변경 청구권(법 22조), 의견 진술권(법 25조 1항), 기록 및 증거물의 열람 및 등사권(법 30조의2), 항고 및 재항고권(법 43조 1항, 47조 1항) 등을 가지며 보조인이 열람할 수 있는 기록에는 사건기록뿐만 아니라 소년조사기록도 포함된다.

그 밖에 형사소송법 중 변호인의 권리의무에 관한 규정은 소년보호사건의 성질에 위반되지 아니하는 한 보조인에게도 준용되므로(법 17조 6항), 보조인은 증인신문, 감정, 검증 등에 있어서 변호인에 상당하는 권리를 가지며, 소년에 대한 접견 · 교통 · 수진(형소 34조) 등에 대한 권리도 인정된다. 그러나 증거조사청구권에 대하여는 소년보호절차의 직권주의적 성격에 비추어 이를 부정하는 견해가 지배적이다.

보조인의 중요한 권한의 침해는 결정에 영향을 미칠 법령 위반으로서 항고이유에 해당하는 경우가 많다[5].

---

5) 보조인의 심리기일 출석권을 침해한 사례에 관한 대법원 1994. 11. 5.자 94아트10 결정 참조.

5. 보조인의 역할

보조인의 역할에는 소년보호사건의 사법적 기능과 복지적 기능에 대응하여,

① 적정절차의 이행을 감시·요구하는 변호인적 역할

② 소년이 건전하게 성장하도록 돕는 것을 목적으로 하는 소년부의 협력자적 역할이라는 두 가지 측면이 있다.

즉, 보조인은 조사관이나 소년부 판사 등과는 달리 소년 측에 서서 소년보호사건의 목적 달성을 위하여 노력하는 지위에 있으므로, 소년 심판이 적정하게 운영될 때에는 조사·심리에 협력하는 한편, 소년의 정당한 이익을 위하여 법원의 활동을 감시하고, 경우에 따라서는 시정을 구하는 역할을 가진다고 할 수 있다.

구체적으로는 다음과 같은 보조인의 활동이 기대된다. 먼저 비행사실 및 보호의 필요성 판단의 기초가 되는 사실의 유무·내용에 관하여 적극적으로 사실을 조사하여 법원에 제출할 필요가 있으며, 이를 위하여 소년 및 보호자와 면회를 자주 하는 등으로 사실관계를 파악하고, 조사관과 면접하여 건설적 의견을 교환하며, 경우에 따라서는 의견서를 제출하는 등의 성실한 노력이 필요하다.

지식이 없는 소년과 보호자에게 절차의 흐름을 설명하고, 적절하게 대응할 수 있도록 조언하는 것도 보조인의 중요한 역할이다. 다만 기록의 열람 등을 통하여 알게 된 사실을 소년이나 보호자에게 전달하는 데는 소년의 보호와 친자관계의 악화방지 등의 관점에서 신중할 필요가 있다.

또한 심판에서 소년을 위하여 유리한 사실의 주장·입증을 행하는 경우에도 소년이 건전하게 성장하도록 돕는다는 소년보호절차의 취지에 반하지 않도록 배려하여야 한다.

제6절 국선보조인의 보호

1. 개관

법원에 의하여 선정된 보조인을 국선보조인이라고 한다. 소년분류심사원에 위탁되었거나 신체적 · 정신적 장애가 의심되는 소년 등에 대하여 국가가 보조인을 선정함으로써 소녀의 변호권을 실질적으로 보장하기 위한 것이다.

형사소송절차에서 체포 · 구속된 소년 피의자에 대한 체포와 구속적부심사 시 및 공소가 제기된 소년 피고인에게 변호인이 선임되지 않았거나 변호인이 출석하지 아니한 때에는 반드시 법원이 직권으로 변호인을 선정하도록 하고 있는 것과 같은 맥락[6]이다.

2. 자격

국선보조인의 자격요건은 다음과 같다.

① 변호사, 공익법무관에 관한 법률에 의한 공익법무관(법무부와 그 소속기관 및 각급 검찰청에서 근무하는 공익법무관 제외) 또는 법원의 관할구역 안에서 수습 중인 사법연수생

② 정신과의사 · 심리학자 · 사회사업

각급 법원은 국선보조를 담당할 것으로 예정된 사람을 일괄 등재한 국선보조인 예정자 명부를 작성할 때 위 ①항 기재 사람들이 등재된 법률전문가 명부와 위 ②항 기재 사람들이 등재된 정신 · 심리전문가 등 명부로 구분하여 작성한다[소년보호절차에 관한 예규(재특 2008-2) 4조].

3. 선정사유

법원은 소년분류심사원에 위탁되어 있는 소년에게 보조인이 없을 때에는

---

6) 형소 33조 1항 2호, 214조의2 10항, 282조, 283조.

필수적으로 변호사 등 적정한 자를 국선보조인으로 선정하여야 한다(법 17조의 2 1항).

형사소송절차에서 피고인이 미성년자인 때에는 불구속 상태인 경우에도 반드시 직권으로 국선변호인을 선정하도록 하고 있는 것과 차이가 있다.

소년이 소년분류심사원에 위탁되지 아니하였을 때에도,

① 소년에게 신체적·정신적 장애가 의심되는 경우

② 빈곤이나 그 밖의 사유로 보조인을 선임할 수 없는 경우

③ 그 밖에 소년부 판사가 보조인이 필요하다고 인정하는 경우(소년이 비행사실을 부인하거나 보호자가 출석하지 않을 것이 예상되는 경우 등)에는 직권에 의하거나 소년 또는 보호자의 신청에 따라 보조인을 선정할 수 있다(같은 조 2항).

위 ②항의 경우 소년 또는 보호자에게 '빈곤이나 그 밖의 사유'에 대한 소명을 엄격하게 요구할 것은 아니고 소년 등이 제출한 청구서의 기재내용과 송치서의 기재사항, 그 밖의 소명자료 등을 검토하여 소년의 가정 형편이나 제반 사정에 비추어 사선보조인을 선임하기 어렵다고 인정되는 때에는 특별한 사정이 없는 한 지체 없이 국선보조인을 선정하고, ③항과 관련하여서는 별건으로 소년원에 재원 중이거나 다른 형사사건에서 유죄로 확정되어 수형 중인 경우가 이에 해당한다고 할 수 있다[소년보호절차에 관한 예규(재특 2008-2) 3조 1항, 국선변호에 관한 예규(재형 2003-10) 6조 1항, 7조 1항, 8조 1항].

법원은 실무상 소년법 37조 1항에 따른 보호처분의 변경절차에서 보호소년이 소년분류심사원에 유치된 경우에도 보조인이 없을 때에는 국선보조인을 선정하고 있다.

1) 선정을 위한 고지 및 선정

이는 심리준비사무의 중요한 한 단계이다.

2) 선정취소 등

법원은 사선보조인이 선임되거나 법원이 국선보조인의 사임을 허가한 때,

국선보조인이 그 직무를 성실히 수행하지 아니하는 때, 선정된 국선보조인이 기일에 출석하지 아니한 때 등 취소사유가 발생한 때에 국선보조인 선정을 취소한다(형소규 18조 1항, 2항, 19조 2항 참조).

선정취소결정은 사선보조인이 선임된 때를 제외하고는 보통 다른 국선보조인의 신규 선정결정과 동시에 하는 것이 보통인데, 이 경우 결정의 주문은 "변호사 ○○○를 국선보조인으로 선정을 취소하고, 변호사 ○○○를 국선보조인으로 선정한다"로 하면 될 것이다.

3) 보수 등

국선보조인의 보수 등에 관하여 소년심판규칙에서 따로 정하지 아니한 사항에 대하여는 소년보호사건의 성질에 어긋나지 아니하는 범위 내에서 국선변호인에 관한 규정을 준용[7]한다(규칙 19조의2 3항).

제7절 사회복지시설의 보호

소년법 4조 3항에 의하여 사회복리시설의 장은 범죄소년, 촉법소년 또는 우범소년을 발견한 때에는 관할 소년부에 통고할 수 있다.

사회복지시설이란 사회복지사업을 할 목적으로 설치된 시설을 말하는데(사회복지사업법 2조 4호), 이에 해당하는 것으로는 아동복지법에 의한 보건소(아동복지법 36조), 아동양육시설, 아동일시보호시설, 아동보호치료시설, 공동생활가정, 자립지원시설, 아동상담소 등과 같은 아동복지시설(아동복지법 52조), 성매매방지 및 피해자 보호 등에 관한 법률에 의한 청소년지원시설(성매매방지 및 피해자보호 등에 관한 법률 5조 1항 2호) 등이 있다.

보호처분 중 6호 처분은 '아동복지법상의 아동복지시설 그 밖의 소년보호

7) 국선보조인의 보수 지급 등 사무처리는 소년보호절차에 관한 예규(재특2008-2)에 특별한 규정이 있는 경우를 제외하고는 소년보호사건의 성질에 어긋나지 아니하는 범위 내에서 국선변호에 관한 예규를 준용한다[소년보호절차에 관한 예규(재특 2008-2) 3조 1항].

시설에 감호를 위탁하는 것'인바, 아동복지법 52조 1항은 아동복지시설의 종류를 열거 및 정의하면서 그 3호 가목에서 아동보호치료시설을 '불량행위를 하거나 입소를 신청한 아동 또는 가정법원, 지방법원소년부지원에서 보호위탁된 19세 미만인 사람을 입소시켜 치료와 선도를 통하여 건전한 사회인으로 육성하는 것을 목적으로 하는 시설'이라고 규정하고 있다. 6호 처분 수탁기관의 일종인 '아동복지법상의 아동복지시설'은 바로 아동복지법 52조 1항 3호 가목의 아동보호치료시설을 말한다.

제8절 자원봉사자의 보호

보호관찰 영역에서 일하는 법사랑위원은 보호관찰 해당자를 할당받아 교육하거나 사회봉사명령 집행감독을 조력하는 일, 수강명령 등 해당자 교육요양 프로그램에 참여하거나 환경조사를 협조하는 등의 일을 이행한다.

보호관찰분야에서 활동하고자 하는 법사랑위원은 보호관찰소에서 실시하는 법사랑위원 전문화교육에 참석하여 일정시간 교육을 이수하여야 한다. 전문화교육은 보호관찰 관련법령, 청소년비행의 이해, 보호관찰 대상자 지도요령, 보호관찰 경과통보서 작성요령 등의 내용으로 구성된다.

보호관찰관에게 보호관찰 해당자를 할당받은 법사랑위원은 적어도 월 1회 이상 해당자와 대면하게 되며, 집을 내방하여 보호자와 연락하는 등 여러 가지 방책으로 해당자의 재범을 예방하기 위해 움직인다.

법사랑위원은 대상자를 지도한 내용을 정리하여 월 1회 이상 담당 보호관찰관에게 보호관찰 경과통보서를 제출하여야 한다.

07

CHAPTER

피해 청소년의 보호 및 지원

제1절 범죄피해자 동향

제1절 청소년 취약범죄

제3절 분쟁해결과 법률구조

제4절 피해자에 대한 보호 · 지원

제5절 법률구조와 법률정보

제6절 피해회복조정(회복적사법)

제1절 범죄피해자 동향

우리는 수많은 사건 내역을 살펴보면 몇몇 피해자 없는 범죄를 제외하고 모든 범죄에는 피해자가 있기 마련이다.

이와 같은 사건에서 형법범죄를 대상으로 피해자의 성별, 연령, 가해자와의 관계 등의 현황을 살펴보고자 한다.

피해자에 관한 현재 상황에 대한 자료는 대검찰청에서 발행하는 「범죄분석」을 바탕으로 한다. 대검찰청에서 발행하는 「범죄분석」은 경찰과 검찰 등과 같은 수사기관에서 만드는 범죄통계원표 중 인지 사건을 단위로 만들어지는 발생통계원표에 포괄되어 있는 피해자 연관조항을 기본으로 피해자에 대한 정보를 주고 있다.

주의할 점은 발생통계원표에서 피해자에 관한 항목 수집 시 피해자가 여러 명인 경우 가장 중한 피해자 1명에 대해서만 작성한 것임을 밝힌다.

1. 형법범죄 피해자 현황

1) 성별 현황

형법범죄 피해자의 성별 분포를 살펴보면[1], 여성피해자보다 남성피해자 비율이 훨씬 더 높다. 2004년에 여성피해자의 수는 232,109명으로 전체의 36.1%를 차지하였고, 이후 약간의 증감을 반복하기는 하지만 전반적으로 30% 중반대를 유지하고 있다.

2013년에는 여성피해자가 전체의 35.0%를 차지하고 있음에 유의한다.

2) 연령층별 현황

형법범죄 피해자의 연령층별 현황(범죄백서, 2015: 157)을 살펴보면 2004년에는 50세 이하(40대)가 30.2%로 가장 높은 비율을 차지하고 있고, 그 다음은 40세 이하(30대) 29.3%, 30세 이하(20대) 16.9%, 60세 이하(50대) 12.9%, 61세 이

1) 범죄백서, 2015, 155-.

상 6.5%, 20세 이하(15세 이하 포함) 4.1% 등의 순으로 나타나 형법범죄의 주된 피해자 연령대는 30대와 40대라는 점을 알 수 있다.

2004년 극히 높은 비율을 나타냈던 50세 이하는 2008년 예전까지 얼마간의 증감을 되풀이하다가 2008년 30.2%, 2009년 29.7%, 2010년 28.3%, 2011년 26.7%, 2012년 25.6%, 2013년 24.6%로 계속적인 감소경향을 나타내고 있다.

그 뒤로 높은 비율을 점유하였던 40세 이하도 2005년 26.4%, 2006년 25.5%, 2007년 24.4%, 2008년 23.3%, 2009년 22.6%, 2010년 21.7%, 2011년 21.2%, 2012년 20.7%로 계속적으로 줄어들었으며, 2013년에는 21.0%를 나타내었다. 30세 이하의 비율은 2004년 16.9%에서 지속적으로 감소하여 2008년 15.4%로 지난 10년간 최저치를 기록하다가, 2009년부터 조금씩 증가하여 2013년 16.8%로 2004년과 거의 비슷한 수준을 유지하였다.

40세 이하와 50세 이하가 감소하고 30세 이하는 비슷한 수준을 유지하고 있는데 반해, 20세 이하의 연령층과 60세 이하와 61세 이상의 비율은 증가하는 경향을 보이고 있다.

특히 다른 연령층에 비해 60세 이하의 증가폭은 상대적으로 큰 것으로 나타났으며, 구체적으로 60세 이하는 2004년 12.9%를 차지하였으나, 이후 지속적으로 증가하여 2013년에는 20.4%를 기록하였다.

과거 10년간 위와 비슷한 연령층별 구성비가 달라짐으로 인해서 2013년에는 50세 이하가 24.6%로 극히 높은 비율을 보였고, 다음으로 40세 이하(21.0%), 60세 이하(20.4%), 30세 이하(16.8%), 61세 이상(9.3%), 20세 이하(15세 이하 포함, 7.9%)의 순서였다.

2. 흉악범죄 피해자 현황

1) 성별 현황

살인, 강도, 성폭력, 방화범죄를 포함하는 강력범죄(흉악) 피해자의 성별 현황은 2013년을 기준으로 해서 앞서 살펴본 전체 형법범죄에서는 남성피해자가 여성피해자의 약 2배 정도 더 많은 것과 달리 강력범죄(흉악) 피해자의 경우에는 여성피해자가 남성피해자보다 약 7배 정도 더 많은 것[2])으로 나타났다.

과거 10년 동안 강력범죄(흉악) 피해자의 성별 구성비의 변화를 들여다보면, 2004년 강력범죄(흉악) 피해자 가운데 여성이 78.1%를 점유하였고, 그뒤로 2005년 79.9%, 2006년 80.6%로 늘어나다가 2007년 78.6%, 2008년 78.8%, 2009년 77.3%로 3년 연속 줄어들었다. 그러나 2010년 82.6%, 2011년 83.8%, 2012년 85.6%, 2013년 87.5%로 최근 4년간 지속적으로 증가하는 경향을 보이고 있다.

2) 연령층별 현황

강력범죄(흉악) 피해자의 연령층별 분포[3]의 변화를 들여다보면, 2004년에는 30세 이하가 30.7%로 제일 높은 비율을 점유하였고, 다음으로 40세 이하 20.4%, 50세 이하 17.3%, 20세 이하 13.6%, 15세 이하 8.4%, 60세 이하 6.0%, 61세 이하 3.6% 순서였다.

강력범죄(흉악) 피해자의 52.7%가 30세 이하의 피해자인 것으로 드러났다. 이후 2004년 가장 높은 비율을 점유하고 있던 30세 이하의 피해자의 비율은 늘어나는 움직임을 보이다가 2008년과 2009년에는 각각 29.7%와 29.8%로 2004년보다 얼마간 낮아졌다가 2010년 이후로 계속적으로 늘어나서 2013년에는 35.5%를 점유하였다.

일반적으로 30세 이하의 피해자는 과거 10년간 늘어났다고 볼 수 있다. 이에 반해 40세 이하의 피해자의 비율은 계속적으로 줄어들어 2011년 13.3%로 가장 낮은 수치를 나타내었다가 2012년 13.5%, 2013년 14.3%로 늘어났으나, 2004년에 비교할 때 적은 수치로 과거 10년간 40세 이하 피해자의 비율은 줄어들었다고 볼 수 있다.

마찬가지로 50세 이하의 피해자의 비율도 감소경향을 보여 2013년에는 12.2%를 기록하였음을 볼 수 있다. 또한 60세 이하 피해자의 비율은 2004년 6.0%에서 증가하여 2013년에는 8.8%를 기록하였고, 61세 이상 피해자의 비율도 2004년 3.6%에서 2013년 3.8%로 소폭 증가하였다.

그리고 20세 이하의 비율은 2004년 13.6%에서 증가하여 2011년에는 20.1%

2) 범죄백서, 160면.

3) 앞의 책, 162면

로 최고치를 기록하였다가, 이후 다소 감소한 2012년 19.7%, 2013년 18.1%를 차지하고 있다.

요약해보면, 지난 10년간 20세 이하와 30세 이하의 청년층과 60세 이하와 61세 이상의 노년층의 피해자 비율은 증가한 반면에, 40세 이하와 50세 이하의 중년층 비율은 감소하였다.

강력범죄(흉악) 피해자의 연령층별로 성별 구성[4]을 살펴보면 각 연령층별로 성별 구성은 상당한 차이를 나타내는데, 20세 이하와 30세 이하의 연령층에서는 여성피해자의 비율이 각각 93.9%와 94.0%로 절대적인 상당수를 점유하는 한편에, 61세 이상 연령층에서는 여성피해자의 비율이 62.9%로 다른 연령층에 비교해 최고로 낮았다.

이러한 분석은 대체적으로 낮은 연령층일수록 여성피해자의 비율이 상대적으로 더 높은 것으로 나타났음을 알 수 있다.

3. 강력범죄(폭력) 피해자 현황

1) 성별 현황

다음은 강력범죄(폭력) 피해자의 성별 현황[5]을 나타낸 것이다. 과거 10년간 강력범죄(폭력) 피해자 중 여성피해자의 구성비의 변화를 들여다보면, 2004년에는 39.8%를 점유하였고, 2005년 38.4%, 2006년 36.6%, 2007년 34.4%, 2008년 34.4%, 2009년 33.6%, 2010년 33.0%, 2011년 30.6%로 계속적으로 줄어들었다. 2012년과 2013년에는 각각 31.5%와 33.5%로 2011년에 비교해 늘어났으나, 총체적으로 살펴보면 과거 10년간 강력범죄(폭력) 피해자 중 여성피해자의 비율은 줄어들고 있다고 볼 수 있다.

2) 연령층별 현황

강력범죄(폭력) 피해자의 연령층별 분포의 추이[6]를 살펴보면 2004년에는 50

---

4) 범죄백서, 164면

5) 앞의 책, 169-.

6) 앞의 책, 170면

세 이하가 29.9%로 가장 높은 비율을 점유하였고, 다음에는 40세 이하 27.3%, 30세 이하 18.4%, 60세 이하 11.5%, 61세 이상 5.6%, 20세 이하 5.5%, 15세 이하 1.9% 순서였다.

강력범죄(폭력) 피해자의 75.6%가 20대(30세 이하)~40대(50세 이하)인 것으로 나타났다.

2004년 제일 높은 비율을 점유하였던 50세 이하의 피해자의 비율은 2007년까지는 약간의 증가 추이를 나타내다가 그 뒤로 매해 계속적으로 줄어들어 2013년에는 가장 낮은 수치인 24.0%를 나타내었다. 그리고 두 번째로 높은 비율을 차지하고 있던 40세 이하의 구성비도 2004년 27.3%에서 지속적으로 감소하여 2013년 최저치인 18.1%를 기록하였다.

마찬가지로 30세 이하의 피해자의 비율도 감소경향을 보여 2004년 18.4%에서 2013년에는 16.4%를 기록하였음을 알 수 있다.

강력범죄(폭력) 피해자의 대부분을 차지하는 연령층이었던 20대부터 40대의 비율이 과거 10년동안 계속적으로 줄어든 반면에, 50대(60세 이하)와 60대 이상(61세 이상), 그리고 20세 이하의 구성비는 늘어나고 있는 것으로 드러났다.

먼저 60세 이하(50대) 피해자의 비율은 2004년 11.5%에서 증가하여 2013년에는 20.8%를 기록하였고, 61세 이상 피해자의 비율도 2004년 5.6%에서 2013년 8.5%로 증가하였다.

한편, 20세 이하의 비율은 2004년 5.5%에서 2012년에는 8.9%로 가장 높은 수치를 나타내었다가 2013년에는 이전 년도보다 얼마간 줄어든 8.6%를 점유하고 있으나, 전체적으로 살펴보면 과거 10년 동안 20세 이하의 비율은 늘어났다고 볼 수 있다.

이러한 변화들이 반영되어 2013년에는 50세 이하가 24.0%로 가장 높은 비율을 차지하고 있고, 그 다음이 60세 이하 20.8%, 40세 이하 18.1%, 30세 이하 16.4%, 20세 이하 8.6%, 61세 이상 8.5%, 15세 이하 3.6%의 순으로 나타났다.

이러한 구체적 현황을 중심으로 강력범죄(폭력) 피해자의 연령층별 성별 분포[7]를 살펴본 결과 15세 이하와 20세 이하의 연령층에서는 여성피해자의 비율이 각각 24.9%와 25.3%로 상대적으로 낮은 비율을 차지하고 있는 반면에,

7) 범죄백서, 2014: 172면.

40세 이하와 50세 이하의 연령층에서는 여성피해자의 비율이 각각 35.4%와 37.3%로 상대적으로 높은 비율을 차지하고 있는 것으로 나타났음을 알 수 있다

4. 13세 미만 피해자 실태

13세 미만 아동이 피해자가 되기 쉬운 범죄유형인 약취·유인과 성폭력범죄에 대해서 13세 미만 아동의 피해현황과 성별, 연령별 현황을 구체적으로 살펴보면 다음과 같다.

1) 약취·유인범죄 피해자 현황

약취·유인범죄 피해자는 2009년 460명에서 2010년 217명, 2011년 269명, 2012년 203명, 2013년 190명으로 감소하는 추세를 보이고 있는데, 이 중 13세 미만 아동피해자가 차지하는 비율은 2009년 16.1%에서 2010년 47.9%로 2배 이상 증가하였고, 2011년에는 33.1%로 감소하였으나 2012년 이후에는 다시 증가하여 2012년 45.3%, 2013년 44.2%로 높은 수준을 유지하고 있다.

약취·유인범죄 아동피해자와 범죄자의 연관성을 들여다보면, 2009년에는 모르는 사람의 비율이 80.6%로 대부분을 점유하고 있고, 이 밖에 아는 사람이 8.3%로 비교적으로 높은 비율을 점유하고 있다.

그러나 2009년 이후 타인의 구성비는 감소하여 2013년에는 39.7%까지 하락하였고, 대신 동거친족과 기타친족이 차지하는 비율이 증가하고 있다.

이러한 변화에 따라 2013년에는 친족이 42.9%로 가장 높은 비율을 차지하였고, 그 다음이 타인으로 39.7%를 차지하고 있다.

제2절 청소년 취약범죄

1. 학교폭력범죄

청소년은 미래의 주인공이며 현 시대의 중요한 사회구성원으로서 존중받을 권리가 있고 또한, 자신의 환경 속에서 보호되며 성장하나 반대로 환경에 의해 폭력과 같은 사회부적응을 경험하기도 한다.

청소년기는 인간발달의 과정 중에서 신체적, 심리적으로 가장 많은 변화를 겪는 시기이기 때문에 변화에 적응하는 동안 많은 정신적인 갈등과 충돌하게 되며, 이러한 충돌은 폭력적인 행동으로 표출되기도 한다.

특히 청소년의 폭력 가운데 최근 문제가 되고 있는 것 중의 하나가 학교폭력이다. 학교 내·외에서 이루어지고 있는 폭력은 어제오늘의 일은 아니다. 그러나 오늘날 한국사회에 있어서 문제가 된 것은 학교폭력이 단지 개인이나 가족의 문제가 아니라 사회적, 국가적 문제로 대두되었다는 데 있다.

최근 들어 학교폭력이 증가하고 있는데, 이렇게 증가하고 있는 학교폭력은 청소년의 충동적인 행동으로 보기에는 심각한 범죄의 단계에 이르렀고, 그 대상이 일반학생들 사이에서도 보편화되었으며 질적으로도 포악화, 집단화, 저연령화되고 있다.

남학생뿐만 아니라 여학생들의 피해자, 가해자 수도 늘고 있고, 지속적으로 장난삼아 일어나는 경향도 심해져 정신치료나 자살을 하는 피해학생도 속출하고 있다. 이와 같이 학교폭력의 문제가 가시화되면서 현재 학교폭력을 추방하기 위해 활동하고 있다.

그러나 이러한 관심에도 불구하고 학교폭력은 좀처럼 줄어들지 않고 있다. 이는 근본적으로 학교폭력을 일으키는 문제점에 대한 분석이 미흡하여 예방차원의 대처방안이 부족해서이다.

학교폭력은 일시에 해결할 수 없다. 그러므로 학교폭력에 대한 통합적 관점과 거시적 관점의 예방대책을 마련하기 위해 학교폭력을 유발하는 사회환경 요인들을 다각적으로 검토하여 장기적인 안목으로 사회복지차원의 대안과 정책을 만들어야 하며, 그러한 대안책이 우리 모두의 관심 속에서 가정과 학교, 사회 그리고 정부가 지속적으로 협력하여 시행하여야 할 필요성이 절실히 요구된다.

1) 학교폭력의 정의

학교폭력을 가장 광의로 규정을 하면 학생들이 학교 안이나 학교 밖에서 받은 모든 폭력 피해를 포함한다. 따라서 집에서 받은 가정폭력, 학교의 교사폭력까지도 포함된다. 이렇게 규정하면 학교폭력이라기보다는 청소년폭력 피해라고 규정하는 것이 옳을 것이다. 한편 가장 협의로 규정하면 학교 안에서 친구들로부터 입은 폭력만을 학교폭력으로 보아야 할 것이다.

구체적으로 법에서의 학교폭력과 관련된 법규[8])로는 형법 제25장 상해와 폭행의 죄, 폭력행위 등 처벌에 관한 법률이 있는데 이는 불량써클 조직, 불량써클 간의 패싸움, 폭력 등은 중·고등학생 또는 중퇴생이 불량써클(일진회, 이진회 등)을 조직하여 서로간에 우열을 다투기 위해 패싸움을 벌이거나 다른 써클 회원을 폭행하는 경우와 집단따돌림(소위 왕따) 등이다.

2) 학교폭력의 유형

학교폭력은 중증형을 비롯하여 4가지 유형으로 나눌 수 있는데, 이는 다음과 같다.

(1) 중증형(重症型)

미국과 영국, 일본, 필란드 등과 같은 나라에서 찾아볼 수 있는데, 학교폭력의 3가지 요소인 대 교사폭력, 학교기물파괴폭력, 학생간 폭력의 모든 것이 발생하고 있는 형이다.

(2) 중증형(中症型)

독일, 프랑스, 이탈리아, 캐나다, 오스트레일리아, 사우디아라비아, 이스라

8) 형법 제350조 공갈죄, 제324조 강요죄, 제366조 재물손괴죄, 형법 제25장 상해와 폭행의 죄, 제29장 체포와 감금의 죄, 제30장 협박의 죄, 폭력행위 등 처벌에 관한 법률 등의 관련 법규가 있다.

엘, 인도, 필리핀과 같은 나라 등이 있는데, 주로 대 교사폭력은 지극히 적으나 학교기물파괴폭력, 학생간 폭력이 많이 발생한다.

(3) 경증형(輕症型)

한국이 이에 해당한다. 교사에 대한 폭력이나 학교기물파괴폭력은 거의 없는 형으로서 주로 학생간 폭력에 한정되어 있다.

(4) 무증형(無症型)

대교사폭력, 학교기물파괴폭력, 학생간 폭력 모두가 거의 없는 형태이다. 과거 러시아와 중국을 비롯한 사회주의 국가와 스페인, 포르트갈, 파라과이와 같은 천주교의 영향이 강한 국가, 터키, 아르헨티나, 칠레 등과 같은 군사정권 하에 있었던 국가들이 여기에 속한다.

3) 학교폭력의 특징

학교폭력의 피해는 날이 갈수록 그 심각성을 더해가고 있으며 범죄화, 일반화, 집단화, 저연령화의 경향을 보여주고 있음을 알 수 있는데, 이러한 학교폭력의 특징을 살펴보면 다음과 같다.

첫째, 학교폭력의 잔인성이 단순비행이나 탈선의 차원을 넘어 심각한 범죄의 단계에 이르고 있다.

둘째, 폭력이 일부 문제아에게 국한된 것이 아닌 보통의 모든 청소년에게서 일상적으로 쉽게 발견할 수 있는 일반화된 유형이 되고 있다.

셋째, 학교폭력이 집단화의 경향을 보이고 있는데 최근의 학교폭력은 단독범행보다 2인 이상 집단적으로 이루어지는 것이 일반적이다. 폭력집단은 단순한 패거리 집단, 조직적인 규율을 갖고 움직이는 불량써클, 성인폭력조직과 연계된 하부폭력조직 등이 있음을 알 수 있다.

넷째, 저연령화 현상을 보여 학교폭력의 연령층이 점차 낮아지고 있음을 알 수 있다.

다섯째, 급격한 산업화과정에서 야기된 가치관의 혼란으로 청소년 자신이 폭력행위에 대해 죄의식이나 책임감을 크게 느끼지 못하는 경우가 증가하고 있다.

과거에는 학교폭력이 보복성 폭력이거나 약물이나 음주를 동반한 폭력이 많았으나, 뚜렷한 목적이나 동기가 없이 장난삼아, 재미로, 아무 이유 없이, 건방지게 구니까, 충동에 의해 우발적으로 일어나는 경향이다.

여섯째, 여학생 또한 가해자와 피해자로 등장하여 그 수가 날로 증가하고 있다.

일곱째, 학교에서 발생하는 폭력의 가해 및 피해유형이 매우 다양해지고 있다는 사실에 문제의 심각성이 있다. 일반적인 폭력행사나 금품갈취 이외에도 집단적인 따돌림이나 놀림, 컨닝을 강요하거나 숙제 빼앗기, 심부름시키기 등의 새로운 형태의 심리적 폭력이 사회 전반에 확산되고 있음도 알 수 있다. 예전에는 주로 물리적 폭력을 수반하는 위압적 태도, 폭행 등을 통하여 피해학생들에게 금품을 갈취하는 사례가 주종을 이루었지만, '왕따'라는 유행어가 상징하듯이 학교폭력이 물리적 폭력을 넘어 집단적으로 행사하는 정신적 괴롭힘이 증가하는 추세를 보이고 있다.

여덟째, 최근에는 일회성 단순폭력보다 지속적으로 가해지는 소위 학대적 폭력이 문제가 되고 있다.

아홉째, 학교폭력에 시달려온 학생들의 병원입원 및 치료, 불안감으로 정신이상 증상을 일으키는 경우, 학교전학이나 휴학, 자퇴, 이민, 가출이나 폭력써클에 가입하는 등 또 다른 비행에 가담하기도 하고, 극단적으로는 그 상황에 적응하지 못해 자살을 하거나 가해학생을 살해하는 경우까지 발생하고 있다.

4) 학교폭력의 원인

학교폭력의 발생 원인은 대단히 많으나 가정, 학교, 사회 모두가 학생들에게 입시 위주의 교육제도를 강요하는 데에서 비롯된다고 볼 수 있으며, 그와 아울러 기성세대 중심의 퇴폐·향락·폭력적 유해문화의 영향도 간과할 수 없다.

또한 입시 위주의 교육에서 소외당하거나, 그로 인해 스트레스를 받고 있는 청소년들에게 사회 곳곳에서 유해문화, 폭력문화가 손길을 뻗치고 있는 것이며, 아직 자아정체감이 확립되지 않은 청소년들은 쉽게 유해·폭력문화에 노출될 수밖에 없음을 알 수 있다.

이처럼 학교폭력의 원인은 매우 다양하며, 다차원적이다. 학생뿐만 아니라 가정과 학교 그리고 사회에 이르기까지 모두 일정한 역할과 책임을 가지고 있으며, 이러한 요인들이 복합적으로 작용하여 학교 주변의 폭력화를 야기하고 있다.

학교폭력의 유발원인을 바르게 탐색하기 위해서는 다양한 관점에서 이루어진 연구들을 종합적으로 검토하고 시사점을 추출해야 하나, 학교폭력만을 다루고 있는 연구가 극히 제한되어 있기 때문에 청소년비행과 일탈행위에 관한 연구들 중에 폭력문제를 다룬 부분을 함께 검토하였으며, 학교폭력의 발생배경을 가정, 학교, 사회로 나누어 살펴보고자 한다.

(1) 가정에서의 요인

가정은 청소년들의 정서 함양이나 언어발달, 지능발달, 사회성발달, 생활예절과 기본습관의 형성, 교육 등에 절대적인 영향을 준다. 하지만 현대 가정은 청소년에 대한 영향력이 상당히 약화되었으며, 그것은 가정의 본래적 기능이 가정 밖의 타 기관으로 이양되고 있기 때문이다. 또한 가족제도와 주택문화의 변화는 자녀의 사회화에 적지 않게 나쁜 영향을 줄 수 있으며, 가정은 점점 고유의 가정교육 기능을 상실하고 있어 양부모가 모두 있는 소위 '생고아'가 많고, 풍요 속에서도 고독하고 불행하며, 정서적으로 불안한 가정으로 전락하고 있다. 이러한 원인 등으로 청소년들은 불안한 가정 외에서 안정감과 행복을 찾으려고 한다.

가정교육의 중요성에 대하여 심리학자인 프로이트(Freud)는 부모와 자녀간의 관계를 1세 때까지 절대 중단하면 안 된다고 강조하였고, 3세 이전에 3개월 이상 부모와 격리된 생활에서 얻은 심리적 병리는 일생을 두고 고칠 수 없다고 하였다.

이는 세상에서 가장 좋은 보호시설이 있다 할지라도 부모가 있는 가정보다 더 좋은 시설이 있을 수 없다는 것을 이야기하고 있다.

가정의 교육 기능 약화, 부모의 나쁜 양육태도, 결손가정, 가정교육에 무관심한 가정, 대화 없는 명령・경계・금지 위주의 가정, 방임・과잉보호 또는 지나친 기대를 하는 가정, 빈곤가정 등도 학교폭력을 가중시키는 요인이 된다. 간략하게 몇 개의 주제를 선정하여 제시해 보면 다음과 같다.

① 가정의 교육기능의 약화를 들 수 있다.

전통사회에서는 자녀들이 현대사회보다 훨씬 더 공동체적인 성격이 강한 가족단위 혹은 소규모 집단이나, 가정과 유사한 교육장에서 양육되었다. 가정은 작업장인 동시에 생활의 장이며 교육의 장으로서 인격과 인격의 만남이 이루어지고, 상호작용을 통해서 정서적·지능적·성격적 발달과 성장을 가능케 하는 곳이었다.

그러나 현대사회는 전통적인 가정이 붕괴되고 그 기능 또한 변화됨으로써 가정의 역할이 축소되는 경향을 보이고 있다. 이제는 전통사회에서의 가정교육의 기능이 전문교육기관인 학교에 맡겨지게 되었고, 생산은 공장으로, 교육자는 부모 대신 교사가 위임되었다.

초기의 학교교육은 규모가 작은 가정환경과 유사한 공동체적 성격의 교육의 장으로서 청소년을 위한 교육이 바람직한 상태로 이루어질 수 있었다.

그러나 오늘날의 학교는 그 대규모화로 인해 사회가 기대하는 만큼의 교육의 본래 기능을 충분히 수행하지 못하고 있는 것으로 평가되고 있다. 이와 같이 현대가정의 가정교육 기능 상실은 학교폭력의 요인으로 이는 커다란 문제 상황이 아닐 수 없다.

② 결손가정의 증가를 들 수 있다. 자녀들이 성인이 되기 전에 부모 중 하나 혹은 둘 모두가 사망·이별할 때 결손가정이 발생한다. 결손가정의 유형에는 어머니만 생존해 있는 모자가정, 아버지만 생존해 있는 부자가정, 양친이 모두 생존해 있으나 계부·계모인 가정이 있다. 또한 부부가 이혼했거나 별거중일 때도 준결손가정으로 분류할 수 있다.

결손가정은 가족 역할이 정상적인 기능을 상실함으로써 역할 구조상의 변화를 가져오며, 재적응을 요구하기 때문에 심각한 문제가 야기된다. 예를 들면, 부모가 모두 안 계신 경우에는 계부·계모와 함께 생활한다 할지라도 정상가정보다 더 적은 관심과 사랑을 받아 방임상태에 놓이기 쉬우며, 자녀의 성격이 공격적이 되고 비행을 저지르기 쉽게 된다.

③ 빈곤가정은 수입의 빈곤과 같은 금전적 요인의 부족에 의한 절대빈곤 가정과 희망하는 문화생활 등을 하지 못함으로써 생겨나는 심리적 요인의 상대적 빈곤가정으로 분류된다.

절대적 빈곤가정은 모자가족, 노인가족, 병인가족, 자녀가족 등에서 많이 나타나며, 국민총생산이 낮은 국가일수록 절대빈곤가정의 비율이 높아진다.

절대적 빈곤은 인간을 열등감에 빠뜨리고 무기력하게 하며, 정서적 불안정을 야기함으로써, 특히 청소년들로 하여금 공격적 행위로 빠져들게 하는 요인이 된다. 반면 국가가 발전될수록 금전적 절대빈곤 가정은 감소하는 대신 심리적 차원의 상대적 빈곤가정의 비율이 증가된다. 상대적 빈곤가정 역시 자녀들에게 무력감, 열등감, 사회에 대한 반발, 반항심, 공격성, 폭력성 등을 초래하게 할 가능성이 커지며, 가정문제를 유발하기 쉽다.

④ 방임가정

모의 사랑은 자녀의 심리적 안정의 기본요인이다. 이것이 결여될 때 아동은 타인의 애정 또는 자기존재를 알리고 싶은 욕망이 극단화하여 범죄행위에까지 이를 수 있다.

비행청소년의 가족환경에 대한 많은 연구들을 종합해 보면, 부모의 신체적·정서적·지적 결함 혹은 부모 자신의 스트레스 또는 부모의 부재 등으로 인하여 자녀를 적절히 양육하지 못한다는 것이다. 비행청소년의 가정은 부모가 자녀에 대해 거부하거나 불만을 가지고 있으며, 비난이나 무시하는 경향이 있다.

청소년범죄는 부모자식 간의 불간섭과 방임으로 인해 일어나는 경우가 적지 않다. 방임은 두 가지 형태가 있는데 하나는 하류가정의 생활빈곤으로 인해 부모 양쪽 다 육체적 노동으로 자연히 방임되는 경우와 다른 하나는 상류가정에서 아버지는 사업에, 어머니는 사회활동 등의 참여로 자녀교육은 학교에만 전적으로 맡겨버리는 형태의 방임의 경우를 들 수 있다.

⑤ 과잉보호가정

교육학자들의 학설에 의하면 근본적인 가정교육은 이미 두세 살 정도면 대충 마무리된다고 한다. 그래서 세 살 버릇 여든까지 간다는 옛말이 있기도 하는데, 이는 한국의 대가족제도가 붕괴된 이후 우리의 가정에서는 전형적인 삼각구조가 만들어졌다고 볼 수 있기 때문이다.

예를 들면, 아랫변 양쪽에는 부모가 자리 잡고, 윗변 꼭지점에는 자녀가 자리 잡고 있는데, 이 삼각형의 무게 중심은 철저하게 자식에게 치우쳐 있음을 알 수 있다. 그만큼 우리의 가정에서 자녀를 가장 우선시 하고 소중한 존재로 여기다 보니 자녀의 결점이나 허물이 웬만해서는 눈에 보이지 않는다.

때문에 예전에는 청소년의 범죄와 비행이 결손가정, 빈곤가정, 범죄가정 등의 구조적 결손가정의 자녀들이 많았으나, 최근에 와서는 기능적 결손가정의 자녀와 경제적으로 여유로운 중류 이상 가정 자녀의 비행빈도가 많다는 사실이 이를 잘 반영해 주고 있다.

또한 자기 위주로 생활을 잘못하여 등교거부 학생이 되기도 하는데, 이는 이기적이 되어 친구들과 잘 어울리지 못하며 담임선생님과도 가까이 접근하지 못하고 거리를 두게 되어 학교생활에 재미를 잃는다. 왜냐하면 다른 사람들은 자기 부모와 같이 항상 자기만을 위하고 챙겨주지 않기 때문이다.

⑥ 지나친 공부압력가정

자녀교육에 우리나라 부모만큼 열정과 관심이 많은 부모도 드물다고 할 수 있는데, 자녀의 능력은 생각하지 않고 부모의 지나친 욕심에서 공부를 강요하는 사례가 있다. 이러한 사례가 오히려 자녀에게는 간섭과 잔소리로 들리게 되고, 결국은 공부에 대한 회의와 싫증을 느끼게 되어 공부를 기피하게 만드는 결과를 낳기도 한다.

현대사회, 즉 21세기 다원주의시대는 다양성을 요구하는 시대이기 때문에 평범한 능력의 소유자는 성공하기 어렵다는 것을 부모는 알고, 자녀들이 하기 싫은 공부나 자녀의 능력 이상의 무리한 요구를 하기보다는, 자녀들이 적성에 맞고 재미있어 하는 경쟁력 있는 한 가지 분야를 개발하여 격려해 주고 성공할 수 있도록 뒷바라지 해주는 것이 바람직하다. 부모가 지나친 욕심을 버리는 것이 자녀의 앞길을 여는 지름길이 될 수 있는 것이다.

(2) 학교에서의 요인

범죄나 비행은 청소년이 자라온 환경 소질 및 개인의 환경적응 방식을 통해서 체득된 인격이 결과를 초래하는 것으로, 학교는 청소년들이 하루의 일과 중 대부분의 시간을 보내는 삶의 터전이기 때문에 청소년들의 심리·행동·정서발달에 미치는 영향은 지대할 수밖에 없다. 이러한 입시위주의 학업방식은 유치원에서 고등학교에 이르기까지 부모의 지나친 경쟁의식과 사회분위기를 조장하여 진정한 인간교육의 기회가 없는 실정으로 부모의 무조건적이며 지나치게 높은 학업성취욕구는 때때로 자녀로 하여금 낮은 학업성취도를 보이도록 하며, 나아가 학교생활의 부적응과 바람직하지 못한 친구를 사귀어 비행소년이 되는 원인을 제공하기도 한다.

청소년은 대부분의 시간을 학교에서 지내게 되는데, 학교는 전통적으로 청소년의 지·덕·체의 조화로운 발달이나 지식과 인격을 겸한 전인적 인간의 형성을 추구하는 사회적 조직체이나 학교생활의 대부분이 교과학습이고, 조직 구조와 시설 또한 지식 위주, 교과서 중심의 학습을 위한 것뿐이다.

과대규모의 학교와 과밀한 학급에서 교사와 학생 간의, 학생 상호 간의 인간관계는 형식적·기계적일 수밖에 없고, 정서교육이나 생활교육은 들어설 여지가 없다. 이러한 청소년의 비행과 관련된 학교생활요인은 청소년들이 학업에 관심이 없게 되고, 학우들로부터 고립되기도 하며, 교사와의 인간관계가 제대로 이루어지지 않아 교육과정·지도방법이 학생의 요구나 흥미에 맞지 않을 때 또는 교육시설이나 적성지도가 부적당할 때 등 발생되기 쉬운 요인이 된다.

종합적으로 고찰해 보면 학업성취도 수준에 따라 교사나 동료로부터 인정받는 기준과 입시 위주의 교육방식은 낮은 성적을 보이는 학생들로 하여금 탈선 내지 비행에 이르도록 매개변인으로 작용하는 것으로 생각된다. 이는 전인교육을 강조하는 교육취지에 위배되며, 아울러 인간다운 교육보다 학업 성취 우선의 교육이 가져오는 문제점이기도 하다.

요즈음 가장 중요시하는 학교폭력의 학교환경적 원인도 매우 다양하게 세분화할 수 있으나, 몇 가지 중요한 요인만을 제시하면 다음과 같다.

① 입시 위주 시험체제의 원인을 들 수 있다. 시험체제 중심의 교육에서는 취업하고자 하는 학생들은 소외되기 마련이다. 학교교육이 시험준비라는 한쪽 방향의 교육을 강요하고 있기 때문에 중학교는 고등학교 진학을 목표로 하는 준비교육이고, 고등학교는 대학진학을 목표로 하는 준비교육에 불과하다.

따라서 진학을 하지 못하는 학생들은 들러리 학생이 되고, 소외당하기 마련이다. 진학중심의 수업, 진학중심의 진로지도에 불만과 열등감을 갖는 것이 당연한 일이다. 이러한 진학·입시체제에서 가출, 장기결석, 퇴학, 학교폭력이 나타나는 것이다.

② 과대학교·과밀학급을 들 수 있다. 과대학교·과밀학급의 교육환경은 교사와 학생 간, 학생과 학생 간의 인간적인 접촉 및 관계형성에 장애요인이 되고 있다. 학생 개개인의 사정과 성장에 대한 관심이나 학생과의 대화, 상담지도가 잘 이루어지지 않아 교사나 친구에게 인정받지 못한다고 생각하는 학생들은 그 울분을 폭력으로 행사할 가능성이 높다.

③ 정서·감성교육의 소홀에서 발생하는 학교폭력이 있다. 학교교육이 학생들의 심신이나 조화된 교육, 건전한 정서 함양교육, 예절지도 등과 같은 정의교육의 소홀로 인간교육이 경시되고 있다.

특히 공부에 흥미를 잃었거나 인정받지 못하는 학생들이 욕구를 발산할 기회와 장소가 없기 때문에, 결국 같은 고민을 가진 학생끼리 서클을 조직하여 서로 위로하고 힘이 되어, 자신을 괴롭히는 모든 권위에 대항하는 폭력행동을 유발하게 된다.

④ 인간관계의 신뢰 결여를 들 수 있다. 입시체제 문제, 교육과정 문제, 과대·과밀학급에 대한 문제는 학교 내에서 교사와 학생, 학생과 학생 간의 인간적인 신뢰의 결여를 가져오고 있다.

오늘날 학교에서 교사-학생 간에는 사회적 거리감이 있어서 마음의 교류나 인격적 교류가 거의 없거나, 심지어는 교사폭력 또한 그 위험수위를 넘어서서 학교폭력의 발생요인이 되고 있다.

⑤ 학교 중도탈락생이 일년에 13만 여명이 되며 학교 가출학생은 20만 명이 넘고, 학교에 정상적으로 다니는 학생 중에도 학교부적응 학생이 각 학교와 각 반마다 대단히 많다. 이러한 학생들을 장기적이고 지속적으로 도와줄 수 있는 프로그램을 개발하여 각 학교에 적용하여야 한다.

(3) 사회 요인

프랑스 사회학자 타르드(Tarde), 독일의 범죄학자 카이저(Kaiser) 등도 생물학적 요인의 견해를 비교적 부정하면서 청소년폭력은 사회적 조건이 절대요인이라고 주장하고 있다.

최근 산업화로 인하여 청소년폭력은 양적 증가는 물론 질적 변화를 가져오고 있는데, 여기에서 파생되는 문제들로 사회의 상대적 빈곤과 계층 차에서 오는 부모 권위의 무기력, 빈곤, 교육에서의 소외, 의료혜택 부족, 직업 및 생활수준의 심한 격차에서 오는 심리적인 열등감, 다른 계층에로의 전환 시도의 실패에서 오는 좌절과 분노 등이 있다.

이러한 사회요인을 교육적인 측면에서 보면 가정이나 학교는 부모와 교사 등의 교육주체가 청소년에게 직·간접적으로 교육을 시키고 이끌어 줌으로서 올바른 길로 나가게 할 수 있다.

이러한 측면에서 사회환경적 요인을 중요한 몇 가지 주제를 선정하여 간략하게 살펴보면 다음과 같다.

① 산업화로 인한 지역사회의 해체를 들 수 있다. 산업의 급격한 발달은 지금까지 통용되었던 가치체계를 크게 변화시켰고, 가치관의 갈등은 학생들에게 적응곤란의 문제를 가져왔다. 또한 가정, 학교, 사회에서의 공동체적 유대감도 과거에 비해서 많이 해체되었다. 이와 함께 약물 남용, 정신질환, 원자화된 인간관계, 패배감과 욕구불만 등이 가세하여 청소년들의 폭력 사용을 한층 용이하게 하고 있다.

② 학교요인에서도 언급하였지만, 우리 사회에 만연되어 있는 과열된 교육열을 들 수 있다.

부모들의 과도한 학구열로 인한 좋은 대학 졸업장 등으로 자녀인 청소년들의 긴장, 부모와의 갈등, 실망감과 좌절감 등의 심각한 심리적 상황은 가출, 자살을 생각하게 하는 가장 중요한 원인이 된다. 긴장의 연속은 충동적인 범죄와 심각한 폭력으로 발전될 수 있다. 청소년들을 둘러싼 긴장과 좌절의 심리적 환경여건은 폭력의 주요한 원인이 되고 있다.

③ 각종 대중문화와 매스미디어가 지배하는 사회이기 때문에 청소년들은 이러한 대중매체의 영향을 받을 수밖에 없는데, 대중문화란 상업주의적 색채를 띠어 흥미나 쾌락 등의 감정을 자극하기 쉽다. 이러한 상업주의적 폭력이나 쾌락이 여과 없이 청소년에게 수용되어 학교폭력을 유발시키기도 한다.

④ 사회전반의 유해환경이 학교폭력의 원인이 되고 있다. 퇴폐·향락 산업의 번창은 무책임한 영업 행위와 부도덕한 상업주의로 돈벌이에만 급급하게 만들었고, 업주들은 학생들에게 비행 장소를 제공하거나 묵인하는 범죄문화의 온실 역할을 하고 있다.

(4) 학교폭력의 예방 대책

학교폭력은 가해자를 처벌하는 소극적인 방법보다는 사전에 예방하는 적극적인 방법이 절실하다할 것이다. 여기에서는 학교폭력 예방에 대하여 몇 가지 대안을 제시하고자 한다.

① 학생들의 여가 프로그램을 개발하며 이용시설을 확충한다.

학교별로 여가 프로그램 개발위원회를 학생, 주민, 교사, 전문가로 구성하여 학교와 지역사회가 연계하여 활용할 수 있는 여가 프로그램을 개발한다. 여가 프로그램 은행을 각 학교마다 만들어 정보와 프로그램을 교류하고 공유하는 것이 바람직하다. 기초자치단체 단위별로 교류연계체계를 확립하고 광역자치단체와 중앙정부 차원에서 경진대회를 개최하고, 비교 프로그램을 홍보하고 보급하여 활성화시켜 간다.

② 학생 상담체제를 강화시킨다.

학교폭력을 당하는 학생은 매우 괴롭고 인격을 부정당하고 있다는 차원에 매우 심각하게 인식하고, 평소에 학생을 지도하는 교사를 훈련시켜서 상담체제를 확립하여야 한다. 학생지도 담당 교사들에게 학생폭력 사례를 소개하여 그 심각성을 인식시키기 위한 연수회와 강연회를 자주 개최한다.

전문상담 교사를 배치시키고 전체 교사를 상담교사화시키기 위한 교육과 훈련을 실시하여 이들이 사명감을 갖고 적극적으로 학생폭력 예방을 위한 상담활동을 전개하도록 한다.

이러한 측면에서 학생상담체제를 정비할 때 유의할 점은 다음과 같다.

- 교사는 학교폭력 징후를 읽어낼 수 있는 감수성과 폭력 불용납의 자세를 가져야 한다.
- 상담활동은 모든 교육에 적용하는 기능을 가져야 된다.
- 정보를 교환할 수 있는 장을 만든다.
- 학생상담을 위한 정보, 수집, 분석과 상담기능을 강화시킨다.
- 외부기관과 일상적인 연대를 도모한다.
- 교사 모임을 정례화하여 지도와 상담에 따른 정보를 교환하고 대책을 강구한다.

③ 청소년 전문상담 기관과 연구소 및 단체와 연대를 확대해 간다.

지역사회 내에는 다양한 청소년 상담 기관과 연구 단체들, 즉 청소년종합상담실, 성상담실, 학습전문 상담실 등이 있다. 학교의 상담교사와 지역사회 상담기관에 종사하는 전문상담자와 공동으로 워크숍, 토론회, 사례발표회 등을 수시로 개최하여 양질의 상담서비스를 꾸준히 제공해 주도록 노력한다.

④ 피해 학생의 신고체제를 확립하고 지속적인 관리를 한다.

폭력을 당한 학생이 보복이 두려워서 신고를 망설이거나 하지 않는 경우가 있다. 피해 학생은 반드시 신고하여 가해자를 응징하는 적극적인 사고를 갖고 실천해가도록 교육시키고 신고망을 교우 간, 교사 간에 다양하게 형성한다. 피해 학생이나 가해 학생에 대하여 깊은 관심을 갖고 지속적으로 지도하고 관리해 간다. 폭력 예방과 치유를 위한 추수지도를 철저히 하여야 한다.

⑤ 학생들의 동아리활동을 적극 장려한다.

학교에서 동아리활동에 참여하는 준거집단은 비가입자에 비하여 비행 발생이 훨씬 적으며 학생폭력 사건도 적게 나타난다. 학교에서 교우관계, 또래집단 의식을 함양시켜서 매사를 긍정적인 시각으로 보고, 이해의 폭을 넓혀주는 동아리활동을 적극적으로 장려해 간다.

⑥ 교사가 연대하여 함께 학생을 지도한다.

학생이 폭력 피해나 가해의 징후를 발견할 때 상담교사, 양호교사, 담임선생, 다른 선생님과 공조하여 정보를 집약하고 분석하여 지도해 간다. 학생과 교사관계의 신뢰성을 높여서 학교의 모든 선생님에게 폭력을 신고하고 도움을 받을 수 있는 지도가 이루어져야 한다.

⑦ 폭력근절교육을 강화시키고 사회 분위기를 조성한다.

개정된 청소년헌장(1998년 10월 25일)에서 명시된 폭력을 받지 않을 권리와 폭력을 행사하지 않을 책임을 구현할 수 있도록 교육을 강화시킨다. 폭력 사례와 결과로 인하여 불행해지는 과정을 학생들에게 교육시켜서 폭력을 사회에서 수용할 수 없다는 인식을 심어주어야 한다.

지역사회에서는 화기애애한 주민관계를 형성하여 언어적 폭력이나 물리적 폭력 행사를 거부하기 위한 실천 사례를 확산시켜, 비폭력 인격 공간으로 분위기를 만들어 가면서 지역사회의 유지, 전문가, 학부형과 학교폭력 추방 캠페인을 지속적으로 전개함이 필요하다.

2. 성폭력범죄

1) 성범죄의 특성

성범죄는 성에 관계되는 범죄를 말하며, 개인의 성적 자유를 침해하는 것을 내용으로 하는 범죄, 즉 타인의 자유의사와 관계없이 가해지는 강간이나 강제추행 등의 범죄를 의미한다.

성범죄란 가벼운 언어적인 것에서부터 강력범죄인 강간에 이르기까지 그 수법과 유형이 다양하다. 성비행의 유형을 살펴보면 성을 전제로 한 심한 욕설, 음란전화, 부녀자 희롱, 강제적인 신체 접촉, 키스 및 물리적인 힘이나 흉기 또는 약물을 이용한 강간 등이 있다.

성범죄의 원인으로는 유전 및 생물학적 요인, 심리적인 요인, 사회문화적 요인 등을 들 수 있는데, 유전 및 생물학적 요인은 주로 성호르몬 기제와 관련이 있다. 사회문화적 요인으로는 외설적인 영화, 비디오, 잡지, 만화, 소설 등의 외형적인 요인이 친구와 또래집단을 매개로 하여 성에 대한 그릇된 가치관을 형성하는데다가, 사회전반적으로 향락문화가 만연되어 영향을 미치는 것으로 볼 수 있다.

또한 심리적인 요인으로는 모든 개인은 유전인자가 다르고 성장환경이 다르기 때문에 행동의 주체가 되는 성격이나 자아개념에 개인차가 있다는 것이다. 특히 어떤 부모 밑에서 어떤 교육을 받았는가는 성행동은 물론 성폭력에 큰 영향을 미친다. 근본적인 성욕구는 모든 인간에게 공통적으로 일어나지만 성행동은 실제로 어떻게 학습되었느냐와 밀접한 관계가 있다.

따라서 교육을 통해서 올바른 가치관을 정립시키는 것은 성폭력을 예방하는 데 중요하다. 이러한 성범죄가 발생하는 주된 이유는 개인적 측면과 사회적 측면에서 파악할 수 있는데, 우선 개인적 측면으로는 성적 욕구에 따른 개인의 자제력 부족으로 순간적으로 충동을 억제하지 못하고 욕구 충족을 위해 범죄를 자행하게 된다.

사회적 측면에서는 금전만능주의로 인해 성을 자유롭게 사고팔 수 있다는 사고가 만연되어 성범죄가 증가하게 되었다.

이에 우리 법체계에서는 성범죄 가해자를 처벌하고, 피해자를 보호하기 위하여 여러 법을 제정[9]하고 있다.

2) 성범죄의 유형 및 대처방법

"성폭력"이란 성(性)적인 행위로 다른 사람에게 육체적・정신적 손상을 주는 물리적 강제력을 말한다. 강간이나 강제추행 뿐만 아니라 언어적 성희롱, 음란성 메시지 및 몰래카메라 등 상대방의 의사에 반해서 가해지는 모든 신

9) 우선 형법상 강간죄, 강제추행죄, 미성년자 등에 대한 간음죄 등이 있고, 특별형법으로는 성폭력범죄의 처벌 등에 관한 특례법, 성매매 방지 및 피해자보호에 관한 법률, 풍속 영업에 규제에 관한 법률 등이 성범죄를 다루고 있다.

체적・정신적 폭력을 포함한다.

강간이란 폭행 또는 협박으로 사람을 강제로 간음하는 것을 말한다. 추행은 성욕의 흥분 또는 만족을 얻기 위해 정상의 성적 수치심을 심히 유발하는 성질을 가진 행위를 의미한다. 이 행위는 남녀・연령 여하를 불문하고 그 행위가 범인의 성욕을 자극・흥분시키거나 만족시킨다는 성적 의도 하에 행해지는 것이다.

만약 성폭력 피해를 입었다면 다음과 같이 대처할 수 있다. 첫 번째로 성폭력 피해자는 경찰, 검찰 및 성폭력 관련 상담기관 등에 성폭력 사실을 신고할 수 있다.

다만, 19세 미만의 미성년자(19세에 도달하는 해의 1월 1일을 맞이한 미성년자는 제외함)를 보호하거나 교육 또는 치료하는 시설의 장 및 관련 종사자는 자기의 보호・지원을 받는 사람이 다음의 범죄피해자인 사실을 알게 된 때에는 즉시 수사기관에 신고해야 하는 의무를 가진다.

성폭력 피해를 입은 경우 대처 방법

- 성폭력 피해 관련 기관에 신고한다.
- 씻거나 옷을 갈아입지 말고 병원이나 경찰서로 간다.
- 성폭력이 발생한 자리는 그대로 보존한다.
- 성폭력 피해 당시 입었던 옷이나 다른 증거물은 모아 습기가 차지 않도록 코팅되지 않은 종이봉투에 보관한다.
- 몸에 멍이나 상처가 있을 경우 사진을 찍어 놓는다.
- 주위 사람이나 지인에게 도움을 요청한다.

종래에는 형법상 성범죄의 대부분이 고소권자의 고소가 있어야 기소할 수 있는 친고죄였으나, 2013. 6. 19. 이후로 친고죄가 폐지되어 이제는 고소가 없이도 가해자를 처벌할 수 있게 되었다.

성폭력 피해자뿐만 아니라 그 법정대리인 및 배우자, 직계친족 또는 형제자매는 성폭력 가해자를 고소할 수 있다. 특히 성폭력 범죄는 자기 또는 배우자의 직계존속도 고소할 수 있다.

성폭력 피해자는 제1심 또는 제2심 공판의 변론이 종결될 때까지 사건이 계속된 법원에 피해배상을 신청할 수 있는데, '배상명령'제도를 통해 법원은 직권으로 범죄행위로 인하여 발생한 직접적인 물적(物的) 피해, 치료비 및 위자료의 배상을 명할 수 있다.

또한 국가는 성폭력 피해자를 위한 전담의료기관을 지정하여 진료 지원, 의료비 지원 등을 하고 있으며, 그 밖에 취업, 주거, 법률지원 등을 하고 있다.

성폭력 피해자의 보호

- 피해자 보호 시설 : 성폭력 피해자는 성폭력 피해자보호시설을 통해 성폭력 가해자의 위협으로부터 벗어나 숙식 제공을 받거나 전문적 상담 및 치료 등을 받을 수 있다. 성폭력 피해자보호시설은 보호대상에 따라 일반보호시설, 장애인보호시설, 특별지원보호시설, 외국인보호시설, 자립지원공동생활시설 및 장애인 자립지원공동생활시설로 나뉘며, 그 보호기간은 시설마다 다르나 대체적으로 2년 이내이다. 성폭력 피해자보호시설은 보호 및 숙식 제공, 피해자의 심리적 안정과 사회 적응을 위한 상담 및 치료, 자립·자활교육의 실시와 취업 정보의 제공 등 피해자를 보호하기 위한 필요한 업무를 수행한다.
- 수사 단계에서의 피해자 보호 : 경찰과 검찰에서 성폭력 범죄 전담 경찰관 또는 전담 검사를 지정하여 이들로 하여금 성폭력 피해자를 조사하게 한다. 더불어 성폭력 피해자가 여성인 경우 여성경찰관이 조사 또는 입회하는 것을 원칙으로 한다. 수사기관은 수사에 지장을 줄 우려가 있는 부득이한 경우가 아니면 성폭력 피해자와 신뢰관계에 있는 사람을 동석하게 한다. 또한 성폭력 피해자가 신체적인 또는 정신적인 장애로 사물을 변별하거나 의사를 결정할 능력이 미약한 경우에는 성폭력 피해자의 진술내용과 조사과정을 비디오녹화기 등 영상물 녹화장치로 촬영·보존하도록 한다. 진술조력인 참여가 가능하며 국선변호인을 선정할 수 있다.
- 공판 단계에서의 피해자 보호 : 지방법원장 또는 고등법원장은 특별한 사정이 없으면 성폭력범죄 전담재판부를 지정하여야 하며 성폭력에 대한 심리는 성폭력 피해자의 사생활을 보호하기 위하여 심리를 비공개로 할 수 있다. 성폭력 피해자를 증인으로 신문하는 경우 신뢰관계에 있는 사람을 동석하게 하여야 하며, 비디오 등 중계장치에 의한 중계를 통하여 신문할 수 있다. 진술조력인의 참여가 가능하며, 영상물 등을 증거로 활용하였을 때 검사에게 증거보전의 청구를 요청할 수 있다.

3) 성범죄자 신상정보 등록 및 공개

신상정보 공개제도는 성폭력범죄의 재범률이 높고 국민에게 끼치는 폐해가 다른 범죄보다 중하기 때문에 지역주민들에게 성폭력 범죄자에 대한 신상정보를 적극적으로 제공함으로써 국민의 안전과 성범죄 예방을 도모하기 위한 제도를 말한다.

2010. 1. 1.부터 아동·청소년의 성보호에 관한 법률에 따라 아동·청소년(19세 미만)을 대상으로 한 성폭력 범죄자의 신상정보는 '성범죄자 알림e' 사이

트를 통해 공개하고 있고, 2011. 4. 16. 부터는 성폭력범죄의 처벌 등에 관한 법률에 따라 19세 이상의 자를 대상으로 한 성폭력 범죄자의 신상정보까지 공개하도록 되었다.

이에 따라 아동·청소년 대상 성범죄자의 신상정보를 20년 동안 등록하여 관리하고 있다.

신상정보 공개제도는 성폭력범죄로 유죄판결을 받은 자와 형법 제10조 제1항(책임무능력자)에 따라 처벌할 수 없으나 성폭력범죄를 다시 범할 위험성이 있다고 인정되는 자를 대상으로 하며, 법원은 검사의 청구 여부와 관계없이 판결 선고시에 신상정보를 등록기간 동안 정보통신망[10)]을 이용하여 공개하도록 하는 명령을 선고한다.

〈신상정보 공개 기간〉

- 3년 이하의 징역은 5년
- 3년 초과의 징역은 10년까지 공개

〈공개되는 신상정보의 유형〉

- 대상자의 성명, 나이, 주소 및 실제거주지(도로명 및 건물번호까지)
- 신체정도(키와 몸무게)
- 사진
- 성범죄 사실의 요지
- 성폭력범죄 전과사실
- 전자장치 부착여부

국민 누구나 신상정보 공개전용 웹사이트인 '성범죄자 알림e'에서 인증 절차를 거쳐 성범죄자 신상정보를 열람할 수 있다.

그러나 공개정보를 확인한 사람이 신문·잡지 등 출판물, 방송 또는 정보통신망을 이용하여 공개하거나, 공개정보의 수정 또는 삭제 등 공개정보를 악용한 때에는 5년 이하의 징역 또는 5천만원 이하의 벌금을 받을 수 있으며 '성범죄자 알림e' 사이트의 화면 캡쳐도 금지하고 있다.

---

10) http://www.sexoffender.go.kr

3. 성희롱범죄

성희롱은 업무, 고용 그 밖의 관계에서 공공기관의 종사자, 사용자 또는 근로자가 그 직위를 이용하여 또는 업무 등과 관련해 성적 언동 등으로 성적 굴욕감 또는 혐오감을 느끼게 하거나, 성적 언동 또는 그 밖의 요구 등에 대한 불응을 이유로 고용상의 불이익을 주는 행위를 말한다.

이러한 행위는 어떤 취업 장소에서든 청소년에게 일어날 수 있는데, 더 나아가 학생과 학생 사이는 물론 교사와 학생 사이에도 일어날 수 있음을 예견하고 이에 대하여 간단히 그 개연성을 설명하고자 한다.

성희롱이 금지되는 것은 공공기관의 종사자, 구금·보호시설에서 업무수행을 하는 자, 다른 종사자나 구금·보호시설 이용자 등이다.

또한 빈번히 발생하는 성희롱 장소 중에 공공장소가 있는데, 교통수단이나 공연·집회장소 그 밖에 공중이 밀집하는 장소에서 다른 사람에게 성적(性的) 언동을 하여 수치심을 느끼게 하거나 불쾌감을 느끼게 하는 경우도 성희롱에 해당한다.

이때 가슴, 다리와 같이 성적 욕망이나 수치심을 일으킬 수 있는 신체를 상대방의 의사에 반(反)해 촬영하는 것도 성희롱에 해당한다. 그 촬영물을 반포·판매·임대·제공 또는 공연히 전시·상영한 때에도 형사처벌을 받는다.

한편 형법과 성폭력범죄의 처벌 등에 관한 특례법은 장애인에 대한 성희롱이 그 정도를 넘어 성폭력에 해당하는 경우를 대비하여 처벌 규정[11]을 두고 있다.

아동과 노인에 대한 성희롱도 위에서 언급한 성폭력 유형의 하나에 해당이 되면 수사기관에 신고할 수 있으며, 가해자는 이에 따른 처벌을 받게 된다. 성희롱 피해자들은 국가인권위원회에 진정을 하거나 수사기관에 대한 신고, 손해배상청구 등으로 자신의 권리를 구제받을 수 있다.

---

11) 사람의 심신상실 또는 항거불능의 상태를 이용해 간음 또는 추행을 한 사람은 강간, 유사강간, 강제추행죄의 예에 따라 처벌하고, 장애인의 보호·교육 등을 목적으로 하는 시설의 장 또는 종사자가 보호·감독의 대상이 되는 장애인에 대해 위계 또는 위력으로 간음하거나 추행한 경우 그 죄에 정한 형의 1/2까지 가중한다.

(1) 취업처 내 성희롱

취업처 내 성희롱이란 사업주, 상급자 또는 근로자가 직장 내의 지위를 이용하거나 업무와 관련하여 다른 근로자에게 성적 언동 등으로 성적 굴욕감 또는 혐오감을 느끼게 하거나, 성적 언동 또는 그 밖의 요구 등에 따르지 아니하였다는 이유로 고용에서 불이익을 주는 것을 말하는데 직장 내 성희롱은 형법상 성범죄와 다르다.

성희롱 행위자는 사업주, 상급자, 동료, 하급자이며, 거래처 관계자나 고객 등 제3자에 의한 성희롱 방지 노력에 따라 제3자도 일정범주 내에서 포함된다. 이해를 돕기 위하여 노동법상 성희롱과 형법상 성범죄의 차이점을 분석하면 다음과 같다.

차이점	노동법상 성희롱	형법상 성범죄
유형	언어적 · 육체적 · 시각적 성희롱	강간, 강제추행, 음행매개, 음화 등 제조.판매, 공연음란, 추행 등
고의 유무	의도 불필요	고의 필요
형벌 유무	형벌보다는 근로관계에서의 불이익을 통해서 규제	국가형벌권의 발동에 의해 형벌 부과
입증책임	사업주	검사
강제성	강제력 없어도 성립	강간, 강제추행과 같은 성폭력의 경우 폭행, 협박 등의 강제력이 동원되어야 성립

이러한 성희롱에 대하여 남녀고용 평등 및 일가정양립지원에 관한 법률[12)]과 양성평등기본법[13)], 국가인권위원회법에서도 정의[14)]하고 있다.

12) 남녀고용 평등 및 일가정양립지원에 관한 법률 제2조(정의)에서 사용하는 용어의 뜻은 다음과 같다. "직장 내 성희롱"이란 사업주, 상급자 또는 근로자가 직장 내의 지위를 이용하거나 업무와 관련하여 다른 근로자에게 성적 언동 등으로 성적 굴욕감 또는 혐오감을 느끼게 하거나 성적 언동 또는 그 밖의 요구 등에 따르지 아니하였다는 이유로 고용에서 불이익을 주는 것을 말하며 적용범위는 민간사업장 내에서이다.

13) 양성평등기본법 제3조(정의)에서 사용하는 용어의 뜻은 다음과 같다. "성희롱"이란 업무, 고용, 그 밖의 관계에서 국가기관, 지방자치단체 또는 대통령령으로 정하는 공공단체(이하 "국가기관 등"이라 한다)의 종사자, 사용자 또는 근로자가 다음 각 목의 어느 하나에 해당하는 행위를 하는 경우를 말한다. 가. 지위를 이용하거나 업무 등과 관련하여 성적 언동 또는 성적 요구 등으로 상대방에게 성적 굴욕감이나 혐오감을 느끼게 하는 행위. 나. 상대방이 성적 언동 또는 요구에 대한 불응으로 불이익을 주거나 그에 따르는 것을 조건으로 이익 공여의 의사표시를 하는 행위적용범위는 국가기관 등(정부, 지자체, 각급학교, 공직유관단체)이다.

14) 국가인권위원회법 제2조(정의)에서 사용하는 용어의 뜻은 다음과 같다. 성희롱[업무, 고용, 그 밖의

(2) 직장 내 성희롱의 유형

어떠한 경우가 성희롱에 해당되는지는 미리 판단하기 곤란하기 때문에 합리적인 차원에서 사례별로 판단되어야 하며 다음은 직장 내 성희롱이 성립될 수 있는 경우를 예시한 것이다.

① 육체적 성희롱

회식자리 등에서 입맞춤을 하거나 포옹하는 등 신체적 접촉 행위, 안마 등을 강요하는 행위, 엉덩이 등 특정 신체 부위를 만지는 행위 등이 있다.

② 언어적 성희롱

음란한 농담이나 음담패설, 옷차림, 신체 외모에 대한 성적인 비유나 평가, 음란한 내용의 전화통화, 회식자리 등에서 무리하게 옆에 앉혀 술을 따르도록 강요하는 행위 등이 있다.

③ 시각적 성희롱

외설적인 사진이 담긴 달력을 게시하거나 야한 사진을 컴퓨터 배경화면 등으로 보여서 타인에게 성적 불쾌감을 초래하고, 그러한 감정을 표현했음에도 그 행위가 지속되는 경우, 상대방의 특정 신체부위를 유심히 쳐다보거나 훑어보는 행위 등이 있다.

고용노동부장관은 사업장의 남녀고용평등 이행을 촉진하기 위하여 그 사업장 소속 근로자 중 노사가 추천하는 자를 명예고용평등감독관으로 위촉[15)]할 수 있다.

관계에서 공공기관(국가기관, 지방자치단체, 초·중등교육법 제2조, 고등교육법 제2조와 그 밖의 다른 법률에 따라 설치된 각급 학교, 공직자윤리법 제3조의2 제1항에 따른 공직유관단체를 말한다)의 종사자, 사용자 또는 근로자가 그 직위를 이용하여 또는 업무 등과 관련하여 성적 언동 등으로 성적 굴욕감 또는 혐오감을 느끼게 하거나 성적 언동 또는 그 밖의 요구 등에 따르지 아니한다는 이유로 고용상의 불이익을 주는 것을 말한다] 행위이다. 적용범위는 민간사업장 국가기관 등(정부, 지자체, 각급학교, 공직유관단체)이다.

15) 명예고용평등감독관의 업무는 다음과 같다.
1. 해당 사업장의 차별 및 직장 내 성희롱 발생 시 피해 근로자에 대한 상담·조언
2. 해당 사업장의 고용평등 이행상태 자율점검 및 지도 시 참여
3. 법령위반 사실이 있는 사항에 대하여 사업주에 대한 개선 건의 및 감독기관에 대한 신고
4. 남녀고용평등제도에 대한 홍보·계몽
5. 그 밖에 남녀고용평등의 실현을 위하여 고용노동부장관이 정하는 업무

(3) 성희롱의 보호방법

① 고용노동부에 진정

사업주가 직장 내 성희롱 예방교육, 성희롱 행위자에 대한 조치, 피해근로자에 대한 고용상의 불이익 금지 등을 지키지 않았을 경우에는, 사업장 소재 지방 고용노동관서에 진정이나 고소·고발을 할 수 있다. 진정이나 고발의 경우에는 피해 당사자뿐만 아니라 범죄사실을 알고 있는 제3자도 가능하다.

지방 고용노동관서의 장은 관련 법령 위반에 대한 조사를 한 후에 위법행위에 대하여 즉시 시정을 지시해야 하고, 시정하지 아니할 경우에는 과태료를 부과하거나 입건 수사를 해야 한다.

② 국가인권위원회에 진정

고용노동부와 국가인권위원회에 진정할 수 있다. 국가인권위원회에 진정을 하려면 국가인권위원회 홈페이지[16]에서 진정 서류를 내려받아 직접 또는 인터넷으로 신청하면 된다. 신청이 접수되면 상담 조사관이 조사를 하고, 조사 결과 성희롱으로 결정되면 시정 권고를 한다. 그러나 시정 권고는 강제력이 없기 때문에 가해자에 대한 형사처벌을 원할 경우 고소 등의 형사법적 조치를 취해야 한다.

③ 민사소송 제기

민사소송을 통하여 사업주와 성희롱 행위자를 상대로 물질적·정신적 고통 등에 대한 손해배상을 청구할 수 있다.

㉠ 직장 내 성희롱이란 사업주·상급자 또는 근로자가 직장 내의 지위를 이용하거나 업무와 관련하여 다른 근로자에게 성적 언동 등으로 성적 굴욕감 또는 혐오감을 느끼게 하거나 성적 언동 또는 그 밖의 요구 등에 따르지 아니하였다는 이유로 고용에서 불이익을 주는 것을 말한다.

㉡ 사업주는 직장 내 성희롱 예방 장치를 마련하고, 성희롱 행위자에 대하여 징계조치를 취해야 한다. 직장 내 성희롱이 발생하는 것을 막기

16) http://www.humanrights.go.kr

위하여 사용자는 예방교육을 실시하여야 한다.

㉢ 직장 내 성희롱이 발생하면 근로자는 가해자에게 거부의 의사를 표시하고 중지를 요청하여야 한다. 그럼에도 이러한 행위가 계속되면 회사 내 고충처리기관에 신고하거나 고용노동부와 국가인권위원회에 진정 및 법원에 민사소송을 제기할 수 있다.

4. 기타 취약범죄

1) 가정폭력

(1) 개요

가정폭력이란 가정구성원 사이의 신체적, 정신적 또는 재산상 피해를 수반하는 행위를 말한다. 가정폭력은 사실혼 관계, 사실상의 양친자 관계에서도 발생할 수 있으며, 같이 사는 친척 사이에서도 일어날 수 있다. 최근 아동학대범죄가 사회적으로 큰 문제가 되자 국회에서는 아동 학대범죄 등의 처벌에 관한 특례법을 제정하였다.

(2) 가정폭력의 형사적 처리

누구든지 가정폭력범죄를 알게 된 경우에는 수사기관에 신고할 수 있다. 만약 아동복지시설과 같은 아동의 교육과 보호를 담당하는 기관에 종사하는 사람이거나 아동, 60세 이상 노인, 기타 정상적 판단능력이 결여된 자를 치료하는 의료인의 경우, 또는 노인복지시설이나 장애인복지시설에 종사라는 사람 등이 직무를 수행하면서 가정폭력범죄를 알게 된 경우에는 정당한 사유가 없으면 즉시 수사기관에 신고하여야 한다.

이에 따라 경찰의 응급조치와 검사의 가정보호사건의 처리 및 법원의 심리와 보호처분에 대한 업무처리 등을 간단히 설명하고자 한다.

① 경찰의 응급조치 : 임시조치와 긴급임시조치

가정폭력이 진행 중이라는 신고를 받은 사법경찰관리는 즉시 현장에 나가 폭력행위를 제지하고, 가정폭력 행위자와 피해자를 분리하고 범죄수사를 해야 한다. 이때 피해자가 긴급치료가 필요할 정도로 다쳤다면 그를 의료기관으로 인도하고 피해자가 동의한 경우에는 피해자를 가정폭력 관련 상담소 또는 보호시설로 인도할 수 있다. 검사는 가정폭력이 재발될 우려가 있다면 직권으로 또는 경찰관의 신청에 의하여 법원에 다음의 임시조치를 청구할 수 있다. 피해자 또는 법정대리인도 검사 또는 경찰관에게 임시조치를 청구할 수 있고, 그에 관하여 의견을 진술할 수 있다.

경찰은 위와 같은 응급조치에도 불구하고 가정폭력범죄가 재발될 우려가 있고, 긴급을 요하여 법원의 임시조치 결정을 받을 수 없을 때에는 직권 또는 피해자나 그 법정대리인의 신청에 의하여 '긴급임시조치'도 행할 수 있다.

② 검사의 가정보호사건의 처리

검사는 가정폭력범죄로서 사건의 성질, 동기 및 결과 가정폭력행위자의 성행 등을 고려하여 가정보호사건으로 처리하는 것이 적정하다고 판단하면 그 사건을 관할 가정법원이나 지방법원으로 송치한다.

검사는 가정폭력사건을 수사한 결과 가정폭력행위자의 성행 교정을 위하여 필요하다고 인정하는 경우에는 상담조건부 기소유예를 할 수 있다.

③ 법원의 심리와 보호처분

법원은 가정보호사건을 조사, 심리할 때 의학, 심리학, 사회복지학 등 전문적인 지식을 활용하여 가정폭력범죄의 행위자와 피해자, 가정 상황, 가정폭력범죄의 동기 및 실태 등을 밝혀서 적정한 처분이 이루어지도록 노력하여야 한다.

이를 위해 법원에 가정보호사건조사관을 두어 돕고 있으며, 전문가의 의견을 조회하여 참조하기도 한다. 또한 판사는 당연히 가정폭력행위자에게 시정조치결정을 할 수 있다.

판사는 심리 후 보호처분이 필요하다고 인정하는 경우에는 다음의 결정을 할 수 있다.

㉠ 가정폭력행위자가 피해자 또는 가정구성원에게 접근하는 것을 제한

㉡ 가정폭력행위자가 피해자 또는 가정구성원에게 전기통신을 이용하여 접근하는 행위의 제한

㉢ 가정폭력행위자가 친권자인 경우 피해자에 대한 친권 행사의 제한, 이 경우 피해자를 다른 친권자나 친족 또는 적당한 시설로 인도할 수 있다.
㉣ 보호관찰 등에 관한 법률에 따른 사회봉사, 수강명령
㉤ 보호관찰 등에 관한 법률에 따른 보호관찰
㉥ 가정폭력방지 및 피해자보호 등에 관한 법률에서 정하는 보호시설에의 감호위탁
㉦ 의료기관에의 치료위탁
㉧ 상담소에서의 상담위탁

(3) 가정폭력피해자에 대한 보호와 지원

① 아동의 취학지원

국가나 지방자치단체는 피해자가 아동인 경우 주소지 외의 지역에서 학교를 다닐 필요가 있을 때에는 그 취학이 원활이 이루어지도록 지원하여야 한다.

② 긴급전화센터

여성가족부장관 또는 시, 도지사는 피해자의 신고접수 및 상담, 관련 기관, 시설과의 연계, 피해자에 대한 긴급한 구조의 지원을 위해 긴급전화센터를 설치, 운영한다(가정폭력방지 및 피해자보호 등에 관한 법률 제 4조의 6). 여성가족부의 긴급전화센터는 '여성긴급전화 1366'(해당 지역번호 + 1366번)으로 전화를 걸면 이용할 수 있다.

③ 가정폭력상담소

국가나 지방자치단체는 가정폭력 관련 상담소를 설치 · 운영할 수 있다. 상담소에서는 가정폭력신고를 받고 상담에 응하며 긴급히 보호를 필요로 하는 피해자를 임시로 보호하거나 의료기관 또는 피해자 보호시설로 인도한다.

또한 상담소는 행위자에 대한 고발 등 법률적 사항에 관하여 자문하기 위해 법률구조법인 등에 대한 필요한 협조와 지원을 요청하고, 가정폭력의 예방과 방지에 관한 교육 및 홍보사업을 실시한다(가정폭력방지 및 피해자보호 등에 관한 법률 제5조, 제6조).

④ 가정폭력피해자[17] 보호시설

피해자는 입소를 희망하거나 입소에 동의하는 경우에 6개월의 범위에서 단기보호시설에 입소하거나, 장기보호시설에서 2년 내에 자립을 위한 주거편의 등을 제공받을 수 있다. 보호시설에서는 숙식제공 외에 심리적 안정과 사회적응을 위한 상담 및 치료를 받을 수 있다.

2) 아동학대

아동학대란 보호자를 포함한 성인이 18세 미만의 사람인 아동의 건강 또는 복지를 해치거나 정서적 발달을 저해할 수 있는 신체적, 정신적, 성적 폭력이나 가혹행위를 하는 것과 아동의 보호자가 아동을 유기하거나 방임하는 것을 말한다.

아동학대범죄란 보호자에 의한 아동학대로서 아동학대범죄의 처벌 등에 관한 특례법 제2조 제4호에 열거된 범죄를 의미한다.

아동학대의 발생 사실을 알게 된 사람은 누구나 아동보호전문기관 또는 수사기관에 신고할 수 있다. 의료인, 유치원 교사, 학원의 강사 등과 같이 법률에서 신고의무자로 지정한 사람은 아동학대범죄를 알았거나 그 의심이 있는 경우 즉시 신고를 해야 하고, 신고를 하지 않은 경우에는 500만원 이하의 과태료를 부과받게 된다.

아동학대범죄신고를 받은 아동보호전문기관 직원이나 사법경찰관리는 지연 없이 아동학대범죄현장에 출동해서 아동 또는 아동학대행위자 등 관계자에 대해 살펴보거나 물어볼 수 있다.

현장에 출동하거나 아동학대범죄현장을 발견한 사법경찰관리 또는 아동보호전문기관의 직원은 피해아동 보호를 위하여 다음과 같은 조치를 취하여야 한다.

① 아동학대범죄 행위의 제지

② 아동학대행위자를 피해 아동으로부터 격리

③ 피해아동을 아동학대 관련 보호시설로 인도

④ 긴급치료가 필요한 피해아동을 의료기관으로 인도하여야 한다.

---

17) 가정폭력방지 및 피해자보호 등에 관한 법률 제7조의2, 제8조.

시, 도지사 또는 시장, 군수, 구청장은 그 관할 구역에서 보호대상아동을 발견하거나 보호자의 의뢰를 받은 경우 아동의 최상의 이익을 위해 아동 또는 보호자에 대한 상담 및 지도, 아동을 보호, 양육할 수 있도록 필요한 조치를 취하고, 만약 이러한 조치가 적합하지 않다면 아동을 다른 가정에 위탁 아동복지시설의 입소, 전문치료기관 입소 등의 조치를 취할 수 있다.

피해아동의 보호뿐만 아니라 아동학대행위자의 원활한 조사, 심리 또는 피해아동보호를 위하여 필요하다고 인정하는 경우에는 검사의 청구에 의하여 결정으로 아동학대행위자에게 임시조치를 할 수 있다.

친권자에 의해 아동학대가 발생한 경우 시, 도지사, 시장, 군수, 구청장 또는 검사는 아동의 친권자가 그 친권을 남용하거나 현저한 비행이나 아동학대, 그 밖에 친권을 행사할 수 없는 중대한 사유를 발견한 경우 아동의 의견을 존중하여 아동의 복지를 위해 법원에 친권행사의 제한 또는 친권상실의 선고를 청구할 수 있다.

이상 설명한 부분을 요약해 정리하면 다음과 같다.

가정폭력이란 가정구성원 사이의 신체적, 정신적 또는 재산상 피해를 수반하는 행위를 말한다. 누구든지 가정폭력범죄와 아동학대범죄에 대해 수사기관에 신고할 수 있지만, 아동복지시설 또는 의료기관, 노인복지시설 및 장애인복지시설 등에서 종사하는 사람들은 가정폭력과 아동학대에 대한 신고의무가 있다.

가정폭력 사건은 형사적 처벌과 함께 법원에 배상명령을 신청할 수 있다. 아동학대는 신체학대, 정서학대, 성적학대와 방임으로 그 유형을 나눌 수 있고 아동학대의 행위와 유형에 따라 형법과 아동복지법에 의해 처벌된다.

아동학대가 발생하는 경우 아동보호전문기관 직원이나 사법경찰관리는 현장에 출동하여 조사하고, 필요한 경우 피해아동에 대하여 응급조치를 취한다. 법원은 검사의 청구에 의해 학대행위자에 대하여 임시조치를 할 수 있고, 친권자에 의한 아동학대가 발생한 경우 시, 도지사, 시장, 군수, 구청장 또는 검사는 법원에 친권행사의 제한 또는 친권상실의 선고를 청구할 수 있다.

3) 사이버범죄

(1) 사이버범죄의 특징

사이버범죄는 인터넷 이용 인구의 증가와 비대면성, 익명성, 빠른 전파성 등으로 인하여 다양한 형태로 나타나고 있다. 이러한 사이버범죄의 경우 범행이 반복될 가능성이 높고, 발각이 어려우며 고의 입증이 곤란하다는 특징이 있다.

이에 대한 대응책으로 검찰, 경찰 등 수사기관에서는 전담수사반을 설치하고, 피해를 미리 예방하기 위하여 시민들에게 사이버범죄에 대처하는 방법을 교육하고 있다.

(2) 사이버범죄의 유형

사이버범죄의 유형은 일반적인 사이버범죄와 사이버테러 등 두 가지로 나누어 볼 수 있다. 사이버범죄 중 가장 흔한 유형으로는 사이버상 명예훼손, 즉 욕설이나 허위사실 유포, 전자상거래사기, 게임사기, 도박 등 불법사이트 운영, 불법복제 등이 있다.

① 일반적인 사이버범죄

사이버범죄란 사이버 공간을 이용한 일반적인 불법행위로서, 사이버도박, 사이버스토킹과 성폭력, 사이버명예훼손과 협박, 전자상거래사기, 개인정보유출 등의 행위, 포르노사이트 운영, 원조교제, 미성년자에게 음란물을 열람하도록 하는 행위 등을 말한다.

② 사이버테러

사이버테러는 정보통신망 자체를 공격 대상으로 하는 불법행위로서, 대규모 피해를 불러오는 해킹, 크래킹, 바이러스(악성코드) 제작 유포, 메일폭탄, DDOS공격(분산 서비스 거부공격) 등 전자기적 침해장비를 이용한 컴퓨터 시스템과 정보통신망 등의 공격행위가 여기에 해당한다.

(3) 사이버범죄의 처벌

사이버범죄는 정보통신망 이용 촉진 및 정보보호 등에 관한 법률(이하 '정보통신망법'이라 함)에 따라 처벌되는데 구체적 내용은 다음과 같다.

① 정보통신망을 통한 명예훼손

일반적인 명예훼손은 형법으로 다루어지고 있으나, 정보통신망을 통한 명예훼손은 그 파급효과가 크기 때문에 정보통신망법에서 따로 규정을 두고 있다. 사람을 비방할 목적으로 정보통신망을 통하여 공공연하게 사실을 드러내어 다른 사람의 명예를 훼손한 자는 3년 이하의 징역 또는 3천만 원 이하의 벌금에 처하고, 그러한 사실이 허위이면 7년 이하의 징역, 10년 이하의 자격정지 또는 5천만 원 이하의 벌금으로 처벌된다.

② 개인정보 침해행위

개인정보를 이용자의 동의 없이 수집하거나, 개인정보를 목적된 범위를 넘어 이용하거나, 개인정보를 당사자의 동의 없이 제3자에게 제공한 자, 그 사정을 알면서도 영리 또는 부정한 목적으로 개인정보를 제공받은 자 및 직무상 취득한 개인정보를 훼손 침해 또는 누설한 자는 5년 이하의 징역 또는 5천만 원 이하의 벌금에 처해진다.

③ 해킹, 바이러스 유포 등

정보통신망법은 해킹 행위나 바이러스 유포 행위 등을 처벌할 수 있는 규정을 두고 있다. 정당한 접근권한이 없거나 허용된 접근권한을 넘어 정보통신망에 침입한 경우(해킹행위) 3년 이하의 징역 또는 3천만 원 이하의 벌금에 처해진다. 또한 정보통신시스템 데이터 프로그램 등을 훼손, 멸실, 변경, 위조하거나 운용을 방해할 수 있는 프로그램을 전달・유포하거나(바이러스 유포행위) 대량의 신호 데이터를 보내거나 부정한 명령을 처리하도록 하는 방법으로 정보통신망에 장애가 발생하게 하는 행위(DDOS공격)에 대해서는 5년 이하의 징역 또는 5천만 원 이하의 벌금으로 처벌된다.

④ 정보통신망에서의 권리보호

정보통신망 이용자는 사생활 침해 또는 명예훼손 등 타인의 권리를 침해하는 정보를 유통시켜서는 안 되고, 정보통신서비스 제공자는 자신이 운영・관리하는 정보통신망에 타인의 권리를 침해하는 정보가 유통되지 않도록 노력해야 한다.

만약 정보통신망을 통해 공개된 정보로 사생활 침해나 명예훼손 등 타인의 권리가 침해된 경우 그 피해자는 정보통신서비스 제공자는 정보의 삭

제 등의 요청을 받으면 지체 없이 삭제 임시조치 등의 필요한 조치를 하고, 즉시 피해자(신청인) 및 정보 게재자에게 알려야 하며, 해당 게시판에 공지하는 등 이용자들이 위 조치를 알 수 있도록 하여야 한다.

⑤ 정보의 훼손과 비밀의 침해 도용 누설

정보통신망에 의하여 처리, 보관, 전송되는 타인의 정보를 훼손하거나 타인의 비밀을 침해·도용 또는 누설한 자는 5년 이하의 징역 또는 5천만 원 이하의 벌금에 처한다.

⑥ 음란물의 배포, 판매, 임대, 공연전시

정보통신망법은 정보통신망을 통하여 음란한 부호, 문언, 음향, 화상 또는 영상을 배포, 판매, 임대, 공연히 전시한 자는 1년 이하의 징역 또는 1천만 원 이하의 벌금에 처하도록 하고 있다.

⑦ 사이버스토킹의 처벌

정보통신망법은 정보통신망을 통하여 공포심이나 불안감을 유발하는 부호, 문언, 음향, 화상, 영상을 반복적으로 상대방에게 도달하게 한 자는 1년 이하의 징역 또는 1천만 원 이하의 벌금에 처하도록 하여 이른바 사이버스토킹을 처벌하는 조항을 두고 있다.

앞에서 설명한 사이버범죄를 간단히 요약한다면 다음과 같다.

1. 사이버범죄의 경우 범행이 반복될 가능성이 높고 발각이 어려우며 고의 입증이 곤란하다는 특징이 있다.
2. 사이버범죄의 유형은 일반적인 사이버범죄와 사이버테러 두 가지로 나누어 볼 수 있다. 사이버범죄 중 가장 흔한 유형으로는 사이버 상 명예훼손, 즉 욕설이나 허위사실 유포, 전자상거래사기, 게임사기, 도박 등 불법사이트 운영, 불법복제 등이 있다.
3. 사이버범죄는 정보통신망 이용 촉진 및 정보보호 등에 관한 법률에 따라 처벌된다.

제3절 분쟁해결과 법률구조

법에 따라 분쟁을 해결하는 방법에는 두 가지가 있는데, 분쟁 당사자들 사이에 중립적 제3자인 판사가 개입하여 해결책을 정하고 이를 강제적으로 집행하는 소송과 소송의 단점들을 극복하기 위해 고안된 대안적 분쟁해결 방식들이 있다. 분쟁이 생겼을 때 어떻게 해결해야 할지를 정식재판절차와 간이절차, 대안적 분쟁해결 방식들을 통해 알아보고, 법률 분쟁에 대해 시민들이 가져야 할 태도에 대해 간단히 설명하면 다음과 같다.

1. 분쟁을 해결하는 방식

1) 소송을 통한 분쟁해결 방식

소송은 재판절차를 모두 밟는 정식절차와 그렇지 않은 간이절차로 나눌 수 있는데, 간이절차로는 간단하고 편의적인 판결 절차로, 형사소송의 약식절차와 즉결심판절차, 민사소송의 소액사건 심판절차와 독촉절차를 들 수 있다.

(1) 정식절차

민사소송의 정식재판절차를 살펴보면 원고와 피고의 성명 및 소송의 목적 등이 밝혀진 소장이 법원에 제출됨으로써 재판이 개시되고, 공개법정에서 양측 당사자가 출석한 가운데 변론절차를 거쳐 법원이 판결을 내리면 재판은 마무리된다.

형사소송에서는 정식재판절차를 공판절차라고 부르는데, 이 경우에는 검사가 법원에 피고인 성명, 죄명, 범죄일시·장소·방법, 그에 적용할 법조항 등을 밝힌 공소장을 제출함으로써 재판이 시작된다. 이러한 정식절차는 재판의 기본이 되는 방식이다.

정식절차에서는 재판 당사자가 증거를 제시하고 자신의 의견을 주장할 수 있는 충분한 기회를 제공하기 때문에, 이는 진실을 찾고 진정한 권리자를 가리는 데 가장 좋은 형태이다. 그러나 복잡하고 빠르게 변화하는 현대사회에서는 정식절차가 당사자에게 오히려 불편하고 손해가 될 수도 있다. 그래서 경미한 사건에서는 정식절차 대신 약식절차가 선호되는 경우가 많다

(2) 약식절차

약식절차는 경미한 사건의 경우에 피고인을 불러 심리를 하는 번거로운 절차를 생략하고, 검사가 제출한 서류만으로 판사가 벌금이나 과료 또는 몰수의 형을 내리는 절차이다.

약식절차에 따라 판사가 형을 선고하는 것을 약식명령이라고 하는데, 피고인이 약식명령에 이의가 있을 경우에는 정식재판을 청구할 수 있다. 따라서 약식절차가 헌법상 보장된 신속, 공정한 공개재판을 받을 권리를 침해한다고 볼 수는 없다.

(3) 즉결심판절차(즉결심판에 관한 절차법)

20만원 이하의 벌금형, 30일 이내의 구류형 등이 예상되는 경미한 범죄에 대하여 정식재판절차를 거치지 않고, 판사가 그 자리에서 바로 형을 선고하는 절차로, 즉결심판이라고 한다.

즉결심판절차는 약식절차와는 달리 검사가 청구하지 않아도 되고, 관할 경찰서장 또는 관할 해양경비안전서장의 청구에 의해 이루어질 수도 있는데, 이 경우에도 피고인이 즉결심판결과에 이의가 있다면 정식재판을 청구할 수 있다. 즉결심판의 대상사건은 다음과 같다.

즉결심판의 대상사건

① 행정법규 위반사건: 도로교통법상의 자동차 주・정차 금지 위반, 향토예비군 설치법 상의 예비군 훈련 불참자 등
② 형법 위반 사건: 폭행죄, 단순 도박죄 등
③ 경범죄 처벌법 위반사건: 허위신고, 무임승차 등 50여 개 항목

(4) 소액사건 심판절차(소액사건심판법)

소액사건 심판절차는 소송목적의 값이 2,000만원 이하인 소액사건에 한하여 소송절차를 저렴한 비용으로 쉽고 빠르게 진행할 수 있도록 하는 절차이다.

소액사건심판에서는 변호사가 아니더라도 당사자와 관련된 인물이 법원의 허가없이도 소송대리인이 될 수 있고, 소장을 제출하지 않고 말로써 소송을 제기할 수도 있다. 그리고 빠른 진행을 위해 심리는 한 번만 하는 것을 원칙으로 한다.

(5) 독촉절차

민사분쟁에서 채권자에게 금전, 유가증권을 지급하라는 청구에 대해 변론이나 판결 없이 곧장 지급명령을 내리는 절차를 독촉절차라고 한다.

분쟁 당사자를 소환하지 않고, 별다른 소명절차도 없어서 소송비용이 아주 저렴하며, 채권자는 이러한 독촉절차와 통상의 소송절차 중 어느 것이나 자유롭게 선택할 수 있는데, 지급명령을 받은 채무자가 이의를 제기하면 통상의 소송절차로 이어지게 된다.

이러한 절차에 따라 행정기관의 위법, 부당하거나 소극적인 처분 및 불합리한 행정제도로 인한 권리・이익의 침해 뿐만 아니라 불편・불만사항이 있을 때에 속 시원히 털어놓을 수 있는 행정옴부즈맨(ombudsman) 역할을 수행하는 '국민신문고'를 정부는 운영하고 있다.

일반 시민들은 이곳을 통해 불합리한 제도나 관행 등의 개선을 건의하거나 행정기관의 각종 정책이나 의사결정과정에 자신의 의견을 제시할 수도 있다.

국민신문고를 통해서 편리하게 민원을 신청하고 접수된 민원을 신속히 담당 행정기관에 전달하여 일관된 처리 결과를 받을 수 있게 되었다.

또한 국민의 창의적인 제안을 심사하여 정부정책에 반영하고 불합리한 제도를 적극 개선할 뿐만 아니라 국민이 정책담당자가 되어 의제를 제시하고, 전문가를 섭외하고 포럼을 열고 행정기간이 시행하려는 정책 토론에 참여하고 전자공청회를 참관할 수도 있다.

〈소송구조 대상자 및 대상사건〉

- 생활보호법이 정한 요보호자
- 소송을 제기하여 비용을 지출함으로써 생계가 곤란하게 될 자
- 기타 상담위원회가 구조를 요한다고 인정하는 자

소송구조는 변호사로 구성된 자원봉사 상담원의 법률구조변호사단에 이를 회부하여 구조의 타당성, 승소가능성, 집행가능성 등을 심사하도록 하여 그 결과에 따라 구조 여부를 결정한다.

이혼, 친권 및 양육, 면접교섭 등 가사사건뿐만 아니라 임대차, 손해배상 등과 같은 민사사건, 형사사건 및 개인회생·파산 등 법률 전반에 걸쳐 폭넓게 구조를 하고 있다.

2) 그 외 무료 법률구조사업

앞에서 설명한 그 외 무료 법률구조사업은 다음과 같다.

출연기관	무료 법률구조대상자
농협중앙회	농업인, 축산인
수협중앙회	어업인
신한은행	기초생활보장수급자
공탁금 관리위원회	개인회생·파산 및 면책 신청대상자, 소년·소녀가장, 요보호아동, 장애인, 국가유공자·독립유공자·의사상사·결혼이민자·보훈보상대상자·5·18민주유공자, 참전유공자, 고엽제휴유증환자, 특수임무수행자, 한부모가족, 월 평균 수입 260만 원 이하인 재산세미과세대상자 중 주택임대차보호법에서 정한 소액임차인, 국내거주 북한이탈주민, 사회연대은행 (사)함께 만드는 세상의 지원 수혜자, 범죄피해자(타인의 범죄행위로 인하여 발생한 피해사건에 한하여 적용하되 교통사고로 인한 대물피해 단일 사건은 제외), 기초연금수급자
KT&G	월평균 담배판매 수입이 260만원 이하인 영세 담배소매인
여성가족부	가정폭력·성폭력 피해자(국내 거주 외국인 여성 포함, 민·가사사건에 한함)
양육비이행관리원	한부모가족(양육비 및 인지청구 사건에 한함)
고용노동부	임금 및 퇴직금이 체불된 근로자(국내 거주 외국인 포함) 단, 최종 3월분의 월평균임금이 400만 원 미만인 자에 한함
중소기업청	소상공인(상행위와 관련된 민사사건, 개인회생·파산 및 면책사건), 재도전 기업인
국가보훈처	중·장기복무 제대군인
한국선원 복지고용센터	선원법상의 임금·퇴직금 체불 및 재해보상 사고와 관련된 피해선원

2. 대안적 분쟁해결 방식

1) 대안적 분쟁해결 방식과 시민의식

일반적으로 소송은 절차가 복잡하고 비용이 많이 들며, 시일이 오래 걸리는 단점이 있다. 또한 소송은 국가기관의 일방적이고 강제적인 결정에 의해 분쟁을 해결한다는 점과 엄격한 법적용에 의해 실제 사례에서는 구체적 타당성을 가지지 못할 수 있다는 점이 문제로 지적되고 있다.

따라서 이러한 소송의 문제점을 극복하기 위하여 국제적으로 협상(negotiation), 알선(conciliation), 조정(mediation), 중재(arbitration) 등의 대안적 분쟁해결 방식(ADR: alternative dispute resolution)이 제도화되고 있는 데 다음과 같다.

① 협상

협상이란 분쟁이 발생했을 때 제3자의 개입 없이 당사자끼리 합의에 의해 해결하는 것을 말한다.

② 알선

알선은 당사자끼리 합의에 의해 분쟁을 해결한다는 점에서 협상과 같지만, 제3자가 당사자들이 합의할 수 있도록 자리를 마련해주는 등의 방식으로 분쟁해결을 도와준다는 점이 다르다.

③ 중재

당사자끼리 분쟁이 해결되지 않을 때, 중립적인 제3자의 결정에 따르기로 당사자들이 합의하고 제3자가 중재안을 내놓는 것을 중재라고 한다. 중재는 사적으로도 행해지지만 법원이 아닌 중재위원회 등 다른 공공기관의 판정에 의해 해결하는 경우도 많다. 공적 기관에 의한 중재의 예로는 국가 간의 분쟁에 대해 제3의 판단기관이 나서는 국제법상의 중재, 상거래 분쟁에 대한 중재법상의 중재, 노사분규 등에 대한 노동법상의 중재 등이 있다.

④ 조정

조정이란 중립적인 제3자가 개입하여 양 당사자를 적극적으로 설득하고 양보하게 하는 방식으로, 당사자끼리 합의하도록 도와주는 것을 말한다.

조정은 제3자가 적극적으로 개입하기는 하지만, 중재와는 달리 제3자의 조정안을 당사자가 수용하지 않을 수도 있다. 대표적으로 민사조정제도, 가사조정제도가 있다.

이러한 대안적 분쟁해결 방식들은 정식소송절차와 비교하여 저렴한 비용으로 분쟁을 빠르게 해결하고, 당사자들의 타협과 양보에 기초하여 해결책을 마련할 수 있다는 등의 장점을 갖추고 있기 때문에 숙지하여 활용함이 필요하다.

2) 분쟁해결을 위한 시민의 자세

법률분쟁이 발생하면 당사자인 시민들은 경제적·시간적으로 크게 손해를 보게 됨은 물론이고, 해결과정에서 상당한 심적 고통도 뒤따르게 된다.

그러므로 당사자들은 하루빨리 분쟁을 해결하고자 법률적 자문을 구하게 되고, 이때 양질의 법률 서비스를 제공받기 위해서는 별도의 비용을 추가적으로 지불할 수밖에 없는 것이 현실이다. 따라서 일반 시민들은 갈등과 분쟁이 발생하지 않도록 사전에 충분히 예방하여야 하며, 분쟁이 발생했을 때에도 가능한 한 최선의 해결책을 제공받을 수 있는 방법을 찾도록 노력해야 한다.

그렇다면 분쟁의 예방과 해결을 위한 최선의 실천원리에는 어떤 것들이 있는지 알아보고자 한다.

① 분쟁을 미리 예방하기

되도록 법률 분쟁 자체가 발생하지 않도록 해야 한다. 법률생활에서 가장 중요한 미덕이 바로 분쟁을 미리 예방하는 삶의 지혜이다. 예를 들어, 일상생활에서 거래를 할 때에도 말로만 하는 구두계약보다는 계약서를 문서로 작성하는 것이 분쟁을 효과적으로 예방하는 방법이다.

② 제도와 절차를 활용

그럼에도 불구하고 분쟁이 발생했다면 법률제도와 절차를 충분히 활용하는 적극적인 자세가 필요하다. 법률 격언 중 "권리 위에 잠자는 자는 보호받지 못한다"라는 말이 있다. 이는 자신의 권리는 스스로 지켜야 한다는 의미를 담고 있다.

③ 결과를 수용하기

시민들은 법률제도를 통해 제시된 해결책을 수용하는 자세가 필요하다. 법률제도는 개인들의 이해관계가 충돌하는 분쟁을 최대한 공정하게 해결하기 위해 공동체가 합의한 질서이다. 따라서 설사 법이 자신의 편이 아니라고 생각되어도 정당한 절차에 따라 이루어진 분쟁해결의 결과라면 우리는 그 결과를 받아들일 줄 알아야 한다.

그러나 법이 언제나 완벽한 것은 아니라는 점 역시 잊어서는 안 된다. 우리는 법적 판단을 존중하여야 하지만 다른 한편으로는 법의 부족함을 보완하고 잘못된 법은 개선시켜야 한다.

④ 공동체의 구성원으로서의 책임의식

우리는 주위에서 자신의 책임은 망각한 채 무조건 "법대로 하자"고 목소리를 높이는 사람을 종종 볼 수 있다.

그러나 우리 모두는 공동체의 구성원으로서 국가와 사회라는 테두리 안에서 보호받으며 생활하고 있다는 점을 먼저 생각해 볼 필요가 있다. 각자가 공동체 구성원으로서의 책임과 의무를 다했는지 따져 본 다음 비로소 자신의 권리를 주장하는 것이 민주시민으로서 바람직한 태도이다.

3. 피해자 화해권고

1) 의의와 취지

소년부 판사는 소년의 품행을 교정하고 피해자를 보호하기 위하여 필요하다고 인정하면 소년에게 피해변상 등 피해자와의 화해를 권고할 수 있고, 소년이 그 권고에 따라 피해자와 화해하였을 경우에는 보호처분을 결정할 때 이를 고려할 수 있다(법 25조의3 1항, 3항).

화해권고는 회복적 사법의 이념을 실현하기 위한 제도로서 단순히 금전적인 배상 등을 목적으로 하는 제도가 아니라 가해소년과 피해자 사이의 갈등을 해소하고, 상처를 치유함으로써 피해자의 보호와 가해소년의 품행 교정 및 건전한 사회복귀를 함께 도모하기 위한 제도이다.

화해권고에 따라 화해가 이루어진 경우에도 이는 개인적 합의에 불과할 뿐

법적인 강제력이 있는 것은 아니다. 다만, 소년부 판사는 보호처분을 결정할 때 가해소년이 화해한 내용을 이행하였는지 여부를 참작할 수 있으므로 어느 정도 사실상의 구속력은 있다고 볼 수 있다.

2) 화해권고 대상 사건

(1) 가해소년이 범죄소년 또는 촉법소년인 사건

가해소년이 우범소년인 경우는 구체적인 피해자가 없으므로 화해권고를 할 수 있는 경우를 상정하기 어렵다. 피해자는 반드시 소년일 필요는 없으나, 피해자의 나이가 너무 어린 경우는 제외함이 필요하다.

(2) 서면에 의한 동의가 있는 사건

소년부 판사가 화해를 권고할 경우 화해를 권고하기 위한 기일(화해권고기일)까지 소년, 보호자 및 피해자(피해자가 미성년자인 경우 그 보호자도 포함한다. 이하 같다)의 서면에 의한 동의를 받아야 한다(규칙 26조의2 1항).

가해소년과 피해자의 화해는 완전한 자유의사에 기하여 이루어져야 하며, 화해권고의 실효성을 확보하기 위해서도 가해소년과 피해자 양측의 동의가 있어야 하기 때문이다.

실무상 구두로 당사자의 의사를 확인하여 화해권고기일을 지정한 다음 동의 서면은 화해권고기일에 받기도 한다. 서면 동의가 없는 경우 화해권고기일의 절차를 진행할 수 없다.

소년, 보호자 및 피해자는 화해권고절차가 종료할 때까지 위 동의를 서면에 의하여 철회할 수 있다(같은 조 2항). 따라서 이 경우 소년부 판사는 동의를 철회한 사람의 진의를 확인한 후 이후의 절차 진행을 중단하고 화해권고절차를 종료하여야 한다.

(3) 가해소년이 범죄사실을 시인하는 사건

범죄사실의 시인이 반드시 자백만을 의미하는 것은 아니지만, 가해사실(범죄사실 또는 촉법사실) 또는 피해사실이 분명하지 않은 경우 및 가해소년이 범죄사실의 전부 또는 일부를 부인하거나 정당방위 등 위법성 조작사유를 주장하는 경우, 범죄행위에 대한 책임을 부인하는 경우 등에는 화해를 권고하는 것이 부적절하다.

다만, 가해소년이 범죄사실을 일부 부인하고 있더라도 부인하는 부분이 지엽말단적 사실인 경우, 경찰 조사 시에는 부인하였으나 조사관 조사 시나 심리기일에 시인하는 경우 등에는 화해권고를 할 수 있다.

(4) 화해권고에 적합한 사건의 유형

소년의 품행을 교정하고 피해자를 보호하기 위하여 소년과 피해자의 화해가 필요하다고 인정되고, 위와 같은 요건이 충족되거나 충족될 것으로 예상되는 경우에 소년부 판사는 사건의 유형에 관계없이 화해권고를 할 수 있다.

특히 소년과 피해자가 같은 학교에 다니거나 같은 지역에 거주하는 등으로 지속적 관계에 있는 경우, 피해자의 피해를 회복해야 할 필요성이 큰 경우, 소년에게 반성과 사과의 기회가 필요하다고 판단되는 경우, 오해에서 비롯된 사건, 보호자 사이의 갈등으로 인하여 화해가 이루어지지 않는 경우 등에 화해권고가 보다 적합하다고 볼 수 있지만(특히 학교폭력 사건의 경우 피해자를 보호해야 할 필요성이 크고, 소년이 학교생활에 복귀하는데도 피해자와의 화해가 큰 도움이 될 수 있어 실무상 화해권고를 적극적으로 활용하고 있다), 이러한 경우에도 소년이 피해자를 다시 위협할 가능성이 있는 경우, 피해자가 소년을 만나는 것만으로도 큰 정신적 고통을 받을 가능성이 있는 경우, 특히 성폭력범죄 등 중범죄를 저지른 경우 등에는 화해권고를 하지 않는 것이 좋다.

그리고 여러 사건이 병합된 경우에는 절차 진행의 어려움으로 말미암아 소년의 진정한 사과와 반성, 이를 통한 피해자의 피해 회복이라는 화해권고제도의 본연의 목적을 달성하기 어려운 점 등을 감안하여 화해권고 여부를 신중히 결정하여야 한다.

3) 화해권고기관

(1) 화해권고의 주체

소년부 판사는 스스로 화해를 권고할 수도 있고, 화해권고에 관한 사무를 처리하는 사람(이하 "화해권고위원" 이라 한다)으로 하여금 화해를 권고하게 할 수도 있다(규칙 26조의3).

피해자와 가해소년 사이의 분쟁이 단순한 경우 소년부 판사가 스스로 화해를 권고하는 것이 효율적이겠지만, 분쟁이 간단하게 해결될 수 없는 경우가 많고, 또한 피해자와 가해소년이 능동적으로 참여하여 화해가 이루어지는 것이 화해권고제도의 취지에 부합하는데, 이를 이끌어 나가려면 전문적인 소양과 능력 또는 전문적인 지식과 경험이 있는 사람의 도움이 필요한 경우가 많으므로 화해권고위원으로 하여금 화해를 권고하게 할 수 있도록 한 것이다.

(2) 화해권고위원의 위촉과 지정

① 화해권고위원의 위촉

가정법원장 또는 소년부가 설치되어 있는 지방법원장(이하 "법원장"이라 한다)은 화해권고를 위하여 갈등해결에 전문적인 소양과 능력이 있거나, 법학, 심리학, 교육학, 정신의학, 보건간호학, 사회복지학, 가족치료학, 상담학, 가족관계학 그 밖에 소년보호사건과 연관된 분야에서 전문적인 지식과 경험이 있는 사람 중에서 화해권고위원을 위촉할 수 있다(규칙 26조의4 1항).

화해권고를 통하여 피해자의 정신적·신체적·물질적 피해 회복과 보호, 이를 통한 보호소년의 품행 교정과 건전한 사회복귀를 돕기 위해서는 이를 주도하는 화해권고위원에게 전문적인 소양과 능력 또는 전문적인 지식과 경험이 필요하기 때문이다.

화해권고위원의 위촉 및 해촉에 관하여는 조정위원규칙 3조 및 4조 1항, 2항을 준용한다. 이 경우 "조정위원"은 "화해권고위원"으로, "조정기일"은 "화해권고기일"로 본다. 또한 화해권고위원에게는 대법원 예규로 정하는 바에 따라 수당을 지급[18]한다(규칙 26조의4 2항 4항).

② 화해권고위원의 지정

소년부 판사는 화해권고위원으로 하여금 화해를 권고하게 하는 경우 소

18) 소년보호절차에 관한 예규(재특 2008-2) 10조의2에 의하면, 화해권고위원에게 지급할 기본수당은 1일 10만원이고, 소년부 판사는 화해권고에 소요된 시간, 화해권고사건의 난이도 등을 감안하여 기본수당의 2배의 범위 내에서 수당을 증액할 수 있으며, 화해권고위원에게 비용을 지급할 때에는 수당청구서 및 영수서와 필요한 소명자료를 제출받아야 한다.

년, 보호자 및 피해자의 의견을 들어 각 사건마다 2인 이상의 화해권고위원을 지정하여야 한다(규칙 26조의4 3항). 소년부 판사는 화해권고위원 지정에 대한 소년, 보호자 및 피해자의 의견에 기속되지 않으나, 피해자와 가해소년의 능동적인 참여 하에 화해를 하기 위해서는 당사자의 의견을 경청하는 것이 필요하다.

4) 화해권고의 원칙 및 절차

(1) 화해권고의 원칙

소년부 판사와 화해권고위원은 소년과 피해자 또는 지역사회구성원 등이 사건 해결과정에 자발적으로 참여하여 범죄로 인하여 발생한 피해를 실질적으로 회복하고, 소년의 건전한 사회복귀를 추구할 수 있도록 노력하여야 한다(규칙 26조의5).

(2) 화해권고의 절차

화해권고의 절차에 대해서는 소년심판규칙에 주로 규정되어 있으나 그 내용이 많지는 않다. 대신 소년심판규칙은 화해권고절차와 관련하여 필요한 사항 중 소년심판규칙에서 정하고 있지 아니한 사항은 가정법원 및 지방법원 내규로 정하도록 하고 있다(규칙 26조의9). 각 법원에서 필요에 따라 당해 법원에 적합한 절차를 선택할 수 있도록 한 것이다.

따라서 아래에서는 소년심판규칙과 현재 실무의 일반적인 예에 따라 화해권고의 절차에 대해 서술하지만, 소년심판규칙 등에서 정한 사항 외에는 각 법원에서 내규로 자유로이 정할 수 있다.

① 화해권고 대상 사건의 선정 및 화해권고절차에의 회부

소년부 판사는 소년의 품행을 교정하고 피해자를 보호하기 위하여 필요하다고 인정하면 보호처분을 하기 전까지는 어느 때나 소년에게 피해자와의 화해를 권고할 수 있다(규칙 26조의2 1항). 다만, 화해권고기일도 심리기일의 일종이므로 화해권고절차에 회부하는 경우에는 심리개시결정을 하여야 한다.

소년부 판사는 신건을 검토할 때 화해권고절차에 회부함이 상당하다고 판단되는 사건의 경우 '화해권고에 적합한 사건인지 여부 및 관계인의 의사'를 조사대상에 포함시키거나, 위 사항만을 조사대상으로 하는 조사명령을 할 수 있다.

조사사항으로는 소년이 범죄사실을 시인하는지 여부, 소년, 피해자등의 화해권고절차 회부에 대한 동의 여부, 기타 화해권고에 필요한 사항에 대한 조사 등이 있다. 조사관의 조사결과 화해 권고가 필요・적절하다고 판단되면 판사는 사건을 화해권고절차에 회부한다.

② 화해권고기관 선택 및 화해권고위원 지정

사건이 화해권고를 하기에 적합하다고 인정되는 경우 판사는 스스로 화해를 권고할 것인지, 화해권고위원으로 하여금 화해를 권고하게 할 것인지를 선택한다.

화해권고위원으로 하여금 화해를 권고하는 경우 소년부 판사는 소년, 보호자 및 피해자의 의견을 들어 각 사건마다 2인 이상의 화해권고위원을 지정한다(규칙 26조의4 3항).

실무관은 화해권고위원들에게 화해권고에 회부된 사건의 송치서와 피해자 진술조서 사본 등 화해권고에 필요한 자료를 우편이나 모사전송 등 적절한 방법으로 송부한다.

③ 화해권고기일의 지정

소년부 판사는 화해권고를 위하여 필요하다고 인정하면 기일을 지정하여 소년, 보호자 또는 참고인을 소환할 수 있다(법 25조의3 2항).

화해권고일지정이 법률상 필수적인 것은 아니지만, 피해자의 보호와 가해소년의 품행 교정 및 건전한 사회복귀를 함께 도모하기 위해서는 화해권고기일을 지정하여 당사자들이 능동적으로 참여하여 화해를 할 수 있도록 돕는 것이 필요한 경우가 많다.

화해권고기일에 소환할 수 있는 참고인으로는 당해 사건을 조사한 조사관, 화해권고에 도움이 될 만한 학교교사 등 관계인이 있을 수 있다.

화해권고기일의 소환에 관하여는 소년보호사건의 조사 또는 심리를 위한 기일의 소환에 관한 소년심판규칙 14조를 준용한다. 이 경우 "소년보호사건"은 "화해권고"로 본다(규칙 26조의6 4항).

④ 사전 의견 청취

소년부 판사는 화해권고위원으로 하여금 화해권고기일 전에 분쟁해결에 관하여 소년, 보호자 및 피해자의 의견을 청취하게 할 수 있다(규칙 26조의6 1항).

화해권고기일의 원활한 진행과 당사자 의사의 명확한 확인을 위하여 사전에 의견을 청취할 필요가 있는 경우가 많기 때문이다.

실무상으로도 사전의견청취를 통하여 소년 측과 피해자 측의 입장을 미리 파악하여 화해권고기일에 원만하게 화해가 이루어질 수 있도록 필요한 준비를 하는 경우가 많다. 이 경우 화해권고기일은 사전 면담 등이 가능하도록 여유 있게 지정하여야 한다.

⑤ 화해권고기일의 진행

화해권고기일을 진행하는 장소에 관하여 특별한 제한이 없으나, 별도로 화해권고실이 마련되어 있지 않는 경우에는 준비절차실이나 조정실 등을 이용하는 것이 좋다.

화해권고기일에 소환을 받은 소년, 보호자 또는 피해자는 본인이 출석하여야 한다. 다만 특별한 사정이 있을 때에는 소년부 판사의 허가를 받아 대리인을 출석하게 할 수 있고, 보조인을 동반할 수 있다(규칙 26조의6 2항). 보조인을 동반하는 경우에도 소년부 판사의 허가를 받아야 하는지에 관하여는, 화해권고절차의 취지 및 성격, 화해권고기일 운영방식의 특수성, 피해자 측과의 형평성 등에 비추어 보면, 보조인을 동반하는 경우에도 소년부 판사의 허가를 받아야 한다고 해석된다.

다만 소년부 판사가 소년의 보조인 동반 신청을 불허할 경우에는, 뒤에서 보는 바와 같이 화해권고기일 합의문을 작성하여 화해권고기일을 마치기 전에 소년에게 보조인의 조력을 받아 법률적인 문제 등을 검토할 수 있는 기회를 줄 필요가 있다.

⑥ 화해권고기일조서

법원사무관 등은 화해권고기일마다 화해권고절차에 관한 조서(화해권고기일조서)를 작성하여야 한다(규칙 26조의7 1항). 화해권고기일조서에 관하여는 심리조서의 작성에 관한 소년심판규칙 28조를 준용한다. 이 경우 "심리"는 "화해권고"로 본다(같은 조 2항).

⑦ 화해권고기일의 종료

화해권고기일 종료의 구체적 방법에 관한 규정은 없다.

실무상으로는 화해권고기일에 당사자가 원만하게 합의에 도달하면 화해권고기일 합의문을 작성하고, 판사가 이를 확인하여 적절하지 않은 내용이 있을 경우에는 당사자의 동의하에 이를 수정·변경한 다음 절차를 종결한다. 당사자가 합의에 실패할 경우 화해권고위원으로부터 그 내용을 전달받은 판사는 미합의에 따른 절차 종결을 선언한다.

⑧ 화해권고기일 참여자의 의무

화해권고위원 등 화해권고기일에 참여한 사람은 화해권고와 관련하여 알게 된 사항을 누설하여서는 아니된다(규칙 26조의6 3항).

5) 화해권고절차의 종료

(1) 화해권고기일에 화해가 성립된 경우

화해권고절차에서 화해가 이루어지면 소년부 판사는 상당한 기간 내에 심리기일을 행하여 보호처분결정을 하거나 불처분결정을 한다. 불처분결정을 할 때 반드시 심리기일을 열 필요가 없음은 통상의 경우와 같다.

소년부 판사는 보호처분을 결정할 때 소년이 피해자와 화해한 사정을 고려할 수 있다(법25조의3 3항). 화해가 이루어졌음을 어느 정도 고려할 것인지는 소년부 판사의 재량에 있다.

소년법이 소년부 판사에게 화해에서 약속된 피해변상 등이 실제로 이행되었는지 여부를 확인할 의무를 부과하고 있지는 않으나, 화해권고는 소년의 품행을 교정하고 피해자를 보호하기 위한 제도이므로, 화해에서 이루어진 합의에 따라 피해가 실질적으로 회복되었는지 여부는 화해권고절차에서 매우 중요한 요소일 수밖에 없다.

따라서 소년부 판사는 심리기일에 보호처분을 결정하기에 앞서 합의에 따른 이행이 이루어졌는지 여부를 확인하고 이를 독려할 필요[19]가 있다.

(2) 화해권고기일에 합의에 이르지 못한 경우

이 경우에는 통상의 소년보호절차에 따라 보호처분을 하면 된다. 비록 합의에 이르지 못한 경우라 하더라도 화해권고위원의 의견서 등을 참고하여 화해를 위한 노력이 인정되는 경우에는 보호처분을 할 때 이를 고려할 수 있고, 경우에 따라서는 불처분결정을 할 수도 있다. 그러나 소년부 판사는 화해가 성립되지 아니하였다는 사정을 소년에게 불리하게 고려하여서는 아니된다(규칙 26조의8 23항).

제4절 피해자에 대한 보호 · 지원

범죄로 인하여 피해를 입은 범죄피해자에 대한 보호와 지원은 국가의 가장 중요한 의무 중 하나라고 할 수 있다.

2005년 12월 "범죄피해자보호법"이 만들어져서 범죄피해자의 보호지원을 위한 법률적인 토대가 준비되었으며, 2010년 10월 "범죄피해자보호기금법"이 만들어져 범죄 피해자의 보호지원을 위한 물질적 토대도 준비되었다.

이에 따라 현재에는 범죄피해의 손실 복구와 범죄피해자의 형사절차상 권리실현 등을 위한 여러 가지 제도들이 시행되고 있다.

아래에서는 범죄피해자 보호 · 지원정책을 크게 형사절차상 권리보호, 손실복구지원, 신변보호로 구분하여 구체적인 정책 실시 현황을 살펴보기로 한다.

1. 형사절차상 권리보호

피해자의 형사절차상 여러 가지 권리를 보호하기 위한 대표적인 제도로는 불기소처분에 대한 불복제도, 배상명령제도, 피해자 국선변호사제도가 있다.

---

19) 이를 위해 소년심판규칙 26조의8 1항은 "소년부 판사는 화해가 성립한 경우 조사관, 법원사무관 등으로 하여금 그 이행실태에 대하여 조사하게 하고, 지체 없이 그 결과를 보고하도록 할 수 있다. 이 경우 소년부 판사는 이행의 확인을 위한 심리기일을 열 수 있다"고 규정하고 있다.

1) 불기소처분에 대한 불복제도

검사는 고소에 의한 사건에 관하여 공소를 제기하거나 불기소처분 등을 한 때에는 그 처분을 한 날로부터 7일 이내에 서면으로 고소인에게 그 취지를 통지하여야 하고(형사소송법 제258조), 검사의 불기소처분에 불복하는 피해자는 검찰조직의 상급기관에 그 시정을 구하는 항고제도(검찰청법 제10조 이하), 법원에 그 시정을 구하는 재정신청제도(형사소송법 제260조), 헌법재판소에 그 시정을 구하는 헌법소원제도(헌법재판소법 제68조 이하)를 활용(2015, 범죄백서: 187-)할 수 있다.

2) 배상명령제도

1981. 3. 1.부터 소송촉진 등에 관한 특례법이 시행됨에 따라 형사공판절차에서 형법, 성폭력범죄의 처벌 등에 관한 특례법 및 아동·청소년의 성보호에 관한 법률 위반죄 중 법에서 정하는 범죄에 관하여 유죄의 판결을 선고할 경우에 법원은 직권 또는 피해자의 신청에 의하여 피고사건의 범죄행위로 인하여 발생한 직접적인 물적 피해 및 치료비 손해의 배상을 명할 수 있고, 그 외의 범죄에서도 피고인과 피해자 사이에 합의된 손해배상액에 관해서는 배상을 명할 수 있다.

배상신청은 민사소송에 있어서 소제기와 같은 효과가 있고, 제1심 혹은 제2심 공판의 변론종결시까지 문제가 지속된 법원에 정해진 양식의 신청서를 내는 방안으로 신청하는 것이 기본이나, 피해자가 증인으로 법정에 출두한 때에는 말로도 할 수 있다.

배상명령은 유죄판결의 선고와 동시에 하여야 하고, 가집행을 붙일 수 있으며 유죄판결에 대한 상소 제기가 있는 때에는 배상명령도 함께 상소심에 이심된다.

3) 피해자 국선변호사제도

2011년 9월 15일 개정된 아동·청소년의 성보호에 관한 법률(2012.3.16. 시행)에서 처음으로 아동·청소년대상 성범죄 피해자를 위한 변호사에 관한 규정(제18조의6)을 신설하였고, 2013년 4월 5일에는 성폭력범죄의 처벌 등에 관한 특례법(2013.6.9. 시행, 법률 제11729호)을 개정하여 동법 제27조에서 피해자 변호사제도 및 그 권한에 대한 규정을 마련하면서 동조 제6항에서 성폭력피해자에 대한 국선변호사제도를 도입하였다.

그리고 2012년 12월 18일 개정된 아동·청소년의 성보호에 관한 법률(2013.6.19. 시행, 법률 제11572호)에서 아동·청소년대상 성범죄피해자(제30조)와 2014년 1월 28일 제정된 아동학대범죄의 처벌 등에 관한 특례법(법률 제12341호, 2014.9.29. 시행)에서 아동학대범죄사건의 피해아동에 대해서 성폭력범죄의 처벌 등에 관한 특례법 제27조를 준용(제16조)하도록 하였다.

이처럼 피해자 국선변호사 시스템을 만든 것은 성폭력범죄 피해자와 학대피해아동에 한정된 것이기는 하나 범죄피해자로서 사회적 약자인 여성 그리고 형사절차상 독립적인 권리실현이 어려운 아이에게 적어도 법률적 부조를 할 수 있게 만들었다는 면에서 피해자보호의 방면에서 보게 되면 대단한 진보라고 말할 수 있다.

2. 손실복구지원

1) 범죄피해 구조금 지급

범죄피해자 또는 그 가족에 대한 손해배상은 가해자가 행하는 것으로서 민사문제일 뿐이다.

피해자가 피해의 전부 또는 일부를 배상받지 못하는 경우이거나 자기 또는 타인의 형사사건의 수사 또는 재판에서 고소·고발 등 수사의 단서를 제공하거나 진술, 증언 또는 자료제출을 하다가 피해자가 된 경우 등에는 피해자에 대한 실질적인 구조를 위하여 국가의 적극적인 관여가 필요하다고 할 것이다. 국가에 의한 범죄피해자 구명의 대표적인 사례는 범죄피해자 구조금제도이다.

범죄피해 구조금제도는 1987. 11. 28. 만들어진 범죄피해자 구조법에 의해서 1988년부터 실시되었으나 2010. 8. 15.부터 범죄피해자 구조법이 없어지고 범죄피해자 보호법으로 종합되었다.

새로 시행된 범죄피해자 보호법은 사람의 생명, 신체를 해하는 고의의 범죄행위(형법 제9조, 제10조 제1항, 제12조, 제22조 제1항에 따라 처벌되지 아니하는 행위를 포함)로 인하여 사망한 자의 유족이나 장해 및 중상해를 당한 자를 구조하기 위하여 "구조피해자가 피해의 전부 또는 일부를 배상받지 못하는 경우이거나 자기 또는 타인의 형사사건의 수사 또는 재판에서 고소・고발 등 수사단서의 제공, 진술, 증언 또는 자료제출을 하다가 구조피해자가 된 경우 구조피해자 또는 유족에게 범죄피해 구조금을 지급한다"고 규정하고 있다.

예전에 범죄피해자 구조법에서 정하였던 가해자의 불명 혹은 무자력의 이유를 제거하여 구출범주를 확장함으로써 범죄피해자를 확실하게 보호하려는 것이 개정법의 특성이라 하겠다.

3. 형사조정제도

형사조정제도는 대검에서 예를 드는 글귀인 '형사조정 실무운용 지침'에 의해 2006년 4월 시범실시된 이래 2007년 1월부터 전국 33개 검찰청에서 시행되었고, 2007년 8월부터는 전국 전체 검찰청에서 시행하고 있으며, 개정된 범죄피해자 보호법에 형사조정 조항을 새로 만듦으로써 보다 명백한 법적 토대를 준비하였다(동법 제41조~제46조).

이 규정은 지역사회가 사회적 다툼과 문제해결에 주도적으로 움직이는 지역사회 분쟁조정 프로그램 중 하나로서 검찰수사단계에서 고소사건과 일반형사사건의 피해자와 피의자 등 해당자들이 원활하게 화해에 도달할 수 있게 법률전문가와 지역사회 인물들로 조직된 형사조정위원회에서 조정하는 절차를 가리킨다.

이를 통해 궁극적으로는 범죄피해자가 입은 피해를 실질적으로 회복하고 분쟁을 원만하게 해결[20]하고자 한다.

20) 이러한 형사조정은 고소인, 피의자 등 당사자의 동의를 받아 의뢰하고 있고, 각 지검장(지청장)이 위촉한 형사조정위원회 소속 위원들이 형사조정을 담당하고 있다. 2013년 현재 전국적으로 2,310명의 형사조정위원들이 활동하고 있으며, 형사조정위원 수는 지난 4년간 비슷한 수준을 유지하고 있다.

4. 민간에 의한 범죄피해자 지원

범죄피해자 보호법은 국가 및 지방자치단체는 범죄피해자의 피해정도, 보호・지원의 필요성 등에 따라 상담・의료 제공・구조금 지급・법률 구조・취업 관련 지원・주거지원 그 밖에 범죄피해자의 보호에 필요한 대책을 마련하여야 하고(제7조), 이 법에 따라 등록된 범죄피해자 지원법인에 보조금을 교부할 수 있으며(제34조 제1항), 위 보조금은 범죄피해자를 보호・지원하는 용도로만 사용할 수 있다(제35조 제1항)고 규정하여 범죄피해자 지원법인을 통하여 지원[21]을 받을 수 있는 길도 열어놓았다.

제5절 법률구조와 법률정보

법 제도의 일반적인 내용에 대하여 많은 지식을 가지고 있는 사람도 막상 자신에게 법률 문제가 생기면 어디서부터 어떻게 시작해야 할지 난감해 하기 쉬운데, 별다른 절차나 큰 비용 없이 누구나 이용할 수 있는 '문턱이 낮은' 법률상담 및 구제제도가 마련되어 있다는 사실조차 몰라서 출발점에서부터 비관에 빠지는 경우도 많다.

전문가에게 법률상담을 받는 경우에도 자신이 처한 상황을 법적으로 의미 있는 것과 그렇지 않은 것으로 가려서 설명할 수 있다면 상담은 훨씬 효과적으로 진행될 것이다. 이러한 것들은 평소에 기본적인 법률정보를 접해 둔다면 충분히 가능한 일이다.

여기에서는 법률 지식이 전혀 없는 사람에서부터 상당한 정도의 지식을 가지고 있는 사람에 이르기까지 인터넷을 통해 손쉽게 법률정보를 얻는 방법과 실질적으로 활용할 수 있는 법률상담 및 구제제도 등에 대해 살펴보고자 한다.

---

21) 위 법 시행 전에도 2004년 10월부터 시행되던 '범죄피해자 보호 및 지원에 관한 지침'에 따라 2005년 12월 지방검찰청(지청)별로 범죄피해자지원센터가 설립되어 활발한 활동을 하고 있다.

1. 법률구조 및 상담기관

법률구조제도란 법을 몰라서 또는 법률서비스를 받는 데 드는 비용을 감당할 수가 없어서 법의 보호를 충분히 받지 못하는 이들에게 법률사무에 관한 각종 서비스를 지원하여 권리를 보장하고 국민의 기본적 인권을 옹호하는 사회복지제도를 말한다.

다음에서는 법률구조의 일환으로 법률자문정보를 제공하는 기관들의 상담기능과 법률구조 기능을 소개한다.

2. 대한법률구조공단

대한법률구조공단은 1987년 법률구조법에 의해 설립된 비영리 공익법인으로, 전 국민을 대상으로 민사·가사·형사·행정사건 등 법률문제 전반에 대해 무료법률상담을 하고 있다.

그러나 소송의 경우에는 대상 자격을 갖춘 경우에만 구조를 받을 수 있고, 소송비용도 의뢰자로부터 상환받는 것을 원칙으로 하고 있다.

또한 농·어민, 기초생활보장수급자, 장애인 등 일정 요건에 해당하는 국민에게는 전액 무료로 소송대리 등 법률지원을 하고 있으며, 전 국민의 50%에 해당하는 월평균수입 260만원 이하의 국민에게는 저렴한 비용으로 법률서비스를 제공하고 있다.

대한법률구조공단은 서울에 본부를 두고 있으며 전국의 법원과 검찰청에 대응하여 18개 지부와 40개 출장소, 72개 지소 그리고 법문화교육센터를 운영하고 있다.

각 지부 및 출장소, 지소에서는 농협, 지방노동관서 등에 출장상담, 생활법률강연을 실시하고 있으며, 공단 본부에서는 이동법률상담차량을 운행하여 전국 장애인시설, 산간벽지 등 공단 방문이 어려운 지역을 직접 찾아가는 법률서비스도 제공하고 있다.

공단에서는 상담결과에 따라서 필요할 경우 민사·가사사건에 대해서는 당사자 간의 화해·조정을 도모하고 변호사 또는 공익법무관에 의한 소송대리

서비스를 제공한다.

형사사건에 대해서는 변호가 또는 공익법무관이 무료변호를 지원한다. 법률구조공단이 법률구조를 제공하는 구조대상사건으로는 민사·가사사건, 형사사건, 행정심판사건과 행정소송사건, 헌법소원사건이 있다.

1) 민사·가사사건

① 대상 사건

모든 민사·가사사건

② 대상자

- 월 평균 수입 260만원 이하의 국민 및 국내 거주 외국인
- 농업인(축산인 포함), 어업인, 수산업법에 따른 어획물운반업종사자
- 기초생활보장수급자, 기초연금수급자
- 장애인, 소년·소녀가장, 요보호아동
- 위관급 장교 이하의 군인
- 국가유공자, 보훈보상대상자, 독립유공자 및 5·18 민주유공자
- 참전유공자, 고엽제후유의증환자, 특수임무 수행자
- 의사자 유족 및 의상자와 그 가족
- 군인연금수급권이 없는 중·장기복무 제대군인
- 물품의 사용 및 용역의 이용으로 인한 피해를 입은 소비자
- 헌법재판소가 공단 소속변호사 또는 공익법무관을 국선대리인으로 선정한 사건의 청구인
- 법원으로부터 소송구조결정(개인회생, 파산사건 포함)을 받은 사람(인지대 등 소송 비용에 대해서만 소송구조결정을 받은 사람은 제외)
- 가정폭력·성폭력으로 인한 피해자(국내 거주 외국인 포함, 민·가사사건에 한함)
- 국내 거주 북한이탈주민
- 영세담배소매인, 범죄피해자, 소상공인과 같이 특별한 지원이 필요하여 무료법률구조대상자로 지정된 사람
- 한부모가족

- 가족관계 미등록자
- 다문화가족(결혼이민자와 귀화허가를 받은 자)
- 사회연대은행(사) 함께 만드는 세상의 지원수혜자
- 학교폭력피해자
- 6·25 전쟁 전시납북자 가족
- 기타 생활이 어렵고 법을 몰라 스스로 법적 수단을 강구하지 못하는 국민 또는 국내 거주 외국인
- 가정폭력·성폭력 피해 13세 미만 남아
- 임금 및 퇴직금체불근로자(국내거주 외국인 포함, 최종 3개월분 월평균임금 400만원 미만인에 한함)
- 소상공인(상행위 관련 민사사건, 개인회생 및 파산, 면책사건)
- 선원법상의 임금·퇴직금 체불 및 재해보상사고와 관련된 피해선원
- 예술인
- 재도전 기업인

③ 처리 절차

- 법률구조신청서, 주민등록등본, 구조 대상자임을 입증할 자료 및 관련 사실을 입증할 자료를 해당 지역의 공단 사무실에 제출한다.
- 지부 등 공단에서 의뢰자가 신청한 사건이 법률구조 대상이 아니라고 결정한 경우 의뢰자는 공단의 중앙법률구조심사위원회에 이의신청을 할 수 있다.

④ 소송비용

공단에서 법률구조를 하더라도 변호사나 공익법무관을 소송대리인으로 선임하여 소송 등을 하는 경우에는 법원에 납부하는 인지대·송달료 등 소송실비와 소정의 변호사 비용을 공단에 상환(납부)해야 한다.

그러나 공단에 지급해야 하는 변호사 비용은 대법원규칙에서 정한 변호사 비용의 절반 정도에 불과하며, 시중의 일반 변호사 비용에 비하면 극히 저렴한 금액이다. 따라서 공단의 법률구조를 받게 되면 개인적으로 변호사를 선임하는 경우에 비해서 소송비용에 대한 부담이 매우 작아진다.

더욱이 도시영세민이나 장애인과 같이 특별한 보호가 필요한 사람은 공단에 상환하여야 할 소송비용도 면제시켜 주는 "무료법률구조제도"가 있고, 형사사건에 대하여도 모두 무료변호를 하고 있다.
무료법률구조를 받게 되면 변호사 비용은 물론 법원에 납부하는 인지대나 송달료와 같은 소송실비까지도 공단에서 부담하지만, 승소금액이 2억원을 초과한 고액사건은 무료법률구조에서 제외된다.

2) 행정소송 및 헌법소원사건

① 대상 사건

모든 행정소송사건, 헌법소원사건

② 대상자

민사·가사사건과 동일

③ 처리절차 및 소송비용

민사·가사사건과 동일

3) 형사사건

① 대상 사건

구속사건, 공판절차에 회부된 사건, 소년부에 송치된 사건, 재심사건, 성범죄피해 아동·청소년 등에 대한 변호인 선임 특례 사건, 성폭력범죄피해자에 대한 변호가 선임 특례 사건, 피해아동에 대한 변호가 선임 특례 사건

② 대상자

- 월 평균 수입 260만원 이하의 국민 및 국내 거주 외국인
- 농업인(축산인 포함), 어업인, 수산업법에 따른 어획물운반업종사자
- 기초생활보장수급자, 기초연금수급자
- 장애인, 소년·소녀가장, 요보호아동
- 국가유공자, 보훈보상대상자, 독립유공자 및 5·18 민주유공자
- 참전유공자, 고엽제후유의증환자, 특수임무 수행자

- 의사자 유족 및 의상자와 그 가족
- 군인연금수급권이 없는 중・장기복무 제대군인
- 가정폭력・성폭력으로 인한 피해자(국내 거주 외국인 여성 포함)
- 다문화가족
- 한부모가족
- 가족관계 미등록자
- 국내 거주 북한이탈주민
- 월 평균 담배 판매 수입금액이 260만원 이하인 영세 담배소매인
- 사회연대은행(사) 함께 만드는 세상의 지원 수혜자
- 법원(검사)이 소속 변호사 또는 공익법무관을 국선변호인(법률조력인)으로 선정(지정)한 사건의 피의자 또는 피고인, 피해자
- 아동・청소년 대상 성범죄 피해자 및 그 법정대리인(국내거주 외국인 여성 포함)
- 아동학대범죄 피해아동 및 그 법정대리인(국내거주 외국인 피해 아동 포함)
- 기타 생활이 어렵고 법을 몰라 스스로 법적 수단을 강구하지 못하는 국민 또는 국내 거주 외국인

③ 처리절차

민사・가사사건과 동일

④ 소송비용

형사사건과 관련된 일체의 비용은 공단에서 부담한다. 단, 보석보증금 또는 보석보증보험증권 수수료는 의뢰자가 부담한다. 법률구조 대상자 중 앞의 '무료법률구조사업'에서 정한 사람은 무료로 법률구조를 받을 수 있다.

3. 대한변협법률구조재단

대한변협법률구조재단은 2003년 대한변호사협회가 설립한 법률구조법상 등록된 법률구조법인으로 국민기초생활보장법상 보호대상자, 고령자, 미성년자, 장애인, 외국인근로자, 다문화가정, 북한이탈주민, 난민, 성폭력피해자 등

경제적·사회적 소외계층을 구조대상으로 하여 이들이 빈곤과 법의 무지 등으로 법률상 보호받을 권리를 침해받지 않도록 적극적인 법률구조사업을 하고 있다. 재단의 법률구조는 지극히 개인 간 분쟁사건이 아닌 한 사건유형에 제한이 없고, 특히 법률구조공단이 수행하기 어려운 국가나 정부기관을 상대로 하는 각종 행정소송도 가능하여 법률구조의 범위가 민·형사, 가사, 행정, 신청, 헌법소원에 이르기까지 매우 넓어 국가기관의 법률구조와는 차별화되는 장점이 있다.

현재 전국적으로 523명(2015. 5. 기준)의 변호사가 법률구조수행변호사로 활동하고 있으며, 법률구조수행변호사단은 법조경력과 전문분야도 다양하여 효율적이고 전문화된 소송구조활동[22]을 펼치고 있다. 그리고 법무부, 광역지자체와 함께 일반 시민을 대상으로 하는 생활법률교육사업인 '시민로스쿨'과 '시민법률콘서트'의 법률서비스를 제공하고 있다.

① 법률구조대상자

- 국민기초생활보장법이 정한 보호대상자
- 소송을 위하여 비용을 지출함으로써 생계가 곤란하게 될 자
- 다문화가정 및 이주외국인, 국제법상 난민
- 북한이탈주민
- 성폭력피해자, 한부모가정
- 국가인권위원회가 특별히 구조를 필요로 한다고 인정한 자
- 대한변호사협회 인권위원회가 특별히 구조를 필요로 한다고 인정한 자
- 기타 재단이 구조함이 상당하다고 인정한 자

② 법률구조 신청절차

③ 소송비용

재단은 구조결정된 사건의 소송비용을 신청인을 대신하여 우선 지급하고, 소송이 종료되면 경제적 이익 발생여부를 고려하여 소송비용을 상환

---

22) 전국 1,432개의 읍·면·동에서 위촉된 1,470명(2014. 12. 기준)의 마을변호사에 대한 지원 및 업무연계를 통해 지역주민들과의 접근이 가능하여 언제든지 법률구조에 대한 안내가 가능할 뿐만 아니라, 마을변호사가 상담 후 소송구조가 필요하다고 판단하는 경우에는 재단에 법률구조를 신청하여 법률구조까지 이어지는 시스템이 마련되어 있다.

받고 있다. 다만 승소가액이 500만 원 이하인 사건, 패소한 사건, 형사사건(합의된 건은 제외), 비용의 상환 또는 회수가 부적당·불가능한 사건은 소송비용 일부 또는 전부가 면제될 수 있다.

4. 한국가정법률상담소

한국가정법률상담소는 1956년에 창설된 우리나라 최초의 민간법률구조 기관으로, 우리나라에 처음으로 법률상담을 도입했으며 억울한 일을 당하고도 경제적으로 어렵고 법을 잘 몰라 자기 권리를 제대로 찾지 못하는 사람들을 위해 무료로 법률상담과 화해조정, 소송 서류 작성 그리고 상담소 소속변호사와 공익법무관, 자원봉사 변호사들로 구성된 백인 변호사단을 통해 소송구조를 제공하고 있다.

가사, 민사, 형사, 파산 및 면책사건 등 법률문제 전반에 대하여 상담을 실시하고 있으며, 2014년 말까지 본부와 전국 29개 지부에서 총 3,429,582건의 상담을 처리하였다. 이 밖에 직장인을 위한 야간상담과 탈북자가족상담 및 다문화가정을 위한 영어 상담도 진행하고 있다. 상담소의 법률구조사업은 서민들에게 턱없이 높기만 하던 법의 장벽을 제거하여 법의 서민화와 생활화 그리고 사회적 약자의 권익을 보호하는 데 커다란 기여를 하고 있다.

1) 소송구조 대상

① 국민기초생활보장법이 정한 보호 대상자 혹은 경제적으로 어려운 자
② 가정폭력피해여성(여성가족부 지원)
③ 한부모가정 양육비
④ 다문화가정 및 취약계층(공탁금관리위원회 지원)
⑤ 북한이탈주민

2) 소송구조 대상사건

상담소의 소송구조는 상담소의 특성상 가사사건을 중심으로 실시되고 있으나, 필요에 따라 민사 및 형사사건도 취급하고 있다. 또한 개인 신용불량자들

의 조속한 사회복귀를 위하여 개인회생, 산 및 면책 등의 법적 절차를 무료로 지원하고 있다.

3) 법률구조 사건 처리 절차

상담활동은 다음과 같이 진행하고 있다.

① 면접상담

- 평일 : 오전 10시~오후 5시(접수 오후 4시까지)
- 야간상담 : 매주 월요일 오후 6시~9시(접수 오후 7시까지)

② 인터넷상담

- 한국가정법률상담소 홈페이지(http://www.lawhome.or.kr) → 온라인 홈페이지

③ 서울가정법원 민원실 출장상담

- 평일 오전 9시~오후 6시

5. 대한가정법률복지상담원

대한가정법률복지상담원은 1999년 8월 26일 개원 이후 2015년 6월 3일까지 본부와 7개 지부에서 248,060건의 법률상담 및 조정화해, 무료대서, 소송구조를 해오고 있다.

대한가정법률복지상담원은 인간의 존엄성과 법 앞에 만인평등이라는 이념을 실현하기 위하여 '고통받는 이웃과 함께'하며 '평등과 정의의 실현'을 위해 사회적 약자의 편에 서서 이들의 인권옹호를 위해 법률상담, 조력, 소송구조 등 모든 법률적 구조사업을 무료로 제공하여 법적인 해결차원에서 도움을 줄 뿐 아니라 민주헌법정신에 맞게 법을 제정하고 개정하는 일, 법률강연 및 교육, 홍보 등을 통해 자신의 권리를 지키고, 남의 권리를 침해하지 않도록 치료사업과 예방사업을 병행하여 국민의 법률복지에 이바지하고 있다.

서울 본원에는 교육원과 부설 가정폭력상담소, 6개의 출장소를 두고 있고, 지방에 7개 지부(인천 · 아산 · 부산 · 대전 · 익산 · 강화서인천 · 유성)를 두고 있으며, 인천지부는 부설 성폭력피해자쉼터와 그룹홈 주거지원시설을, 아산지부는 부

설 가정 · 성상담지원센터를, 부산지부는 4개 출장소를, 대전지부는 부설 장애인성폭력상담소와 2개 출장소를, 강화 · 서인천지부는 부설 장애인가족상담소와 2개 출장소를 두고 있다.

가사, 민사, 형사사건은 물론 가족갈등, 남녀차별, 사회복지, 행정 · 노무사건 및 파산 · 회생 등 다양한 분야에 걸쳐 억울한 일을 당하고도 경제적으로 어렵고, 법을 알지 못해 호소할 길조차 찾지 못하는 사람들을 위해 무료상담과 조정, 화해, 대서, 법률구조변호사단에서 소송구조를 하고 있다.

분쟁발생 전에 이를 예방하는 것이 중요하므로 매년 무료생활 법률강좌를 진행하고 있으며, 평일에 상담이 어려운 이들을 위하여 매주 토요일 상담을 진행하고 있고, 몸이 불편하거나 상담원을 찾을 시간적 · 경제적 여유가 없는 사람들을 위하여 매주 일정한 시간에 찾아가는 상담을 진행하여 법의 생활화는 물론 보다 많은 사람들에게 법률구조 서비스를 제공하는 데 기여하고 있다. 또한 다문화가정, 결혼이주여성, 외국인노동자, 북한이탈주민이 정착하고 생활하는 데 도움을 주는 각종 프로그램을 운영하고 「다문화가정 법률가이드(7개 국어)」 책자를 발간하여 배포하는 등 우리 국민뿐 아니라 국내에 거주하는 외국인, 나아가 재외국민들까지 법의 보호를 받을 수 있도록 하고 있다. 뿐만 아니라 가정폭력 및 성폭력 관련기관 종사자교육, 법학전문대학원 및 법과대학 학생들을 대상으로 한 임상실습교육도 시행하고 있다.

1) 상담시간 및 방법

① 대상자

전 국민, 북한이탈주민, 외국인이주노동자, 결혼이주여성, 재외국민(동포)

② 면접 및 전화상담

- 평일 : 오전 10시~오후 4시(전화상담 : 오전 9시 30분~오후 5시 30분)
- 토요일 : 오전 10시~12시(전화상담 : 오전 9시 30분~오후 12시 30분)
- 전화 : (02)2697-0155, 3675-0142~3

③ 온라인상담

- 홈페이지 : http://LawQA.jinbo.net<상담게시판>
- 이메일 : LawQA@chol.com

④ 서신상담

- 주소 : 서울 양천구 신월로 314, 서전빌딩 3층(신정동)
- 팩스 : (02)3675-0175

2) 찾아오기 어려운 대상자에게는 직접 현장출장상담(전화문의 요망)도 병행한다.

제6절 피해회복조정(회복적사법)

범죄의 양적・질적 증가에 대응하여 국가에 의한 범죄와의 전쟁을 통해 형벌제도는 강화되고 있는 한편, 현행 형사사법제도의 기능과 운영이 그 본래의 목적을 달성하는 데 적합한가 하는 근본적인 의문이 제기되고 있다(박미숙, 1999. 11).

지금까지의 형사정책은 원칙적으로 범죄자에 대한 응보에서 출발하는데 범죄자는 자신의 행위에 대한 사회적 책임은 지지 않으며, 그가 저지른 범죄로 야기된 각종 문제를 해결하는 데 어떤 역할도 하지 않는다.

여기서 진정 형벌의 목적이 무엇이며, 이에 대한 해결책이 없는가에 대하여 진지하게 생각해 볼 때이다. 깊이 생각해 보면 문제점으로 교도소는 범죄학교의 기능을 담당하여 범죄기술을 습득하는 장소로 전락하였으며, 범죄피해자는 자신의 피해에 대하여 국가나 사회로부터 전혀 도움을 받지 못하고 있다.

이에 따라 최근에는 과거 전통적인 응보적 사법(retributive justice)에 대응하는 회복적사법 내지 원상회복적사법(restorative justice)에 대한 논의가 활발히 진행되고 있다. 따라서 여기에서는 소년범죄에 있어서의 광의의 사회복지적 관점에서 회복적사법의 의미와 방향을 소개하고자 한다(조미숙 외, 90).

1. 회복적사법의 개념

회복적사법[23]이라는 개념은 1970년대 후반에 처음 사용되었는데, 당시 이

23) 회복적사법이라는 용어를 처음 사용한 학자는 알버트 이글래쉬(Albert Eglash)이다.

용어는 북미와 유럽에서 행해지고 있는 다양한 형태의 피해자・범죄자조정프로그램을 표현하는 말이었다.

회복적사법의 개념은 형사사법의 세 가지 유형, 즉 응보적사법, 분배적사법, 회복적사법이 그것이다.

전통적인 처벌과 처우 모델이 범죄자의 행동에 초점을 맞추어 사법절차에 피해자 참여를 거부하고 단지 범죄자에 의한 수동적인 참여를 요구할 뿐이다.[24]

그러나 회복적사법에 따르면 먼저 지역사회, 피해자 그리고 범죄자에게 악을 끼치는 귀추를 가져오는 개인 사이의 다툼으로서 뜻매김되며, 국가에 대한 가해는 비단 2차적 뜻을 가질 뿐이다.

다시 말하면, 범죄자는 추상적인 통합체, 즉 국가에 대하여 빚을 지는 것이 아니라 그들의 피해자와 실질적인 지역사회에 대하여 책임이 있다.[25]

결국 회복적사법에서는 범죄자의 행위결과인 해악적인 효과에 초점을 맞추어 적극적으로 배상과 사회복귀절차에 피해자와 범죄자를 관련시키게 되는데[26] 구체적 내용은 다음과 같다.

1) 형사사법의 기능과 회복적사법은 기본적으로 범죄대응의 기본원칙

회복적사법은 범죄의 개념, 범죄에 대한 효과적인 대응, 형사사법의 고전적 기능에 대한 이해 등에서 전통적인 응보형 사법과 구별된다. 우선 응보적사법이 당사자주의적 경로를 통해 유죄를 인정하고 있고, 알맞은 처벌을 주는 것에 중점을 맞춘 결과 범죄자는 어떤 사회적 책임도 부담하지 않으며, 그가 행한 범죄로 인해 발생한 물의를 해결하는 데에도 온전히 역할을 맡지 않는다. 반면에 회복적사법은 범죄자와 피해자 및 지역사회라는 보다 넓은 관계를 만들고 있다.

결론적으로 회복적사법은 응보를 넘는 의의를 갖고 있으며, 범죄로 일어난 가해는 비단 피해자 하나의 피해라는 수준 이상으로 피해자와 지역사회 및

---

24) 오영근 외 공저, 교정복지론, 49-

25) J. Hudson and B. Galaway, *Restorative Justice : International Perspectives*, 1996, p. 2.

26) 회복적사법은 피해자・가해자조정 프로그램과 밀접한 관련성을 가지고 있다. 이 프로그램은 영국, 뉴질랜드, 호주, 독일 등에서 도입・운영되고 있다.

범죄자 자기에 대한 가해로 통용되고 있다.

따라서 회복적사법은 구체적인 법위반행위를 인정하지 않는 동시에 범죄자와 피해자, 지역사회를 지원하는 사법체계라고 할 수 있다.

회복적사법은 지금까지 공식적인 형사사법체계에서 범죄자의 처우와 교정 등에 관한 관심이 집중되고, 피해자와 지역사회는 등한시되어 왔다는 문제인식에서 출발한다.

피해자가 경험하는 정신적·물질적인 고초과 타격, 지역사회가 겪는 범죄로 인한 불안감, 범죄자의 사회적 책임이 무시되는 실제상황에서 지역사회 전체의 재화합이 어렵고, 지역사회의 불신과 해체를 빠르게 진행시키는 결과를 불러일으키게 된다.

회복적사법은 바로 이처럼 범죄자, 피해자 그리고 지역사회 등의 균형과 조화를 다루는 기능을 담당하게 된다.

2) 회복적사법에서의 대상

회복적사법은 기본적으로 미래에 중점을 두며, 과거에 중점을 두지 않는다는 점에서 응보적사법과 구별된다. 다시 말해 치료해야 할 필요성이 있는 것, 복원되어야 하는 것, 범죄로 인해 발생된 것에 대해서 익힐 필요성이 있는 것 등에 역점을 둔다.[27] 그러므로 회복적사법은 과오에 대한 구원을 통해 범죄자·피해자 양측에 문제를 예방하는 데 방점을 두고 있다. 여기서 형사사법체계의 성공 여부는 얼마나 많은 처벌이 가해졌는가 하는 점에서가 아니라 발생한 손해 또는 해악이 얼마나 복구되고 예방되었는가 하는 점에 달려 있다.

3) 회복적사법과 피해자·범죄자·지역사회

회복적사법의 가장 큰 장점은 피해자, 범죄자 그리고 지역사회 일원 등이 중요 당사자를 직접 포함시킨다는 데 있다.

회복적사법의 의미는 사법절차에 있어서 범죄피해자의 격과 역할을 발전시켜서 피해자 자신과 피해를 겪은 지역사회에 대해 직접 해명할 책임을 범죄

---

27) S. Sharpe, *Changing Lenses : A New Focus for Crime and Justice*, 1990, p. 7.

자에게 부담하는 것에 역점을 맞춤으로써 피해자와 범죄자의 직접적인 대화, 범죄자에 의한 피해자에 대한 범죄예방, 피해배상, 피해자 지원, 범죄자와의 협력, 더욱 안전한 지역사회 만듦 등 지역사회의 주도적인 참가의 중대성을 역설한다는 점에서 고전적인 응보적사법과 차이가 난다.

즉, 회복적사법은 범죄문제를 국가에게만 맡겨두기보다는 범죄예방과 감소를 위한 공동의 협조와 주도권의 중요성을 강조하는 특징을 가지고 있다.[28)]

따라서 범죄자 및 피해자뿐만 아니라 지역사회의 모든 자원들이 분쟁해결절차에 참여해야 할 책임이 있다.

범죄자는 범죄행위를 수긍하고 사죄하며, 애도를 표시하여 보상 또는 복구를 할 의무가 부여되며, 피해자는 범죄자로 인해 받은 애도와 사과를 받아들이고 용서의 표현을 할 의무가 있고, 지역사회의 사람들은 요구되는 지원을 충분히 사용하고, 해당자를 문제해결에 개입하도록 권고함으로써 분쟁해결을 만든다.

이처럼 회복적사법은 지역사회에 근거한 사법 모델이다. 그렇다고 하여 회복적사법이 전적으로 지역사회에 기초하는 것은 아니다. 경찰, 법원, 행형기관의 피해자 지원이 요구되며 이들은 지역사회의 강화를 위해 협조해야 할 책임이 있다.

결론적으로 회복적사법은 연관 해당자의 참여와 협의를 유인하여 앞서 일어난 갈등상황에 관한 이해와 치료를 해서 완벽하고 주도적인 책임추구를 하고, 이로써 상호대립된 당사자를 재통합함으로써 평화와 인도주의를 성취하고, 끝에는 지역사회의 강화를 통한 미래 범죄예방에 그 목표를 두고 있다.

따라서 회복적사법은 범죄의 당사자, 국가, 지역사회의 모든 자원들이 지역사회의 범죄문제를 해결하는 데 공동으로 노력하는 사회복지적 관점의 프로그램이라고 할 수 있다.

4) 회복적사법의 유사개념

독일에서는 오랫동안 회복적사법의 개념이 정확히 정의되지 않고 피해자보

28) 이런 점에서 전통적 경찰활동과 대비되는 개념인 지역사회경찰활동(community policing)과 맥을 같이 한다.

상(Entschadigung), 갈등해결(Konfliktregulierung), 화해(Aussohnug), 행위자와 피해자와의 조정(TOA : Tater-Opfer-Ausgleich) 등과 같은 동의어로 사용되었다(장규원, 1992 : 108-). 일본의 경우에는 이를 수복적사법이라는 용어로 사용하고 있다.

피해보상이라는 의미는 국가 혹은 공적 부조의 수준에서 범죄피해자나 그 가족, 유족들에게 국가가 지불하는 금전적 급부를 가리키는 의미로 굳어지면서, 행위자가 직접 피해자에게 손해를 보전하는 회복적사법의 의미와 차이를 보인다.

갈등해결이라는 개념은 범죄행위로 인해 야기된 갈등이 범죄자와 피해자, 나아가서는 사회공동체 사이의 관계에서 합리적으로 해결되어야 한다는 생각이 담긴 개념이다(Bundesministerium der Justiz, 1998 : 11).

갈등해결이라는 개념은 '갈등(Konfikt)'이라는 개념에 바탕을 두고 있다. 갈등이라는 개념은 상당히 다의적으로 사용된다.

그것은 종종 범죄행위와 관련이 없거나 혹은 범죄행위를 야기하는 전 단계로서의 문제상황 내지 비난받을 만한 형태를 지칭하기도 한다.

갈등이 사회적 상호작용의 영역에서 발생하는 것인 만큼, '갈등해결'의 개념도 사회적 차원에서 다양한 방법으로 행해질 수 있는 갈등해소의 과정을 통칭한다.

회복적사법이 갈등해결의 중요한 계기가 되는 것은 분명하지만, 이 개념에서는 갈등을 해소하는 과정이나 형식, 수단과 방법은 실제로 다양하다.

따라서 갈등해결이라는 개념은 형사법체계의 회복적사법을 다루는 데 있어서는 너무나 추상적이고 포괄적인 단점이 있다. 하지만 형법체계가 계획하는 유린된 규범 효력의 회복과 파손된 법적 평화의 재건이 이미 가해자와 피해자간 사회적 의사소통의 과정을 통한 자발적인 갈등해결을 할 수 있다면 그런 갈등을 형사법체계가 '범죄'로서 투입-처리할 소용이 없어질 수도 있다.[29)]

회복적사법 내지 그 절차와 관련하여 화해라는 개념이 종종 같이 사용되는

---

29) 이에 독일의 형법학자 야콥스(Jakobs)는 당사자 사이의 자율적인 갈등해결이 규범적 기대를 부분적인 인식적 기대로 전환시킬 수 있다고 하면서, 그 한도에서 회복적사법은 충분한 적극적 일반예방의 기능을 수행하고 형벌의 불필요성을 지울 수 있다고 본다(Jakobs, 1990, 1. Abs. Rn. 13c.).

데, 이것은 형이상학적 의미에서가 아니라 보다 세속화된 의미에서 이해할 수 있다.

그러한 의미에서 화해는 일반적으로 "사회공동체를 포함하여 모든 관련 당사자들의 적극적인 협력과 수용에 의하여 사회적 평화를 회복하는 것"이라고 정의된다(이호중, 1997 : 31 ; 장규원, 1992 : 109). 이 개념은 갈등해결의 절차에 따른 결과를 수용하는 것뿐만 아니라 갈등해결의 과정에서 당사자들의 협력의 유형과 방식에도 중요한 의미를 부여한다(Muller-Dietz, 1993 : 17).

그러나 화해는 갈등 당사자들이 기본적으로 사회적으로 통용되는 가치와 규범에 대한 내면적인 합의 내지 상대방의 관점을 관용적으로 수용할 것을 전제로 한다는 것이 일반적인 견해[30]이다.

이러한 의미에서 화해는 가장 이상적인 사회상을 표현하고 있지만, 그만큼 도달 가능성이 희박한 이념의 차원에 머물러 있다. 따라서 화해는 회복적사법을 통한 갈등해결의 최종적인 이념적 목표이기는 하지만, 강제될 수 없는 목표이기도 하다. 실제 사회에서 활용할 수 있지만 규범적인 차원으로 끌어올려서 법 규정으로 만들거나 제도화하는 일은 어렵다 할 것이다.

'행위자와 피해자와의 조정'이라는 의미는 큰 뜻으로는 피해자와 가해자 사이에서 범죄행동으로 인해 발생된 갈등을 해결하는 것을 의미한다(Muller-Dietz, 1993 : 22 ; Dolling, 1992 : 494.). 이런 갈등해결의 길은 범죄자와 피해자 장본인이 서로 받아들일 수 있는 타개책을 찾기 위해서 같이 협조할 것을 요청하게 된다.

양 당사자의 능동적 역할 인수를 전제로 하고 합의 도출을 지향하지만, 화해에 이를 것을 요구하지 않는다는 점에서 화해와는 구별된다. 오히려 행위자와 피해자 사이의 화해의 이념을 보다 '객관화한 변형형태'라고 한다(Muller-Dietz, 1993 : 23). 이로써 '행위자와 피해자와의 조정'과 회복적사법의 개념적 관계도 분명하게 드러난다.

조정 절차에 있어서 회복적사법은 조정의 내용이자 그 결과물이 된다. 회복적사법은 그러한 의미에서 '행위자와 피해자와의 조정'의 목표로 보기도 한다(Pfeiffer, 1993 : 23).

---

30) Bundesministerium der Justiz, 1998 : 11.

2. 회복적사법과 제재수단

형사법상 회복적사법제도는 민사상의 손해배상과는 다르다. 따라서 형사법상 회복적사법은 피해자의 이익을 기준으로 해서만 결정되는 것은 아니지만, 범죄로 인해 손해를 입은 피해자의 지위를 높여 주는 측면이 있다. 즉, 피해자가 제재의 절차 속으로 개입할 수 있으며, 민사법적인 구제절차를 밟지 않고 직접 손해에 대한 배상요구를 할 수 있다.

또한 범죄자에 대한 회복적사법의 이행은 당사자 간의 개인적 접촉의 기회를 제공하기 때문에 두려움을 제거해 주며, 폭넓은 '행위자와 피해자와의 조정'을 꾀할 수도 있다.

범죄자의 입장에서 형사법상 회복적사법제도는 형벌 때문에 어려운 민법상의 의무 이행을 용이하게 할 수도 있다.

회복적사법이 아닌 다른 형벌은 범죄자의 경제적 능력을 잠식시킬 뿐 아니라, 부과적으로 이행하여야 할 민법상의 책임의식까지도 지지 않으려는 심리상태를 야기하기도 한다. 따라서 형사법상의 회복적사법은 범죄 사실과 직접 관련된 대응방법으로서 범죄행위에 대한 당연한 결과라는 것을 보여 주는 제재수단이 된다.

이러한 과정을 통하여 범죄자는 자신의 사회적 책임을 깨닫게 할 수 있으며, 범죄행위와 피해자의 고통을 스스로 느끼게 할 수 있다(김성돈, 1995 : 153).

회복적사법제도는 형벌을 통한 사회적 비난이나 낙인효과를 피할 수 있다. 피해변제를 통하여 범죄자는 이미 사회적으로 복귀할 준비를 하게 되는 것이다. 아울러 형사법상 회복적사법은 형사책임의 부과를 통하여 꾀하는 책임의식이 아닌 개전의 정을 나타내는 책임의식을 가질 수 있도록 해준다.

회복적사법은 건설적인 갈등해소의 가능성을 가지고 있는 제도로서 범죄자의 책임의식과 개선능력에 대한 호소이기 때문에, 형벌과 처우를 매개하는 중간자적 지위를 가진다(김상돈, 1995 : 153).

또한 회복적사법은 행위와 그 결과에 대하여 직접적인 연관성을 찾을 수 있기 때문에 특별 예방적 형벌은 행위형법의 원칙을 침해할 수밖에 없다는 문제점을 극복할 수 있다. 따라서 회복적사법은 예방적 형벌의 목적에도 어긋나지 않을 뿐만 아니라 형벌 상호간의 이율배반성과 모순을 해소할 수 있는 길을 제시해 주는 제도라고도 하겠다(Frehsee, 1987 : 119).

3. 회복적사법과 형사제재

서양의 고대에서부터 중세시대에 이르기까지 존속하였던 속죄금제도에서 그리고 한국 고대사회에서 사용되었던 배상적 제재를 상기한다면, 적어도 그 당시에는 피해자와 유족 외에 피해자에 속하였던 셰퍼(Schafer)는 이를 '피해자의 황금시대'(Schafer, 1960 참조)라 하였다.

그 뒤로 사회생활이 어려워지고 법제도가 분화되고 정리됨에 따라 형사책임과 민사책임이 차이나고 범죄자를 재판하는 것과 가해자가 그 피해를 피해자에게 보상하는 것이 서로 상관이 없게 되었다.

그때 범죄자의 대다수는 무일푼인 빈민계층 혹은 무산계급 출생이었으므로, 범한 죄에 대한 엄준한 형벌이 피해자의 응보감정을 충족시킨다는 것 이외에 가해자에게 피해자의 손해를 물어보는 것은 영역 밖의 일이었다. 벌금이 부과된다고 하더라도 벌금은 국고에 귀속되며 피해자와는 무관한 것이었다. 셰퍼는 이를 '피해자의 쇠퇴시대'라 하였다.

중세시대의 형사재판은 왕이나 귀족들의 멋대로 실행된 암흑재판이었다고 한다. 17, 18세기의 소위 계몽시대에 시민의 권리를 정치가의 자의로부터 지키기 위해서 인권이 강하게 주장되었으며, 재판으로 인권을 보호하려는 생각이 자리하기 시작하였다.

19세기 형사법제도도 자유주의적 국가관에 근거한 범죄관, 형벌관에 바탕을 두면서 대다수 국가에서 발전해 갔다.

이러한 시기에 회복적사법의 형사정책적 가치를 논할 때 과거에 대하여 일종의 유토피아적 환상을 가지는 것은 마땅히 경계해야 한다.

하지만 문제해결 및 사회통제의 틀이라는 방면에서 볼 때 회복적사법이 개인 사이의 갈등을 풀고 이와 함께 사회공동체의 평화를 존속하는 역할을 이행했다는 진실은 우선 그 사실만으로도 회복적사법을 민법상의 손해배상의 영역으로 가두고 있는 현실의 법체계가 과연 합리적인가에 대한 물음을 던지고 있다. 회복적사법이 범죄행위에 통제수단으로 작용하였다는 역사적 진실을 현재의 회복적사법에 대한 형사정책적 관심을 촉진하는 주요한 요인이 될 수 있지만, 오늘날 형법체계에서 회복적사법을 범죄행위에 통제수단으로 복구하고자 한다면 근대적 합리성의 명명 하에 형법과 민법을 엄격히 구분하고 있는 우리의 근대적 법체계가 제일 큰 문제가 된다.

참고문헌

1. 국내문헌

1) 단 행 본

공정식, 한빛교정학, 육서당. 2002.

김상균, 신석환 공저, 교정학개론, 청목출판사, 2009.

김성이, 청소년복지론, 한국청소년개발원. 1993.

김일수, 새로 쓴 형법총론, 박영사, 2006.

김지훈, 정도교정학, 박문각, 2010.

김진화 · 송병국 · 고운미 · 이채식 · 최창욱 · 임형백 · 이창식 · 김경준 · 김진호 · 권일남 · 양승춘 공저, 청소년 문제행동론, 학지사, 2002.

김화수 · 허주욱 · 강영철 · 홍성열 · 조준현 · 박영규 · 이영근 · 오영근, 한국교정학, 한국교정학회, 2007.

박상기 · 손동권 · 이순래, 형사정책, 한국형사정책연구원, 2003.

배임호 · 박경일 · 이태언 · 신석환 · 전영록, 교정복지론, 양서원, 2009.

배종대, 형사정책, 형법총론 홍문사, 2003, 2005.

송병호 · 신석환 · 이태언 공저, 교정보호론, 청송출판사, 2012.

신석환, 보호관찰론, 한국학술정보(주), 2009.

심재무, 형법각론강의, 신지서원, 2009.

______, 형법총론과 연습강의, 신지서원, 2007.

오영근, 신형법총론, 박영사, 2012,

______, 신형법입문, 박영사, 2016.

______, 조미숙, 신석환, 문상식, 교정복지론, 양서원, 2013.

이상현, 범죄심리학(제 3 판), 박영사, 2004.

이윤호, 교정학, 박영사, 1995, 2007.

______, 범죄학, 박영사, 2007.

이태언 공저, 신보호관찰론, 청송출판사, 2005.

이태언 · 김상균 · 신석환 · 조미숙, 신형사정책, 형설출판사, 2005, 2009.

이재상, 보안처분에 관한 연구, 2003.

이창한 외 공저, 범죄학&형사정책, 박영사, 2012.

임상곤, 범죄심리학원론, 백산출판사, 2004.

정영석 · 신양균, 형사정책, 법문사, 1997.

최윤미 · 박희경 · 송영숙 · 전명숙 · 김혜원 · 최해림 · 백화정 · 강순화 · 이은경 · 이규미 · 이은순 · 정현희. 현대청소년심리학, 학문사, 1998.

표갑수. 아동 · 청소년 복지론, 나남출판사, 2000.

홍봉선 · 남미애, 청소년복지론, 양서원, 2000.

2) 논 문

김형수 · 최한나. 여자청소년에 대한 국내비행 연구의 동향과 과제. 청소년상담연구, 21(1), 2004.

김혜정, 개정법률안에 도입된 양형자료조사제도에 관한 검토: 형사소송법 및 보호관찰 등에 관한 법률 개정법률안을 중심으로, 형사법연구 제26호, 2006.

문상식. 청소년의 가출충동이 비행에 미치는 영향. 한세대학교대학원 박사학위논문. 2012.

신의기, 범죄예방정책의 현황과 과제, 법무부 범죄예방정책국, 2008.

심재무, 한국소년보호제도의 문제점과 그 개선방안, 비교형사법연구 제10권 제2호, 한국비교형사법학회, 2008.

이법호, 소년범에 대한 시설내처우 및 사회내처우의 효과적인 연계방안, 보호 통권 18호, 2006.

이성칠, 한국보호관찰의 현황과 과제, 한국형사정책연구원, 2003.

이형제, 미국보호관찰제도 연구, 해외연수 보고서, 2004.

이혜경. "21세기 한국 사회복지와 중앙정부의 역할," 한국사회복지학회 추계학술대회, 1999.

조미숙, 기능적 결손가정 청소년의 비행행동 예방을 위한 중재요인에 관한 연구, 형사정책연구 제13권 제3호, 2002.

조흥식, 학교사회복지의 제도화를 위한 정책과제. 한국학교사회복지학회 2003년도 추계학술대회 자료집, 2003.

한영수, 형기종료 후 보호관찰제도 도입 및 전자감독확대방안에 관한 연구, 법무부 연구영역과제, 2008.

3) 기타자료

대검찰청, 청소년범죄종류, 2018.

법무부, 법무부사, 1988.

______, 법무자료 제195집, 1995.

______, 보호관찰제도, 2003.

______, 범죄예방실무, 법무부보호국, 2005.

______, 팀제편성, 운영에 관한 지침, 보호국 관찰과, 2005.
______, 교정위원 운영지침, 교정국, 2005.
______, 특정성폭력범죄자 위치추적법령 해설, 사회보호정책과, 2008, 12.
______, 조직개편 및 법교육 강화 등, 법무부 보호국, 2007.
______, 보호국 청소년의 비행심리와 인성지도. 법무부. 2014 .
법무연수원, 범죄백서, 2015.
법원행정처, 소년, 2014.
법률 제8394호, 특정범죄자에 대한 위치추적 전자장치 부착에 관한 법률, 2007.
법제사법위원회, 보호관찰 등에 관한 법률 일부 개정법률안, 2008, 12.
법률 제9168호(2008. 12. 26); "보호관찰 등에 관한 법률"중 일부 개정법률.
피해자지원센터, 한국피해자학회, 범죄피해자 지원, 성민기업(서울), 2003. 10.
한국보호관찰학회 보호관찰제도의 변화를 유도할 형사제재의 도입에 관한 논의, 2006.

검찰청 홈페이지(www.spo.go.kr)
대법원 홈페이지(www.scourt.go.kr)
법무부 홈페이지(www.moj.go.kr)
문화관광부(2015). 청소년백서 2014.
http://www.moe.go.kr
http://www.moleg.go.kr
http://education.sangji.ac.kr
http://www.seogumhc.or.kr/senter_006.htm(청소년 비행문제)
조선닷컴, 10대 성범죄, 10대 성폭력, 2007. 4. 9.

2. 국외문헌

高島學司, 犯罪學の方法 序說, 京都: 世界出版社, 1995.
染田惠, 犯罪者の社會內處遇の探求: 處遇の多樣化と修復的司法, 成文堂, 2006.
上出弘之・伊藤隆二, 亂暴なふどま, 東京: 多動性のふども, 福村出版, 1982.
藤本哲也, 刑事政策槪論, 靑林書院, 2006.
齊藤豊治, 少年法硏究, 2: 少年法改正の檢討, 成文堂, 2006.
Ife, J.(2001), Human Rights and Social Work. 김형식・여지영 역, 인권과 사회복지실천, 인간과 복지.
Marx. K(1987), 김태경 역, 경제학 철학초고, 이론과 실천.
Archer, J.(1994), *Male Violence*, New York: Routledge.

Champion, Dean J.(2007), *Probation, Parole and Community Corrections in the United States*, N.J.: Prentice-Hall.

Christiansen, K. O.(1977), "A Preliminary Study of Criminality among Twins" in Sarnoff A. Mednick and Karl O. Chritiansen, eds., *Biosocial Bases of Criminal Behavior*, New York: Gardner Press.

Conklin, J. E.(1997), *Criminology*, Boston: Allyn & Bacon.

Daly, M. & M. Wilson(1990), "Killing the competition: female/female and male/male homicide," *Human Nature*, No. 1.

Esping-Anderson(1996). welfare states in Transition : Antional Adoptations in Global Economies. Sage.

Jeffery, C. R.(1990), *Criminology: An Interdisciplinary Approach*, Englewood Cliffs, N.J.: Prentice-Hall.

Meier, R. F.(1996), *Crime and Society,* New York: Allyn and Bacon.

Reza, Fadaei-Tehrani & Thomas M. Green(2002), "Crime and society", *International Journal of Social Economics* 29(10).

Shelden, G., Randall(2005), *Delinquency And Juvenile Justice in American Society*, Waveland Pr. Inc.

Walters, G. D.(1992), "A Meta-Analysis of the Gene-Crime Relationship," *Criminology,* Vol. 30.

Wilson, J. Q. & R. J. Herrnstein(1985), *Crime and Human Nature*, Simon & Schuster, New York.

Wolfgang, M. E. & F. Ferracuti(1993), *The Subculture of Violence*(London: Tavistock. 1967), Blackburn, R., *The Psychology of Criminal Conduct: Theory, Research, and Practice,* N.Y.: John Wiley & Son.

Zamble, E. & V. L. Quinsey(1996), *The Criminal Recidivism Process,* Cambridge University.

Rhodes, R. A. W.(1997). Understanding Governance: Policy Networks. Governance, Reflexivity and Accountability. Buckingham: Open University Press.

Constable, R., Flynn, J. P., & McDonald, S.(1996). School Social Work. Lyceum Books.

저자소개

■ 조미숙

서울여자대학교 대학원 사회복지학 박사
미국 University of Washington 교환교수
독일 Friedensau대학 교환교수
독일 VoithSchule & OstSchule 학교사회사업담당관
현 삼육대학교 사회복지학과 교수
한국임상사회사업학회 수석부회장
글로컬사회공헌연구소 소장

■ 문상식

한세대학교 대학원 사회복지학 박사
KC대학교 사회복지학 외래교수
KC대학교 계약학부 사회복지학 외래교수
KC대학교 평생교육원 사회복지학 외래교수
법무부 범죄예방위위원 서울남부관찰소 상담위원
법무부 범죄예방위위원 서울남부검찰청 상담위원
서울남부신문 컬럼니스트

■ 김영운

숭실대학교 사회복지대학원(가족복지) 석사
춘천보호관찰소 영월지소 소장
전주보호관찰소 군산지소 소장
서울남부보호관찰소 관찰과장
광주보호관찰소 해남지소 소장
수원보호관찰소 평택지소 소장
대전소년원 분류보호과장 역임

청소년범죄론

초판 1쇄 인쇄 / 2021년 6월 10일
초판 1쇄 발행 / 2021년 6월 15일

공저자 / 조미숙 · 문상식 · 김영운
발행인 / 이 중 수
발행처 / **동 문 사**

서울특별시 서대문구 홍제원 1길 12
(홍제동 137-8)
Tel: 02)736-3718(대), 736-3710, 3720
Fax: 02)736-3719
등록번호: 1974.04.27 제9-17호
가격: 25,000원

ISBN: 979-11-6328-302-7(93330)
E-mail: dong736@naver.com
www.dongmunsa.com